U0680355

2015—2016年
中国工业和信息化发展
系列蓝皮书

# 2015-2016年中国装备工业发展蓝皮书

## The Blue Book on the Development of Equipment Industry in China（2015-2016）

中国电子信息产业发展研究院　编著

主　编/王　鹏

副主编/左世全　王　影

人民出版社

责任编辑：邵永忠

封面设计：佳艺时代

责任校对：吕　飞

**图书在版编目（CIP）数据**

2015-2016 年中国装备工业发展蓝皮书 / 王　鹏　主编；

中国电子信息产业发展研究院　编著 . — 北京：人民出版社，2016.8

ISBN 978-7-01-016522-6

Ⅰ . ① 2… Ⅱ . ①王… ②中… Ⅲ . ①装备制造业—工业发展—研究报告—

中国— 2015-2016 Ⅳ . ① F426.4

中国版本图书馆 CIP 数据核字（2016）第 174776 号

**2015-2016年中国装备工业发展蓝皮书**

2015-2016NIAN ZHONGGUO ZHUANGBEI GONGYE FAZHAN LANPISHU

中国电子信息产业发展研究院　编著

王　鹏　主编

人民出版社 出版发行

（100706　北京市东城区隆福寺街 99 号）

北京市通州京华印刷制版厂印刷　新华书店经销

2016 年 8 月第 1 版　2016 年 8 月北京第 1 次印刷

开本：710 毫米 ×1000 毫米　1/16　印张：22.5

字数：362 千字

ISBN 978-7-01-016522-6　定价：118.00 元

邮购地址　100706　北京市东城区隆福寺街 99 号

人民东方图书销售中心　电话（010）65250042　65289539

# 代　序

　　在党中央、国务院的正确领导下，面对严峻复杂的国内外经济形势，我国制造业保持持续健康发展，实现了"十二五"的胜利收官。制造业的持续稳定发展，有力地支撑了我国综合实力和国际竞争力的显著提升，有力地支撑了人民生活水平的大幅改善提高。同时，也要看到，我国虽是制造业大国，但还不是制造强国，加快建设制造强国已成为今后一个时期我国制造业发展的核心任务。

　　"十三五"时期是我国制造业提质增效、由大变强的关键期。从国际看，新一轮科技革命和产业变革正在孕育兴起，制造业与互联网融合发展日益催生新业态新模式新产业，推动全球制造业发展进入一个深度调整、转型升级的新时期。从国内看，随着经济发展进入新常态，经济增速换挡、结构调整阵痛、动能转换困难相互交织，我国制造业发展也站到了爬坡过坎、由大变强新的历史起点上。必须紧紧抓住当前难得的战略机遇，深入贯彻落实新发展理念，加快推进制造业领域供给侧结构性改革，着力构建新型制造业体系，推动中国制造向中国创造转变、中国速度向中国质量转变、中国产品向中国品牌转变。

　　"十三五"规划纲要明确提出，要深入实施《中国制造2025》，促进制造业朝高端、智能、绿色、服务方向发展。这是指导今后五年我国制造业提质增效升级的行动纲领。我们要认真学习领会，切实抓好贯彻实施工作。

　　**一是坚持创新驱动，把创新摆在制造业发展全局的核心位置**。当前，我国制造业已由较长时期的两位数增长进入个位数增长阶段。在这个阶段，要突破自身发展瓶颈、解决深层次矛盾和问题，关键是要依靠科技创新转换发展动力。要加强关键核心技术研发，通过完善科技成果产业化的运行机制和激励机制，加快科技成果转化步伐。围绕制造业重大共性需求，加快建立以创新中心为核心载体、以公共服务平台和工程数据中心为重要支撑的制造业创新网络。深入推进制造业与互联网融合发展，打造制造企业互联网"双创"平台，推动互联网企业构建制造业"双创"服务体系，推动制造业焕发新活力。

**二是坚持质量为先，把质量作为建设制造强国的关键内核。** 近年来，我国制造业质量水平的提高明显滞后于制造业规模的增长，既不能适应日益激烈的国际竞争的需要，也难以满足人民群众对高质量产品和服务的热切期盼。必须着力夯实质量发展基础，不断提升我国企业品牌价值和"中国制造"整体形象。以食品、药品等为重点，开展质量提升行动，加快国内质量安全标准与国际标准并轨，建立质量安全可追溯体系，倒逼企业提升产品质量。鼓励企业实施品牌战略，形成具有自主知识产权的名牌产品。着力培育一批具有国际影响力的品牌及一大批国内著名品牌。

**三是坚持绿色发展，把可持续发展作为建设制造强国的重要着力点。** 绿色发展是破解资源、能源、环境瓶颈制约的关键所在，是实现制造业可持续发展的必由之路。建设制造强国，必须要全面推行绿色制造，走资源节约型和环境友好型发展道路。要强化企业的可持续发展理念和生态文明建设主体责任，引导企业加快绿色改造升级，积极推行低碳化、循环化和集约化生产，提高资源利用效率。通过政策、标准、法规倒逼企业加快淘汰落后产能，大幅降低能耗、物耗和水耗水平。构建绿色制造体系，开发绿色产品，建设绿色工厂，发展绿色园区，打造绿色供应链，壮大绿色企业，强化绿色监管，努力构建高效清洁、低碳循环的绿色制造体系。

**四是坚持结构优化，把结构调整作为建设制造强国的突出重点。** 我国制造业大而不强的主要症结之一，就是结构性矛盾较为突出。要把调整优化产业结构作为推动制造业转型升级的主攻方向。聚焦制造业转型升级的关键环节，推广应用新技术、新工艺、新装备、新材料，提高传统产业发展的质量效益；加快发展3D打印、云计算、物联网、大数据等新兴产业，积极发展众包、众创、众筹等新业态新模式。支持有条件的企业"走出去"，通过多种途径培育一批具有跨国经营水平和品牌经营能力的大企业集团；完善中小微企业发展环境，促进大中小企业协调发展。综合考虑资源能源、环境容量、市场空间等因素，引导产业集聚发展，促进产业合理有序转移，调整优化产业空间布局。

**五是坚持人才为本，把人才队伍作为建设制造强国的根本。** 新世纪以来，党和国家深入实施人才强国战略，制造业人才队伍建设取得了显著成绩。但也要看到，制造业人才结构性过剩与结构性短缺并存，高技能人才和领军人才紧缺，基础制造、高端制造技术领域人才不足等问题还很突出。必须把制造业人才发展摆在更加突出的战略位置，加大各类人才培养力度，建设制造业人才大军。以提高现代经营管理水平和企业竞争力为核心，造就一支职业素养好、市场意识强、熟悉国内外经济运行规则的经营管理人才队伍。组织实施先进制造卓越工程师培养计划和专业技术人才培养计划等，造就一支掌握先进制造技术的高素质的专业技术人才队伍。大力培育精益求精的工匠精神，造就一支技术精湛、爱岗敬业的高技能人才队伍。

"长风破浪会有时，直挂云帆济沧海"。2016年是贯彻落实"十三五"规划的关键一年，也是实施《中国制造2025》开局破题的关键一年。在错综复杂的经济形势面前，我们要坚定信念，砥砺前行，也要从国情出发，坚持分步实施、重点突破、务求实效，努力使中国制造攀上新的高峰！

工业和信息化部部长 苗圩

2016 年 6 月

# 前　言

　　装备工业是为国民经济发展和国防建设提供技术装备的基础性产业，是制造业的核心和脊梁，是各行业产业升级、技术进步的重要保障，是国家综合实力和技术水平的集中体现。装备工业具有技术密集、附加值高、成长空间大、带动作用强等突出特点，对于加快我国工业现代化建设，实现到 2025 年从制造大国迈入制造强国行列的目标具有重要意义。新中国成立尤其是改革开放以来，我国装备工业持续快速发展，建成了门类齐全、独立完整的产业体系，有力推动了工业化和现代化进程，显著增强了综合国力，支撑了我国世界大国的地位。然而，与世界先进水平相比，我国装备工业仍然大而不强，在自主创新能力、资源利用效率、产业结构水平、信息化程度、质量效益等方面差距明显，转型升级和跨越发展的任务紧迫而又艰巨。

## 一

　　装备工业是推动我国经济实现 30 多年高速增长的重要因素。装备工业占全国工业各项经济指标的比重高达 20% 以上，是带动经济快速增长的发动机。装备工业的持续较快发展仍将是保证我国经济在今后一个较长时期内继续保持较快增长的重要基础。2010 年我国成为世界第二大经济体，没有装备工业的持续快速增长，就不可能取得上述的发展成就。

　　当前，新一轮科技革命和产业变革与我国加快转变经济发展方式形成历史性交汇，国际产业分工格局正在重塑。必须紧紧抓住这一重大历史机遇，按照"四个全面"战略布局要求，实施制造强国战略，加强统筹规划和前瞻部署，力争通过三个十年的努力，到新中国成立一百年时，把我国建设成为引领世界制造业发展的制造强国，为实现中华民族伟大复兴的中国梦打下坚实基础。

　　装备工业是构成一个国家综合国力的坚实基础。国家整体的竞争力，在很大程度上取决于制造业的竞争力，而装备工业不仅对制造业具有巨大的支撑作用，同时在国民经济中具有承上启下的功能。装备工业不仅有助于优化各产业部门的生产要素、产业结构、技术结构和产品结构，有助于提高各产业部门的自身素质和技术装备水平,同时还可大幅度地提高生产效率,节约能源和资源,保护生态环境,提高经济运行质量,促进经济的可持续发展。全球任何一个国家的经济崛起无不依靠装备工业,美国、日本、德国等世界经济大国无一不是世界装备工业强国。

装备工业是事关国家安全的战略性产业。装备工业的发展水平反映出一个国家在科学技术、工艺设计、材料技术、加工制造等方面的综合能力,也在很大程度上反映一个国家的技术实力、经济实力和综合国力。没有强有力的装备工业,不仅在国际事务中没有发言权,甚至连国家的主权和尊严都难以保证。西方发达国家无不高度重视装备工业的发展,即使进入信息化社会,仍十分重视以装备工业为核心的制造业。

装备工业是实现经济方式增长转变的根本手段。我国正处在经济增长方式从粗放型向集约型转变时期,集约化的物质基础是开发先进、高效的技术装备。经济增长由高投入低产出的粗放型增长向低投入高产出的效益型增长转变的根本因素是生产手段的先进性和技术含量水平的高低,用先进装备改造传统产业是实现产业结构升级的根本手段。

# 二

国际金融危机后,全球范围内新一轮科技革命与产业变革蓄势待发,对制造业生产方式、发展模式和产业生态等方面都带来革命性影响,制造业重新成为全球经济竞争制高点。

第一,智能制造将成为制造业变革的重要方向。新一代信息通信技术与制造业融合发展,是新一轮科技革命和产业变革的主线。美国先进制造伙伴计划、德国工业4.0、新工业法国计划等发达国家制造业发展战略都将智能制造作为发展和变革的重要方向。所谓智能制造,我们认为包括智能化的产品、装备、生产、管理和服务,主要载体是智能工厂和智能车间。CPS(信息物理系统)是实现智能制造的重要手段,这一系统通过集成计算、通信与控制于一体,实现大型物理系统与信息交互系统的实时感知和动态控制,使得人、机、物真正融合在一起。利用这一系统可以实现传统制造业无法实现的目标,最典型的就是批量化定制生产,主要是在每一个制造环节嵌入多个生产模块,从产品下单开始,每一道工序都通过数字化管理和生产模块的无缝切换同每一件产品的生产要求进行匹配,在生产过程不间断的情况下实现了批量化定制。例如,过去的福特汽车采取流水线批量生产,不仅车型一样,连颜色都只有黑色一种。而现在德国大众打造的 MQB 平台(横置发动机模块化平台)可以支持超过 60 种车型批量化定制生产。

第二,绿色发展、生产性服务业发展日渐成为制造业转型发展新趋势。从绿色发展看，一方面，太阳能光伏、页岩气等新能源技术不断进步，清洁能源应用日渐成熟，碳、硫化合物等温室气体和污染物排放逐步减少，制造业进一步向低能耗、低污染方向发展。另一方面，欧美的"绿色供应链""低碳革命"、日本的"零排放"等新的产品设计和生产理念不断兴起，节能环保产业、再制造产业等产业链不断完善，"增材制造"日益普及，进一步丰富了制造业绿色发展的内涵和方式。例如"增材制造"技术，又称"3D打印"技术，是以数字模型为基础，将材料逐层堆积制造出实体物品的新兴制造技术。最早人类采用的是"等材制造"，如青铜器的铸造，不需要经过复杂加工。随着电的发明，人类开始采用"去除－切削"加工技术进行"减材制造"，而现在的"增材制造"从原来的做"减法"改成做"加法"，所用的材料都是耐高温、高强度，节约了资源、提高了效率，是一种新的绿色发展技术和理念。从生产性服务业发展看，新一代信息技术的广泛应用，推动企业生产从以传统的产品制造为核心向提供具有丰富内涵的产品和服务转变。例如，IBM已成功转型为全球最大的硬件、网络和软件服务整体解决方案供应商；GE（通用电气）的"技术＋管理＋服务"所创造的产值已经占到公司总产值的2/3以上；英国罗罗（罗尔斯—罗伊斯）的主导产品从过去的航空发动机演变成为航空发动机飞行时间，通过"租用服务时间"为用户提供保养、维修等服务。

第三，网络协同创新将重组传统制造业创新体系。随着信息技术尤其是互联网技术的持续发展和应用，跨领域、协同化、网络化的创新平台正在重组传统的制造业创新体系。传统的创新活动中，新技术新产品的推出很大程度上依赖于单个企业的技术研发和产业化等活动。例如，第一部商用手机的研究开发和生产基本上由摩托罗拉公司独家完成。随着产业分工日益细化，产品复杂程度不断提升，技术集成的广度和深度也在大幅拓展，单个企业难以也无法覆盖全部创新活动，需要与不同创新主体联合，开展协同创新，实现创新资源的优化配置。网络化的众包、众创、众筹、线上到线下（O2O）等新型创新方式密集涌现，改变了制造业技术研发和商业模式创新的方式。例如，小米公司利用互联网作为创新交流平台，建立与客户互动的开放式产品开发模式，重点从软件平台开发入手，基于Android系统开源并深度优化，开发出第三方手机操作系统，给用户更方便的使用体验，全面运营一年，收入就达到10亿美元。

第四，内部组织扁平化和资源配置全球化将成为制造企业培育竞争优势的新途径。企业内部管理方面，很多企业运用互联网开放、协作与分享的特点，减少了企业管理的内部层级结构，在产业分工中更加注重专业化与精细化，企业的生产组织更富有柔性和创造性。例如，海尔通过不断合并业务单元、削减边缘业务等方式实现企业运作扁平化，将8万多员工变成2000多个自主经营的"小海尔"，最小的自主经营体仅有7人，形成了以销定产的敏捷供应链。企业外部资源配置方面，制造业全球化步伐加快，生产、流通以及全球贸易方式都发生了巨大变化，企业通过网络将价值链与生产过程分解到不同国家和地区，技术研发、生产以及销售的多地区协作日趋加强，企业生产组织方式也发生了很大变化。例如，宝马集团在全球建设了35个大型采购仓储中心，并由1900家供应商为其提供零部件和相关服务，从而形成了相互协作、相互依存的利益共同体。GE在印度建立了"炫工厂"，不仅能生产航空的零部件，还能生产发电设备的零部件，原来都是不同行业的、根本不可能想象在同一个车间里生产的零部件，现在就实现了。

第五，全球制造业基本格局将动态调整。面对制造业新发展趋势，世界主要经济体纷纷将制造业作为经济振兴的重中之重，发达国家纷纷制定"再工业化"战略，推动中高端制造业回流，并进一步加强全球产业布局调整，力图保持全球制造业领先地位。发展中国家利用低成本竞争优势，积极吸引劳动密集型产业和低附加值环节转移，一些跨国企业直接到新兴国家投资设厂，有的则考虑将中国工厂迁至其他新兴国家，全球制造业格局将发生显著变化。发达国家高端制造回流与新兴经济体争夺中低端制造转移同时发生，对我国形成"双向挤压"。面对技术和产业变革及全球制造业竞争格局的重大调整，我国既面临重大机遇也面临重大挑战。

综上所述，我国装备工业发展的内在动力、比较优势和外部环境正在发生深刻变化，必须牢牢把握科学发展这个主题，紧紧围绕转变经济发展方式这条主线，遵循装备工业发展的客观规律，适应市场需求变化，根据科技进步新趋势，提高装备工业发展质量和效益，这是社会各界对我国装备工业发展的共同期盼，更是我国建设装备工业强国的根本出路。

# 三

虽然我国已成为装备制造业大国，但还不是装备制造业强国，与先进国家相比，还有较大差距。主要表现在：

一是自主创新能力薄弱。大多数装备研发设计水平较低，试验检测手段不足，关键共性技术缺失。企业技术创新仍处于跟随模仿阶段，底层技术的"黑匣子"尚未突破，一些关键产品也很难通过逆向工程实现自主设计、研发和创新。例如，航空发动机被誉为工业皇冠上的明珠，是一个国家军用、民用飞机发展最关键的核心。世界上能制造飞机的有很多国家，但能制造高性能航空发动机的只有GE、罗罗、普惠三家企业。之所以这么难，主要在于航空发动机对产品结构设计、轻量化高承压材料的研发、整个控制系统以及相关工艺技术的要求非常高，需要长期投入和反复试验。这方面，我们的技术积累明显不足，这么多年我们没有走过发动机研发的全过程，研发设计能力以及产品性能同美国、英国等发达国家相比还有非常大的差距，这是制约我国大飞机以及空军力量发展的最核心因素。

二是基础配套能力不足。关键材料、核心零部件严重依赖进口，先进工艺、产业技术基础等基础能力依然薄弱，严重制约了整机和系统的集成能力。例如，我们是集成电路使用大国，但我们本土生产的包括外资企业在我国生产的也只能满足25%的市场需求，75%的产品都需要进口，一些高端的芯片几乎都是依赖进口。"华龙一号"机组大部分设备都实现了国产化，但是15%的关键零部件还依靠进口。类似的情况还有当年我们引进美国核电技术时遇到的困难，当时主要是"阀"和"泵"的技术美国不想转让，因为这个技术既可以用在核电设备上，也可以用在航空母舰上。李克强总理指出，我们既要关注核心技术，也要关注"卡脖子"技术，例如泵、阀、芯片等关键零部件。

三是部分领域产品质量可靠性有待提升。基础能力跟不上，制约了产品的质量和可靠性，突出体现在产品质量安全性、质量稳定性和质量一致性等方面。部分产品和技术标准不完善、实用性差，跟不上新产品研发速度。例如，我国在2013年取代日本成为机器人第一消费大国，但国产机器人核心部件的稳定性、寿命、精度和噪音控制等方面同发达国家相比仍存在很大差距，70%多的市场份额都被国外企业占据。另外，品牌建设滞后，缺少一批能与国外知名品牌相抗衡、具有一定国际影响力的自主品牌。据不完全统计，世界装备制造业中90%的知名商标所有权掌握在发达国家手中。

四是产业结构不合理。低端产能过剩、高端产能不足，产业同质化竞争问题仍很突出。而真正体现综合国力和国际竞争力的高精尖产品和重大技术装备生产不足，远不能满足国民经济发展的需要。以新能源汽车动力电池为例，我国动力电池企业数量虽然多，但是有技术资金实力、具有可持续发展能力的企业很少，大部分企业的产品质量不高、性能差。近几年韩国的动力电池技术进步很快，能量密度已经达到250瓦时/公斤，国内的只有220瓦时/公斤，价格也比我们的低。而我国新能源汽车已经进入快速发展期，如果动力电池技术和产品跟不上，仍以低端产能为主，未来就很可能大量依赖进口。

基于对上述装备工业经济和社会发展中一些重大问题的思考，赛迪智库装备工业研究所编撰了《2015—2016年中国装备工业发展蓝皮书》。本书系统剖析了我国装备工业发展的成就与问题，总结归纳了全球装备工业发展趋势，并结合当前国内外经济形势，深入探讨了我国装备工业发展的趋势。全书分为综合篇、行业篇、区域篇、园区篇、企业篇、政策篇、热点篇、展望篇，共八个部分。

综合篇，从全球角度分析了2015年世界装备工业的总体产业现状、发展趋势以及主要国家和地区的进展与成就，对2015年中国装备工业发展状况、存在问题进行了专题分析。

行业篇，对我国装备2015年机械行业、汽车行业、航空行业、船舶行业等领域进行专题分析，研究探讨了各自领域整体发展状况、细分行业发展状况以及行业发展面临的问题。

区域篇，分别对东、中、西部地区总体及重点省份与城市2015年装备工业发展情况、发展特点、发展经验等进行了深入探讨与总结。

园区篇，选择有代表性的各重点行业产业园区或经济技术开发区，就其2015年发展整体情况进行分析，总结归纳各园区发展的基本经验。

企业篇，以机器人、汽车、航空、船舶等领域成长较快、发展较好且具有一定代表性的企业为对象，详细剖析各企业的发展情况、生产经营情况和经营发展战略。

政策篇，深入分析我国装备工业2015年发展的政策环境，重点解析装备工业领域发布的重大产业政策、意见、计划和方案。

热点篇，选取行业热点，就中德智能制造合作如火如荼、智能网联汽车成为关注重点、民用无人机行业爆发增长、增材制造产业持续发酵、高端装备创新工程开始实施、航空发动机公司重组进行等关键热点问题展开详细论述。

展望篇，对国内外行业研究机构预测性观点进行综述，并对2016年我国装备工业总体形势及各细分行业的发展趋势进行了展望。

加快装备工业转型升级、建设装备制造业强国是一项长期性、艰巨性的任务。在当前经济转型的背景下，装备工业面临着千载难逢的机遇和前所未有的挑战，既需珍惜实践中取得的来之不易的成果和经验，也要正视发展中积累的不容忽视的矛盾和问题，更当以百折不挠的意志和包容并兼的智慧推动装备工业的转型升级。我们坚信，坚持以科学发展观为指导，坚定信心、攻坚克难、开拓前进，就一定能开创我国装备工业由大变强的新局面。

工业和信息化部装备工业司司长　李东

# 目　录

# 政 策 篇

# 热 点 篇

# 展 望 篇

# 附　　录

# 综合篇

# 第一章　2015年全球装备工业发展状况

## 第一节　产业现状

### 一、产业总体企稳回升

据联合国工业发展组织发布的《2015年第一季度全球制造业季度报告》指出，2015年第一季度以来，全球工业化国家的制造业产出同比增加1.3%，环比下降0.6个百分点，其中，日本、韩国和马来西亚等亚洲工业化国家以及包括中国在内新兴济经济体的制造业均处于下滑状态。《2015年第三季度全球制造业季度报告》显示，到2015年第三季度，全球制造业呈现温和增长，增幅2.7%，从增长趋势来看，工业发达经济体的制造业在近年呈现产出增长趋势，而发展中及新兴工业经济体制造业产出呈下滑趋势。其中，工业发达经济体制造业产出由第二季度的增长0.9%增至1.5%;而发展中及新兴工业经济体制造业产出与上季度的增长5.3%相比略有收缩，增幅为5.0%。

### 二、细分行业增长分化

机器人产业发展势头良好。受劳动力短缺与人口红利流失以及机器人应用领域拓展等因素的影响，全球工业机器人市场需求仍加速增加，带动机器人产业的强势增长。据测算，2014年全球销售的工业机器人达到23万台，预计2015年会有15%的增长。目前，全球主要工业大国均提出了促进机器人产业发展的规划及政策，比如德国的工业4.0、日本机器人新战略、美国先进制造伙伴计划以及中国的《中国制造2025》等，不仅会长期促使工业机器人市场持续增长，也带动专业型与个人/家庭型服务机器人市场快速增长。

增材制造产业增长势头强劲。据《沃勒斯报告（2015）》统计显示，全球增材制造产业在过去26年的年复合增长率高达27.3%，其中，2012—2014年全球增材制造产业年复合增长率高达33.8%。2014年全球增材制造产业产值达到41.03亿美元，增长超过10亿美元，同比增长35.2%。据Wohlers Associates预计，2015年增材制造的行业规模可达55亿美元，到2016年将超过70亿美元，2018年将达到125亿美元，发展潜力巨大。

全球车市冷热不均，新能源汽车需求爆发。据LMC发布的数据显示，2015年1—11月份，全球乘用车和轻型商用车的累计销量为8056万辆，同比增长1.6%，呈现小幅增长态势，但纯电动车、插电式混合动力车和燃料电池车为代表的新能源车在2015年迎来大爆发。11月份全球电动车销量几乎暴涨115%，2015年全年销量将突破50万辆。

全球新造船市场需求疲软。2015年新船订单量降至2012年以来的最低水平。2015年1—11月份，全球新船订单量同比减少23%，全球手持订单量下滑8%，降至4667艘、2987万载重吨。受散运市场低迷影响，散货船新船订单量相比2014年同期大幅减少了77%，但益于油运市场的强势表现，油船新船订单量显著增长，据克拉克森数据显示，2015年油船新船订单量同比增长了11%。

### 三、美德日继续保持领先

美国、德国和日本等国是世界一流制造强国，在制造业领域具有比较强的硬实力及软实力，在全球制造业分工体系中亦处于领先地位。目前，全球制造业已基本形成四级梯队发展格局：以美国为主导的全球科技创新中心处于第一梯队；欧盟、日本在内的高端制造业中心处于第二梯队；包括中国及一些新兴国家在内的中低端制造中心处于第三梯队；第四梯队主要是资源输出国。在装备制造业领域，我国面临自主创新能力薄弱、基础配套能力不足、部分领域产品质量可靠性较低、产业结构不合理等现状。

美国是全球制造业实力最强的国家，在电子信息、航空航天、生物医药、新材料、新能源等领域实力超强。德国在传统技术和高新技术领域均具有雄厚实力，是世界工厂的制造者，被称为"众厂之厂"，同时，德国是世界第二大技术出口国，也是欧洲创新企业密度最高国家，在造船、钻探机械制造，到高速列车、地铁、汽车、飞机等领域具有绝对优势。日本是全球制造业技术水平和制造能力最高国家之一，其在汽车、电子信息等领域居于全球制造业分工体系的重要位置，部分领域的核心技术、关键装备亦对美国构成巨大挑战。

## 四、数字化和智能化加速

### （一）数字化和智能化趋势明显

随着数字化、智能化技术的应用，催生了产业模式转变或创新。一方面是大规模流水线生产转向定制化规模生产，另一方面是产业形态从生产型制造向服务型制造的转变。智能化在制造业设计、生产、物流等领域获得大发展，随着数字化和智能化的广泛应用，可引发制造业的变革。在设计领域，基于建模与仿真的智能化产品设计可减少测试和建模支出降低风险，设计简化设计部门和制造部门间的切换时间，压缩产品从设计到进入市场的时间。在生产领域，以工业机器人为代表的智能制造装备在汽车、电子电器、工程机械等行业生产过程中已经有日趋广泛的应用。信息技术在供应链管理领域的应用会缩短订单时间，提升生产效率，使得供应链管理更具效率。同时，企业通过嵌入式软件、无线连接和在线服务的启用整合成新的"智能"服务业模式，使得制造业与服务业之间的界限日益模糊，融合越来越深入，催生出"互联网＋先进制造业＋现代服务业"新型产业发展模式。

### （二）全球发力智能制造

1. 美国将智能制造作为战略重点

早在 1992 年，美国实施新技术政策大力支持关键重大技术（Critical Technology）的发展，智能制造技术便包含其中。美国政府希望借此改造传统工业并发掘和启动新产业。2012 年，美国国家科技委员会发布《先进制造业国家战略计划》，奥巴马总统随后提出创建"国家制造业创新网络"（NNMI），再次将智能制造作为战略重点提出，以帮助消除本土研发活动和制造技术创新发展之间的割裂，重振美国制造业竞争力。

2. 日本大力发展工业机器人

日本早在 1989 年就已提出发展智能制造系统，并在 1990 年 4 月倡导发起了"智能制造系统 IMS"国际合作研究计划，计划投资 10 亿美元，对包括制造知识体系、分布智能系统控制、快速产品实现的分布智能系统技术等在内的 100 个项目实施前期科研计划。当时，包括美国、欧洲共同体（后解散成立欧盟）、加拿大、澳大利亚等发达国家都加入了该项计划。受益于此项计划的推进，日本在 20 世纪 90 年代就已经普及工业机器人，目前已在第三、四代工业机器人领域取得了世界领先的地位，希望借助在该产业的高投入以解决劳动力紧缺问题，降低劳动成本并支持未来的工业智能化。

3. 欧盟多国部署智能制造相关发展战略

为改变美、日等国在信息领域的霸主地位，欧共体为了集中成员国的财力、物力、人力，于 1983 年启动了 SPRIT 计划（欧洲信息技术研究发展战略计划），SPRIT 计划是一项竞争前的技术研究与发展战略计划，为期十年，共筹资金 47 亿欧元。至 1998 年计划结束，SPRIT 计划共支持了 1000 多个项目开发和 900 多辅助行动，大力资助有市场潜力的信息技术。1994 年在 SPRIT 计划基础上，欧盟选择了 39 项核心技术作为新研发项目，其中，信息技术、分子生物学和先进制造技术三项涉及智能制造。德国政府于 2012 年提出"工业 4.0"计划，计划投资 2 亿欧元提升制造业智能化水平，建立具有适应性、资源效率及人因工程学的智慧工厂，并在商业流程及价值流程中整合客户及商业伙伴。

**（三）数字化和智能化应用更加深入**

数字化、网络化、智能化技术的应用将使制造企业实现产品全生命周期各环节、各业务、各要素的协同规划与决策优化管理，既可有效提高企业的市场反应速度，又可大幅度提高制造效益、降低产品成本和资源消耗，有效提高企业竞争力。例如，三一重工数字化车间，生产泵车等工程机械产品，实现智能装备、智能物流、智能生产，并建立可视化管控中心；GE 在印度建立了"炫工厂"，不仅能生产航空的零部件，还能生产发电设备的零部件，不同行业的零部件在同一个车间里生产实现了。西门子成都工厂实现了从管理、设计、产品研发、生产到物流配送的全过程实现数字化和网络化。

**五、企业跨国并购更加活跃**

在新一代产业革命兴起之际，对高端装备产业、新一代信息技术、生产性服务业的投资并购，是提升我国装备工业总体实力、融入跨国产业体系中最重要的支撑。普华永道 2015 年 8 月 20 日公布的数据，2015 年上半年中国企业并购交易活动创历史新高，境内投资并购金额增长高达 60%，并购交易数量共计 4559 起，环比增长 10%。海外并购交易数量环比增长 17%，达到 174 起；交易金额

272亿美元，环比增加24%。其中，民营企业海外并购交易数量增长50%，交易金额增长了148%。另据汤森路透2015年8月17日数据显示，全球已公布的并购交易规模达到2.9万亿美元，亚太地区2015年并购交易有望首次超过欧洲，占全球并购交易的比重达到23%。随着具有海外并购经验的企业数量不断增加，并持续在海外并购中保持活跃，2015年中企海外并购活动将持续增长。

在装备制造业领域，我国重大的并购项目不断出现。湖南株洲的中车株洲所先后收购了加拿大丹尼克斯、澳大利亚代尔克、德国E＋M钻机技术公司、德国博格公司。尤其是在收购英国SMD公司以后，中车株洲所将把深海机器人装备引入中国海洋市场，逐步扩展到核电、潮汐发电等应用领域，助力中车打造深海装备产业集群。

零部件供应商兼并加速。2015年汽车零部件产业迎来史无前例的收购兼并高潮，无论是频次还是规模都达到空前水平。2014年敲定的采埃孚—天合收购在2015年完结，缔造了全球规模第二的大汽车零部件供应商；安通林完购麦格纳内饰业务，欲打造成为全球最大内饰供应商；恩智浦和飞思卡尔合并，成为汽车电子领跑者；陶氏和杜邦合并之后，在汽车化工领域称雄。中国企业也不甘落后，中化将轮胎业第五的倍耐力收入囊中，中航也吞并瀚德完成在美国最大交易。

## 第二节　发展趋势

### 一、从生产方式看，智能制造将成为重要方向

当前，新一代信息通信技术与制造技术融合发展，成为新一轮科技革命和产业变革的主线。德国工业4.0、美国工业互联网、新工业法国等发达国家战略都将装备制造业作为主战场，将智能制造作为发展和变革的重要方向。所谓智能制造，主要是指智能制造技术和智能制造系统两个方面在制造领域的应用。前者包括新型传感技术、模块化嵌入式控制系统设计技术、人机交互技术、系统协同技术、故障诊断与健康维护技术、识别技术、嵌入式互联网技术等；后者突出在制造环节当中，借由人机一体化，通过计算机模拟人脑智能活动进行分析、推理、判断、决策，以信息技术与制造技术高度柔性与集成的方式，延伸取代、继承发展人脑智能的制造系统，具有自律能力、人机交互能力、虚拟现实能力、可重构与自组织能力及学习与自我维护能力等特征。总体上来说，智能制造系统是智能

制造技术集成应用的环境，也是智能制造模式具体呈现的载体。智能制造通过信息通信和互联网等技术，把制造自动化的概念扩展到柔性化、智能化层面，形成智能化的产品、装备、生产、管理和服务等具体表现形式。智能制造包括智能工厂和智能车间等典型系统，其核心是 CPS（信息物理系统）。这一系统通过集成计算、通信与控制于一体，实现大型物理系统与信息交互系统的实时感知和动态控制，使得人、机、物真正融合在一起。具体来讲，对配备有传感器、RFID 的设备进行数据采集，通过数据分析对生产状况进行模拟和跟踪，大数据技术对生产状况作出可能的分析和提示，人工控制对整个系统运行情况进行全程监控，并通过全面交互和实时反馈实现对生产过程的精准化管理，极大地提高了生产效率。目前智能制造最具代表性的应用就是实现了批量化定制生产，主要是在每一个制造环节嵌入多个生产模块，并通过数字化管理方式从产品下单开始，每一道工序都通过生产模块的无缝切换同每一件产品的生产要求进行匹配，实现按需生产及柔性化生产。例如，德国大众打造的 MQB 平台（横置发动机模块化平台）在汽车生产的主要工序，包括冲压、焊接、涂装等都嵌入多套生产模块，可以支持超过 60 多种车型批量化定制生产，不仅提升了生产效率，而且降低了单车生产成本。据测算，这一平台可以使单车生产成本下降 20%。

从装备制造业的发展趋势来看，智能制造无疑成为全球装备制造业发展的主攻方向。目前，装备制造业正全面向信息化迈进，柔性制造系统（FMS）、计算机集成制造系统（DIMS）等自动化、智能化系统不断在装备领域推广应用，产业的信息化、制造的协同网络化、产品的高附加值化、技术的融合化、系统管理的集成化将推动智能制造成为全球装备制造业发展的重要趋势。

## 二、从发展模式看，绿色化、服务化日渐成为转型发展新趋势

从全球制造业的绿色发展来看，页岩气、太阳能光伏等新能源技术和产业不断发展，清洁能源应用日渐成熟，欧美纷纷提出"绿色供应链""低碳革命"等战略，日本提出"零排放"理念，新的产品设计也不断兴起，绿色制造、增材制造日益普及，节能环保产业、再制造产业等产业链持续完善，制造业进一步向节约高效的绿色化方向发展。而传统装备制造业普遍存在资源消耗大、环境污染重等问题，面对制造业的绿色发展，全球装备制造业向绿色制造转变的趋势也愈发明显。绿色制造在制造的各个环节各个阶段（设计、材料、工艺、制造、物流、使用、循

环利用、管理），通过革新传统的制造技术、设计理念和生产方式，实现资源能源的高效清洁利用和环境影响的最小化。世界著名的汉诺威工业博览会，多次强调"绿色"主题，倡导提升能源、资源利用效率，最大限度地实现涵盖全球工业和装备制造业的可持续发展。近年来发展的激光再制造技术，也是装备制造领域绿色制造的典型形式，这一技术主要是将激光熔覆技术和再制造技术相结合，被用来修复高温、高压、高速运动的机械零部件，相比替换零件需要的磨合及时间，有些修复后的零部件性能甚至优于替换的新零部件，既节约了资源、节省了时间，也增加了经济性、环保性，目前已先后被石化、电力、冶金、汽车等十几个行业应用。

着眼于全球制造业的竞争格局，目前全球500强企业所涉及的50多个行业中，有超过50%的企业在从事服务业。发达国家普遍存在两个"70%"的现象，即服务业增加值占GDP比重达70%，制造服务业占整个服务业比重70%。随着产品价值的实现和利润的增值日益向产业价值链两端的服务环节转移，国际制造业跨国巨头也都在推进制造服务化转型。从全球装备制造的服务化融合来看，新一代信息技术的广泛应用，推动装备制造企业生产从以传统的产品制造为核心向提供具有丰富内涵的产品和服务转变，表现为服务型制造和生产性服务业等方面。其中，服务型制造与传统的生产型制造相比，是以制造为基础，以服务为导向，使装备制造企业由提供"产品"向提供"产品＋服务"转变。例如，GE（通用电气）的"技术＋管理＋服务"所创造的产值已经占到公司总产值的2/3以上，英国罗罗（罗尔斯—罗伊斯）公司通过航空发动机"租用服务时间"为用户提供保养、维修等服务，卡特彼勒以提升工程机械产品全生命链价值为出发点来构建精准供应链体系，阿尔斯通构建电力和轨道交通行业的"完全本地化"服务体系并成功实现战略转型。

### 三、从创新特点看，网络协同创新与新兴技术产品不断加速

随着信息技术尤其是互联网技术的持续发展和应用，跨领域、协同化、网络化的创新平台正在重组传统的装备制造业乃至制造业创新体系。传统装备制造业创新活动中，新技术新产品的推出很大程度上是源于单个企业的技术研发和产业化等活动。随着产业分工日益细化，产品复杂程度不断提高，技术集成的广度和深度也在大幅拓展，单个企业往往难以也无法涵盖全部创新活动，需要与高校、科研机构、行业协会及其他企业等联合，开展协同创新，实现创新资源的优化配

置，加快创新和产业化。网络化的众包、众创、众筹、线上到线下（O2O）等新型创新方式密集涌现，改变制造业技术创新、模式创新和管理创新等的方式。以中国商飞公司的 C919 大飞机的协同创新网络为例，中国商飞公司通过构建全球性跨领域多主体的协同创新网络，大大提高了飞机研发制造的效率。在 C919 民用大飞机项目中，商飞公司坚持统筹全国乃至全球资源，开展网络化协同创新和研发制造，带动我国民用飞机产业体系的建设和完善。通过市场机制选择国内 9 家企业作为大飞机机体结构供应商、51 家为标准件供应商、16 家为材料供应商，全国共 20 多个省市 200 多家企业及 20 多所高校参与大飞机项目研制，同时还择优选择十几家国际著名的航空发动机、机载设备及关键系统和部件制造企业作为大飞机供应商，并在其他多领域开展合作交流。

此外，随着信息技术与制造技术加速融合，3D 打印、可穿戴设备、无人飞机、智能汽车等装备制造领域新技术和产品方兴未艾，如 3D 打印，采用逐层叠加材料成形或打印的方式来生成三维实体。与传统铸、锻、焊和切、铣、磨等加工艺技术相比，3D 打印是一种具有变革意义的新型加工制造工艺。无人飞机，实质上就是一种智能化会飞的机器人，它的兴起得益于数字化控制技术、智能制造技术及微机电制造工艺的成功应用，目前已经扩展到民用领域，如占据广大硅谷高科技人群娱乐工具的民用无人机就融合了飞行控制系统、飞行动力系统、高清数字图像传输系统、稳定云台系统等多个复杂智能化系统。同时，通过在传统产品中嵌入信息技术，装备产品的性能和效率也获得大幅提升，如我国新建的"海洋石油 981"平台，它利用柴油机集中发电，然后对整个平台进行电力驱动和数字化控制，在计算机系统的优化控制和自动化调度下，平台底部的 8 个推进器可以在各个方向上进行角度和推力调整，保证平台的稳定和顺利完成作业。

### 四、从组织结构看，企业组织与竞争分工方式明显改变

企业内部而言，互联网的应用使很多装备制造业企业开始运用互联网思维开放、协作与分享的特点，减少企业管理的内部层级结构，在产业分工中更加注重专业化分工与精细化合作，推动生产组织更富有柔性和创造性。企业外部而言，网络技术正在加速制造业尤其是装备制造业的全球化进程，随着与互联网、物联网、大数据、云计算等融合程度的不断提高，装备制造业生产、流通等不同环节也在逐渐紧密。电子商务、电子数据交换、电子资金转账、远程运维等从根本上

改变了装备制造业的生产、消费、流通方式，并在贸易领域引起了巨大变化，加速了装备制造业的全球化进程。就产品制造而言，制造网络化在迅速发展，网络技术将设计、生产、销售、售后服务一体化，网络化制造贯穿于从订单开始、经营活动建立、产品技术开发、设计、制造加工、销售及后续服务等产品全生命周期。企业除了能为下游提供最优解决方案和服务之外，还可以实现多环节并行并提供特殊定制。就产业而言，信息技术正在改造着装备制造业的产业结构与组织结构，一些产业中纵向一体化的趋势正在减弱，取而代之的是众包、分包等合作方式。技术研发、生产以及销售的多地区协作日趋加强。以宝马集团为例，在全球建设了 35 个大型采购仓储中心，并由 1900 家供应商为其提供零部件和相关服务，从而形成了相互协作、相互依存的利益共同体。

同时，得益于互联网、开源软件、开源硬件，以及 3D 打印等新技术的应用，众多"创客"脱颖而出，装备制造领域的小企业创新创业日趋活跃，只有运营总部而没有生产车间的网络企业或虚拟企业开始出现并迅速成长。随着全球贸易自由化、便利化的继续推进，电子化贸易手段普遍使用，以及商品标准趋同和贸易合同标准化加快应用，这种小而专的网络化运营模式有利于打破因信息和渠道垄断造成的壁垒，能够促进新科技和新需求迅速对接，有利于企业在瞬息万变的市场环境中抢抓机遇，推动资源配置的全球化。如美国 Shapeways 公司通过网络收集全球的设计方案，消费者选择确认后，公司利用 3D 打印机生产并邮寄。目前已经有 180 万种创意消费品可供选择，为消费者打印了几百万件产品，每月增加约上十万个新的产品设计，大幅提高了生产和销售。

## 五、从发展格局看，全球装备制造业基本格局将动态调整

从制造业格局来看，在近三百年时间里，全球制造业格局发生了显著变化，目前已基本形成四级梯队发展格局。处于第一梯队的是全球制造业创新中心，这是以美国单极化为显著特征的阵营。同时，美国还是高端装备制造方阵的国家，这是第二梯队，同处这一梯队的还包括德国、法国、英国等欧洲国家及日本、韩国等东亚国家和地区。第三梯队是具备后发优势的追赶型国家，主要包括金砖国家，这些国家通过要素成本优势，积极参与国际分工，推动制造业快速发展。其他发展中国家和不发达国家处于第四梯队，以原材料输出和劳务输出为主，具备丰富的资源和要素成本比较优势，包括 OPEC（石油输出国组织）、非洲、拉美等国。

从我国制造业发展来看，目前正处于第三梯队向第二梯队过渡的阶段。近年来，全球制造业出现了动态调整。特别是金融危机以后，随着新一轮技术创新浪潮引发新一轮工业革命、新一代信息技术与制造技术深度融合，制造业迎来发达国家和发展中国家争相介入的新一轮国际分工争夺战。尽管比较优势的动态变化将重塑全球制造业版图，世界第一制造业大国的地位也由英国到美国，再到中国转变，但全球制造业的四级梯队格局中，第一梯队单极化格局短期内很难改变，第二梯队德国、日本等国家地位将进一步巩固，而一些后发国家有望通过技术、资本和人才积累及产业升级进入第二梯队。

金融危机后，世界主要经济体纷纷将制造业作为经济振兴的重点，装备制造业则是重中之重。一方面美欧日等发达经济体依靠长期以来积累的人才优势、技术优势和市场优势，继续强化中高端制造领域特别是高端装备制造的领先优势，随着3D打印、工业机器人等智能制造技术的普及应用，劳动力在生产制造过程中的作用和总成本中的比重都将大幅下降，发展中国家中高端制造环节出现向发达国家回流的现象。以我国为例，据波士顿咨询估计，现在美国商品的平均成本只比中国高5%。到2018年，美国制造业综合成本将比中国低2%—3%。中国制造业赖以生存的低成本优势将一去不复返，未来我国与发达国家的分工关系将从目前的垂直分工转为垂直分工与水平分工并存，尤其在轨道交通、电力设备、海工装备、通信设备等高端制造领域与发达国家的竞争将更加激烈。同时，美国发布《先进制造业伙伴计划》《制造业创新网络计划》，德国发布"工业4.0"，日本在《2014制造业白皮书》中重点发展机器人产业，英国发布《英国制造2050》等，纷纷抢占制造业发展制高点，巩固装备制造业国际地位格局。另一方面，广大发展中国家利用低成本竞争优势，积极吸引劳动密集型产业和低附加值环节转移，继续大力发展传统装备制造业。

## 第三节　主要国家和地区概况

### 一、美国

#### （一）机床订单和消费量均出现双降

据美国机械制造技术协会（AMT）的统计数据显示，2015年1月，美国机床订单额为3.4亿美元，环比下降32.9%，同比下降4.8%。其中，金属切削机床订单额环比下降32.9%，同比下降5.2%；成形机床环比下降31.9%，同比增长14.1%。从订单量来看，1月机床订单为1637台，远低于2014年12月的2761台。2015年5月，美国机床订单额为3.4亿美元，环比下降13.2%，同比下降6.2%。2015年1—5月，美国机床订单额为18.0亿美元，同比下降7.9%。

### （二）汽车销量创历史新高

据美国《汽车新闻》数据中心公布的统计数据显示，受低油价、低利率以及消费者信心增强等因素推动，2015年美国汽车销量增长5.7%至创纪录的1747万辆，12月销售同比增长9%至164万，其中，皮卡、越野车和跨界车销售最为强劲。另外，美联储推行宽松货币政策，房地产、就业率以及消费者信心等各项指标良好等因素都将支撑美国车市继续前行。

## 二、德国

### （一）产销量创历史新高

装备制造业是德国第五大产业，其50%以上的机械设备均为出口。德国机械设备制造业联合会（VDMA）表示，2015年前7个月，来自德国国内和欧元区的订单数量大增，来自欧元区订单同比增幅甚至达51%。其中，2015年7月德国机械设备制造商获得订单数量同比增加18%，来自德国国内的订单数量，同比增幅达43%。出口方面，虽受挫于中国与俄罗斯需求低迷，但受益于欧元贬值，德国装备制造业2015年仍取得好成绩，前三季度的工程产品出口总额增长2.6%至1160亿欧元。德国2015年前三季度对美国和英国的整体出口大增，2015年1—9月德国向美国出口了价值125亿欧元（133亿美元）的工程产品，同期对中国的出口额为120亿欧元，美国有望成为德国最大的出口市场。

### （二）乘用车销量大幅增长

德国汽车市场可以说是2015年欧洲车市复苏的一个缩影。统计数据显示，2015年前11个月，德国汽车销量累计达到326.21万辆，上年同期累计为310.69万辆，同比增长5%。其中乘用车销量累计达到295.87万辆，较上年同期的280.72万辆增长5.4%。商用车销量累计达到30.34万辆，较上年同期的29.97万辆增长1.22%。

## 三、日本

### （一）汽车新车销量下滑

据日本汽车销售协会联合会和全国微型车协会联合会发布数据显示，受到2015年4月微型车购置税上调后销量下滑的影响，2015年国内新车销量（包括微型车在内）为5046511辆，较上年下滑9.3%，自2011年来首次同比减少。同时公布的2015年12月国内新车销量为369460辆，较上年同期减少14.5%，连续12个月同比下滑。就全年数据来看，微型车销量为1896201辆，同比减少16.6%，近4年来首次下滑并时隔两年再次跌破200万辆。除微型车以外的新车销量为3150310辆，同比减少4.2%，时隔一年再次下滑。

### （二）机床产业增速减缓

据日本机床工业协会公布的数据显示，2015年11月，日本机床订单额为1143.92亿日元，与上年同期相比下降了17.7%，已连续4个月呈现同比下滑趋势。但与10月相比则增长了11.0%，连续2个月呈环比增长态势。其中，日本11月份国内机床订单额为454.64亿日元，同比下降7.3%，汽车相关产业为中心的"机床需求仍然较为坚挺"。另一方面，外需的机床订单额仅为689.28亿日元，同比大幅下降23.4%，但面向中国的电子零部件订单额同比增长6.3%。

## 四、韩国

### （一）五大车企销量均有上升

韩国五大整车厂商2015年本土总销量同比增加8.7%，达157.97万辆，创下继1996年后19年来的最高纪录。据韩国整车业界发布消息，现代、起亚、韩国通用、雷诺三星、双龙等韩国五大整车厂商2015年全球销量同比增加0.7%，为901.12万辆。具体来看，现代起亚汽车以801.57万辆排名首位，韩国通用（62.19万辆）、雷诺三星（22.91万辆）、双龙汽车（14.45万辆）分列其后。

2015年韩系车在全球最畅销车型是现代朗动（Avante），销量81.18万辆。本土市场上，现代索纳塔（10.84万辆）和朗动（10.04万辆）销量双双破10万辆，包揽本土最畅销车型排行榜冠亚军。韩国通用、雷诺三星和双龙汽车销量也表现不俗。韩国通用去年本土销量15.84万辆，刷新公司成立以来年度最好业绩。雷诺三星去年出口同比大增65.9%，在出口的大力推动下，全球销量同比增长 34.9%，达 22.91 万辆。而得益于全新小型 SUV 车型"TIVOLI"的热销，双龙汽车去年全球销量同比增加 3.3%，达 14.45 万辆，其中本土销量 9.974 万辆，出口 4.49 万辆。

### （二）造船业形势依然低迷

韩国进出口银行发表数据显示，2015 年 1—3 季度，韩国造船业订单金额累计 190.5 亿美元，同比减少 19.4%；订单总量为 877 万 CGT（修正总吨），同比减少 2.5%；除集装箱船、油轮以外的其他船种订单量均出现下降，海洋平台订单仅为 1 艘，散货船没有订单。韩国进出口银行研究所预测，2015 年韩造船业累计订单金额为 240 亿美元，同比减少 27%。分析称，世界造船产业不景气是造成韩国造船业出现下滑的主要原因，同时考虑到海运市场萎缩、既有未建造订单等因素，明年韩造船订单量或将进一步下滑。

# 第二章　2015年中国装备工业发展状况

## 第一节　产业现状

### 一、生产增速持续放缓

2015 年以来，发达国家经济复苏依旧缓慢，新兴经济体扩张偏弱，地缘政治等非经济因素的影响仍然存在。我国经济正处在新旧动能转换的艰难进程中，尽管经济运行整体平稳趋势没有改变，但受汽车等主要行业市场下行波动及需求低迷影响，前 8 个月我国装备工业增加值增速持续低位徘徊。9 月和 10 月，汽车等行业快速回升，装备工业增速也实现企稳回升。1—10 月，规模以上装备制造企业工业增加值同比增长 5.2%，低于全国工业同期水平，不足 2014 年同期的

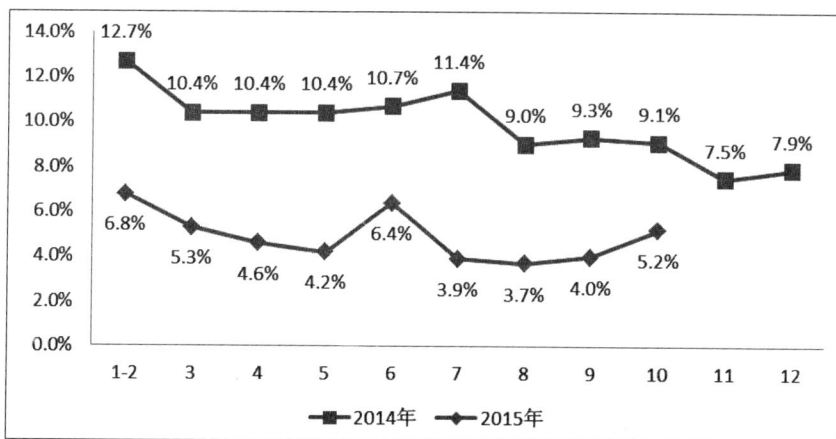

图2-1　2014年1月—2015年10月我国装备工业增加值分月增速

资料来源：赛迪智库，2015 年 12 月。

一半。预计全年我国装备工业增速将继续回升，但在投资需求收缩和外贸形势压力下，回升幅度有限，2015 年全年增速在 5.5% 左右。出口方面，1—10 月出口交货值增速呈逐月回落态势，累计同比下降 2.15%，10 月下滑幅度略有减小，同比下降 4.32%。预计全年出口形势仍将严峻，出口交货值累计同比降低幅度在 2.5% 左右。

## 二、主要行业效益分化

2015 年以来，我国机械工业运行面临较大困难，主要指标增速创新低，总体呈低迷走势，部分行业表现分化。1—10 月，通用设备制造业增加值实现同比增长 3.2%，专用设备制造增长 3.5%，电气机械和器材制造增长 7.3%，仪器仪表制造增长 5.7%。主要通用机械产品如泵、齿轮、气体压缩机、风机等产量均呈现不同程度的下降；金切机床产量同比下降 8.2%，其中数控金属切削机床产量同比下降 9.8%，金属成形机床下降 6%；工程机械产量全线下滑，挖掘机、装载机产量分别同比下降 24.5%、28.9%；火电、风电等传统发电设备产量下降幅度较大，但风电机组产量同比增长 15.8%；大型拖拉机产量同比大幅增长 32.3%，中型拖拉机增长 7.2%，但小型拖拉机产量同比下降 15.5%。

2015 年，受全球航运市场低迷影响，船舶和海工增长压力较大。虽然我国造船完工量年初实现企稳回升，但由于新承接船舶订单延续上一年度的疲软态势，同比持续大幅下降，导致手持船舶订单从 3 月份开始一直负增长，三大指标呈现一升两降的发展态势。加上新船价格持续低位徘徊，船舶企业交船难、融资难等问题突出，经济效益出现下滑，船舶工业面临形势严峻。1—10 月，全国造船完工量 3287 万载重吨，同比增长 15.4%。承接新船订单量 2038 万载重吨，同比下降 62.1%。截至 10 月底，手持船舶订单 13201 万载重吨，同比下降 14%。重点监测船舶企业工业总产值、营业收入保持平稳增长，出口交货值出现下降。同时，海洋工程装备市场也出现较大程度萎缩。

2015 年，新兴装备产业发展迅猛。受益于相关政策的扶持和传统产业转型升级的拉动，2015 年，国产工业机器人市场实现了稳定的增长，2015 年上半年共销售工业机器人 11275 台，同比增长 76.8%，按可比口径销量增长 27%，是上年全年销售量的 66.5%。2015 年国产工业机器人销售总量为 22257 台，同比增长 31.3% 左右。从产品结构看，坐标机器人和多关节机器人销售位居前两位，分别占总销量的 37% 和 33%，其中坐标机器人较上年同期增长 87%，多关节机器人同比增长 91%，并且已达到上年全年的销量。从应用领域看，搬运上下料机器人销量占总销量的 53%，位居第一位，同比增长 109%；焊接与钎焊机器人销量占比为 19%，位居第二位，同比增长 32%。从应用行业看，化学原料和化学制品制造业、汽车制造业、橡胶和塑料制品业及电气机械和器材制造业应用较为集中，共计占销售总量的 58%。其中，黑色金属冶炼和压延工业、教育、橡胶和塑料制品业、医药制造业、专用设备制造业、家具制造、3C、服装、服饰业以及酒、饮料和精制茶制造业增速较快。

## 三、智能制造发展加速

2015 年以来，我国智能制造发展加速。《中国制造 2025》确定了制造业创新中心建设、智能制造、工业强基、绿色制造、高端装备创新等 5 项重大工程。工业和信息化部重点推进制造过程智能化。2015 年确定 94 项智能制造专项项目，46 项智能制造试点示范项目，同时，智能制造工程也将 2015 年开始实施。

工业和信息化部近期下发了《国务院关于积极推进"互联网+"行动的指导意见》的行动计划（2015—2018 年）指出，将加强智能制造的培育和推广。到 2018 年，将培育 200 个智能制造试点示范项目，初步实现工业互联网在重点行业的示范应用。具体行动内容包括加强智能制造顶层设计、发展智能制造装备和产品、组织开展智能制造试点示范、推进工业互联网发展部署等。

目前，中国以智能工厂、数字化车间、增材制造技术应用及大规模个性化定制、网络协同开发、在线监测、远程诊断与云服务等为代表的新业态、新模式快速发展，工业机器人、服务机器人、新型传感器、智能仪器仪表与控制系统、可穿戴设备、智能家电、智能电网等智能装备和产品的应用不断拓展，需求规模呈快速扩大的态势。

## 四、高端装备加快创新

2015 年，为应对国内外市场需求的变化，装备制造业不断转型升级，高端装备发展取得明显成效，高端装备制造业产值占装备制造业比重逐步提高。《中国制造 2025》明确将高端装备创新工程作为政府引导推动的五个工程之一，提出组织实施大型飞机、航空发动机及燃气轮机、民用航天、智能绿色列车、节能与新能源汽车、海洋工程装备及高技术船舶、智能电网成套装备、高档数控机床、核电装备、高端诊疗设备等一批创新和产业化专项、重大工程。目的是集中资源，统筹推进，突破瓶颈，提高创新发展能力和国际竞争力，抢占竞争制高点。

## 五、"走出去"面临更好机遇

近年来,中国政府提出了一系列重大战略措施,包括"一带一路"倡议、非洲"三网一化"、国际产能和装备制造合作等,都为中国企业加快"走出去"指明了方向。2015年3月,国家发改委等多部门联合发布了《推动共建丝绸之路经济带和21世纪海上丝绸之路的愿景与行动》,2015年5月份,国务院相继发布《中国制造2025》和《关于推进国际产能和装备制造合作的指导意见》,指出打造具有国际竞争力的制造业,是我国提升综合国力、保障国家安全、建设世界强国的必由之路,我国装备制造业"走出去"被正式提上重要日程。在落实《中国制造2025》规划目标时,工信部也把进一步支持高端装备制造业"走出去"作为重点,选择了一些重点项目加快推进。2015年10月份工信部制定"制造业'走出去'战略规划",加强对企业的统筹协调和分类指导。"一带一路"沿线的国家多为发展中国家及新兴经济体,除了新加坡外,大部分国家的工业化程度均不高,基础设施建设还比较落后,这些国家对铁路、机场、港口、电力、管线、电信等基础设施的需求较大,约有1.12万亿美元的基础设施建设市场需求,占全球市场份额的29%。除基础设施投资外,沿线国家加强产业投资与合作,特别是深化装备制造业的投资与合作,是各国推进工业化进程的需要,是促进沿线各个国家社会经济深度融合的重要路径,是"一带一路"战略建设的重点领域。这就为中国装备制造业"走出去"提供了巨大市场空间。未来一段时间内,中国装备制造业将顺应"一带一路"沿线众多国家的产业转型升级的趋势,积极鼓励和支持装备制造企业"走出去"到这些国家投资创业。目前,中国企业"走出去"开展对外投资合作保持快速发展势头,在境外设立的企业近3万家,境外企业资产总额超过3万亿美元,中国已连续三年位居全球第三大对外投资国。

## 六、首台(套)应用不断推进

2015年3月,工信部、财政部、保监会三部门联合,从首台(套)应用难问题导向出发,启动了首台(套)重大技术装备保险补偿机制试点工作,首次从制度层面明确通过中央财政保费补贴方式支持首台(套)重大技术装备发展。

自试点工作正式启动后,截至2015年9月底,已有50多家重大技术装备企业进行了投保,据不完全统计,目前已经签订保单80个,保费总额3亿元,承保金额超过110亿元,带动了一大批重大技术装备打开初期市场,保险试点工作取得了良好开端。

工信部于 10 月 30 号发布《首台（套）重大技术装备推广应用指导目录》(2015 年第二版），与 2015 年 3 月发布的第一版相比，第二版进一步扩大了产品范围和种类，清洁高效发电装备调整 2 项、新增 1 项，超特高压输变电装备新增 20 项，大型石油石化及煤化工成套装备调整 1 项、删除 1 项、新增 45 项，煤矿装备新增 9 项。

在清洁高效发电装备中，大型抽水蓄能机组功率由 400 兆瓦及以上调为 300 兆瓦及以上，大型风电机组功率由 5 兆瓦及以上调为 2.5 兆瓦及以上，并且新增发电机组大型铸锻件及关键部件。

在超特高压输变电装备中，交流输变电装备新增 1000 千伏发电机升压变压器、超大容量发电机变压器、磁控式可控并联电抗器等 9 项，直流输变电装备新增接入 750 千伏交流换流变压器、换流站用旁路开关等 7 项，柔性输变电装备新增直流输电换流阀成套装备等 3 项，同时还新增 500 千伏交联聚乙烯绝缘电力电缆、电缆附件。

大型石油石化及煤化工成套装备中，年产量 30 万吨及以上、功率 10 兆瓦及以上的聚乙烯、聚丙烯装置混炼挤压造粒机组从目录中删除，大型压裂成套装备压裂泵车单机最大功率 3000 马力及以上调为 2500 马力及以上，百万吨级乙烯装置主要新增了超大型板壳式换热器、丙烷脱氢装置用压缩机组和丙烷脱氢装置用压缩机组，陆地油气钻采装备新增顶部驱动钻井装置、旋转导向钻井系统等 11 项，煤化工成套设备新增种类最多，达 24 项。

煤矿装备主要新增了智能化 8.8 米超大采高液压支架、智能控制刮板输送机、瓦斯抽放泵系统、自动化煤样管道输送系统等产品。

此外，在高技术船舶及海工装备中，液化天然气（LNG）运输船取消了载货量 3 万立方米及以上的限制，新增载货量 8000 立方米及以上大型乙烷运输船（VLEC），海工装备调整 4 项、新增 20 项；重大技术装备关键配套基础件中，新增煤炭深加工极端参数泵用机械密封装置、核安全级温度仪表等产品。

## 第二节　存在问题

### 一、自主创新能力薄弱

我国装备制造业创新能力不强、技术水平不高的现状仍长期存在。目前，我国多数装备制造企业仍处于跟踪模仿阶段，部分所谓进行"自主创新"的企业也仅仅是基于发达国家的技术平台从事应用创新，对重大的理论创新较少，自主创新能力亟待提高。造成我国装备制造业创新能力不强的原因，首先是我国自主创新能力整体偏弱。虽然2013年我国研发经费投入与GDP之比首次突破2%，但是在企业层面，大型企业的研发投入仅为主营业务收入的0.88%左右，与发达国家的差距较大，并且成果转化率比较低。就我国装备工业而言，由于严重缺乏具有原始创新和集成创新为一体的自主创新能力研发体系，使得我国装备工业整体研发能力依然不强，仍处于全球价值链的中低端。而关键工艺技术和核心零部件主要依赖国外引进，如航空航天、数控机床、国防军工及战略性新兴产业所需的高端装备等大型成套设备严重依赖进口。我国装备工业自主创新的不足，造成了重要的产品和工艺技术依赖进口，反过来又制约了装备工业的自主创新，长期陷入恶性循环。

## 二、基础配套能力不足

制约我国装备工业高端化的重要因素在于基础配套能力不足。一是我国装备制造业领域的高水平科技人才匮乏，导致装备工业领域的研发能力不足。目前我国装备工业科技活动人员占同期从业人员的比重仅3%左右，而工业发达国家则达到了5%以上。二是基础材料不过关。目前我国航空发动机等高端装备制造业领域的高端结构材料关键技术仍未解决，25%的材料完全空白，导致高端材料自给率不高，不具备产业化条件；相当部分的材料，虽然关键技术已取得突破，可以生产，但品质较低，质量不稳定，不能完全满足发展需求。二是基础技术、基础工艺和基础部件发展滞后。基础部件是装备制造业不可或缺的重要组成部分，其质量、性能和可靠性等决定着重大装备和主机产品的性能、质量和可靠性，是我国装备工业实现由大到强的关键。当前我国关键基础部件主要还是进口，技术受制于人。

## 三、部分领域产品可靠性有待提升

目前，我国能够生产大部分的装备产品，一批重大技术装备实现了国内制造，但我国装备产品以中低档居多，大部分产品质量不高，大型高精度、超精密机床和数控机床与国外相比，在精度、工艺结构和可靠性等方面还有一定差距；占核电机组设备投资1/4的泵阀主要依赖进口，70%以上为高档数控机床配套的高档功能部件依赖进口，海洋工程装备配套设备 80% 需要进口，航空发动机、飞机机载设备、飞机材料、起落架系统等 90% 需要进口，大型工程机械所需的 30Mpa 以上液压件全部都要进口。基础部件依赖进口折射出我国基础技术、基础工艺也发展滞后。基础材料方面，塑料模具标准件材料较差、质量不稳定，仪表材料可靠性不足，先进复合材料品种又少。基础工艺方面，如我国热处理行业仍普遍存在大而不强、量多品质差的现象，精密塑性成形技术与工业发达国家相比，总体落后 15—20 年。

## 四、产业结构仍不合理

2015 年以来，我国装备制造业部分行业通过结构调整实现了快速增长，但仍有部分行业处于低端扩张，恶性竞争加剧的现状。在"十三五"重点推动智能制造、高端装备发展等环境形势下，这些行业亟待加快结构调整和转型升级。如我国国产工业机器人还主要以搬运和上下料机器人等中低端产品为主，大多是三轴和四轴机器人，应用于汽车制造、焊接等领域的六轴或以上的高端工业机器人市场则主要被日本和欧美企业占据。由于行业进入门槛低，许多企业盲目投入，低水平重复建设，造成新兴产业产能过剩倾向，全国 40 多个园区、1000 多家企业中，能够真正实现自主高端制造及盈利的寥寥无几。

## 五、企业经营压力还较大

当前国际经济复苏道路依然曲折，国际市场需求总体仍然偏弱；受国内外需求疲软影响，装备产品订单普遍减少，市场竞争更为激烈，总体价格水平延续了近几年的下行态势，造成装备制造业企业经营压力依然较大。一是成本压力增大，利润空间减小。1—9 月，装备工业企业主营业务收入同比增长 3.22%，但主营业务成本同比增长 3.78%，管理费用增长则达到 6.69%，应收账款同比增长 6.5%，导致企业利润总额同比降低 0.03%，而且企业面临的要素成本、环境成本、社会负担等都在不断增加。二是产成品库存逐月走高，1—9 月同比增长 6.83%，企业产品销售困难。三是融资压力不断加大，虽然 2015 年央行已多次降准、降息，但银行惜贷与部分企业不愿贷并存，工程机械、船舶等行业普遍反映的融资难、贷款成本高、制造商担保融资负担重等问题较为突出。目前，不少民营造船企业融资成本已高达 8%—12%，企业融资困难，进而导致保函难以开到，不少新船订单流失。据此预计，2016 年我国装备工业企业生产经营仍将面临较大的困难。

## 六、新兴产业过剩风险增加

《中国制造2025》发布以后，我国很多省市相继发布了行动纲要，对十大战略产业，尤其是高端装备领域进行了积极的布局，但许多地区却并未基于本地产业发展基础、现状及需求而求新、求热，谋划建设相关的产业园区。这虽然在有一定程度上促进了新兴产业的发展，但也可能会导致新一轮产业重复建设甚至产能过剩等问题。在以往的发展过程中，重复建设曾带来资源、土地、人力资源等的浪费问题，给地方和企业的长远发展带来了巨额损失。比如，许多省市都将机器人产业作为重要的产业进行规划，比如天津公布到2015年，机器人产业规模达到200亿元；沈阳抚顺新城2013年宣布要建全国最大的机器人产业基地，预计年产值500亿元；山东青岛新区规划了1000亩土地，计划打造北方最大的机器人产业基地等等，上海、哈尔滨、常州等地也已规划和建设了机器人产业园。据不完全统计，在各地政府的支持和扶持下，全国已经超过40个机器人产业园区，相关园区还在谋划中，专门从事机器人研发和生产的企业也迅速增加，据了解，我国目前这样的企业超过千家。我国机器人技术水平还徘徊在中低端，巨量机器人产能的快速上马，并不能缩减与世界先进水平的距离，技术的空心化又会导致应用的低端化和市场的边缘化，会加剧我国低端机器人产业的产能过剩危机。

## 七、重大装备研发应用难度仍较大

尽管我国在事关国家命脉、国民经济发展的重大科研项目、关键技术装备方面取得了重大突破，但在部分领域仍与发达国家的差距较大，一批关键技术还未完全掌握，导致一些领域发展受限。同时，由于我国资源配置不当，优化资金配置方面存在漏洞；缺乏共享机制，重复建设现象严重；基础条件不佳，科学技术研究领域专项资金投入额较少，导致我国关键技术的突破难以实现，战略性研究受制于人，重大原创性科技成果难以形成，重大技术装备成果难以全部实现国产化。

# 行 业 篇

# 第三章　机械行业

## 第一节　行业运行基本情况

### 一、行业增速持续回落

2015 年，机械工业各项指标均在低位运行，增加值增速持续回落。2015 年上半年，机械工业增加值 1—2 月增长 6.8%，1—5 月增速已持续滑落至 5.5%。下半年，1—9 月机械工业增加值同比增速回落至 5.1%，低于同期全国工业增速 1.1 个百分点，较 1—8 月回落 0.1 个百分点。10 月以来，在专用设备制造业及汽车制造业回升的影响下，机械工业增加值累计增速略有回升，同比增长 5.2%，但仍低于同期全国工业增速 0.9 个百分点。在统计的 49 类行业中，有 35 个行业增加值增速同比下降，仅 13 个行业增加值增速同比上升，1 个行业与上年持平。

### 二、经济效益低增长

2015 年，机械工业主要经济效益指标延续了回落趋势。1—4 月，机械工业主营业务收入 6.79 万亿元，同比增长 3.9%；1—9 月，主营业务收入 16.38 万亿元，同比增长 2.92%，较 1—4 月增速回落 0.98 个百分点，与上年同期增速 10.65% 相比，大幅回落了 7.73 个百分点，创 2008 年以来的历史新低。1—4 月，机械工业实现利润总额 4377.59 亿元，同比增长 0.83%；1—9 月，实现利润总额 10675.61 亿元，同比增长 0.34%，较 1—4 月增速回落 0.49 个百分点，与上年同期增速 15% 相比，大幅回落 14.66 个百分点。 1—9 月机械工业利润率 6.52%，同比下降 0.16%。

### 三、主要产品产量下降

2015 年 1—5 月，在 119 种主要产品中，产量同比下降的产品 71 种，占比

59.66%，产量增长的产品 48 种，占比 40.34%；1—10 月，产量下降的产品种类已增加至 86 种，占比 72.27%，产量同比增长的仅 33 种，占比 27.73%。产量下降较大的产品主要集中在工程机械、重型机械、常规发电设备、冶金矿山机械、石化装备、载货车等领域，而在一些产能严重过剩的行业，如普通机床、中小型普通农机、低压电器、交流电动机、电炉、电线电缆、电焊机及照相机等也出现了较大幅度的下滑。少数产品产量保持增长，如仪器仪表行业的工业自动化与控制系统、环保设备及仪器、电工仪表等；农机行业的大型拖拉机、联合收割机、自走式植保机械等大型农机产品以及烘干机械、青饲机械、收获后处理设备等产品；零部件产品中的紧固件等。由此可见，产量增长的产品与节能减排、产业升级、民生等关系密切。

## 四、进出口降幅加深

2015 年，我国机械工业累计进出口降幅加深。1—8 月，机械工业累计进出口总额为 4443.99 亿美元，同比下降 6.81%，其中进口额 1850.06 亿美元，同比下降 13.33%，出口额 2593.92 亿美元，同比下降 1.53%，累计进出口贸易顺差为 743.86 亿美元；贸易顺差前三位的国家和地区为中国香港、美国和印度，逆差前三位的国家为德国、日本和韩国。统计的十一个行业进口同比增速较 1—7 月有所回落，其中机床工具行业进口增速回落最快，较 1—7 月又下滑 2.65 个百分点，其次是汽车和内燃机械行业。一般贸易前 8 个月累计进出口总额 2798.29 亿美元，其中累计进口额 1226.15 亿美元，同比下降 15.56%，累计出口额 1572.14 亿美元，同比增长 1.14%；加工贸易前 8 个月累计进出口总额 1148.9 亿美元，其中累计进口额为 365.42 亿美元，同比下降 3.58%；累计出口额为 783.48 亿美元，同比下降 6.27%。从出口看，一般贸易出口同比增速高于加工贸易 7.41 个百分点。

## 五、产业结构调整效果显著

在宏观经济与产业结构调整的大背景下，以投资类产品为主体的行业受到了较大冲击，其中工程机械、重型矿山机械、石化通用机械等行业下滑较为严重，而与消费类市场联系较为紧密的行业，例如汽车、食品包装机械、农业机械等行业，仍保持较快的增长。符合国家政策导向的产品发展迅速，如新能源汽车，其 1—10 月产销为 181225 辆、171145 辆，同比分别大幅增长 2.7 倍和 2.9 倍，其中插电式混合动力汽车产销分别同比增长 1.9 倍和 1.8 倍，纯电动汽车产销分别同比增长 3.3 倍和 3.9 倍。企业自主创新能力已取得新突破，机床数控系统等核心部件实现自主生产，摆脱了对国外厂商的依赖，两化融合进一步深入，我国智能制造的发展越来越受到重视，制造业信息化进程加速，融资租赁营销、网络化制造、农机电子商务、制造服务业 等一批新业态新模式不断涌现，拓宽了行业发展空间。

## 第二节　各子行业运行分析

### 一、工程机械

#### （一）产销持续低迷

2015 年，我国工程机械行业面临着较为严重的运营危机，产销全线下滑。2015 年前三季度，主要产品产量同比均有较大幅度下滑，其中挖掘机下降 24.3%、装载机下降 28.8%，混凝土机械下降 18%、压实机械下降 20.8%、水泥专用设备下降 13.8%。据统计，前三季度挖掘机销量 45147 台，同比下降 39.7%，几乎跌至 2006 年的水平。上半年，我国 25 家主要装载机企业的 3 吨以下小型装载机月销量同比下降约 30%，3 吨及以上装载机的月销售量同比下降约 50%。工程起重机市场也已压缩至三分之二，仅剩到了 400 亿元左右。

表 3-1　2015 年前三季度工程机械主要产品产量增速

| 产品 | 产量增速 |
| --- | --- |
| 挖掘机 | −24.3% |
| 装载机 | −28.8% |
| 混凝土机械 | −18.0% |
| 压实机械 | −20.8% |
| 水泥专用设备 | −13.8% |

资料来源：赛迪智库，2016 年 1 月。

#### （二）进出口负增长

2015 年 1—11 月，我国工程机械行业累计出口交货值 256.86 亿元，同比下降 19.06%，其中 11 月当月出口交货值 20.35 亿元，同比下降 27.54%，环比下降 4.6%。前三季度，实现进出口贸易总额 172.15 亿美元，较上年同期下降 5.90%，其中出口额 145.57 亿美元，同比下降 2.44%，进口额 26.58 亿美元，同比下降

21.2%，实现贸易顺差 118.98 亿美元，同比增长 3.53 亿美元。

### （三）效益普遍下滑

2015 年，我国工程机械行业经济效益普遍下滑，18 家工程机械及零部件上市公司上半年完成营业收入 500 亿元，同比下降 29.31%，净利润整体亏损 5.9 亿元，较上年同期大幅下降 114.89%。三一重工，2015 年前三季度挖掘机销量仍保持着行业第一，但其营业利润下滑严重，降幅在 90% 以上。此外，其他工程机械行业龙头企业效益下滑也较为严重，前三季度，徐工机械仅盈利 1235 万元，而中联重科亏损 5.2 亿元。

### （四）产品升级步伐加快

《中国制造 2025》的发布指出了我国制造业未来发展方向，工程机械行业也随之进入了产品结构调整期。三一重工、柳工等企业通过加大对核心零部件的研发投入，对企业的产品结构进行深度调整；厦工与中航合作，推出了具有智能记忆再现、智联群协同作业、恶劣工况下遥控操作等功能的智能工程机械产品；山推在国内首创了环卫型无人驾驶推土机；国机重工推出了 LRS240E 电驱动压路机；力士德的具有自主研发节能液压系统的"盈天下"系列挖掘机也十分令人瞩目。在全行业回归理性的背景下，不断升级产品结构，提高产品竞争力，从而带动整个产业结构升级，已成为工程机械行业可持续发展的不二选择。

## 二、农业机械

### （一）产销形势向好

2015 年，我国农机行业产销形势良好。1—7 月，大型拖拉机产量 5.15 万台，同比增长 37.29%；中型拖拉机产量 36.57 万台，同比增长 5.1%；小型拖拉机产量为 80.66 万台，同比下降 18.88%；收获机械产量为 48.66 万台，同比增长 12.6%。受部分区域市场保有量大、补贴政策调整、市场消费理性以及市场需求向大马力转变等因素影响，2015 年上半年，大中型拖拉机销量 19.59 万台，同比下降 0.45%；手扶拖拉机销量持续下滑，同比下降 56%。中国一拖、东风农机、福田雷沃等企业大轮拖产销同比均呈增长态势；而中轮拖生产企业产销同比均呈下滑态势。17 家重点收获机械企业上半年总销量同比增长 49.8%，其中自走轮式谷物收获机销量同比增长 38.03%，自走式玉米收获机销量同比增长 26.11%。

## （二）经济效益稳中有增

2015年，我国农业机械主机生产厂商更加注重经济效益，信用铺货减少，经销商全款提货较以往有所增多，行业效益稳中有增。1—7月，统计的2390家规模以上农机企业实现主营业务收入2454.58亿元，同比增长7.13%；实现利润138.11亿元，同比增长14.96%；其中，拖拉机实现主营业务收入384.38亿元，同比增长3.98%，利润同比增长18.07%；机械化农业及园艺机具制造实现主营业务收入736亿元，同比增长8.65%，利润同比增长12.46%。

虽然经济效益不断增长，但行业应收账款仍居高不下。1—7月，全行业应收账款362亿元，占主营业务收入比例为14.7%；库存417亿元，占主营业务收入16.9%，其中拖拉机库存占其主营业务收入的19.5%，机械化农业及园艺机具制造库存占其主营业务收入的22.6%，库存压力较大。

## （三）进出口低速增长

2015年，我国农业机械行业出口形势较为严峻。1—7月，完成出口交货值同比下降5.41%，除配件出口交货值同比增长实现39.22%的大幅增长外，其他主机产品出口交货值均出现了下滑趋势。2015年上半年，行业进出口总额同比上涨3.74%，其中进口额7.56亿美元，同比下降1.42%，出口额37.92亿美元，同比增长4.84%，实现贸易顺差30.36亿元。

# 三、机床工具

## （一）产销惯性下滑

2015年，受到我国经济下行和市场需求疲软的影响，机床工具行业运行呈惯性下滑态势。1—7月，机床工具工业总产值已同比下滑74.9%，销售产值同比下滑70.4%；金属加工机床产量同比下滑15.7%，增幅较上年同期下降14.1个百分点，其中金切机床的产量同比下滑15.1%，增幅较上年同期下降12.8个百分点，金属成形机床的产量同比下滑18.7%，增幅较上年同期下降20.4个百分点。1—11月，金属切削机床产成品存货160.0亿元，金属成形机床产成品存货46.6亿元，同比分别增长6.3%、10.7%；1—7月，金属加工机床新增订单同比下降13.8%，其中金属切削机床新增订单同比下降17.1%，金属成形机床新增订单同比增长2.3%。

## （二）行业效益不佳

2015 年，1—11 月，金属加工机床行业亏损企业共 290 家，占比 22.09%，其中金属加工机床领域亏损企业 198 家，同比增长 22.2%，亏损面达 26.79%，金属成形机床亏损企业 92 家，同比增长 21.1%，亏损面达 16.03%；金属加工机床亏损企业亏损总额 30.30 亿元，其中金属加工机床亏损额 26.00 亿元，同比增长 25.00%，金属成形机床亏损额 4.3 亿元，同比增长 48.30%，合计负债共 1769.80 亿元。金属加工机床共实现主营业务收入 2300.40 亿元，其中金属加工机床实现主营业务收入 1501.90 亿元，同比增长 0.5%，金属成形机床实现主营业务收入 798.50 亿元，同比增长 5.2%；共实现利润总额 111.70 亿元，其中金属加工机床实现利润 60.30 亿元，同比下降 6.7%，金属成形机床实现利润 51.40 亿元，同比增长 7.5%，行业效益表现不佳。

## （三）进出口形势严峻

2015 年 1—7 月，机床工具行业实现进出口总额 152 亿美元，其中进口额 88.80 亿美元，同比下降 11.4%，出口额 63.20 亿美元，同比下降 1.1%，贸易逆差 25.6 亿美元。金属加工机床实现进出口总额 69.9 亿美元，进口额 51.6 亿美元，同比下降 15.9%，出口额 18.3 亿美元，同比增加 1.6%；其中金属切削机床进口额 41.8 亿美元，同比下降 15.9%，出口额 12.2 亿美元，同比增加 3.6%；金属成形机床进口额 9.8 亿美元，同比下降 16%；出口额 6.1 亿美元，同比下降 2.1%。工量具进口额 8.9 亿美元，同比下降 4.3%。

## 四、仪器仪表

## （一）产销稳中有降

2015 年 1—11 月，仪器仪表行业累计工业增加值同比上涨 5.30%，占全国所有行业比重 0.79%。电工仪器仪表累计产量 15955.9 万台，比上年同期增长 18.5%，汽车仪器仪表累计产量 4740.2 万台，较上年同期小幅下降 0.8%。全行业 1—11 月累计产销率 97.30%，同比下降 0.30%，其中通用仪器仪表制造产销率 97.20%，同比下降 0.60%，专用仪器仪表制造产销率 97.60%，同比增长 0.80%，光学仪器及眼镜制造产销率 96.80%，同比下降 0.60%，其他仪器仪表制造产销率 97.50%，同比下降 0.60%。

## （二）经济效益小幅增长

2015 年，我国仪器仪表行业主营业务收入和利润均实现了小幅增长，但存货和应收账款问题仍在加剧，企业亏损情况未有改善。1—11 月，全行业累计实现主营业务收入 7741.1 亿元，较上年同期增长 6.4%，实现利润总额 620.9 亿元，同比增长 4.9%，产成品存货 375.7 亿元，同比增长 11.5%，应收账款 1749.0 亿元，同比增长 9.8%，在统计的 4133 家规模以上企业中，有 649 家亏损，同比上涨 22.9%，亏损面达 15.70%，亏损企业亏损总额 37.0 亿元，较上年同期增长 53.5%。

## （三）出口呈增长趋势

2015 年，我国仪器仪表行业累计出口交货值实现了小幅增长，专用仪器仪表出口表现较为突出，但各月出口不断下滑。1—11 月，行业累计出口交货值 1160.30 亿元，同比增长 3.80%，其中通用仪器仪表制造完成出口交货值 427.90 亿元，同比增长 1.30%，专用仪器仪表制造完成出口交货值 235.50 亿元，同比增长 8.40%，光学仪器及眼镜制造完成出口交货值 303.50 亿元，同比增长 2.70%，其他仪器仪表制造完成出口交货值亿元 10.50，同比增长 1.20%。

表 3-2　2015 年 1—11 月仪器仪表行业出口情况

| 分类 | 出口交货值（亿元） | | 同比增长（%） | |
|---|---|---|---|---|
| | 当月 | 累计 | 当月 | 累计 |
| 通用仪器仪表制造 | 40.7 | 427.9 | −4.0 | 1.3 |
| 专用仪器仪表制造 | 22.9 | 235.5 | 4.1 | 8.4 |
| 光学仪器及眼镜制造 | 27.8 | 303.5 | −8.3 | 2.7 |
| 其他仪器仪表制造业 | 1.0 | 10.5 | −4.9 | 1.2 |

资料来源：赛迪智库，2016 年 1 月。

# 五、电工电器

## （一）产量普遍下滑

2015 年，我国电工电器行业除电站水轮机外产量普遍下滑。1—11 月，发电设备累计产量 11325.4 万千瓦，同比下降 12.6%，其中水轮发电机组产量 1440.0 万千瓦，同比下降 31.3%，汽轮发电机组产量 6984.4 万千瓦，同比下降 16.1%，风力发电机组产量 2520.2 万千瓦,同比增长 19.0%。发动机产量 183550.0 万千瓦,同比下降 3.6%，电站用汽轮机产量 6727.1 万千瓦，同比下降 9.0%，燃气轮机产量 300.0 万千瓦，同比下降 23.6%，电站水轮机产量 186.7 万千瓦，同比增长 5.5%。交流电动机产量 25812.9 万千瓦，同比下降 5.1%，变压器产量 148774.5 万千伏安，同比下降 0.3%，电力电缆产量 4986.6 万千米，同比下降 3.3%。

表 3-3　2015 年 1—11 月电工电器主要产品产量

| 产品 | 计量单位 | 本月止累计 | 比上年同期增长（%） |
|---|---|---|---|
| 发电设备 | 万千瓦 | 11325.4 | −12.6 |
| 发动机 | 万千瓦 | 183550.0 | −3.6 |
| 电站用汽轮机 | 万千瓦 | 6727.1 | −9.0 |
| 燃气轮机 | 万千瓦 | 300.0 | −23.6 |
| 电站水轮机 | 万千瓦 | 186.7 | 5.5 |
| 交流电动机 | 万千瓦 | 25812.9 | −5.1 |
| 变压器 | 万千伏安 | 148774.5 | −0.3 |
| 电力电缆 | 万千米 | 4986.6 | −3.3 |

资料来源：赛迪智库，2016 年 1 月。

### （二）经济效益形势向好

2015 年，我国电工电器行业主营业务收入和利润持续上涨。1—11 月，电机制造完成主营业务收入 7563.2 亿元，同比增长 7.5%，实现利润 451.5 亿元，同比增长 9.6%；输配电及控制设备制造完成主营业务收入 18575.9 亿元，同比增长 7.3%，实现利润 1172.7 亿元，同比增长 24.9%；电线、电缆、光缆及电工器材制造完成主营业务收入 13978.9 亿元，同比增长 4.3%，实现利润 721.0 亿元，同比增长 7.9%；其他电气机械及器材制造完成主营业务收入 508.7 亿元，同比增长 8.4%，实现利润 28.4 亿元，同比增长 18.8%。

表 3-4　2015 年 1—11 月电工电器行业经济效益情况

| 分类 | 累计主营业务收入（亿元） | 同比增长（%） | 累计利润总额（亿元） | 同比增长（%） |
|---|---|---|---|---|
| 电机制造 | 7563.2 | 7.5 | 451.5 | 9.6 |
| 输配电及控制设备制造 | 18575.9 | 7.3 | 1172.7 | 24.9 |
| 电线、电缆、光缆及电工器材制造 | 13978.9 | 4.3 | 721.0 | 7.9 |
| 其他电气机械及器材制造 | 508.7 | 8.4 | 28.4 | 18.8 |

资料来源：赛迪智库，2016 年 1 月。

## （三）出口形势分化明显

2015 年，我国电工电器行业中出口交货值所占比重最大为输配电及控制设备，占比最小为其他电气机械及器材，二者累计出口交货值较上年同期均实现了较大幅度的增长，而输配电及控制设备和电线、电缆、光缆及电工器材累计出口交货值较上年同期则出现了不同幅度的下滑，出口形势分化明显。1—11 月电机制造完成出口交货值 1106.80 亿元，同比下降 5.70%；输配电及控制设备制造完成出口交货值 2115.90 亿元，同比增长 2.00%；电线、电缆、光缆及电工器材制造完成出口交货值 893.80 亿元，同比下降 6.60%；其他电气机械及器材制造完成出口交货值 52.00 亿元，同比增长 32.60%。

## 六、重型矿山机械

### （一）大部分产品产量回落

2015 年，1—11 月，重型矿山机械行业的大部分产品产量出现回落，在除了输送机械（输送机和提升机）累计产量同比小幅度上升 2.0% 外，其他产品累计产量均有回落趋势，其中，金属冶炼设备和金属轧制设备累计产量下滑严重，较上年同期分别下滑 12.4%、15.1%。

### （二）经济效益表现良好

2015 年，我国重型矿山机械各行业经济效益差异较大，冶金专用设备表现突出。1—11 月，物料搬运设备行业累计亏损企业 373 家，同比增长 24.3%，亏损面达 16.82%，完成主营业务收入 6180.0 亿元，同比下滑 0.3%，实现利润 477.9 亿元，同比上涨 6.25%；矿山机械行业累计亏损企业 244 家，同比增长 43.5%，亏损面达 12.78%，完成主营业务收入 3772.1 亿元，同比上涨 2.6%，实现利润 176.8 亿元，同比下滑 7.4%;冶金专用设备行业累计亏损企业 148 家，同比增长 21.30%，亏损面达 27.31%，完成主营业务收入 1053.1 亿元,同比上涨 1.8%，实现利润 9.5 亿元，同比大幅上涨 137.5%。

### （三）各行业出口差别较大

2015 年 1—11 月，我国重型矿山机械行业完成出口交货值 723.33 亿元，累计同比增速 1.21%。各子行业出口累计同比增速差别较大，除了起重机、电梯、自动扶梯及升降机、冶金专用设备实现正增长外，其他子行业同比增速均有所回落。

## 第三节　行业发展面临的问题

### 一、市场需求持续低迷

目前，我国机械工业正面临着重重困难，由于新开工项目对国内市场的拉动作用被社会库存所稀释，上游行业低迷，企业订单普遍不足，2015年上半年我国机械工业重点企业累计订货量同比下降8.41%，1—9月订货量同比下降7.55%。国内市场需求低迷，国际市场需求疲软，中低端产能严重过剩，成本上升，恶性竞争的加剧，使行业企业的经营环境趋于严峻，2015年1—11月，机械工业亏损企业亏损额1243.10亿元，同比增长17.38%，应收账款37845.50亿元，同比增长8.1%，产成品存货9612.2亿元，同比增长6.3%，可见经过十余年的快速发展，我国机械工业需求不旺、产能过剩将成业内常态。

### 二、成本上涨压力增加

近年来，劳动力成本、土地成本不断上涨，制造业平均工资较21世纪初已增长数倍，土地价格也正以惊人速度上涨，这无疑都极大增加了企业的经营成本。随着我国节能减排措施日趋严格、全球技术更新速度越来越快，企业的环境资源成本、技术成本也大幅增加。同时，由于我国机械工业企业目前的成本管控意识还比较落后，在经营过程中重技术轻管理的现象普遍存在，缺乏贯穿于生产经营活动全过程的成本管控意识与完善的成本管控体系，成本管控的手段落后、效率不高。综合诸多因素，我国机械工业成本上涨的压力仍将持续增大，2015年1—11月，全行业主营业务成本175973.2亿元，较上年同期增长4.0%。

### 三、资金周转难度加大

2015年1—11月，机械工业全行业应收账款39402.8亿元，同比上涨9.0%，存货26353.5亿元，同比上涨2.8%，其中产成品存货9661.9亿元，同比上涨5.2%，库存情况虽略有改观，但应收账款的上涨较上年仍在加剧，企业流动资金被大量占用，资金周转难度日趋加大。同时，融资难的问题日益加剧，以工程机械行业为例，近几年通过融资租赁和银行按揭进行的销售比重逐年上升，且全部以制造商担保方式实行，增加了企业经营成本。融资难是阻碍企业外向型发展的首要问题，已经成为制约企业健康发展的瓶颈。

## 四、创新能力有待提升

技术创新是推动机械工业发展的核心动力，也是制约企业实现从加工向制造转变的关键因素。近年来，随着我国对创新能力的建设越来越重视，机械产品的自主化率不断提高，但是，由于我国法律制度还不够完善，知识产权保护意识还有待提高，整个国家科技发明创新的土壤还需培养，造成我国大部分企业缺乏核心竞争力，部分产品的核心技术与国际一流水平尚存差距，核心产品仍需依赖进口，如高端数控机床、高铁的制动装置、特种钢材等。在先进制造技术的引进与应用过程中也存在一定问题，以信息技术为例，由于我国信息系统的集成水平普遍较低，形成了"信息孤岛"效应，导致我国低水平重复建设现象频出，资源浪费严重，严重阻碍了机械工业的信息化进程。同时行业标准和规范的缺乏更加剧了机械工业信息化建设效率不高的问题。

## 五、高级人才缺口较大

我国机械工业想要健康发展并走向世界，需要大量的高级技术人才和高素质的复合型人才，而高级人才的缺乏正是我国机械工业企业国际化经营所面临的突出问题。首先，随着我国工业转型升级推进，大量智能化技术已渗透至生产经营的各个环节，新一代信息技术、高端装备制造、新能源、现代制造服务等新兴产业的飞速发展使得现代化高级技术人才需求大增，而我国高级技术人才的老化趋势明显，青年高级技术人才存在很大缺口，人才"断层"问题突出。其次，"走出去"已成为我国机械工业发展的重要方向，在国际化进程中，具有国际视野、熟悉国际市场、深谙海外营销策划和国际化经营、进出口贸易等专业人才是我国所急需的，但我国目前人才外流的问题还较为严重，国际人才的引进还有待改善，国际化复合型人才短缺成为制约中国企业"走出去"的主要瓶颈。

# 第四章　汽车行业

## 第一节　行业运行基本情况

### 一、产销增速先降后升

2015 年以来，受经济增长放缓、各地方限购限行等因素的影响，我国作为世界最大汽车市场，汽车销售也进入到"微增长"的新常态。根据中国汽车工业协会的数据，2015 年 11 月我国完成汽车生产 254.42 万辆，同比增长 17.74%，实现销售 250.88 万辆，同比增长 19.99%；2015 年 1—11 月，汽车产销分别为 2182.39

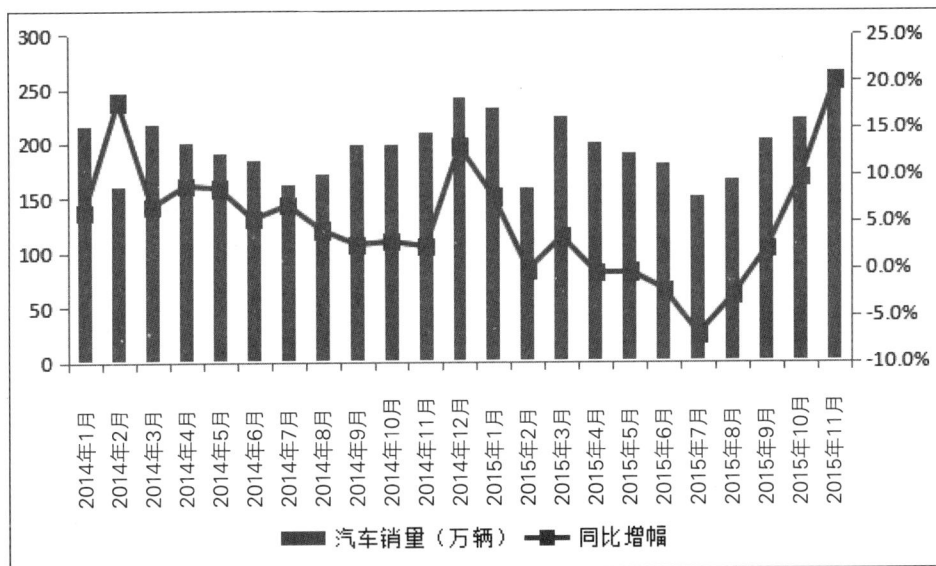

图4-1　2014年1月—2015年11月我国汽车销量及同比增长情况

资料来源：中国汽车工业协会，2015 年 11 月。

万辆和2178.66万辆,同比累计增长1.80%和3.34%。根据中汽中心最新统计数据,2015年我国汽车产量2307万辆。总体来看,2015年上半年受经济下行因素及部分城市限购限行等措施的影响,我国汽车销量增速较上一年同期继续回落。进入下半年以来,受10月份启动的1.6升及以下排量乘用车实施减半征收车辆购置税的优惠政策影响及新能源汽车市场的超高速增长,我国汽车销量开始快速回升,到11月份单月销量同比增速已接近20%。

## 二、乘用车小幅增长、MPV、SUV增势较为明显

2015年1—11月,乘用车产销分别为1873.52万辆和1868.13万辆,同比增长4.17%和5.89%。受市场需求发生变化的影响,乘用车销量结构发生变化,主要表现为SUV车型销量迅猛增长,占比大幅提升;轿车占比有所下降。其中,轿车销售1042.03万辆,同比下降6.25%;MPV销售183.41万辆,同比增长7.9%;SUV销售542.24万辆,同比增长51.1%;由于在2015年9月底举行的国务院常务会议做出了决定,从10月1日起对1.6升及以下的小排量乘用车实行车辆购置税减半的优惠政策,因此从10月份开始,小排量乘用车的增长势头有所上升,到11月底,1.6升及以下小排量乘用车累计实现销量1274万辆,占乘用车市场份额达到的68%,比上年同期的市场占有率提高了1.41个百分点;销量同比增长8.14%,增速高于乘用车市场2.25个百分点。

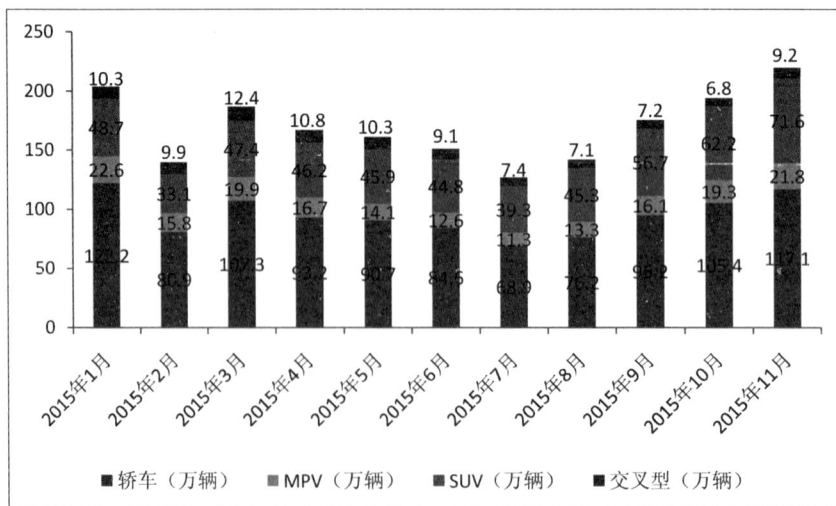

图4-2　2015年1—11月我国乘用车分车型销量情况

资料来源:中国汽车工业协会,2015年11月。

### 三、商用车仍持续负增长态势

受经济增长放缓及房地产等投资回落等因素的影响，2015年1—11月，商用车完成生产308.87万辆，同比下降10.53%，实现销售310.54万辆，同比下降9.71%，预计全年商用车产销量仍将持续负增长态势，分别在-8.1%和-7.2%左右。

2015年11月，在商用车主要品种中，客车产销与上月相比呈较快增长，货车增速略低；与上年同期相比，客车产销略有增长，货车呈小幅下降。11月，客车完成生产5.98万辆，实现销售5.69万辆，环比增长分别为26.90%和18.41%，同比增长分别为3.78%和1.33%。货车产销25.42万辆和25.51万辆，环比增长5.09%和7.80%，同比下降5.32%和1.67%。1—11月，客车销量比上年同期呈小幅下降，降幅比1—10月略有减缓。大型、中型和轻型客车，作为我国客车市场销售的主要品，都显示出一定比例的增长，其中大型客车增速更高；与上年同期相比，轻型客车销量略有下降，大型和中型客车保持增长。11月，大型客车销售1.05万辆，环比增长45.60%，同比增长50.79%；中型客车销售0.84万辆，环比增长34.57%，同比增长5.19%；轻型客车销售3.72万辆，环比增长14.69%，同比下降2.50%。11月，大、中和轻型客车产销率分别为99.12%、96.52%和95.78%。

### 四、汽车零部件产业呈集群化发展

20世纪90年代以后，受到需求不断扩大的影响，中国汽车零部件产业开始快速发展起来，目前已经基本可以满足我国汽车企业的零配件需求，从整车、系统供应商、一线供应商、二线供应商以至更底层的供应商的产业链已经初步形成，尤其在商用车、中低档乘用车方面，已经具备了零部件开发和配套能力。

汽车零部件产业已形成较为明显的集群特征。考虑到物流成本的因素，汽车零部件企业的位置布局通常与整车企业的位置布局一致，我国目前零部件企业主要集中于汽车整车工业比较发达的地区，合资或外商独资的零部件企业则主要集中于东部地区。近年来，随着一些汽车零部件园区或产业基地的迅速崛起，我国已基本形成京津冀、长三角、珠三角、东北、华中、西南等6大汽车零部件集群区域。据统计，这6大区域汽车零部件产值占全国汽车零部件行业总产值的80%以上，零部件企业数量和从业人数占行业总数量的比例也接近80%。

近些年，随着新能源汽车市场的快速增长，也拉动了对动力电池的需求。

2015年1—10月，位居新能源汽车磷酸铁锂动力电池配套前三甲的企业分别是比亚迪、沃特玛、A123。这三家企业约占据了56.2%的市场份额，其中比亚迪独占36%。2015年中国新能源汽车市场的锂离子动力电池单元成本较2014年下降25%左右。

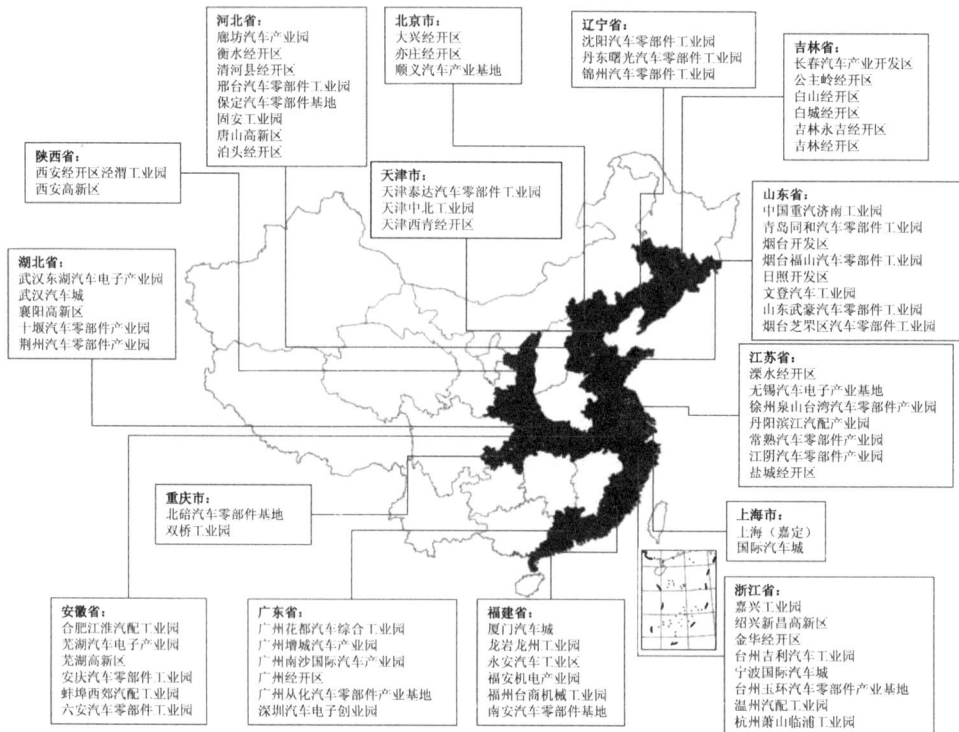

河北省：
廊坊汽车产业园
衡水经开区
清河县经开区
邢台汽车零部件工业园
保定汽车工业园
固安工业园
唐山高新区
泊头经开区

北京市：
大兴经开区
亦庄经开区
顺义汽车产业基地

辽宁省：
沈阳汽车零部件工业园
丹东曙光汽车零部件工业园
锦州汽车零部件工业园

吉林省：
长春汽车产业开发区
公主岭经开区
白山经开区
白城经开区
吉林永吉经开区
吉林经开区

陕西省：
西安经开区泾渭工业园
西安高新区

天津市：
天津泰达汽车零部件工业园
天津中北工业园
天津西青经开区

山东省：
中国重汽济南工业园
青岛同和汽车零部件工业园
烟台经开区
烟台福山汽车零部件工业园
日照开发区
文登汽车工业园
山东武豪汽车零部件工业园
烟台芝罘区汽车零部件工业园

湖北省：
武汉东湖汽车电子产业园
武汉汽车城
襄阳高新区
十堰汽车零部件产业园
荆州汽车零部件产业园

江苏省：
溧水经开区
无锡汽车电子产业基地
徐州泉山台湾汽车零部件产业园
丹阳滨江汽配产业园
常熟汽车零部件产业园
江阴汽车零部件产业园
盐城经开区

重庆市：
北碚汽车零部件基地
双桥工业园

上海市：
上海（嘉定）
国际汽车城

安徽省：
合肥江淮汽配工业园
芜湖汽车电子产业园
芜湖高新区
安庆汽车零部件工业园
蚌埠西湖汽配工业园
六安汽车零部件工业园

广东省：
广州花都汽车综合工业园
广州增城汽车产业园
广州南沙国际汽车产业园
广州经开区
广州从化汽车零部件产业基地
深圳汽车电子创业园

福建省：
厦门汽车城
龙岩龙州工业园
永安汽车城
福安机电产业园
福州台商机械工业园
南安汽车零部件制造基地

浙江省：
嘉兴工业园
绍兴新昌高新区
金华经开区
台州吉利汽车工业园
宁波国际汽车城
台州玉环汽车零部件产业基地
温州汽配工业园
杭州萧山临浦工业园

图4-3　主要汽车零部件产业园分布

资料来源：赛迪智库，2015年12月。

## 五、新能源汽车保持高速增长

根据机动车整车出厂合格证统计，2015年11月，我国新能源汽车生产7.23万辆，同比增长6倍。其中，纯电动乘用车生产3万辆，同比增长7倍，插电式混合动力乘用车生产7509辆，同比增长2倍；纯电动商用车生产3.09万辆，同比增长18倍，插电式混合动力商用车生产3893辆，同比增长97%。

2015年1—11月，登上我国新能源汽车产品公告上的新能源汽车产品产量累积达到27.92万辆，同比增长400%左右。其中，纯电动和插电式混合动力乘用车产量分别为11.72万辆和5.30万辆，同比增长350%和300%；纯电动商用车生产 9.01 万辆，同比增长 11 倍，插电式混合动力商用车生产 1.89 万辆，同比增长 90%。

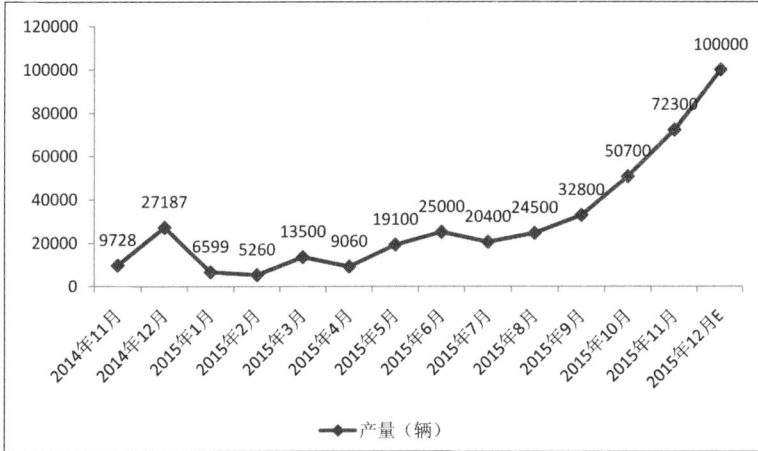

图4-4　2014年11月—2015年11月新能源汽车产量

资料来源：工信部，2015 年 12 月。

据中国汽车工业协会统计数据显示，2015 年 1—10 月，我国新能源汽车累计销售 17.11 万辆，同比增长 290%。其中，纯电动汽车（BEV）累计销售 11.38 万辆，同比增长 390%；插电式混合动力汽车（PHEV）累计销售 5.73 万辆，同比增长 180%。

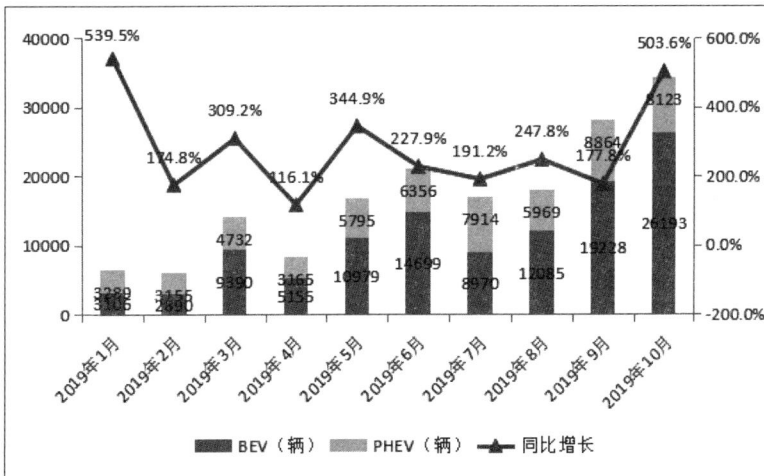

图4-5　2015年1—10月新能源汽车销量及同比增幅

资料来源：中国汽车工业协会，2015 年 12 月。

从车型销量看：在插电式混合动力汽车方面，比亚迪秦、唐以及上汽荣威550车型销量居前列，特别是比亚迪秦，已突破3万的销量。

表4-1 主要新能源汽车车型2015年1—11月销量情况

| 车型 | 2015年1—11月销量（辆） |
|---|---|
| BEV | |
| 吉利康迪熊猫 | 15689 |
| 北汽E系列 | 14792 |
| 众泰云100 | 12885 |
| 江淮和悦IEV | 8839 |
| 新大洋知豆 | 7373 |
| 众泰E20 | 6385 |
| 奇瑞QQ电动 | 5961 |
| 奇瑞eQ | 5394 |
| 比亚迪e6 | 4774 |
| 江铃E100 | 2700 |
| 比亚迪奔驰腾势 | 2016 |
| 东风日产晨风 | 978 |
| 众泰TT EV | 946 |
| 东风风神E30 | 346 |
| 长安逸动 | 326 |
| PHEV | |
| 比亚迪秦 | 30426 |
| 比亚迪唐 | 12528 |
| 上汽荣威550 | 9100 |
| 广汽传祺GA5EV | 874 |
| 宝马5系 | 692 |

资料来源：赛迪智库，2015年12月。

## 六、自主品牌占有率小幅增长

由于轿车市场的大幅度下跌，自主品牌乘用车自2010年市场占有率达到45.6%的高点之后，就一直处于下降通道，2014年市场占有率已降到38.44%。

相对于外资品牌，自主品牌产品竞争力薄弱仍是主要因素。2015年，由于我国消费者对于MPV和SUV等细分车型的需求强烈，以及自主品牌的成本优势。这两类细分市场上的自主品牌实现了较快速的增长，进而也推动了整体乘用车市场的增长。2015年11月，自主品牌乘用车实现销售92万辆，同比增长27%，在乘用车市场占有率达到41.90%，比上年同期提高了1.1个百分点。其中，自主品牌轿车市场的形势依然不容乐观，11月实现销售23.72万辆，同比下降6.1%，仅占当月全国轿车销售总量的五分之一左右，市场占有率较上年同期又下降了3.3个百分点；但另一方面自主品牌SUV共实现销售39.5万辆，同比增长88.1%，占全国SUV销售总量的一半以上，占有率同比增长4.7%。

据中国汽车工业协会统计数据显示，2015年1—11月，自主品牌乘用车共销售767.83万辆，同比增长14.1%，乘用车市场占有率较去年提高了3个百分点，达到41.1%。其中，自主品牌轿车共销售215.86万辆，同比下降11.8%；占轿车销售总量的20.7%，占有率较上年同期下降1.3个百分点；自主品牌SUV共销售289.68万辆，同比增长82.8%，占SUV销售总量的53.4%，占有率同比增长9.3%。另外，德系乘用车依旧保持领先地位销售363.12万辆，但乘用车市场占有率有所下降到19.44%；日系和美系品牌销量小幅增长，乘用车分别销售293.85万辆、228.35万辆，市场占有率达到15.73%和12.22%；韩系和法系品牌乘用车销量为146.40万辆和65.21万辆，分别占乘用车销售总量的7.84%和3.49%。

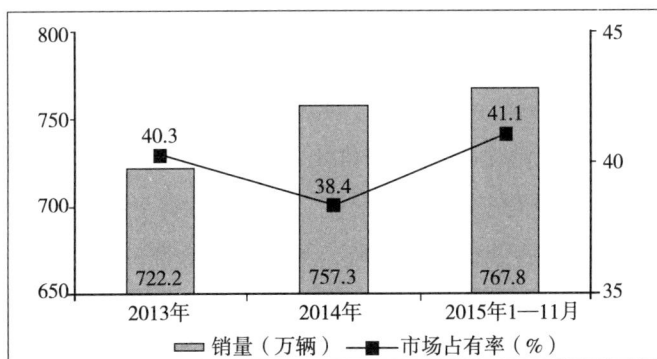

图4-6　2013—2015年11月自主品牌乘用车销量及市场占有率

资料来源：中国汽车工业协会，2015年12月。

## 七、智能网联汽车发展处于起步阶段

从产品类型看，目前我国智能网联汽车产品种类少，产品性能处于初级水平，仅包括远程控制、车道偏离预警、自动泊车等部分辅助驾驶功能。从技术发展看，智能化技术还较为分散、单一，集成化水平不高；网联化技术仍然以实现服务娱乐、用车辅助等功能为主。从应用进展看，整体处于技术研发初级阶段，离示大规模示范推广、应用和产业化还有较长距离。从智能网联汽车的产业链构成来分析，我国目前在汽车级芯片、传感器、车载操作系统等高端环节的产品还没有形成产业化的能力，市场竞争力较弱。

"十二五"期间，我国已经开展了对行驶目标识别、复杂交通环境感知、驾驶员特性建模、车辆控制算法、复杂车辆动力性建模等领域的研究并取得阶段性成果。此外，以环境感知、人的行为认知及决策为重点的国家自然科学基金无人驾驶汽车项目已经取得阶段性成果，完成了原理样机从北京到天津的无人驾驶实车试验。在 863 计划支持下，清华大学联合一汽、东风、长安等企业，在可实用化的智能汽车技术方面开展了大量的基础研究和原理样机的研制、实车路试；自适应巡航控制系统（ACC）、行驶车道偏离预警系统（LDW）、行驶前向预警系统（FCW）等正在进行产业化。部分汽车企业通过开发 Telematics 为主的互联网应用实现娱乐和舒适智能控制，如比亚迪的云服务、上汽的 inkaNet 3.0 车联网系统等。

百度、阿里巴巴、腾讯、乐视、小米等国内互联网巨头纷纷推出造车计划，与汽车企业开展深度合作，以整合发挥汽车企业拥有的大规模制造能力、汽车后服务网络资源，以及互联网企业在智能控制系统、软件开发、地图导航、电商平台等领域的突出优势。与此同时，车联网和智能交通系统（ITS）的快速发展，也推动汽车产业和电子信息产业加速跨界融合。

在汽车行业，传统汽车企业加快推出智能汽车产品。上汽荣威 350 已经实现了实时路况导航、股票交易、社群交流、信息检索等互联应用。东风风神 ECS 概念车也为驾驶者提供智能化驾乘体验、更高的安全性，以及基于 3G 的互联网接入服务。华晨汽车的中华 AO 概念车应用一键式操作系统、智能汽车信息管理系统等全数字系统。长安汽车的 inCall3.0+T-BOX 已实现语音控制、远程控制、手机互联等功能。

在互联网行业，BAT 等加速向智能汽车领域渗透布局。2014 年，百度进行 Carnet 车载智能平台的研发，可将用户的智能手机与车载系统结合，实现了人与车和手机之间的互联互通。阿里巴巴与上汽集团合作打造"互联网汽车"。腾讯入股四维图新,推出"路宝"盒子。

## 八、汽车进出口均出现回落

2015 年我国汽车进出口出现了大幅滑落。据海关统计数据,2015 年 10 月,我国实现汽车整车进口 8.72 万辆,进口金额 34.11 亿美元,同比分别下降 28.2% 和 32.4%;汽车整车出口 5.13 万辆,同比下降 32.9%,出口金额 7.96 亿美元,同比下降 27.6%。2015 年 1—10 月,累计整车进口 90.74 万辆,进口金额 376.44 亿美元,分别同比下降 23.6% 和 25.8%;累计整车出口 64.73 万辆,同比下降 15.7%,累计出口金额 104.76 亿美元,同比下降 4.3%。在汽车主要进口品种中,越野车、轿车和小型客车进口量环比和同比均呈较快下降,其中小型客车降幅更为显著。在整车出口主要品种中,轿车、客车和载货车这三大类品种的出口量和出口金额的环比和同比均呈明显下降。2015 年 1—10 月,汽车制造业累计完成出口交货值 2458 亿元,同比下降 0.32%。

## 九、重点企业主要经济指标仍呈下降趋势

根据国家统计局数据,全国汽车行业规模以上企业的主要经济指标显示,2015 年 1—10 月,汽车制造业的主营业务收入累积实现了 55602 亿元,同比上升 2.74%;主营业务税金及附加共计 1128 亿元,比上年同期减少 2.31%;利润总额 4607 亿元,比上年同期下降 3.13%。总的来看,汽车行业主要经济指标增速继续呈趋缓走势,主营业务收入小幅提高,利润、利税总额降幅有所收窄。

# 第二节　行业发展面临的问题

## 一、企业技术能力较弱

### (一)关键核心技术缺失

在我国汽车产业发展初期,政府采取了"以市场换技术"的模式,从人才培养和技术溢出角度看,这对我国自主品牌汽车企业的培育起到了一定的积极促进作用。但随着我国汽车市场的快速发展,乘用车领域已经被合资品牌占据大部分份额,但我国自主品牌汽车企业却没有完成从模仿到学习的过程,仍未掌握整车及关键零部件的核心技术。一是中高端市场,特别是乘用车市场,主要被外资和

合资品牌占据。汽车的外观设计、先进材料、关键零部件、整车制造、高端智能装备等核心技术也被跨国企业在全球的产业链控制。二是合资企业对外方产品和技术的依赖仍然很强。合资企业主要依靠直接引进的外方技术，没有完成技术学习和技术吸收的过程，对汽车产业核心技术能力的提高、促进相关产业及技术发展的作用不明显。三是缺乏自主知识产权。目前我国自主品牌汽车技术中有很大一部分的知识产权并不是自己所有，尤其是在动力总成等核心零部件方面与国际先进水平依然存在较大差距。国内生产的乘用车中，发动机、变速器、控制系统等高技术含量、高附加值的核心零部件基本依赖进口或由外方独资企业与合资企业控制。

### （二）研发投入严重不足、结构不合理

整车方面，我国汽车整车企业 R&D 投入占销售收入的比例不到 2%，和全球主要汽车企业集团 5%—8% 的平均值有较大差距。虽然个别自主品牌汽车企业如奇瑞、吉利的研发投入占销售收入的比重超过 5%，但由于规模较小，对汽车行业整体研发水平提高有限。零部件企业方面，全球汽车零部件企业平均研发投入占销售收入的比例约为 5.1%，一般高于整车企业；但我国汽车零部件企业研发投入比则不足 1.4%，甚至还远远低于整车企业。此外，整车企业对引进技术的消化与吸收环节的重视程度不够，投入不足，我国引进技术和消化吸收的经费投入比是 1：0.08；而日本和韩国在汽车技术引进和消化吸收方面的比例则是 1：5 到 1：8 之间，从而有利于形成"引进—吸收—试制—自主创新"的良性发展模式。

### （三）汽车研发人才明显不足

首先，人员数量差异明显，在全球主要汽车企业中，研发人员数量占全部员工的比例均超过 10%，而我国汽车行业平均为 7% 左右。其次，人才质量上的差距更大，发达国家经过多年的汽车产业发展和技术研究，研发人才的积累远远领先我国，其中，中高级技工数量占工人总数的 40% 以上，而我国只有不到 15%。

## 二、新能源汽车发展不及预期

### （一）动力电池和整车技术水平有待进一步提高

动力电池方面，我国缺少龙头企业，系统集成和工程化能力弱，高能量密度三元材料动力电池批量供应和一致性保障能力还不够。美、日、韩等国家对下一

代锂离子电池、新体系电池的研发都进行了系统布局，并发布了国家层面的发展技术路线图。整车方面，共性技术开发能力不足，整车品质如操控性、可靠性、减震降噪等方面与国外产品相比还有较大差距。对燃料电池汽车、智能网联汽车等前沿技术方面技术储备不足。

### （二）充电设施建设滞后且推进难度大

这已成为制约纯电动汽车快速推广的主要因素，也是影响插电式混合动力汽车实际使用节能减排效果的一个重要原因。截至 2014 年底，全国已建成分散式充电桩近 3.1 万个，集中式充换电站 780 座，能够为超过 12 万辆新能源汽车提供充换电服务。基本形成以充为主、以换为辅的充电模式格局。但在充电桩建设方面仍存在以下问题：公共充电站土地审批难；私人充电桩无固定车位安装、电网改造和物业协调难度大；公共充电站和充电桩建设密度低、布局不合理、兼容性差、利用率不高；充电设施设计施工、竣工验收等环节的标准规范不健全存在着安全隐患；国家电网公司退出城市充电设施建设，但社会资本、民营企业尚未及时跟进。

## 三、产业政策体系有待完善

### （一）产业管理体制不完善

一方面，由于汽车产业管理涉及上下游产业链较多，导致产业多头管理、政出多门、职能分散，增加了政府管理和协调成本，导致部分政策难以出台或出台后实施效果不理想。另一方面，我国汽车产业仍以国有企业为主导，国有汽车企业绩效考核办法不合理，导致企业重规模轻能力、重生产轻消费、重合资轻自主。合资企业中，外方掌握企业运营管理权、核心技术所有权、销售渠道权。

### （二）新能源汽车产品监管体系欠缺

我国新能源汽车生产企业 169 家，车型超过 1800 款，企业和车型过于分散。市场销售的部分车型产品可靠性差，有限车型存在配置参数不一致、打政策擦边球的现象，产品质量监管还有待加强。目前，对推广的新能源汽车产品日产监管没有明确的责任主体，主要由地方政府、生产企业负责，国家部委主要负责新产品准入及组织推广情况抽查，没有建立新能源汽车推广情况的监督检查、指导机制，缺少对产品一致性、已推广车辆的实际使用效果的有效监管。特别是在新能源客车领域，各城市推广的新能源客车生产企业、车型非常分散。

### （三）地方保护行为依然存在

部分省市还要求按地方标准检测，要求企业到当地投资建厂、采购当地零部件等。另外，一些新的、更加隐蔽的地方保护措施也在不断出现，比如，部分示范城市不对外地企业公布地方扶持政策实施细则，部分限牌城市强行分配上牌指标，对购买外地产品的单位进行约谈，把地方目录改为备案等。

# 第五章　航空行业

　　航空工业被称为"现代工业之花"，是衡量一个国家科技、经济、国防实力和工业化水平的重要标志，也是国民经济发展中的战略产业。近年来，我国民用航空工业迎来快速发展时代，产业规模持续扩大，产品型号和产量迅速增长，产业布局更加完善，科技和产业国际合作不断深化。2015 年，我国民用航空基础设施建设稳步推进，航线结构持续优化，运输服务能力不断提升，航空运输规模稳居全球第二。

## 第一节　行业运行基本情况

### 一、产业规模继续扩大

　　我国民用航空制造业继续保持快速发展态势，2014 年，我国民用航空工业总产值超 2312 亿元，较 2013 年增长 11.3%；其中民用航空产品产值 580 亿元，同比增长 28.5%；工业增加值 495 亿元，同比增长 10.9%。同时，我国民用航空运输市场发展迅猛，2015 年预计完成运输总周转量 850 亿吨公里，同比增长 13.6%；旅客运输量 4.4 亿人次，同比增长 11.4%；货邮运输量 630 万吨，同比增长 6%。

表 5-1　中国民用航空产业产值（2013—2014 年）

| 指标 | 2013年 | 2014年 | 同比增长 |
|---|---|---|---|
| 单位数（个） | 140 | 145 | 3.57% |
| 全部从业人员人数（万人） | 34.2 | 35.4 | 3.51% |
| 工业总产值（万元） | 20784418 | 23126927 | 11.27% |
| 民用航空产品产值（万元） | 4517459.86 | 5806277.2 | 28.53% |

（续表）

| 指标 | 2013年 | 2014年 | 同比增长 |
|---|---|---|---|
| 工业增加值（万元） | 4470084 | 4958951 | 10.94% |
| 主营业务收入（万元） | 24320878 | 25408715 | 4.47% |
| 民用航空产品收入（万元） | 4870780 | 5656728 | 16.14% |
| 主营业务成本（万元） | 19871796 | 21587676 | 8.63% |

资料来源：赛迪智库整理。

截至 2015 年 11 月，我国航空运输企业达 54 家。其中，国有控股公司 40 家，民营和民营控股公司 14 家；上市航空公司 7 家。全行业持有现行有效的驾驶执照飞行员 45013 人，其中运输航空公司机长 12408 人。此外，我国现有飞行员培训机构 74 个；其中，国内院校 13 家、培训点 37 个。

## 二、产品体系不断完整

11 月 2 日，我国自主设计研制的国产大型客机 C919 下线，这是我国航空史上又一个重要的里程碑。截至 2015 年 10 月，C919 大型客机总订单数已达到 517 架。11 月 29 日，国产中短航程新型涡扇支线飞机 ARJ21，在经历 6 年研制以及 7 年飞行测试和认证的坎坷之路后交付成都航空公司，标志着国内航线首次拥有自己的喷气式支线客机。被誉为国产大飞机 C919 "继任者" 的大型宽体客机 C929 目前已进入关键技术的研究阶段；我国自行设计研制的水陆两栖飞机 "蛟龙" 600 在中航工业通飞珠海基地正式完成机身对接，全面进入总装阶段。

2014 年，我国民用航空产品交付量持续增长，全国民用飞机交付量 171 架，较 2013 年增长 22%，交付金额达 538 亿元。其中，支线客机交付 14 架，通用飞机交付 72 架，直升机交付 17 架。2014 年全国无人机交付量为 158 架，同比增长 50.5%。

## 三、产业体系更加健全

近年来，我国航空产业体系不断完善。国产大型客机 C919 的下线和涡扇支线飞机 ARJ21 的交付，标志着我国航空领域自主创新能力的进一步增强，有望打破波音、空客的市场垄断。我国航空制造主要围绕中航工业集团、中国商飞公司及地方航空制造企业的几大飞机制造基地布局。中航工业集团为政府及军队提供先进航空武器装备，同时发展民用飞机产业，是 C919 大型客机、ARJ21 新支线客机的主要研制者和供应商；中国商飞公司主要从事民用航空产品制造；其他地方航空制造企业，主要参与为中航工业、中国商飞总装提供的配套生产及维修服务等。

通用航空方面，截至 2014 年底，我国获得通用航空经营许可证的通航企业达到 239 家，同比增长 26.5%；通用航空机队在册总数达到 1975 架，同比增长 19.4%；全行业完成通用航空生产作业飞行 67.5 万小时，同比增长 14.2%，其中，工业航空作业 8.43 万小时，农林业航空作业 3.82 万小时，其他通用航空作业 55.25 万小时。运行保障资源方面，我国目前已经建成运行成熟的通航固定运营基地（FBO）有北京、上海、深圳和珠海，四川成都和广东阳江 FBO 也在积极筹建中；已建成的试点飞行服务站（FSS）有珠海三灶、深圳南头、沈阳法库和海南东方；10 月 17 日，我国首家独立运营的通用航空飞机维修中心（MRO）在中国航空城——陕西阎良挂牌成立，厦门太古、北京 AMICO 等提供公务机维修，四川海特等提供直升机维修，其他维修单位包括各通航公司的下属部门。

## 四、产业布局持续完善

经过几十年的发展，目前我国航空产业初步形成集聚发展格局。我国航空装备制造业基本形成六大聚集区，主要包括环渤海地区、长三角地区、珠三角地区、中部地区、西部地区和东北地区。其中，以陕西为核心的西部地区是国内航空装备制造业产业链最为完善的地区。各地方政府积极推动建设航空基地，全国各地进入航空基地建设快速发展期。目前，发改委批准设立的航空航天高科技产业基地有 10 个，工业和信息化部也批准了上海市民用航空、陕西西安市阎良区、天津空港工业园区、广东珠海航空产业园、陕西汉中航空产业园和镇江航空航天产业示范基地 6 个航空领域新型工业化产业示范基地。同时，我国将坚持政府引导与市场机制相结合的原则，"以上海、陕西及天津为基地，发展民用干支线飞机；依托哈尔滨、石家庄、珠海、成都和荆门等优势地区发展大中型通用飞机、公务机和特种飞行器；依托景德镇、哈尔滨和天津等优势地区发展大中型直升机；提升现有大中型航空发动机基地发展能力；鼓励有条件的地方和企业发展轻小型航空发动机；强化航空机载系统集成体系能力建设，提高航空设备的综合化水平"。

通用航空方面，近年来我国通用航空产业快速发展，特别是低空空域管理改革试点以来，全国各地通航产业园区呈现爆发式增长。除哈尔滨、天津、西安、石家庄、沈阳、南昌、珠海、成都、安顺等主要通用航空产业基地外，我国目前已经有超过 100 个县级及以上城市在建或计划建设通用航空产业园区，包括以整机组装和零部件生产为主的产业园，以通航培训、旅游、物流等为主的产业园，以及涵盖航空器制造、通航运营、大型商业及地产开发的综合型产业园。

## 第二节　行业发展面临的问题

### 一、技术水平相对落后

当前，国际航空市场以波音和空客为双寡头的垄断竞争格局依然存在，波音和空客两大巨头始终占据着大飞机制造的主系统集成商地位及资源和技术优势。目前，世界各国各大航空企业不断加大技术研发投入，充分利用先进制造技术、信息技术等，提升创新能力，提高技术水平和升级产品服务等，不断提升核心竞争力。因此，面临严峻的国际垄断及激烈竞争形势，为取得我国航空工业长足的发展，必须实现更大跨度的技术进步。虽然我国自主研发了包括 C919、ARJ21在内的多种机型，航空产品的自主化率不断提高，但部分产品核心技术与国际一流水平相比仍然落后，国外技术依赖较强，核心产品仍需依赖进口。发动机、关键材料和元器件等仍然是制约我国民用航空工业发展的瓶颈。飞机发动机被称为"工业皇冠上的明珠"，是飞机性能的主要决定者。我国自主研制的飞机，如C919、ARJ21、新舟 60 等，均采用国外的发动机，关键设备仍然依赖进口。目前，我国新一代飞机关键复合材料已经能够实现完全自主保障，但在结构设计及制造技术方面仍然存在不足；关键零部件制造技术仍有待突破。这些核心技术及核心产品占据了我国整机制造成本的绝大部分，降低了我国航空工业企业竞争优势。此外，民用航空工业基础薄弱、高端技术人才短缺也是制约我国民用航空工业发展的瓶颈。我国民用航空制造业起步较晚，设计制造经验不足，技术储备不充分，民用航空高端技术人才存在巨大缺口，严重影响了我国航空领域自主创新能力的提升。

通用航空方面，我国通航产业仍然处于初创期向发展期过渡的阶段，技术基础极为薄弱。我国自主知识产权的通用航空器种类、数量少，产品单一、生产线重复，无法满足通航日益增长的需求。据统计，我国自主研制的在册通用飞机种类和数量分别仅占国内市场份额的 10% 和 20% 左右，大部分依靠进口。通航企业缺乏先进整机设计、研制及材料工艺、核心关键技术，严重影响了通航产业对经济发展的带动作用。

## 二、产业链条不够完善

在全球一体化的背景下，世界各国在原材料、零部件、机载设备采购以及飞机部装、总装都开始了全球化的布局，各种形式的合作成为增强竞争的重要手段。经过几十年的发展，我国航空产业已逐步形成全球生产体系，逐步融入世界航空工业产业链。然而，整体来看，我国航空制造规模偏小，如航空转包生产，与日本、韩国相比仍然落后。同时，由于缺少全球性的物流和营销网络，我国航空产业研发设计、培训、租赁、维修、航空工业旅游、飞机回收处理等上下游产业链高端环节发展较为滞后，产业链的不完善使得我国整个航空产业链上的价值流失较为严重，每年 60% 的飞机维修市场价值流失到国外；也导致我国飞机生产出来以后应用率低，造成生产成本回收无保障，企业积极性和效率低下。

通用航空方面，制造能力提高，但研发能力不足。在国家一系列鼓励政策及利好背景环境的推动下，各省市、自治区发展通航产业热情高涨，全国涌现了140 多个通用航空产业园。但由于缺乏统筹规划及管理，一些园区发展无序，过度投资建设和招引项目，落地产品单一低端，盲目铺摊产业链，给产业发展带来了严重的风险和隐患。同时，由于缺乏机场及配套保障等设施建设，管理体制改革和发展滞后，空域开放、基础设施、维修服务、人员培训等明显跟不上，人才储备、技术经验积累也明显不足，很多地方由于缺乏有效的监管，出现了通用飞机的"黑飞"现象，特别是无人机已引发了一系列的社会安全问题。

## 三、配套体系还不健全

我国民用飞机产业还没有建立健全国际普遍认可的适航认证体系，难以进入国际市场。我国对民机研制的客观规律缺乏认识，没有建立起适航研究、教学、人才培养、按适航要求研制飞机、适航验证、适航审定和持续适航等完整体系。此外，我国民航发展的配套政策也有待完善。民机产业对国民经济的拉动作用，仅仅依靠政府加大投入显然还不够，必须引入民间资本，鼓励民营企业参与。目前，还缺乏相应的机制和规则，相关鼓励民营企业进入民机产业和推动民航产业发展的配套政策还需完善。

通用航空方面，一是通用机场数量少。我国现有通航机场及临时起降点数量仅为 399 个，其中通航机场仅有 78 个，与通用航空产业发达的国家相比差距较大。

美国通航机场及临时起降点数量为 19720 个，巴西也有将近 2500 个通航机场及临时起降点。二是服务保障体系不健全。通用航空服务保障体系主要是由固定运营基地（FBO）、飞行服务站（FSS）和维修站（MRO）组成。根据中国航空运动协会通用航空协会发布的《中国通用航空发展报告（2014）》，我国目前已建运行成熟的 FBO 仅北京、上海、深圳、珠海四个基地；已建成的试点 FSS 仅有珠海三灶、深圳南头、沈阳法库和海南东方；维修站（MRO）方面，国内维修单位多为通航公司的下属部门，而国内拥有民用航空器维修资质（CCAR-145 部）的通航企业数量较少且参差不齐。我国首家独立运营的通用航空飞机维修中心于 2015 年 10 月刚刚在陕西阎良挂牌成立。三是通用航空专业人员匮乏。截至 2014 年底，我国通航飞行员仅有 7200 多人，无法满足我国通航产业高速发展的需求，通航产业从业人员存在巨大的缺口。

# 第六章　船舶行业

## 第一节　行业运行基本情况

2015 年 1—11 月份，全球经济增长缓慢，航运市场低迷，新船价格下降，我国船舶市场形势严峻。为应对如此严峻形势，工信部、财政部等部门先后出台了《九部委关于金融支持船舶工业加快结构调整促转型升级的指导意见》《老旧运输船舶和单壳油轮提前报废更新实施方案》《海洋工程装备（平台类）行业规范条件》《渔业船舶船用产品检验管理规定》《国务院关于促进海运业健康发展的若干意见》《远洋渔船标准化工作实施方案》《关于促进旅游装备制造业发展的实施意见》等政策文件，为我国船舶工业的发展和复苏创造了有利的政策环境。

### 一、造船三大指标有升有降

2015 年 1—11 月，全国造船完工量为 3620 万载重吨，同比增长 10.9%，同期世界造船完工量 9123 万载重吨，同比增长 6.7%，全国造船完工量（载重吨）占世界市场份额的 39.7%，同比增长 1.5 个百分点。

2015 年 1—11 月，全国承接新船订单量为 2319 万载重吨，同比下降 59.1%，同期世界承接新船订单量 8220 万载重吨，同比下降 19.5%，全国承接新船订单量（载重吨）占世界市场份额的 28.2%，同比下降 27.4 个百分点。

由于全球航运市场运力过剩，拆船数量减少，导致新造船市场需求疲软，2015 年新船订单量降至 2012 年以来的最低水平。据克拉克森数据显示，截至 11 月，2015 年全球新船订单量同比减少了 23%；同时全球手持订单量下降了 8%，手持订单量为 4667 艘、2987 万载重吨，占现有船队比例的 17%。其中，散运市场低迷，使得散货船新船订单量明显下滑，同比减少了 77%（按载重吨计算），且许多散货船船东中途更改其订单,将散货船订单修改为油船等其他船型。全球散货船手持订单中近六成订单为中国船厂所有,散货船订单量的锐减严重冲击了中国船厂。另一方面,受国际原油价格下降影响,油船新船订单量显著增长,克拉克森的数据显示,2015年油船新船订单量同比增长了11%。油船新船订单量的增长主要得益于油运市场的良好表现,而国际海事组织(IMO)新规即将实施,也促使船东在2015年提前订船。然而,油船订单量的增长并未促进新船造价回升,相反,部分船型的油船出现了下跌情况,例如VLCC新船价格下跌了5%。

截至2015年11月底,全国手持船舶订单量为12939万载重吨,同比下降了15.1%,同期世界手持船舶订单量29507万载重吨,同比下降6.6%,全国手持船舶订单量(载重吨)占世界市场份额的43.9%,同比下降了4.3个百分点。

由统计数据可以看出,全国承接新船订单量和手持订单量有所下降,占世界份额也有微小的降幅,但是全国造船完工量同比增加,同时占世界份额也有所上升。

表6-1　2015年1—11月世界造船三大指标市场份额

| 指标/国家 | | 世界 | 中国 | 韩国 | 日本 |
|---|---|---|---|---|---|
| 2015年1—11月造船完工量 | 万载重吨/占比 | 9123 | 3686 | 2789 | 2051 |
| | | 100.0% | 40.4% | 30.6% | 22.5% |
| | 万修正总吨/占比 | 3439 | 1195 | 1192 | 637 |
| | | 100.0% | 34.7 % | 34.7% | 18.5% |
| 2015年1—11月新接订单量 | 万载重吨/占比 | 8220 | 2358 | 3193 | 2153 |
| | | 100.0% | 28.7% | 38.8% | 26.2% |
| | 万修正总吨/占比 | 2936 | 882 | 992 | 677 |
| | | 100.0% | 30.1% | 33.8% | 23.0% |
| 2015年1—11月手持订单量 | 万载重吨/占比 | 29507 | 12539 | 8402 | 6274 |
| | | 100.0% | 42.5% | 28.5% | 21.3% |
| | 万修正总吨/占比 | 10731 | 3964 | 3112 | 2093 |
| | | 100.0% | 36.9% | 29. 0% | 19.5% |

资料来源:英国克拉克松研究公司,并根据中国的统计数据进行了修正,2015年11月。

## 二、经济效益下降

据中国船舶工业行业协会统计,2015年1—10月,全国规模以上船舶工业企业 1449 家，实现主营业务收入 6247.4 亿元，同比增长 3.7%。其中船舶制造 3199.5 亿元，同比增长 4.6%。船舶配套业 812.7 亿元，同比增长 9%。船舶修理业 174.9 亿元，同比下降 5.1%。规模以上船舶工业企业实现利润总额 156.7 亿元，同比下降 28.5%。其中：船舶制造业 101.2 亿元，同比下降 13.5%。船舶配套业 37.4 亿元，同比增长 12.8%。船舶修理业 7 亿元，同比增长 178%。

1—11 月份，船舶行业 88 家重点监测企业完成工业总产值 3800 亿元，同比增长 4.1%。其中船舶制造产值 1810 亿元，同比增长 2%；船舶配套产值 300 亿元，同比增长 3.4%；船舶修理产值 118 亿元，同比下降 0.1%。此外，88 家重点监测企业实现主营业务收入 2680 亿元，同比下降 1.5%；利润总额 36 亿元，同比下降 23.4%。

### 三、产品出口逆势增长

中国船舶工业行业协会统计数据显示，2015 年 1—11 月，全国完工出口船 3187 万载重吨，同比增长 13.7%；承接出口船订单 2056 万载重吨，同比下降 61.4%；11 月末手持出口船订单 12355 万载重吨，同比下降 15.1%。出口船舶分别占全国造船完工量、新接订单量、手持订单量的 88%、88.6% 和 95.5%。

2015 年 1—11 月，54 家重点监测的造船企业完工出口船 2899 万载重吨，同比增长 10.9%；承接出口船订单 1888 万载重吨，同比下降 62.3%；11 月末手持出口船订单 12214 万载重吨，同比下降 14.4%。出口船舶分别占重点造船企业完工量、新接订单量、手持订单量的 87%、88% 和 95.1%。此外，船舶行业 88 家重点监测企业完成出口产值 1500 亿元，同比下降 5.1%。其中，船舶制造产值 1250 亿元，同比下降 7%；船舶配套产值 46 亿元，同比下降 9.8%；船舶修理产值 45 亿元，同比下降 4.3%。

## 第二节　行业发展面临的问题

### 一、产能过剩问题仍在

2015 年船舶市场依然处于船市周期的低谷中，全球性运力过剩和造船产能过剩的问题依然突出，并且在短时间内难以得到根本缓解，在未来较长时间内，国际造船市场供过于求的矛盾仍将存在。我国是世界造船第一大国，但是在产能结构上,大部分产能为干散货船,是航运中的基础货船,由于技术含量低,门槛低,市场竞争激烈,很容易受到航运业波动影响。受国内造船业产能过剩、需求疲软的影响,2015年国内船舶行业已有多家大型民营造船企业倒闭。同时,随着国家对船舶行业的调整以及"一带一路"、装备"走出去"、《中国制造2025》等政策文件的出台,我国船舶行业产能过剩情况有所缓解。然而,船舶工业企业数量由2014年的1491家减少至1449家,船企数量变化不大,船舶行业的剩余产能依然庞大。

## 二、融资成本压力持续

船舶行业是资金密集型行业,有着巨大的融资需求。现在新船订单量大幅下降,新船价格下跌,生产成本相对升高,而订单首期预付款比例下降,船企需要大量资金来维持企业的运营管理。船舶建造所资金需求量巨大,企业很难独自支付船舶建造过程所需资金,大多需要通过向银行贷款、融资等渠道筹集资金,但是融资难一直是船舶企业面临的重要困难。为促进船舶工业发展,九部委联合下发了《关于金融支持船舶工业加快结构调整促进转型升级的指导意见》,但有关政策发挥其作用还需一些时间。2015年,船企面对新船订单有较大顾虑,错失了很多订单。如何破除船舶融资的障碍、如何有效对接船舶融资机构、如何与银行和金融机构构建良性的沟通渠道,是船企面临和迫切需要解决的重要课题。

## 三、企业经济效益较差

自2008年金融危机发生以后,全球经济发展增速缓慢,全球贸易量骤减,导致航运市场运力持续过剩,进而压低新船价格;在造船成本方面,我国劳动力成本持续上升,钢材价格稳中有升,同时人民币汇率坚挺,配套设备采购成本居高不下;在接单过程中,船东预付款比例下降,企业流动资金贷款成本升高;在交船时,船东修改合同订单、推迟接船、违约等情况时有发生,加大了企业生产经营风险。众多因素使得船企盈利微薄,甚至一些企业不得不以低于成本价格接单运营。2015年克拉克松新船价格指数低位震荡,行业景气度持续低迷。同时,行业内竞争使得国内船企不断下调新船价格。在国际方面,2015年新船市场较为低迷,在超大型集装箱船和油船订单上,技术优势使得韩国夺得大量订单,在散货船订单上,日本货币贬值使其船企获得更多优势用于同中国船企竞争。面对日、韩企业带来的强大竞争压力,我国船舶企业唯有降低新船价格才能在市场竞争中占据相对有利位置。在国内，我国的造船业市场依旧低迷，由于市场运力过剩，需求有限，为了争夺市场份额，船舶企业间不断进行价格战，极大地降低了船企的营收，使得船企经济效益不断下滑。

## 四、技术创新能力不足

随着科技的发展，新科技革命和产业变革正在兴起，其特点是信息技术和制造业逐渐深度融合，多领域多技术交叉融合，技术变革的新趋势是数字化、网络化和智能化。顺应形势，船舶制造也正朝着设计智能化、产品智能化、管理精细化和信息集成化等方向发展，智能船厂的概念已经被一些大型船舶企业所接受。另一方面，国际上对船舶安全和环保的技术要求越来越高。技术创新能力对船舶企业的影响日益重要，但我国大多数船舶企业对技术创新重视不够，或受条件所限难以采取行动，中国船企技术创新能力仍显不足。

（一）船舶设计方面。我国船舶企业所使用的船舶设计软件多是来源于国外引进，国产自主设计船舶方案用钢量偏高，经济指标偏低，设计周期长，出错率偏高。此外，我国自主研发船舶新产品不多，且船舶原始设计多数来源于国外，尤其是高技术、高附加值船舶领域，其设计仍要依靠国外设计院所。（二）船型开发方面。我国目前正处于缺乏核心技术的状态，技术创新能力不足，正在进行技术积累和储备。同时，由于我国船型开发设计的不够成熟，船东更倾向于国外的船型，故此类订单较少，国内船型开发进展缓慢。（三）创新体系方面。中国是一个造船大国而非造船强国，我国船舶工业整体上仍处于全球价值链的中低端，这种现状集中表明了我国严重缺乏兼具原始创新和集成创新的技术创新体系。我国船舶行业整体技术创新能力不强，缺乏统一的规划和持续的投入。应该看到，近些年我国船舶领域也有一些技术创新上的突破，只是这些点还难以汇聚成面，难以形成系统的技术创新体系。我国技术创新能力的培养建设仍有很长的路要走。

## 五、船企接单困难

国际船舶市场的萎缩，我国船舶产品的低技术含量，使得我国船舶企业面临着严峻的接单难问题，未来一些船厂可能因为无船可造而不得不停产或申请破产。国际油价持续低行促使油船新订单量增加，集装箱船也因经济复苏使得新订单量上升，但是 BDI 指数持续低迷，散货船市场需求降低，以承接散货船为主的我国船舶工业受到严重影响。中国船舶工业行业协会的数据显示，2015 年 1—11 月，我国承接新船订单量为 2319 万载重吨，同比下降 59.1%，低于韩国新船订单量 3193 万载重吨，这是自金融危机以来，我国第一次失去新接订单量全球第一的地位。接单难背后，一方面是市场需求严重不足，产能相对过剩，船企间竞争激烈；另一方面是我国船企技术能力相对落后，较少涉足高技术含量、高附加值船舶领域，且生产成本较高。

# 区 域 篇

# 第七章  东部地区

## 第一节  2015年整体发展形势

### 一、运行状况

#### （一）总体运行平稳

产业规模不断扩大，总体平稳运行。山东省、江苏省和辽宁省继续保持较高速增长。其中2015年1—10月，江苏省装备工业完成现价产值52063.8亿元，同比增长8%；完成出口交货值12153.8亿元，同比下降1%；实现主营业务收入49561.3亿元，同比增长6.3%；实现利润3034.9亿元，同比增长9.9%；实现利税4593.6亿元，同比增长11%。

#### （二）细分行业利润增长率有升有降

2015年东部地区装备工业9大子行业利润总额增长率有升有降，其中仪器仪表、汽车行业增长明显。如福建省，1—10月，金属制品业、仪器仪表制造业和专用设备制造业保持两位数增长，分别同比增长14.7%、15.6%和11.3%；汽车制造业增长继续加快，同比增长11.3%，增速较前三季度加快0.5个百分点；其他分行业也继续有所增长。

### 二、发展特点

#### （一）东部地区转型升级趋势明显

虽然工业增速下滑，但是产业结构在优化，东部地区工业结构调整和转型升级趋势明显。特别是装备制造业、战略性新兴产业增加值增长较快、比重提高。

涌现出京仪集团、浙江中控、和利时、新松机器人、沈鼓集团等一批具有国际竞争力的龙头企业，以及聚光科技、天瑞仪器、威尔泰等各具特色的智能制造装备企业。2008年以后，上海市经济增速告别了保持16年的两位数增长，并从以往高于全国两个百分点转为低于0.5至1个百分点。与此同时，上海持续加大产业结构调整力度，早谋划、早部署动力"转换"，经济发展的质量效益明显提升。江苏省近年着力优化产业结构，产业整体水平持续提升。2015年第一季度，江苏高新技术产业增速高于规模以上工业增速3个百分点以上；高能耗产业产值较去年回落约3.5个百分点。结构调整为工业利润稳定增长奠定了基础，1至2月，江苏规模以上工业企业实现利润达到全国的七分之一，同比增长12.9%。

**（二）智能装备制造业发展势头良好**

得益于政策支持和东部地区本身地理、交通和科技等优势，东部地区智能装备制造业发展良好。地方政府以智能制造为新的行业增长契机，纷纷出台了更为详细的实施规划，成立智能制造工业园区，设立地区智能制造产业的发展目标。如宁波北仑建立以智能装备研发园为"枢纽"、装备产业基地和高档模具基地为"两翼"的产业支撑平台，目前年产整机4000多台、关键零部件9.6万台（套），实现总产值45亿元；天津致力于推动智能制造产业园区化发展，围绕打造滨海"智造之城"，建设环渤海地区首个高端智能装备战略高地——滨海新区智能制造装备产业园，力争使新区成为中国智能制造装备的先行区和聚集地。

## 三、发展经验

### （一）创新驱动为转型升级注入活力

2015年，东部地区通过做大做强战略性新产业，增创制造业发展新优势，积极发展互联网经济，着力推动大众创业、万众创新，创新驱动为东部经济增长提供新的增长动力。在智能制造、基础材料、核心零部件（元器件）、关键基础工艺与共性技术等领域取得了进展，在高端芯片、智能仪器仪表、新型传感器、伺服控制系统、机车主牵引与网络控制系统、新能源汽车电池电机电控系统等关键智能部件的研发与产业化取得突破，智能制造基础配套能力和技术水平得到显著提升。

## （二）根据自身优势形成产业聚集

北京和上海拥有我国最集中、最优秀的大学和科研机构，集聚大批科研人才，有较强的自主创新能力，正向高端装备研发、营销中心发展，目前北京是全国航空、卫星、数控机床等行业的研发中心，在综合运用制造执行系统、企业资源规划、智能平行生产管控、产品生命周期管理等先进技术手段，打造数据驱动的智能工厂方面遥遥领先。如青岛市出台相关政策，支持家电、服装等行业具备一定优势的龙头企业，面向用户企业，输出标准统一的智能工厂整体解决方案，重点打造以行业云平台为支撑的智能互联工厂。

# 第二节　重点省份与城市发展情况

## 一、辽宁省

为促进辽宁早日迈入中国制造强省的行列，辽宁省实施了《中国制造2025辽宁行动纲要》，推进智能制造和制造业转型升级，把"工业4.0"和智能服务打造成制造业发展的新优势。近期，辽宁省委发布"十三五"规划的建议，对于辽宁制造业做了新的部署。

建议指出，围绕《中国制造2025》发展目标，增强产业核心竞争力和可持续发展能力，努力形成战略性新兴产业和传统制造业并驾齐驱、现代服务业和传统服务业相互促进、信息化和工业化深度融合的产业发展新格局。在传统制造业领域，要积极实施工业强基工程，推动传统工业由要素驱动向创新驱动转变、低中端生产向中高端制造转变。为此将优先发展先进装备制造业，推进高端装备和重大成套装备等重点领域加快发展，促进新一代信息技术与装备制造业融合，建设国家高端装备、智能装备制造业战略基地和核心集聚区。在战略性新兴产业领域，要瞄准世界产业发展前沿，把握科技革命和产业变革新趋势，积极实施智能制造、智能服务工程，优先发展新一代信息通信技术、高档数控机床、机器人、生物医药、节能环保、新能源、新材料、新能源汽车、航空等重点产业，培育和支持软件和信息技术服务、集成电路、储能、海洋工程装备等产业加快发展，使之成为带动经济增长的新支柱。

## 二、山东省

山东省通过加强关键共性技术和产品研发、加强创新平台建设、加强国内外科技合作、加快新型产业集群发展等方式，积极推动装备制造业转型发展。

近两年来，山东省在重大装备等重点领域投入资金 5.88 亿元，支持 128 个关键技术研发和成果转化项目，带动社会和金融资本 71.48 亿元。截至 2015 年 9 月，已实现新增销售收入 242.36 亿元，新增利润 19.86 亿元，新增税金 12.16 亿元，出口创汇 17.98 亿美元，新增就业 4809 人，形成新产品 310 个，新申请专利 451 项，其中发明专利 176 项，共制定标准 51 项，其中国家标准 24 项。山东省大力培育新型研发组织，注重工程技术研究中心现有平台的作用，积极培育产业研究院等新型研发组织，使之已成为突破关键技术、引领产业升级的重要力量。目前全省已建成 36 家国家工程中心，数量居全国首位，其中装备制造产业领域 8 家。山东省立足区域发展特别是装备制造业发展需求，加速创新资源的集聚和科技成果的转化，为山东省装备制造业发展提供科技支撑。山东省先后组织"鲁台技术交流对接会""中国科学院先进钢铁材料加工技术专题推介会"等一系列国内外科技交流活动，围绕全省装备制造产业，建设了 63 家院士工作站，吸引院士工作团队 275 人，实施技术开发和成果转化项目 121 项，累计授权发明专利 88 项。2014—2015 年，山东省以项目实施为抓手，以关键共性技术和重大创新产品为突破口，累计安排重大科技专项资金 1.5 亿元，重点支持烟台海工装备、东营石油装备、泰安矿山装备、济南输配电装备、济宁工程机械等装备领域产业集群，并引导产业集群加大自主创新力度，支持龙头企业和关联小微企业发展壮大，推动集群跨越式发展。2015 年初，山东省发布了《关于加快创新型产业集群发展的意见》指出，到 2020 年，山东省将重点围绕机械、材料等具有基础和优势的产业领域培育 20 个产业集群，力争新增 5 个过千亿规模的产业集群，实现集群规模和创新能力双倍增，引领装备制造领域相关产业尽快实现转型升级。

## 三、江苏省

### （一）产业运行状况

2015 年 1—10 月，江苏省装备工业完成现价产值 52063.8 亿元，同比增长 8%；完成出口交货值 12153.8 亿元，同比下降 1%；实现主营业务收入 49561.3 亿元，同比增长 6.3%；实现利润 3034.9 亿元，同比增长 9.9%；实现利税 4593.6 亿元，同比增长 11%。

2015 年 1—10 月，江苏省机械工业完成现价产值 33866.4 亿元，同比增长 7.2%；

完成出口交货值 3542.5 亿元，同比下降 0.4%；实现主营业务收入 32261.2 亿元，同比增长 5.7%；实现利润 2268.3 亿元，同比增长 4.7%；实现利税 3530.7 亿元，同比增长 6.7%。

### （二）优势产业突出

江苏省优势产品地位突出，其起重机械、高空作业车等工程机械产品的国内市场占有率排位第一，城轨和动车牵引制动系统、车辆和门系统、通信与信号控制系统、售检票系统、内装饰等轨道交通装备；交流电动机、发压器、电力电缆、光缆、光伏电池等新型电力设备的产量居全国首位；水处理等环保设备的研发制造能力处于国内领先水平，装备总量已占全国 1/3。

### （三）江苏省骨干企业优势明显

江苏省拥有一批主业突出、具备核心技术优势的大型装备制造企业集团。中国机械工业联合会发布的 2012 年中国机械工业主营业务收入百强企业名单中，江苏有 15 家企业上榜，数量列全国第二；江苏上榜企业主营业务收入累计达 1976.8 亿元，平均主营业务收入 132 亿元。其中，主营业务收入跻身全国前 50 位的有 6 家，主营业务收入超百亿的有 5 家。徐州工程机械集团有限公司以主营业务收入 1011.8 亿元位居江苏上榜企业榜首，列全国百强榜第二位。除此之外，双良、进东、锡柴、科构、天工、南高齿、南瑞集团、威孚高科、新时代造船、国睿集团、东风悦达起亚等行业排头企业其有较强的行业影响力和综合竞争力。

## 四、广东省

### （一）装备工业发展现状

装备制造业是广东省的支柱产业，一直保持平稳快速发展态势。广东省装备制造业与其所处沿海地区的主导产业的发展息息相关，呈现出总量大、门类齐全、以轻型为主的发展特点。2014 年广东省装备制造业发展较快，汽车制造业、船舶制造业、飞机制造及修理业、环境污染防治专用设备制造业分别增长 9.2%、21.5%、4.6% 和 18.3%；高技术制造业增加值增长 11.4%，其中，医药制造业增长 8.6%，航空航天器制造业增长 5.4%，电子及通信设备制造业增长 13.8%，医疗设备及仪器仪表制造业增长 11.1%，电子计算机及办公设备制造业下降 4.9%。

据 2015 年发布的《2013 年我国（全口径）装备制造业区域竞争力评价报告》

指出，从全口径装备制造业规模实力看，广东省 2013 年排名仅次于江苏，排名第二。广东省的通信设备、计算机及系统、输配电及控制设备、医疗器械、办公机械制造业、特种船舶及汽车等在全国具有较强竞争优势，已拥有了以通信设备、医疗仪器设备、仪器仪表、输变配电及电工器材、塑料加工机械、包装和食品机械及电梯、轿车、海洋工程装备等为代表的在国内具有领先地位的主导产品，以及一批在国内占有较大市场份额的优势企业，并初步形成以珠江三角洲为核心区域的装备制造业产业基地，同时带动东西两翼共同发展的格局。

**（二）重点发展方向及配套政策**

广东省重点发展先进装备制造业，在 2012 年制定《广东省先进制造业重点产业发展"十二五"规划》中指出，要统筹安排国家预算内资金、省级财政性专项资金和省现有支持先进制造业发展专项资金，重点支持先进制造业百强项目建设。同时，广东省政府积极联合工信部联合推进珠江西岸先进装备制造产业带发展。广东官方于 2015 年 2 月出台《珠江西岸先进装备制造产业带布局和项目规划》，规划范围为珠江西岸六市一区，包括珠海、佛山、中山、江门、阳江、肇庆市和顺德区，规划期为 2015—2020 年，提出力争到 2020 年建设成中国内地领先、具有国际竞争力的先进装备制造产业基地。

2014 年 10 月为推动先进装备制造业集约发展，重点打造珠江西岸先进装备制造产业带，广东省制定了《广东省人民政府办公厅关于加快先进装备制造业发展的意见》，意见指出要加大财政支持力度。2015—2017 年，广东省财政将统筹安排 516 亿元，集中支持工业转型升级，推动制造业大省向制造业强省转变，重点支持珠江西岸高端先进、具有规模效应和集聚效应的装备制造业项目落地建设。

**（三）积极推动制造业智能化，实施"机器换人"计划**

2015 年至 2017 年这三年期间，广东省将累计推动 1950 家规模以上工业企业开展"机器换人"。这些企业将集中在汽车和摩托车制造、家电、五金、电子信息、纺织服装、民爆、建材等行业。广东省的地方政府早已对"机器换人"实施补贴。目前补贴分为两部分：一部分是补贴给装备制造企业，即机器人生产厂家；另一部分则补贴给使用机器人的企业。比如广东省佛山市 2014 年 10 月宣布：对于该市符合条件的大型生产工业机器人的企业，给予一次性 500 万元的奖励；采购本地工业机器人的传统制造企业，每台奖励 1 万元，最高不超过 20 万元。东莞市也于 2014 年 8 月公布《"机器换人"专项资金管理办法》：东莞每年安排 2 亿元专项用于推动企业实施"机器换人"，其中单个项目最高奖励 500 万元。

广东省即将制定实施《广东省智能制造发展规划（2015—2025 年 )》和机器人发展专项行动计划，期望加快突破以机器人为重点的智能制造核心关键技术，重点支持机器人本体、控制器、伺服电机、减速器等关键零部件的研发和应用，打造完整的机器人制造产业链，成国内领先的机器人制造业基地。

# 第八章　中部地区

## 第一节　2015年整体发展形势

### 一、运行状况

#### （一）区域经济发展两极分化严重

2015年，中部地区六省一共实现装备工业主营业务收入36866.4亿元。从细分行业领域来看，排名前三位的行业领域分别是电气机械和器材制造业，汽车制造业和计算机、通信和其他电子设备制造业，分别占装备工业主营业务总收入的22.8%、21.3%和18.0%。从六个省的各个情况来看，安徽省装备工业主营业务收入为10827.6亿元，占中部地区装备工业主营业务总收入的29.4%，超越河南省位居第一；湖北省装备工业主营业务收入为10074.3亿元，占中部地区装备工业主营业务总收入的27.4%，重新位居第二；湖南省装备工业主营业务收入为8121.3亿元，占中部地区装备工业主营业务总收入的22.1%，位居第三位，三省装备工业主营业务收入总额加在一起占据了中部地区总量的78.9%，已经接近4/5。2014年，中部六省中处于末两位的分别是江西省和山西省，两省装备工业主营业务收入总额之和占六省装备工业主营业务总收入的14.0%，相比2014年，2015年中部六省中处于末两位的分别是河南省和山西省，收入总额之和占六省装备工业主营业务总收入的10%不到。区域经济发展极度不均衡，两极分化现象严重。

表8-1　2015年1—10月中部地区装备工业主营业务收入（亿元）

| 行业 | 湖北 | 湖南 | 安徽 | 河南 | 山西 | 江西 | 中部地区合计 |
|---|---|---|---|---|---|---|---|
| 金属制品业 | 1033.2 | 782.7 | 958.3 | 2.3 | 82.4 | 546.7 | 3405.6 |
| 通用设备制造业 | 899.3 | 1089.7 | 1553.6 | 6.0 | 90.2 | 565.6 | 4204.4 |
| 专用设备制造业 | 787.0 | 1991.4 | 1079.6 | 15.7 | 177.2 | 391.6 | 4442.5 |
| 汽车制造业 | 4235.1 | 839.9 | 1764.9 | 32.3 | 70.3 | 916.5 | 7859.0 |
| 铁路、船舶、航空航天和其他运输设备制造业 | 290.3 | 635.8 | 231.0 | 3.3 | 88.8 | 92.1 | 1341.3 |
| 电气机械和器材制造业 | 1331.3 | 1263.5 | 3608.9 | 6.1 | 97.0 | 2103.6 | 8410.4 |
| 计算机、通信和其他电子设备制造业 | 1374.9 | 1345.6 | 1469.7 | 885.3 | 502.2 | 1049.2 | 6626.9 |
| 仪器仪表制造业 | 123.2 | 172.7 | 161.6 | 4.8 | 16.5 | 97.6 | 576.4 |
| 2015年装备工业合计 | 10074.3 | 8121.3 | 10827.6 | 955.7 | 1124.6 | 5762.9 | 36866.4 |

资料来源：国研网统计数据库，2015年11月。

　　2014年，中部地区六省一共实现装备工业利润总额3749.5亿元。从各行业利润分布来看，占比排名前三位的细分行业领域分别是计算机、通信和其他电子设备制造业，汽车制造业以及电气机械和器材制造业，占装备工业利润总额的比值分别为51.6%、15.5%和12.3%。从六个省分别情况来看，河南省装备工业利润总额1857.1亿元，占比49.5%，仍然稳居中部六省第一，占比比值相比2014年上升了16.4个百分点，优势地位明显；湖北省装备工业利润总额623.2亿元，占比16.6%，再次超越安徽，重返第二位；安徽省装备工业利润总额521.2亿元，占比13.9%，与2014年比下降了5.8个百分点，降至第三名，该三省装备工业利润总额加在一起占据了中部地区总量的80%。湖南省的装备工业利润总额为333.0亿元，占比8.9%，2015年利润状况不佳，排名第五。山西省装备工业利润总额为50.4亿元，占比1.3%，相比于2014年的1.5%下降了0.2个百分点，发展形势依然不好。

表 8-2　2015 年 1—10 月中部地区装备工业利润总额（亿元）

| 行业 | 湖北 | 湖南 | 安徽 | 河南 | 山西 | 江西 | 中部地区合计 |
|---|---|---|---|---|---|---|---|
| 金属制品业 | 45.5 | 44.4 | 43.9 | 10.8 | 2.4 | 32.8 | 179.8 |
| 通用设备制造业 | 43.8 | 52.6 | 73.6 | 9.7 | 2.1 | 41.6 | 223.4 |
| 专用设备制造业 | 32.5 | 62.6 | 50.5 | 47.7 | 1.8 | 28.0 | 223.1 |
| 汽车制造业 | 382.9 | 9.6 | 65.3 | 66.4 | -0.8 | 58.4 | 581.8 |
| 铁路、船舶、航空航天和其他运输设备制造业 | 4.7 | 61.7 | 6.1 | 5.6 | 7.1 | 5.4 | 90.6 |
| 电气机械和器材制造业 | 71.8 | 44.4 | 195.1 | 14.1 | 3.0 | 132.1 | 460.5 |
| 计算机、通信和其他电子设备制造业 | 34.8 | 47.1 | 70.5 | 1693.9 | 34.1 | 56.2 | 1936.6 |
| 仪器仪表制造业 | 7.2 | 10.8 | 16.1 | 9.0 | 0.7 | 10.3 | 54.1 |
| 2015年装备工业合计 | 623.2 | 333.0 | 521.2 | 1857.1 | 50.4 | 364.6 | 3749.5 |

资料来源：国研网统计数据库，2015 年 11 月。

### （二）产品出口的增长趋势变缓

2015 年，中部地区六省一共实现装备工业出口交货值 5832.5 亿元。从细分行业领域来看，计算机、通信和其他电子设备制造业依然稳居各行业中部地区出口交货值的第一名，实现出口交货值 4140.9 亿元，占装备工业总出口交货值的 71%，占比相比 2014 年增加了 1.8 个百分点，计算机、通信和其他电子设备制造业在中部六省的出口中仍然稳居第一位，超过其他行业总和的 2 倍，而且所占比重依然在持续增长，说明该行业产品出口较多，产品的国际市场竞争力不断提升，随着我国"装备走出去""一带一路""互联网 +""中德合作"等国家战略的全面铺开，计算机、通信和其他电子设备制造业领域的龙头企业已经深入融入全球产业链，国际化路线获得成功；电气机械和器材制造业依然稳居第二名，但是占比由 2014 年的 11.8% 降至 10.5%，下降了 1.3 个百分点。从六个省的各个情况来看，排名前三的省份分别为河南省、安徽省和湖北省，其中河南省装备工业的出口交货值为 2588.7 亿元，占比为 44.4%，总量接近装备工业出口交货值总额的一半，但是由于受大的经济形势的影响相比 2014 年下降了 13.7 个百分点。安徽省装备工业的出口交货值为 1045.8 亿元，占比为 44.4%。湖北省装备工业的出口交货值为 646.2 亿元，占比为 11.1%。

表 8-3　2015 年 1—11 月中部地区装备工业出口交货值（亿元）

| 行业 | 湖北 | 湖南 | 安徽 | 河南 | 山西 | 江西 | 中部地区合计 |
|---|---|---|---|---|---|---|---|
| 金属制品业 | 20.9 | 13.5 | 20.4 | 5.7 | 9.4 | 29.2 | 99.1 |
| 通用设备制造业 | 50.4 | 19.4 | 74.5 | 13.8 | 1.9 | 49.1 | 209.0 |
| 专用设备制造业 | 23.7 | 90.0 | 24.6 | 75.5 | 6.1 | 30.2 | 250.1 |
| 汽车制造业 | 61.1 | 26.6 | 122.3 | 96.8 | 4.6 | 55.7 | 367.2 |
| 铁路、船舶、航空航天和其他运输设备制造业 | 22.1 | 59.0 | 7.9 | 8.7 | 12.7 | 5.5 | 115.9 |
| 电气机械和器材制造业 | 55.0 | 30.3 | 215.5 | 103.9 | 1.4 | 203.8 | 609.8 |
| 计算机、通信和其他电子设备制造业 | 408.3 | 320.9 | 569.3 | 2274.7 | 347.2 | 220.4 | 4140.9 |
| 仪器仪表制造业 | 4.7 | 2.7 | 11.2 | 9.7 | 0.4 | 12.0 | 40.7 |
| 2015年装备工业合计 | 646.2 | 562.3 | 1045.8 | 2588.7 | 383.8 | 605.7 | 5832.5 |

资料来源：国研网统计数据库，2015 年 11 月。

2015 年，中部地区六省的装备工业出口交货值同比增长普遍处于上升趋势，且高于全国平均水平。其中比较突出的有湖南省的铁路、船舶、航空航天和其他运输设备制造业，同比增长 219.3%，仪器仪表制造业，同比增长 84.9%，山西省的铁路、船舶、航空航天和其他运输设备制造业，同比增长 1573.5%，属于飞跃式增长，通用设备制造业，同比增长 86.2%。但更多的是一些省份的部分细分领域的出口交货值同比有较大幅度的下降，如江西省的铁路、船舶、航空航天和其他运输设备制造业，同比下降了 43.4%，山西省的专用设备制造业，同比下降了 55.1%，安徽省的汽车制造业，同比下降了 20.6%，湖南省的电气机械和器材制造业，同比下降了 19.6% 等等，主要受国际大环境影响。

表8-4  2015年1—10月中部地区装备工业出口交货值同比增长（%）

| 行业 | 湖北 | 湖南 | 安徽 | 河南 | 山西 | 江西 | 全国 |
|---|---|---|---|---|---|---|---|
| 金属制品业 | −14.4 | 7.14 | 5.0 | 11.8 | −6.3 | 12.7 | −2.7 |
| 通用设备制造业 | 37.1 | −2.1 | 9.7 | 12.8 | 86.2 | 6.2 | −4.7 |
| 专用设备制造业 | −19.2 | −0.5 | −8.1 | 9.6 | −55.1 | 49.6 | −2.7 |
| 汽车制造业 | 14.6 | 8.3 | −20.6 | 15.3 | −4.9 | 3.9 | −0.3 |
| 铁路、船舶、航空航天和其他运输设备制造业 | 34.3 | 219.3 | 19.0 | 16.7 | 1573.5 | −43.4 | 3.9 |
| 电气机械和器材制造业 | −14.4 | −19.6 | 12.3 | 10.6 | 32.7 | −5.5 | −0.8 |
| 计算机、通信和其他电子设备制造业 | 7.5 | 16.7 | 22.1 | 33.5 | 11.45 | 4.9 | 0.4 |
| 仪器仪表制造业 | −6.8 | 84.9 | 38.4 | 17.2 | 6.2 | 10.7 | 4.2 |

资料来源：国研网统计数据库，2015年11月。

从上述数据来看，中部地区的装备制造业发展稳步提升。由主营业务收入、主营业务利润和出口交货值及增长率等指标可以看出，中部六省的装备制造业在工业中的比重逐渐增加，但是由于2015年装备工业受经济大环境和全球发展格局变动的影响：即，世界主要经济体纷纷将制造业作为经济振兴的重中之重，发达国家纷纷制定"再工业化"战略，推动中高端制造业回流，并进一步加强全球产业布局调整，力图保持全球制造业领先地位。

中部地区装备工业面临挑战的同时也获得了更大的机遇，随着丝绸之路经济带建设、《中国制造2025》的出台和发布以及来自东部沿海地区、京津和东北地区的产业转移不断加剧，这些国家的重大战略和部署都给中部地区的发展提供了前所未有的发展机遇，中部地区已经在区域经济发展过程中扮演着越来越重要的角色，同时，为了响应国家的各项发展战略，中部地区装备制造业提升产品质量，增强国际竞争力，逐渐改变了高端、高技术先进装备制造业较为落后的发展局面，产品出口势头发展良好，国际战略较为成功。

## 二、发展特点

湖北省的汽车制造业2015年主营业务收入达到4235.1亿元，虽然相比2014年略微有所下降，但是依然远超中部地区其他省份。2015年汽车制造业主营业务收入同比增长 5.6%，出口交货值同比增长 14.6%，依然维持强势发展态势。值得一提的是新能源汽车产业，近年来，在省委省政府的领导下，湖北省新能源汽车产业得到了较好发展，初步形成了以东风汽车公司为龙头，地方企业为支撑，产品涵盖纯电动和混合动力客车、纯电动和混合动力轿车以及新能源汽车关键零部件在内的新能源汽车研发、生产和示范运营产业体系。湖北省已有东风汽车公司、东风扬子江汽车（武汉）有限责任公司、武汉九通汽车厂、湖北世纪中远车辆有限公司等企业的 60 余款新能源汽车车型获得国家车辆产品《公告》，列入《节能和新能源汽车示范推广应用工程推荐车型目录》，可以批量生产，2015 年第一季度已经累计实现新能源汽车销量约 2200 辆。

2015 年湖南省的通用设备制造业，专用设备制造业，铁路、船舶、航空航天和其他运输设备制造业等制造业的主营业务收入分别为 1089.7 亿元、1991.4 亿元、635.8 亿元，均为中部六省之首。2015 年铁路、船舶、航空航天和其他运输设备制造业主营业务收入同比增长 15%，发展势头依然迅猛。南车株机作为中国南车集团的核心企业，交付了大量电力机车、城轨车辆、城际动车组、新技术轨道车辆、重要零部件等高技术产品，创造了价值，建立了形象，始终走在轨道交通装备行业的最前列。

2015 年也是江西省异军突起的一年，在传统装备制造业的基础上进行改造升级，重点发展机器人及智能装备产业。以南昌高新技术产业开发区为典型代表，目前，在智能机器人领域，已经涉及工业机器人和服务机器人，涌现出洪都股份、宝群电子等一批骨干企业；在智能化成套装备领域，已经涉及智能化纺织机械、汽车及其零部件装配生产线、智能化发电机组成套设备、智能化环保成套设备、智能化食品包装机械、智能化电气设备、空气压缩机生产线等诸多领域，涌现出洪都数控机械、洪都国际机电、泰豪科技、怡杉环保等一批有较强核心技术和优势产品竞争力的企业；在智能装备与部件领域，已经涉及 3D 打印、新型传感器、高档数控机床、智能仪器仪表、智能控制及系统集成、汽车电子及智能系统、智能化温控设备等智能装备与部件细分领域，涌现出奈尔斯—西蒙斯—赫根赛特中机、日月明铁道设备、江西科晨、江西众加利等一批实力较强的骨干企业。

2015 年安徽省的电气机械和器材制造业主营业务收入 3608.9 亿元，远超中部地区其他省份，同比增长 7.7%，维持平稳发展水平。柯力电气、恒瑞电气、德力西电气等企业把握住市场脉搏，把控高精尖技术，大力推动了安徽省的电气机械和器材制造业发展。山西省装备制造业总体体量超过河南，位居中部六省倒数第二名，但是值得注意的是，2015年山西省铁路、船舶、航空航天和其他运输设备制造业出口交货值同比增长1573.5%，迎来了突飞猛进的发展。2015年河南省装备制造业下滑明显，总体体量位居中部六省最后一名，金属制品业，通用设备制造业，专用设备制造业，汽车制造业，铁路、船舶、航空航天和其他运输设备制造业，电气机械和器材制造业，仪器仪表制造业等产业主营业务收入相比中部地区其他省份相比体量均小很多。

## 三、发展经验

### （一）把握国家政策机遇

2012年国务院印发《关于大力实施促进中部地区崛起战略的若干意见》，发改委发布《促进中部地区崛起规划》，将促进中部地区崛起列为重点发展方向。中部地区各省市从2012年开始妥善利用国家的政策倾向，集聚高校、科研院所、企业技术中心的创新资源和创新智力，巩固装备制造业的地位。2015年3月，《中国制造2025》正式发布，为各省市装备制造业的发展指明的方向，《中国制造2025》将新一代信息技术、高档数控机床和机器人、航空航天装备、海洋工程装备及高技术船舶、先进轨道交通装备、节能与新能源汽车、电力装备、新材料、生物医药及高性能医疗器械等确定为十大重点发展领域。中部各省紧随国家政策，把握国家政策机遇，也开始出台一系列相关的政策用于扶持地方装备制造业的长足发展。如，2014—2015年江西省相关部门组成联合调研组，对江西省机器人产业发展情况进行了专题调研，拟写了《江西省发展机器人产业的调研及建议》调研报告。报告指出：江西省面临着诸多机遇和挑战，加快发展机器人产业，对促进江西省传统产业的转型升级，加快转变经济发展方式，实现跨越发展意义重大，同时认为南昌已具备发展机器人产业的条件。该调研报告先后得到省委和省政府领导的重要批示。江西省相关部门相继发布《关于邀请成为江西省机器人及智能制造装备产业联盟成员单位的函》和《关于成立江西省机器人及智能制造装备产业联盟的通知》，《关于培育发展机器人及智能制造装备产业的意见》等相关政策文件，用以支持江西省机器人产业的发展。湖北省重点推进机器人产业的发展，湖北省2015年初召开了工业机器人产业发展座谈会并制定和发布了《湖北省推动工业机器人产业发展实施意见》，为工业机器人产业的发展提供了全方位的政策扶持。安徽省人民政府 2015 年 11 月印发《中国制造 2025 安徽篇》，将智能装备、节能和新能源汽车、智能家电、节能环保、农机装备和工程机械、航空航天装备、轨道交通装备、海洋工程装备和高技术船舶、电力装备等领域确定为装备制造业重点突破领域。

### （二）着重培育优势骨干企业

近年来，中部地区各省市都非常注重高端装备领域优势骨干企业的培养和发展壮大，涌现出了一批竞争力较强的企业和企业集团，资源逐步向优势企业集中。如湖北省在工业机器人领域涌现了武汉奋进电力技术公司、襄阳市铁人机器人自动化有限公司、武汉精华减速机公司等骨干企业。高档数控机床领域涌现了三环锻压设备公司、武汉法利莱切割系统工程公司、华中数控股份公司、华工激光工程有限公司、神龙汽车公司等骨干企业。增材制造（3D 打印）领域涌现了由华科大快速成型技术团队、华科大产业集团、华中数控、华工投资、合旭控股等联合发起设立武汉华科三维科技有限公司以及面向 3D 打印商业大众领域，开发系列 3D 打印运控软件及编辑软件，研制桌面级 3D 打印机，并与全球 3D 打印领军品牌美国 Stratasys 公司合作，共建中国 3D 打印应用中心和中国标准化 3D 打印云工厂的金运激光股份公司等骨干企业。船舶和海洋工程装备产业领域涌现武汉船用机械公司。江西省在智能机器人领域涌现江西洪都航空工业集团有限责任公司、江西洪都航空工业股份有限公司、江西宝群电子科技有限公司等骨干企业；在智能化成套装备领域涌现了泰豪科技股份有限公司、江西大族能源科技有限公司、三丰自动化有限公司、江西洪都数控机械有限责任公司、南昌江铃集团联成汽车零部件有限公司等骨干企业；在智能装备与部件领域涌现了江西飞达科技有限公司、南昌菱光科技有限公司、江西奈尔斯西蒙斯赫根赛特中机有限公司、江西日月明铁道设备开发有限公司等骨干企业。湖南省在 3D 打印、高档数控机床等新兴智能装备领域涌现了诸如湖南华曙高科技有限责任公司、宇环数控机床股份有限公司等骨干企业。

### （三）聚焦高端装备制造

2014 年 11 月，河南省政府印发《先进制造业大省建设行动计划》，提出"到 2017 年，形成装备制造万亿级产业集群，汽车产业集群规模超过 4000 亿元并加快向万亿级迈进"，为此制定了"实施高成长性制造业发展工程"，其中，把智能装备作为带动装备制造业转型升级的突破口，以装备产品和装备制造智能化为重点，突出发展智能成套、智能电气和智能制造装备，做大轨道交通装备规模，加快工程装备、农机、基础件等传统优势产业智能化改造；重点推动郑州汽车制造基地形成规模优势，扩大中高档乘用车产能，加快新能源汽车产业化，壮大优势专用汽车规模，扩大关键零部件集群优势。

江西省将汽车和航空及精密仪器制造产业作为重点发展产业，《江西省工业重点产业"十二五"专项规划》明确"到2015年，汽车和航空及精密仪器制造产业实现主营业务收入2200亿元，其中汽车产业超过1000亿元，航空产业900亿元，精密仪器制造产业300亿元"。为此，谋划了一批项目，其中包括江铃汽车30万辆整车、江西科慧电池能源年产3.6亿Ah圆柱型锂离子动力电池等汽车类项目14个；洪都集团南昌航空工业城项目、景德镇直升机研发生产基地项目等航空类项目5个；江西上饶光学产业基地、丰城市无油涡旋机械产品先进装备制造业基地等项目6个。《江西省十大战略性新兴产业发展规划》将"先进装备制造产业"作为十大战略性新兴产业之一，明确形成以南昌为核心区、以昌九为产业带、多点发展的空间布局。

## 第二节　重点省份与城市发展情况

### 一、湖北省[1]

#### （一）装备制造工业发展增长放缓

2015年装备制造业仍然是支撑湖北省全省工业发展的支柱产业。1—11月，湖北省规模以上工业增速累计为8.5%，装备工业增加值增长9.2%，增速高于全省0.7个百分点，与上年同期相比，增长速度放缓。其中，1—10月，湖北省装备制造业全行业实现主营业务收入10074.3亿元，利润实现623.2亿元。由于受国际大环境趋势以及我国装备工业经济下行的影响，部分行业市场需求趋缓、产能过剩，加之近年来制造业人工成本上升、产品价格下行等诸多原因，导致行业的效益增长趋势放缓，甚至部分行业经济效益下降明显。金属制品业，通用设备制造业，专用设备制造业，汽车制造业，电气机械和器材制造业以及铁路、船舶、

---

[1] 本部分内容参考内部资料《装备工业经济参考》（2015年第2期）以及湖北省经济和信息化委员会：《1—11月全省工业经济运行情》，http://www.hbeitc.gov.cn/xwdt/jjgzjb/yhc/67543.htm。

航空航天和其他运输设备制造业的主营业务收入增长速度都没有超过8%，增长幅度相比2014年明显放缓不少，计算机、通信和其他电子设备制造业的主营业务增速为9.37%，主要受"互联网+"等国家重大战略的影响较大。另外，铁路、船舶、航空航天和其他运输设备制造业实现利润4.7亿元，同比下滑17.84%；仪器仪表制造业实现利润7.2亿元，同比下4.42%，下滑幅度明显。

表8-5　2015年1—10月湖北省主要装备制造业效益情况

| | 主营业务收入（亿元） | 增速（%） | 利润（亿元） | 增速（%） |
|---|---|---|---|---|
| 金属制品业 | 1033.2 | 2.31 | 45.5 | 9.41 |
| 通用设备制造业 | 899.3 | 7.43 | 43.8 | 20.23 |
| 专用设备制造业 | 787.0 | 6.38 | 32.5 | 2.29 |
| 汽车制造业 | 4235.1 | 5.58 | 382.9 | 9.73 |
| 铁路、船舶、航空航天和其他运输设备制造业 | 290.3 | 5.6 | 4.7 | −17.84 |
| 电气机械和器材制造业 | 1331.3 | 3.37 | 71.8 | 8.79 |
| 计算机、通信和其他电子设备制造业 | 1374.9 | 9.37 | 34.8 | 57.4 |
| 仪器仪表制造业 | 123.2 | 10.18 | 7.2 | −4.42 |

资料来源：国研网统计数据库，2015年11月。

### （二）重点行业发展情况不均衡

1. 汽车产业生产环比加快

2014年全年汽车行业的增加值增长9.4%，同比回落3.1个百分点。汽车产量完成174.5万辆，增长9.4%，同比回落0.2个百分点。与2014年相比较而言，由于受国家购置税优惠政策（从2015年10月1日到2016年12月31日，对购买1.6升及以下排量乘用车实施减半征收车辆购置税的优惠政策）影响以及通用武汉基地达产拉动，汽车行业的发展速度加快，呈现回暖态势。2015年1—11月汽车行业增加值增长9.6%，环比加快0.9个百分点，比上半年加快3.2个百分点。11月当月增长19.6%，环比加快4.5个百分点。1—11月汽车完成产量175万辆，增长11%。11月单月生产21.2万辆，增长35%，其中轿车、SUV当月分别生产9.9万辆、6.3万辆，同比分别增长50%和80%。东风本田增长6.9%，东风乘用车增长31%，上海通用实现产值179.5亿元。另外，受国家政策影响，新能源汽车成为新的发展方向，2014 年以后湖北省的新能源汽车开始布局东风纯电动汽车，经过一年多的努力，现在已经初步形成了以东风汽车公司为龙头，地方企业为支撑，产品涵盖纯电动和混合动力客车、纯电动和混合动力轿车以及新能源汽车关键零部件在内的新能源汽车研发、生产和示范运营产业体系。

2. 机械行业发展继续回暖

随着《中国制造 2025》的出台，并且确定新一代信息技术、高档数控机床和机器人、航空航天装备、海洋工程装备及高技术船舶、先进轨道交通装备、节能与新能源汽车、电力装备、农机装备、新材料、生物医药及高性能医疗器械等十大领域被确定为重点突破领域，湖北省对装备制造业的技术改造和升级力度不断加大，以农机装备、机电设备等为代表的机械行业重点领域需求强势回暖，但是增幅与上年相比有所回落。全行业增加值增长 8.0%，环比回落 0.2 个百分点，连续六个月环比放缓。从分领域来看，通用设备、专用设备、铁路及航空等交通设备分别增长 8.1%、2.9%、6.5%，环比回落 0.5、0.3 和 1.7 个百分点；电气机械业增加值增长 10.6%，环比加快 0.3 个百分点。

3. 电子设备制造业环比加快

受国家促进信息消费扩大内需政策、电子产品更新换代提速以及联想武汉基地等新项目投产出力拉动。受烽火、长飞等企业拉动和武汉联想新项目投产，当月增加值增长 25.3%，累计增速由 1—10 月的 8.7% 回升至 12.9%，环比加快 4.2 个百分点，同比仍回落 9.7 个百分点。手机产量增长 12.2%，光纤增长 284.7%，光缆增长 35.3%，LED 下降 71.4%。

### （三）高端装备制造领域成效突出

1. 工业机器人产业风生水起

随着全省推进工业机器人产业发展座谈会的召开，及《湖北省推动工业机器人产业发展实施意见》出台，各地工业机器人投资热情高涨，央企、民营、混合所有制等各类市场主体竞相介入。"武汉·中国光谷机器人产业技术创新战略联盟"和襄阳市、孝感市工业机器人产业联盟相继成立。武汉东湖新技术开发区在激光、电子、医疗、汽车等多个行业的机器人集成应用成效显著，已初步形成工业机器人产业集聚效应。

2. 高档数控机床硕果累累

三环锻压设备公司30000-65000Kn全闭环高精度伺服折弯机、武汉法利莱切割系统工程公司"大功率宽幅面厚板数控激光切割机"等多项工艺、技术取得突破，成果突出，得到用户好评。华中数控股份公司基于华中8型高档数控系统，推出针对3C（计算机、通信和消费电子产品）行业高速钻攻中心的数控系统HNC-808AM,成功在用户现场完成对比加工,效果超过国外知名数控系统水平,实现了国产数控系统在3C领域的重大突破,打破国外长期垄断。华工激光工程有限公司与神龙汽车公司合作研制了国内首个激光焊接白车身（指完成焊接但未涂装之前的车身）成套装备,打破国外垄断国内市场40多年的格局。

3. "3D打印"商业应用走向大众

华中科技大学整合旗下优势资源，由华科大快速成型技术团队、华科大产业集团、华中数控、华工投资、合旭控股等联合发起设立武汉华科三维科技有限公司，打造3D打印一体化设备的研、产、销全通道的领军企业,建立国内乃至国际3D打印产业技术协同创新平台。金运激光股份公司面向3D打印商业大众领域,开发系列3D打印运控软件及编辑软件,研制桌面级3D打印机,并与全球3D打印领军品牌美国Stratasys公司合作,共建中国3D打印应用中心和中国标准化3D打印云工厂。

4. 船舶和海洋工程装备产业逆势增长

"武汉船舶与海洋工程装备基地"成为国家新型工业化产业示范基地，获工业和信息化部授牌。武昌船舶重工集团国内首次承接造价近5亿美元的海洋工程起重铺管船,作业水深达到海底2000米,出口海外；武汉船用机械公司首台3500千瓦全回转舵桨装置,打破国外垄断,已接到3个船型11台全回转舵桨装置的订单；七一二所成功研制国内首套船用中压变频器。

5. 通用航空装备产业集聚发展

黄陂加快武汉临空经济区建设，卓尔航空等五大航企签约入驻；汉南区通用航空产业基地吸引武汉直升机集团通用航空项目、海航机场集团航空产业园项目等多个项目落户；武汉东湖高新区与中航通用飞机有限公司签署战略合作协议,建设通用航空综合示范基地。武汉航空装备大三角发展格局已现雏形。襄阳航空航天工业园初步形成航空航天特色产业集群,已拥有规模以上企业66家、工业总产值110亿元。其中,中航航宇嘉泰公司正式牵手美国波音公司成为国内第一家、世界第六家波音公司旅客座椅供应商。

6. 应急救援装备拓展发展空间

目前，国内最大的应急救援装备供应商、集成商新兴重工投资 48.6 亿在武汉布局应急救援为中心的装备制造、制造服务及区域总部项目，打造双燃料汽车、天然气站用装备等应急救援产业集群。东风公司携手新兴际华推进应急救援系统装备研发，已交付 19 台双方共同开发的智能化轻型高机动应急救援系统装备。总投资 15 亿元的湖北华舟重工应急装备暨专用车辆产业园二期项目开工建设，将形成完整的专用车辆、应急装备产业链，成为我国专业化、规模化的特种车辆、应急装备产业园，研制应急重型机械化桥和应急模块化桥，首次进入国家区域性公路交通应急装备物资储备和救援中心。

## （四）基础制造"底盘"进一步夯实

1. 铸造行业加速转型升级

顺应"高效、节能、绿色"发展要求，全省已有 31 家铸造企业列入工业和信息化部符合《铸造行业准入条件》企业名单公告。随州市曾都区铸造产业成为省重点成长产业集群，现有汽车零部件铸造及关联企业 90 余家，多种汽车零部件产品批量出口 20 多个国家和地区，被中国铸造协会列为全国两大汽车铸件生产基地之一。湖北山江重工有限公司拥有 30 吨高效节能熔炼炉，单台最大熔量可达 70 吨，400 吨天然气热处理炉窑，可生产重达 160 吨的特大型铸钢件。投资 6.6 亿元的襄阳美利信科技有限公司具有年产 3.2 万吨大型、复杂、高精度压铸产品的产能，以先进的管理模式、精益的生产现场，生产一流的汽车、通信等压铸产品。

2. 模具行业引入特色发展新理念

东风汽车模具有限公司、先锋模具股份有限公司继续保持在汽车大型覆盖件模具设计、制造方面的特色优势；鄂丰模具有限公司、国营七三三厂、国营六一二厂等企业具备了高精密模具制造能力。在孝感孝南建设的华中模具城，2014 年签约企业 160 余家，其中台资企业及中外合资企业 3 家。

## （五）兼并重组增添发展或代理

1. "走出去"快速提升产业竞争力

三环集团控股的襄阳汽车轴承公司成功并购波兰最大的轴承制造企业——波兰 KFLT 轴承公司，成为中国汽车轴承企业海外并购第一例。东风汽车集团收购标致雪铁龙集团约 14% 股份，为海外发展获得更大空间。华昌达智能装备股份公司通过并购上海德梅柯汽车装备公司，实现在工业机器人集成及焊装生产线技术和产品的纵深发展的基础上，成功收购美国本土汽车智能装备系统集成商——DMW 公司，提升了提供物料管理全套解决方案的能力。湖北三丰智能输送装备股份有限公司收购合肥天海小松自动化仓储设备有限公司。武汉钢铁集团收购德国蒂森克虏伯激光拼焊集团，涉足激光拼焊装备制造和加工业务。

2. "请进来"加快转型升级

湖北省装备工业充分利用省外央企等实力集团的优势，加快转型升级步伐。武汉重型机床集团公司进入中国兵器工业集团以来，由重型机床向大型高档精密结构工程和国防军工领域调整转型，产品比重中重型机床将会下降到六成左右。同时，创新服务模式，从产品出发，提供系统集成服务和整体解决方案，体现高端价值所在。

## 二、安徽省[1]

### （一）装备工业整体平稳健康增长

2015 年 1—10 月，安徽省装备工业（含汽车行业）生产保持较快增长，完成工业增加值 2855.2 亿元，同比增长 10.7%，增速低于上年同期 2.3 个百分点，高出全省工业平均水平 2.1 个百分点，占全省工业增加值的 35.7%。其中，10 月当月，全行业工业增加值同比增长 10.7%，增速较 9 月提高 1 个百分点。2015 年前三季度，安徽省装备工业主营业务收入达到 9672.9 亿元，同比增长 10.3%；实现利润总额 451.9 亿元，同比增长 20.3%；亏损企业亏损总额为 37.9 亿元，同比增长 5.9%。

### （二）细分行业增长有升有降

1. 汽车行业结构调整成效明显

2015 年 1—10 月，汽车行业实现工业增加值 434.8 亿元，同比增长 11.8%，增速高于上半年 2.3 个百分点，高于全省规模以上工业 3.2 个百分点；生产汽车 96.5 万辆，同比增长 27.4%，增速高于 2014 年全年 34.5 个百分点，其中，10 月

---

[1] 本部分内容参考安徽省经济和信息化委员会官网：http://www.aheic.gov.cn/index.jsp?strIfUrl=cyfz.jsp 和内部资料《装备工业经济参考》（2015年第8期）。

当月生产汽车10.9万辆，同比增长33.1%。自2014年10月开始，汽车产量一直保持较快增长。

**2. 工程机械、机床产量出现下降**

因国内投资增速减缓影响，工程机械、机床行业生产下降，2015年1—10月安徽省生产金属切削机床6.67万台，同比下降0.5%。

**3. 智能制造装备等增长态势较好**

随着劳动用工成本不断攀升，加上企业提高劳动生产率、升级产品的需要，智能制造装备、自动化生产线、工业机器人等高端装备制造业持续快速发展。2015年1—10月，安徽省生产工业机器人1650多台。

**4. 节能环保装备生产增长较快**

受国家节能环保政策拉动，安徽省节能环保装备行业持续较快增长。2015年1—10月，安徽省环保装备行业实现工业总产值4.5亿元，同比增长36.4%；生产电除尘器47420吨，同比增长34.5%。海螺川崎装备公司实现产值9.4亿元，同比增长6%；生产水泥节能设备17066吨，同比增长29.4%。

**5. 大型农机发展势头良好**

2015年1—10月，奇瑞重工实现产值34.4亿元，同比增长23.7%；生产大型农机41467台，同比增长1.9%。安徽省生产小型拖拉机1.3万台，同比下降28.8%。

**6. 电工电器行业生产下降**

2015年1—10月，安徽省电力电缆完成3415百万米，同比增长1.2%；生产变压器3679万千伏安，同比下降7.5%。

**（三）八大高成长性产业实现飞跃发展**

2015年1—11月，湖南省八大高成长性产业实现工业总产值6897.4亿元，同比增长14.1%，高于规上工业增加值5.5个百分点，新型显示、智能语音、云计算和软件、新能源汽车等四个产业增速超过20%。其中，新型显示完成产值371.1亿元，同比增长32.1%；智能语音完成产值67.8亿元，同比增长26.2%；云计算和软件完成产值220.8亿元，同比增长26%；新能源汽车完成产值324.7亿元，同比增长23.3%；智能终端完成产值567.7亿元，同比增长13.8%；节能环保设备完成产值1445.5亿元，同比增长12.1%；智能装备完成产值686.3亿元，同比增长 11.6%。

**（四）重点产业集聚优势凸显**

为贯彻落实中央加快实施创新驱动发展战略和"中国制造2025"战略部署，充分发挥战略性新兴产业的引领带动作用，安徽推出了第一批14个战略性新兴产业集聚发展基地，其中工业机器人产业和先进轨道交通装备产业发展势头强劲。

工业机器人产业：自2013年国家发改委和财政部正式批复安徽省战略性新兴产业区域集聚发展试点实施方案以来，2014年和2015年安徽省省政府都将机器人产业的集聚化发展作为重点工作进行推进。2015年12月，为了贯彻落实《中国制造2025》，《中国制造2025安徽篇》正式发布，将新一代电子信息、智能装备、节能和新能源汽车、智能家电、节能环保、新材料、生物医药和高性能医疗器械、农机装备和工程机械、航空航天装备、轨道交通装备、海洋工程装备及高技术船舶、电力装备等重点突破十二个高端制造业领域。这些已经出台的国家和省级层面政策使得工业机器人产业迎来了前所未有的发展机遇，目前安徽省工业机器人产业规模迅速壮大、创新资源聚集效应明显、产业链条不断拓宽，从而形成了产业的集聚发展。芜湖机器人产业园目前已经形成埃夫特、奥一精机、翡叶动力、瑞祥工业、华研机器人、金三氏数控、斯马特自动化设备等一批整机领域、关键零部件领域、系统集成领域的龙头企业，初步形成工业机器人全产业链，预计到2020年，芜湖机器人及智能装备产业将突破300亿元规模。2014年9月，中国科大、合肥高新区管委会、安徽国购投资集团等共同建设的合肥机器人产业园优先发展包括高端智能装备的四大重点领域，并开始进行密切的产学研合作并进行机器人产业的前瞻性研究。

先进轨道交通装备产业：由于马鞍山经济技术开发区地处长三角，作为皖江城市带承接产业转移的"桥头堡"，具有优越的地理位置，2015年9月份以来，安徽省在马鞍山经济技术开发区打造先进轨道交通装备产业基地。依托中国科技大学、合肥工业大学、安徽大学等众多高校和科研机构的创新资源和创新人才，以及马钢、双益机械、港泰机械、学府信息科技、瑞辉实业、海立精密铸造等等40余家先进轨道交通装备领域龙头企业的上下游产业链优势资源组成行业和企业的产业联盟。通过集聚资金优势、技术优势、人才优势和过百亿项目优势形成先进轨道交通装备产业集聚地。

# 第九章　西部地区

## 第一节　2015年整体发展形势

### 一、运行状况

#### （一）主营业务收入基本持平

2015年1—10月，我国西部地区12个省（自治区、直辖市）装备制造业共实现主营业务收入28852.3亿元，具体情况如表9-1所示。从分省份的情况来看，重庆市装备制造业实现主营业务收入9365.6亿元，占整个西部地区的32.5%，超过四川省占据西部地区的第1位；四川省装备制造业实现主营业务收入9139.2亿元，占西部地区的31.7%，位居第2位，较上年下降1位；广西装备制造实现主营业务收入4379.2亿元，占西部地区的15.2%，位居第3位；接下来分别是陕西省、内蒙古、贵州、新疆、云南、甘肃、宁夏、青海和西藏，分别实现主营业务收入2606.7亿元、1011.7亿元、773.3亿元、520.2亿元、469.1亿元、323.1亿元、159.5亿元、104.2亿元和0.5亿元。

从分行业的发展情况来看，汽车制造业是西部地区装备制造业规模最大的行业，2015年1—10月实现了主营业务收入8206.1亿元，占西部地区装备制造业的28.4%；其次是计算机、通信和其他电子设备制造业，2015年1—10月共实现主营业务收入6680亿元，占西部地区装备制造业的23.2%；第三位的是电气机械和器材制造业，2015年1—10月共完成主营业务收入4048.8亿元，占西部地区装备制造业的14%；接下来分别是通用设备制造业，专用设备制造业，金属制品业,铁路、船舶、航空航天和其他运输设备制造业及仪器仪表制造业,2015年1—10月分别完成主营业务收入3009.4亿元、2513.8亿元、2241.1亿元、1830.3亿元和322.8亿元。

表 9-1　2015 年 1—10 月西部地区装备制造业主营业务收入（单位：亿元）

| | 金属制品业 | 通用设备制造业 | 专用设备制造业 | 汽车制造业 | 铁路、船舶、航空航天和其他运输设备制造业 | 电气机械和器材制造业 | 计算机、通信和其他电子设备制造业 | 仪器仪表制造业 | 合计 |
|---|---|---|---|---|---|---|---|---|---|
| 内蒙古 | 220.8 | 194.0 | 181.0 | 143.3 | 18.9 | 248.4 | 4.6 | 0.7 | 1011.7 |
| 广西 | 264.6 | 242.3 | 376.0 | 1765.2 | 114.8 | 618.0 | 962.6 | 35.7 | 4379.2 |
| 重庆 | 412.7 | 498.8 | 297.7 | 3518.7 | 1096.6 | 889.2 | 2541.0 | 110.9 | 9365.6 |
| 四川 | 831.4 | 1552.2 | 993.6 | 1812.5 | 323.9 | 962.0 | 2610.9 | 52.7 | 9139.2 |
| 贵州 | 122.2 | 70.8 | 72.4 | 158.1 | 56.9 | 135.8 | 148.2 | 8.9 | 773.3 |
| 云南 | 74.3 | 34.8 | 75.3 | 129.1 | 30.5 | 84.1 | 20.6 | 20.4 | 469.1 |
| 西藏 | 0.0 | 0.0 | 0.0 | 0.0 | 0.0 | 0.5 | 0.0 | 0.0 | 0.5 |
| 陕西 | 173.6 | 311.5 | 358.6 | 626.0 | 178.7 | 531.2 | 344.5 | 82.6 | 2606.7 |
| 甘肃 | 59.2 | 40.9 | 95.6 | 11.9 | 1.3 | 69.3 | 41.6 | 3.3 | 323.1 |
| 青海 | 3.3 | 10.7 | 9.7 | 22.4 | 7.4 | 46.6 | 3.3 | 0.8 | 104.2 |
| 宁夏 | 26.1 | 43.0 | 27.1 | 1.7 | 0.9 | 54.0 | 0.3 | 6.4 | 159.5 |
| 新疆 | 52.9 | 10.4 | 26.8 | 17.2 | 0.4 | 409.7 | 2.4 | 0.4 | 520.2 |
| 合计 | 2241.1 | 3009.4 | 2513.8 | 8206.1 | 1830.3 | 4048.8 | 6680 | 322.8 | 28852.3 |

资料来源：国研网统计数据库，2016 年 1 月。

从分省份分行业的发展情况来看，重庆市在汽车制造业、铁路、船舶、航空航天和其他运输设备制造业、仪器仪表制造业等 3 个行业具有较明显的优势，行业规模居西部地区第一位；四川省在金属制品业，通用设备制造业，专用设备制造业，电气机械和器材制造业，计算机、通信和其他电子设备制造业等 5 个行业具有较显著的优势，规模居西部第一位。从各行业的增长速度来看，新疆在铁路、船舶、航空航天和其他运输设备制造业，电气机械和器材制造业，计算机、通信和其他电子设备制造业增长最快，增速分别达到 48.8%、53.7% 和 576.9%；甘肃的汽车制造业和仪器仪表制造业增长最快，增速分别达到 387.5% 和 263.2%；内蒙古在专用设备制造业增长最快，增长达 37.1%；广西的金属制品业增长最快，增速达 24.8%；贵州的通用设备制造业增长最快，增速为 33.8%。

**（二）利润总额明显下降**

2015 年 1—10 月份，西部地区装备制造业共实现利润总额 1512.2 亿元，同比明显下降。从细分行业来看,利润总额最高的是汽车制造业,共实现利润总额584.7 亿元,占西部地区装备制造业的 38.7%;其次分别为电气机械和器材制造业,计算机、通信和其他电子设备制造业和通用设备制造业,分别完成利润总额207.8 亿元、190.1 亿元和 161.9 亿元,占西部地区装备制造业的 13.7%、12.6%和 10.7%。各行业的排名情况和主营业务收入基本一致,但电气机械和器材制造业与计算机、通信和其他电子设备制造业的位置发生了对换,这说明计算机、通信和其他电子设备制造业的规模虽然较大,但利润率不高,仍处于产业链的中低端。从分省份的情况来看,2015 年 1—10 月份重庆市装备制造业共实现利润总额 643.1 亿元,占西部地区装备制造业的 42.5%,稳居第一位;四川省装备制造业实现利润总额 419 亿元,占比为 27.7%,居第二位;列第三、四位的为广西和陕西省,分别实现利润总额 187.9 亿元和 134.4 亿元,占西部地区装备制造业的12.4% 和 8.9%。

表 9-2　2015 年 1—10 月西部地区装备制造业利润总额(单位:亿元)

| | 金属制品业 | 通用设备制造业 | 专用设备制造业 | 汽车制造业 | 铁路、船舶、航空航天和其他运输设备制造业 | 电气机械和器材制造业 | 计算机、通信和其他电子设备制造业 | 仪器仪表制造业 | 合计 |
|---|---|---|---|---|---|---|---|---|---|
| 内蒙古 | 9.2 | 4.3 | 11.4 | −12.9 | 0.1 | 9.2 | −1.4 | 0.0 | 20.0 |
| 广西 | 13.7 | 12.0 | 15.2 | 79.2 | 10.4 | 17.7 | 38.0 | 1.6 | 187.9 |
| 重庆 | 31.4 | 45.1 | 28.0 | 353.9 | 60.1 | 53.0 | 63.8 | 7.7 | 643.1 |
| 四川 | 39.2 | 73.9 | 48.6 | 144.4 | 17.7 | 39.4 | 52.0 | 3.9 | 419.0 |
| 贵州 | 2.8 | 1.6 | 1.4 | 7.5 | 0.5 | 5.5 | 8.1 | −0.1 | 27.3 |
| 云南 | 1.7 | 0.9 | 2.5 | 5.2 | 4.0 | 1.7 | 1.3 | −0.6 | 16.7 |
| 西藏 | 0.0 | 0.0 | 0.0 | 0.0 | 0.0 | 0.0 | 0.0 | 0.0 | 0.0 |
| 陕西 | 2.2 | 22.5 | 19.4 | 9.9 | 10.7 | 33.6 | 23.0 | 13.1 | 134.4 |
| 甘肃 | 1.4 | 0.4 | 1.7 | −0.1 | 0.3 | 1.3 | 5.3 | −0.1 | 10.2 |
| 青海 | 0.1 | −0.4 | 0.0 | 0.0 | 0.0 | 0.4 | 0.0 | 0.0 | 0.2 |
| 宁夏 | 1.1 | 1.1 | 2.4 | 0.0 | 0.1 | 1.9 | 0.0 | 0.7 | 7.3 |
| 新疆 | 1.7 | 0.4 | 2.5 | −2.6 | 0.0 | 44.1 | −0.1 | 0.0 | 46.0 |
| 合计 | 104.4 | 161.9 | 133.0 | 584.7 | 104.0 | 207.8 | 190.1 | 26.3 | 1512.2 |

资料来源:国研网统计数据库,2016 年 1 月。

### （三）出口形势不容乐观

2015 年 1—10 月，西部地区装备制造业共完成出口交货值 4560.8 亿元，相比上年有一定的下滑。从细分行业来看，计算机、通信和其他电子设备制造业的出口交货值稳居第一位，实现出口交货值 3754.6 亿元，占西部地区装备制造业出口交货值的 82.3%，这一方面说明西部地区的计算机、通信和其他电子设备制造业已具备较强的国际竞争能力，相关企业已经融入全球产业链，但也反映西部地区装备制造业出口结构不合理、产品种类单一化，其他行业参与国际分工和竞争的能力严重不足；居第二位的是铁路、船舶、航空航天和其他运输设备制造业，2015 年 1—10 月共完成出口交货值 211 亿元，占西部地区装备制造业出口交货值的 4.6%。从各省份的出口情况来看，排名前两位的为重庆市和四川省，分别完成出口交货值 1994.3 亿元和 1886.1 亿元，占西部地区装备制造业出口交货值的 43.7% 和 41.4%，二者合计达到 85.1%。这说明西部地区装备制造业参与国际市场竞争主要依靠重庆市和四川省，其他省份的参与程度较低。

表 9-3　2015 年 1—10 月西部地区装备制造业出口交货值（单位：亿元）

| | 金属制品业 | 通用设备制造业 | 专用设备制造业 | 汽车制造业 | 铁路、船舶、航空航天和其他运输设备制造业 | 电气机械和器材制造业 | 计算机、通信和其他电子设备制造业 | 仪器仪表制造业 | 合计 |
|---|---|---|---|---|---|---|---|---|---|
| 内蒙古 | 0.3 | 0.1 | 1.2 | 11.6 | 2.9 | 1.5 | 0.1 | 0.0 | 17.6 |
| 广西 | 5.7 | 4.6 | 24.3 | 20.5 | 0.0 | 16.7 | 231.2 | 1.4 | 304.5 |
| 重庆 | 11.8 | 41.3 | 17.7 | 64.6 | 141.8 | 19.4 | 1693.0 | 4.7 | 1994.3 |
| 四川 | 5.6 | 30.1 | 89.1 | 18.6 | 24.2 | 64.0 | 1651.6 | 2.8 | 1886.1 |
| 贵州 | 4.4 | 0.0 | 2.1 | 0.8 | 4.7 | 1.3 | 4.6 | 1.1 | 18.9 |
| 云南 | 2.4 | 1.7 | 5.5 | 15.1 | 0.2 | 2.1 | 0.9 | 2.5 | 30.4 |
| 西藏 | 0.0 | 0.0 | 0.0 | 0.0 | 0.0 | 0.0 | 0.0 | 0.0 | 0.0 |
| 陕西 | 0.6 | 13.9 | 22.7 | 19.0 | 37.3 | 27.7 | 154.2 | 4.3 | 279.8 |
| 甘肃 | 0.1 | 3.2 | 1.2 | 0.0 | 0.0 | 0.5 | 18.7 | 2.3 | 26.0 |
| 青海 | 0.0 | 0.0 | 0.0 | 0.0 | 0.0 | 0.0 | 0.0 | 0.1 | 0.1 |
| 宁夏 | 0.0 | 0.4 | 0.0 | 0.0 | 0.0 | 0.0 | 0.2 | 0.0 | 0.5 |
| 新疆 | 0.4 | 0.0 | 1.5 | 0.0 | 0.0 | 0.7 | 0.1 | 0.0 | 2.7 |
| 合计 | 31.4 | 95.3 | 165.3 | 150.1 | 211.0 | 134.0 | 3754.6 | 19.1 | 4560.8 |

资料来源：国研网统计数据库，2016 年 1 月。

## 二、发展特点

### （一）行业和区域发展不均衡

西部地区装备制造业发展十分不均衡，各省份、各行业之间的发展水平差距明显。从各省份的发展情况来看，重庆市和四川省装备制造业发展较好，2015年1—10月分别实现主营业务收入9365.6亿元和9139.2亿元，分别是青海省装备制造业的89.9倍和87.7倍（考虑到西藏几乎没有装备制造业，故选取青海省作为分析和比较对象）；从各细分行业的发展情况来看，汽车制造业共完成主营业务收入8206.1亿元，是仪器仪表制造业的25.4倍；从出口情况看，2015年1—10月计算机、通信和其他电子设备制造业实现出口交货值3754.6亿元，占西部地区装备制造业出口的82.3%，是第2名铁路、船舶、航空航天和其他运输设备制造业的17.8倍。

### （二）智能制造加速发展

2015年，西部地区各省份积极推进工业化和信息化深度融合，大力发展智能制造，不断加大在工程机械、电工电器、汽车制造、航空航天、电子信息、生物医药、食品工业、国防军工等领域的推广应用力度。在2015年智能制造专项行动实施过程中，西部地区装备制造业共有宁夏共享、长安汽车、陕鼓动力、中航力源液压、特变电工、西飞工业6家企业入围2015年智能制造试点示范项目名单，占所有装备制造业企业的35.3%。

## 三、发展经验

### （一）把握好国家政策机遇

国务院发布《关于依托黄金水道推动长江经济带发展的指导意见》，提出以相关开发区为载体，依托大型骨干企业，在电子信息、高端装备、汽车制造、家用电器、纺织服装等领域形成若干世界级产业集群；国家发改委、外交部和商务部联合发布了《推动共建丝绸之路经济带和21世纪海上丝绸之路的愿景与行动》，明确提出将新疆打造成为丝绸之路经济带核心区，打造西安内陆型改革开放新高地，推进宁夏内陆开放型经济试验区建设，加快北部湾经济区和珠江——西江经济带开放发展，打造大湄公河次区域经济合作新高地，西部地区成为建设丝绸之路经济带的重点。西部地区紧紧抓住国家战略机遇，打造了电子信息、汽车制造、电力装备等产业集群,并积极开展国际产能合作和装备"走出去",取得良好成效。

**(二)提高本地化配套能力**

在宏观经济环境低迷、电子信息行业经济效益持续下滑的背景下,重庆市的计算机、通信和其他电子设备制造业实现利润总额增长 61.1%。之所以取得如此好的经济效益,主要是因为重庆市对贸易方式进行了创新,将大量零部件、原材料生产企业引入本地,提高本地化产业配套能力,极大地降低了物流成本。"十二五"期间,重庆市共有 860 多家算机、通信和其他电子设备制造业的零部件厂家建设投产,改变了以往加工贸易的"原料在外"的发展方式,使得计算机、通信和其他电子设备制造业 70% 左右的产值留在了重庆。经过多年培育,重庆市已经形成了集零部件、原材料、整机上中下游产业链的计算机、通信和其他电子设备制造业集群。

## 第二节　重点省份与城市发展情况

### 一、四川省

**(一)装备制造业规模继续壮大**

四川省是我国重要的装备制造业基地,对国家能源安全和国防安全意义重大。2015 年 1—11 月,四川省装备制造业(规模以上)累计完成工业总产值 7318.54 亿元,同比增长 5.3%。其中金属制品业实现 896.87 亿元,同比增长 7.81%;通用设备制造业实现 1756.57 亿元,同比增长 3.62%;专用设备制造业实现 1099.98 亿元,同比下降 5.08%;汽车制造业实现 2198.17 亿元,同比增长 5.98%;电气机械和器材制造业实现 981.71 亿元,同比增长 9.06%;其他机电装备制造业实现 1282.11 亿元,同比增长 14.26%。

**(二)经济效益进一步下滑**

2015 年 1—10 月,四川省装备制造业共实现主营业务收入 9139.1 亿元,利润总额 419.0 亿元。由于国内外市场需求不振、部分行业产能过剩严重、人力和土地等要素资源价格上涨、环保成本上升以及产品价格下滑等诸多因素,导致多个行业在主营业务收入增长或微降的情况下,利润总额出现较明显的下降,装备制造业经济效益进一步下滑。其中,经济效益下滑最严重的是计算机、通信和其他电子设备制造业与汽车制造业，主营业务收入分别降低 5.88% 和 0.28%，利润总额分别降低 62.61% 和 17.6%；通用设备制造业、专用设备制造业、电气机械和器材制造业与仪器仪表制造业的主营业务收入虽然实现增长，但利润却出现下降，主营业务收入分别增长 7.86%、1.33%、9.93% 和 4.49%，利润总额分别降低 −3.59%、−8.1%、−5.59% 和 −8.46%；金属制品业与铁路、船舶、航空航天和其他运输设备制造业经济效益尚好，主营业务收入和利润总额均实现增长，其中主营业务收入分别增长 8.48% 和 11.72%，利润总额分别增长 5.87% 和 6.05%。

表 9-4　2015 年 1—10 月四川省装备制造业经济效益情况

| 行业 | 主营业务收入（亿元） | 增速（%） | 利润（亿元） | 增速（%） |
|---|---|---|---|---|
| 金属制品业 | 831.4 | 8.5 | 39.2 | 5.9 |
| 通用设备制造业 | 1552.2 | 7.9 | 73.9 | −3.6 |
| 专用设备制造业 | 993.6 | 1.3 | 48.6 | −8.1 |
| 汽车制造业 | 1812.5 | −0.3 | 144.4 | −17.6 |
| 铁路、船舶、航空航天和其他运输设备制造业 | 323.9 | 11.7 | 17.7 | 6.1 |
| 电气机械和器材制造业 | 962.0 | 9.9 | 39.4 | −5.6 |
| 计算机、通信和其他电子设备制造业 | 2610.9 | −5.9 | 52.0 | −62.6 |
| 仪器仪表制造业 | 52.7 | 4.5 | 3.9 | −8.5 |

资料来源：国研网统计数据库，2016 年 1 月。

### （三）产业布局相对集中

"十二五"期间，四川省围绕国家级新型工业化示范基地建设，积极打造了德阳、成都和自贡 3 大装备制造业基地。截至 2015 年，3 大装备制造业基地工业总产值占全省装备制造业工业总产值的比重达到 60% 以上。其中，德阳装备制造业基地拥要有中国二重、东方汽轮机、东方电机和四川宏华等龙头企业，重点发展大型高效清洁发电设备、重型机械及容器、石油天然气采输送装备等产品；成都装备制造业基地重点发展汽车、航空航天、新能源装备、工程机械、轨道交通装备等；自贡装备制造业基地拥有东方锅炉、华西能源、长征机床、川润股份等龙头企业，重点发展节能环保锅炉、核电装备、CNG 装备、LNG 装备、管状带式运输机、城市生活垃圾处理设备、烟气脱硫脱硝装置、化工高危废弃物离子焚烧处理装备、节能环保制盐成套技术装备等节能环保装备。

### （四）优势产业比较突出

四川省在电力装备、冶金装备、大型铸锻件、油气开采装备、轨道交通装备、航空装备等方面具有比较突出的优势。电力装备产量全球领先，并且已经形成了火电、水电、核电、风电、太阳能发电、生物质能发电"六电并举"的发展格局，其中水电装备全国第一、火电装备全国前三、核电装备优势明显、风电装备全国第三、太阳能发电设备全国领先；冶金设备产量全国第一，大型轧钢设备市场占有率超过50%；大型铸锻件市场占有率国内领先，大型电站铸锻件市场占有率达到50%以上；大型石油钻机产量全国领先，出口量全国第一；内燃机车产量全国领先，铁路货车市场占有率20%以上，货车制动机市场占有率50%以上。

## 二、陕西省

### （一）行业经济效益差异显著

2015年1—10月份，陕西省装备制造业共完成主营业务收入2606.6亿元，利润总额134.4亿元，各行业经济效益差异显著。经济效益较好的是专用设备制造业，电气机械和器材制造业，计算机、通信和其他电子设备制造业与仪器仪表制造业，主营业务收入分别增长5.36%、12.81%、90.76%和30.95%，利润总额分别增长37.56%、88.81%、313.16%和145.1%，这说明上述4个行业的产品在行业中处于中高端领域，具有较高的附加值；通用设备制造业和去年基本持平，主营业务收入微跌1.15%，利润总额微增0.33%；金属制品业主营业务收入增长了15.53%，但利润总额却下降了55.58%，是陕西省装备制造业中经济效益下滑最严重的行业；汽车制造业主营业务收入和利润总额均出现下降，其中主营业务收入降低10.69%，利润总额降低27.83%，说明陕西汽车制造业不仅规模上呈萎缩态势，而且产品也亟须升级。

表9-5　2015年1—10月陕西省装备制造业经济效益情况

| 行业 | 主营业务收入（亿元） | 增速（%） | 利润（亿元） | 增速（%） |
|---|---|---|---|---|
| 金属制品业 | 173.6 | 15.5 | 2.2 | −55.6 |
| 通用设备制造业 | 311.5 | −1.2 | 22.5 | 0.3 |
| 专用设备制造业 | 358.6 | 5.4 | 19.4 | 37.6 |
| 汽车制造业 | 626.0 | −10.7 | 9.9 | −27.8 |
| 铁路、船舶、航空航天和其他运输设备制造业 | 178.7 | −5.1 | 10.7 | −19.9 |

（续表）

| 行业 | 主营业务收入（亿元） | 增速（%） | 利润（亿元） | 增速（%） |
|---|---|---|---|---|
| 电气机械和器材制造业 | 531.2 | 12.8 | 33.6 | 88.8 |
| 计算机、通信和其他电子设备制造业 | 344.5 | 90.8 | 23.0 | 313.2 |
| 仪器仪表制造业 | 82.6 | 31 | 13.1 | 145.1 |

资料来源：国研网统计数据库，2016 年 1 月。

### （二）产业结构调整成效显著

从产业结构来看，汽车制造业、电气机械和器材制造业占陕西省装备制造业的比重均超过 20%，分别达到 24% 和 20.4%；接下来是专用设备制造业，计算机、通信和其他电子设备制造业与通用设备制造业，比重分别为 13.8%、13.2% 和 11.9%；铁路、船舶、航空航天和其他运输设备制造业、金属制品业与仪器仪表制造业的比重较低，分别为 6.9%、6.7% 和 3.2%。

表 9-6　2015 年陕西省装备制造业产业结构情况

| 行业 | 主营业务收入（亿元） | 占比（%） |
|---|---|---|
| 金属制品业 | 173.6 | 6.7 |
| 通用设备制造业 | 311.5 | 11.9 |
| 专用设备制造业 | 358.6 | 13.8 |
| 汽车制造业 | 626.0 | 24.0 |
| 铁路、船舶、航空航天和其他运输设备制造业 | 178.7 | 6.9 |
| 电气机械和器材制造业 | 531.2 | 20.4 |
| 计算机、通信和其他电子设备制造业 | 344.5 | 13.2 |
| 仪器仪表制造业 | 82.6 | 3.2 |

资料来源：国研网统计数据库，2016 年 1 月。

### （三）优势产品比较突出

从产品结构来看，陕西省装备制造业在航天装备、航空装备、汽车及零部件、冶金装备、石油装备、输配电装备、数控机床、轨道交通装备、煤炭采掘装备、风电装备等诸多领域拥有国内乃至国际领先的技术和产品。航天装备领域，国家级北斗卫星导航应用示范项目正在建设；航空装备领域，西飞公司的新舟 60 客机已累计交付 100 架，新舟 700 飞机和 C919 大型客机的中机身、外翼盒等研制顺利；汽车及零部件领域，比亚迪新能源汽车的研发和产销全国领先，陕汽

LNG 重卡市场占有率接近 50%，陕汽德龙 X3000 重卡搭载的 WP13 发动机达到国际顶尖水平；冶金装备领域，陕鼓研制成功了全国首套国产化 10 万 Nm3/h 等级特大型空分压缩机；石油装备领域，宝鸡石油钢管是国内石油天然气管材领域唯一的国家级产业化研究平台和国内领先的油气管材研发试验基地，宝鸡石油机械 12000 米特深石油钻机世界第一；输配电装备领域，西电集团高压特高压输配电设备成套化、智能化水平国际领先，高压大功率电机运行节能系统技术达到世界先进水平；机床工具领域，秦川机床是国内机床工具行业的龙头企业，规模位列第三；轨道交通装备领域，中铁宝桥生产了我国首组时速 250 公里客专道岔、350 公里高速道岔及重载道岔；煤炭采掘装备领域，中煤科工西安研究院在煤炭地质勘察、矿井水害防治、井下定向测量钻探装备制造等领域具备较强竞争力；风电装备领域，永电金风科技是我国风力发电机重要生产基地。

**（四）产业集聚发展态势明显**

从园区情况来看，陕西省 10 个国家新型工业化产业示范基地中，有 6 个是装备制造业基地，省级工业化示范基地中装备制造业的占三分之二以上。

表 9-7　陕西省的主要工业化产业示范基地（装备制造业类）

| 基地名称 | 主导产业 | 龙头企业 |
|---|---|---|
| 西安航空产业基地 | 航空 | 西飞、西航、一飞院等 |
| 西安航天产业基地 | 航天 | 中国航天科技集团在陕单位、中电投等 |
| 宝鸡高新区 | 钛产业 | 宝钛集团等 |
| 蔡家坡经开区 | 专用车产业 | 陕汽、法士特等 |
| 榆神工业区 | 新型能源化工产业 | 美国陶氏、神华集团、兖矿集团、延长石油、陕煤化等 |
| 汉中航空产业园 | 军民结合（航空）产业 | 中航陕飞公司、燎原公司等 |
| 西安鱼化工业园 | 节能环保装备产业 | 西安吉源节能技有限公等 |
| 咸阳兴平装备工业园 | 装备制造 | 115厂、514厂、408厂、陕西华特玻纤公司 |
| 延安安塞工业园 | 石油装备产业 | 延长石油机械装备制造有限公司等 |
| 延安姚店工业园 | 石油装备产业 | 守山机械制造、天津德华石油装备制造（石油套管项目）等 |
| 汉中经开区 | 航空产业 | 汉中天达航空标准件有限公司、陕西东方航空仪表有限公司等 |
| 渭南高新区 | 3D打印 | 陕西渭南博诺三维生物技术打印有限公司等 |

资料来源：赛迪智库，2016 年 1 月。

从骨干企业来看，陕汽控股集团、比亚迪汽车、法士特集团、西电集团、宝鸡石油钢管、西飞集团等 6 家企业产销超过百亿元，54 家企业产值超过十亿元。陕汽集团进入中国企业 500 强，西电、西航、陕鼓、秦川机床和陕柴重工等进入中国机械工业 100 强，陕汽、比亚迪、法士特进入中国汽车工业 30 强。

表 9-8　陕西省装备制造业骨干企业

| 行业领域 | 骨干企业 |
|---|---|
| 汽车及零部件 | 陕汽、比亚迪、法士特、宝鸡吉利、华晨金杯西北汽车产业园 |
| 输配电设备 | 西电集团、陕西磐隆电器 |
| 航空装备 | 西飞、西航、陕飞 |
| 航天装备 | 航天四院、航天六院 |
| 重型装备 | 宝鸡石油钢管、陕鼓、宝鸡石油机械、西重院、中冶陕压重工设备、中石油测井、延长石油机械、延安守山机械、西安煤矿机械 |
| 机床工具 | 秦川机床、汉川机床、西玛机床 |
| 轨道交通装备 | 中铁宝桥股份、西安轨道交通装备、宝鸡南车时代 |
| 工程机械 | 中联重科土石方、陕西建设机械、中交西安筑路机械 |

资料来源：赛迪智库，2016 年 1 月。

## 三、重庆市

### （一）经济效益持续快速增长

2015 年 1—10 月份，重庆市装备制造业共实现主营业务收入 9365.7 亿元，利润总额 643.1 亿元，继续保持较高的增长速度。金属制品业，通用设备制造业与计算机、通信和其他电子设备制造业经济效益较好，主营业务收入分别增长了 21.98%、11.94% 和 10.72%，利润分别增长了 30.52%、31.11% 和 61.07%，计算机、通信和其他电子设备制造业的利润的高速增长一方面是由于重庆市多年来对计算机、集成电路、液晶面板等产业的持续培育和支持，已形成全球最大的电脑产业集群，另一方面重庆市已有的汽车制造、仪器仪表制造、数字医疗设备制造等产业基础为集成电路等产业带来了巨大的市场需求；专用设备制造业、汽车制造业、铁路、船舶、航空航天和其他运输设备制造业和电气机械和器材制造业也实现了较快增长，主营业务收入分别增长 18.2%、14.71%、1.39% 和 15.44%，利润总额分别增长了 16.07%、18.27%、20.57% 和 23.52%；仪器仪表制造业的经济效益出现下滑，主营业务收入增长 4.04%，但利润下降 6.36%。

表 9-9  2015 年 1—10 月重庆市装备制造业经济效益情况

| 行业 | 主营业务收入（亿元） | 增速（%） | 利润（亿元） | 增速（%） |
|---|---|---|---|---|
| 金属制品业 | 412.7 | 22.0 | 31.4 | 30.5 |
| 通用设备制造业 | 498.8 | 11.9 | 45.1 | 31.1 |
| 专用设备制造业 | 297.7 | 18.2 | 28.0 | 16.1 |
| 汽车制造业 | 3518.7 | 14.7 | 353.9 | 18.3 |
| 铁路、船舶、航空航天和其他运输设备制造业 | 1096.6 | 1.4 | 60.1 | 20.6 |
| 电气机械和器材制造业 | 889.2 | 15.4 | 53.0 | 23.5 |
| 计算机、通信和其他电子设备制造业 | 2541.0 | 10.7 | 63.8 | 61.1 |
| 仪器仪表制造业 | 110.9 | 4.0 | 7.7 | -6.4 |

资料来源：国研网统计数据库，2016 年 1 月。

## （二）产业结构进一步优化

从产业结构来看，汽车制造业占重庆市装备制造业的比重最高，达到了 37.6%，其次是计算机、通信和其他电子设备制造业，占比达到了 27.1%，二者合计达到了 64.7%，汽车制造业与计算机、通信和其他电子设备制造业是重庆市装备制造的支柱。接下来分别是铁路、船舶、航空航天和其他运输设备制造业与电气机械和器材制造业，占比分别为 11.7% 和 9.5%；通用设备制造业、金属制品业、专用设备制造业和仪器仪表制造业的占比较低，分别为 5.3%、4.4%、3.2% 和 1.2%。

表 9-10  2015 年陕西省装备制造业产业结构情况

| 行业 | 主营业务收入（亿元） | 占比（%） |
|---|---|---|
| 金属制品业 | 412.7 | 4.4 |
| 通用设备制造业 | 498.8 | 5.3 |
| 专用设备制造业 | 297.7 | 3.2 |
| 汽车制造业 | 3518.7 | 37.6 |
| 铁路、船舶、航空航天和其他运输设备制造业 | 1096.6 | 11.7 |
| 电气机械和器材制造业 | 889.2 | 9.5 |
| 计算机、通信和其他电子设备制造业 | 2541.0 | 27.1 |
| 仪器仪表制造业 | 110.9 | 1.2 |

资料来源：国研网统计数据库，2016 年 1 月。

### （三）出口主要依靠计算机、通信和其他电子设备制造业

2015 年 1—10 月，重庆市装备制造业共完成出口交货值 1994.3 亿元。其中，计算机、通信和其他电子设备制造业的出口交货值达到 1693 亿元，占装备制造业出口值的 84.9%，是重庆装备制造业出口的支柱性产业，但值得注意的是，受国际市场需求不振等因素影响，2015 年 1—10 月重庆市计算机、通信和其他电子设备制造业的出口交货值同比下降 2.59%；增长速度较快的是电气机械和器材制造业与专用设备制造业，出口交货值分别为 19.4 亿元和 17.7 亿元，同比分别增长 18.27% 和 12.51%；仪器仪表制造业的出口交货值下降最快，为 4.7 亿元，同比下降 10.24%。由此可见，在重庆市装备制造业的出口结构中，计算机、通信和其他电子设备制造业的比重过高，出口结构失衡较严重。

表 9-11　2015 年重庆市装备制造业出口情况

| 行业 | 出口交货值（亿元） | 占比（%） | 增速（%） |
|---|---|---|---|
| 金属制品业 | 11.8 | 0.6 | 1.4 |
| 通用设备制造业 | 41.3 | 2.1 | 4.0 |
| 专用设备制造业 | 17.7 | 0.9 | 12.5 |
| 汽车制造业 | 64.6 | 3.2 | −4.6 |
| 铁路、船舶、航空航天和其他运输设备制造业 | 141.8 | 7.1 | 3.3 |
| 电气机械和器材制造业 | 19.4 | 1.0 | 18.3 |
| 计算机、通信和其他电子设备制造业 | 1693.0 | 84.9 | −2.6 |
| 仪器仪表制造业 | 4.7 | 0.2 | −10.2 |

资料来源：国研网统计数据库，2016 年 1 月。

# 园 区 篇

# 第十章　上海机器人产业园

## 第一节　发展现状

### 一、园区概况

上海机器人产业园位于上海宝山市，占地面积大约4635亩，具有得天独厚的人才、交通优势。2012年，经上海市经济和信息委员会批准，上海机器人产业园正式成立，园区将大量相关机器人制造企业聚拢，通过引进高端机器人为主的智能装备制造企业带动精密机床、仪器仪表、零部件等相关制造业的发展。随着我国工业发展进入新常态，上海机器人产业园的部分传统企业配合"机器换人"计划逐步完成高端生产服务的转型升级。作为长三角的重要机器人产业生产基地，上海机器人产业园是推动区域机器人发展的重要引擎，同时作为早期发展成熟的产业园区，为后续其他相关类型的产业园区建设提供引导和示范。园区地理位置优越，地铁贯穿整个园区，距离火车站和虹桥枢纽较近。上海机器人产业园周边具有成熟的生活园区，商务设施配套形成规模。

### 二、产业规模

上海机器人产业园确定了"一主一辅一配套"的功能定位。"主"是以构建机器人产业链条为核心的集群；"辅"是以构建相关智能装备制造基地；"配套"是以高端生产型服务业集群和"三区两轴一核心"的整体规划布局。"三区"是指机器人科研和成果转化区域、经济区域、智能装备制造区域，也是沿上海友谊西路主干道规划的多元化、现代化综合性商务轴。

经过多年发展，上海机器人产业园区产业规模不断扩大，其中工业机器人、医疗制造机器人、安全防伪机器人等行业有了显著突破。此外，上海机器人产业园区向着装备制造产业技术创新引领示范区发展，园区对于驻园企业进行金融、人才、科技等方面的支持与服务，为园区发展提供了更广阔的空间。预计到2017年，园区计划招商引资额度超过200亿元，引进国内外相关机器人企业600家左右，就业人数超过30000人。

## 三、产业集群

上海机器人产业园集中了特种工业机器人、医疗服务机器人、安全防伪机器人为主题的服务机器人集群，在研发、核心零部件制造和生产、软件开发、组装和维修方面构建了较为完善的机器人产业链。此外，上海机器人产业园发挥本地产业基础良好、人才素质较高的优势，打造高端制造产业集群，例如仪器仪表、高端数控机床、核心基础零部件的产业集群。

2015年，上海机器人产业园培育和引进国内机器人骨干企业，包括5家核心功能部件企业，10余家具备机器人设计能力和解决框架并且提供能力的特种机器人系统集成制造商。2015年，9家机器人明星企业，包括德欧机械设备（上海）有限公司、上海复旦智能监控成套设备有限公司、上海宝滨机器人自动化科技有限公司、上海束鑫自动化设备有限公司、上海鑫燕隆汽车装备制造有限公司、上海发那科机器人有限公司、上海东方泵业有限公司、上海法维莱交通车辆设备有限公司、上海航空发动机制造股份有限公司、上海爱尔泰电动机械有限公司，在特种机器人和服务机器人的研发、推广和应用方面有较为明显的突破。

经过多年发展，上海机器人产业园已经初步形成以汽车零部件、精密电子、医疗机械等为主的园区产业链，园区入驻企业达到100多家。以易拓威机器人为例，公司在上海机器人产业园建设完善的配套设施，计划三期总投入800万美元建立关节机器人集成系统、AGV小车组装生产链条。

表10-1 上海工业机器人及自动化装备主要生产商

| 企业名称 | 总部 | 主要产品 | 投资机构 |
|---|---|---|---|
| 上海ABB工程有限公司 | 上海浦东康桥工业区 | 工业机器人及自动化系统 | 瑞典ABB集团独资 |
| 安川电机（中国）有限公司 | 上海市黄浦区 | 工业机器人及自动化系统 | 日本安川电机独资 |
| 库卡自动化设备（上海）有限公司 | 上海市松江工业园 | 工业机器人及自动化系统 | 德国KUCA独资 |

（续表）

| 企业名称 | 总部 | 主要产品 | 投资机构 |
|---|---|---|---|
| 柯马（上海）工程有限公司 | 上海市松江区 | 工业机器人及自动化系统 | 意大利COMAU独资 |
| 上海发那科机器人有限公司 | 上海宝山区 | 工业机器人及自动化生产线 | 日本发那科与上海电气合资 |

资料来源：上海机器人产业园，2015年12月。

# 第二节　发展经验

## 一、产业园发展战略

上海机器人产业园致力于打造成为全国领先的机器人产业园，推动长三角机器人行业的发展。上海机器人产业园以"产业化推进、多样化发展、高端化建设、集成化布局、区域化分工"的战略定位推进产业集群发展。

一是产业化推进。园区将不断完善经营方式和组织形式，通过政府引导、研究院所支撑、企业运作，加强园区内产、学、研、用的共同推进；巩固上、中、下游产业链衔接，实现研发、生产、推广、销售、服务完整过程，促进机器人产业链条转型升级，节约成本，促进企业互通有无，实现共同进步。

二是多样化发展。机器人行业具有技术性强的特点，机器人产业园需要按照行业特点发展，避免资源恶性竞争和浪费。此外，细化市场分工，不同市场主体需求差异较大，市场需求变化浮动较大，所以引导企业按需生产，避免扎堆发展，有利于抢占市场，能够产生较强的品牌吸引力。

三是高端化建设。与物联网、大数据等新兴技术结合发展将是高端装备制造业的未来发展方向，机器人作为高端装备产品的代表，如果要在技术上有所突破，产业园区需要吸收复合型技术人才，鼓励企业生产和研发高附加值的产品，提升企业知名度。

四是集成化布局。集成化布局是将产业园区各个生产要素整合成为完整的体系，在分工的基础上协同合作发展，提升整个研发、生产、销售的完整性，产业园区的集成化战略定位方便对于企业的分类管理。

五是区域化分工。上海机器人产业园结合上海经济发展特点，加强区域之间的经济交流、人才优势互补，使得整个区域人才优势上升，吸引了更多投资者，因地制宜大力发展高科技产业。

## 二、产业推进经验

### （一）制定合理规划

上海机器人产业园的发展规划围绕上海建设全球科技创新中心和发展智能制造装备的总体要求，部署创新产业链并发挥高端装备和先进技术在产业转型升级中的支撑与牵引作用，结合上海产业、技术、人才等综合优势，通过多方面推广普及以机器人为代表的智能生产改造提升低端密集型劳动力结构，促进产业转型提质增效。

一是强化本体研发制造，发展多种类型机器人。上海机器人产业园大力发展工业机器人，重点发展六自由度机器人、并联机器人、重载搬运机器人、洁净机器人等，同时积极发展培育服务机器人，例如医疗机器人、教育机器人或者特殊环境下的安防、排爆等特种机器人。

二是加强研发力度，突破核心功能部件难题。产业园区内企业加大联合攻关力度，建立协作关系，着力突破精密减速器、伺服电机及驱动器、控制系统等核心功能部件，同时鼓励企业对传感器、执行系统等基础部件加大研发投入。

三是按需合理规划，推动系统集成及应用发展。园区重点培养具备自主核心产权的系统集成企业，实施以系统集成龙头制造商为引领，本体及零部件制造商为导向的发展战略，实现园区内机器人全产业链的持续更新升级，维护可持续发展的良好生产环境。

四是坚决贯彻土地环境评估和备案机制，工业用地土地将经过严格审批，确保生产生活安全，构建空间、总量、项目一体化准入标准，引进地块征询、评估的制度，使得上海机器人产业园的安全建设得到保证。

### （二）推广应用重点

上海机器人产业园围绕本市产业需求选择特定领域，涵盖汽车、机械加工、船舶制造、医药制造、商务服务等十大领域进行机器人的专业化推广和示范，避免盲目开发，恶性竞争。在普及和推广工业机器人和服务机器人的过程中，重点实施产业链条关联度高、应用效果好、拉动作用强的试点示范工程，探索成熟的机器人研究、推广和商业合作运营模式，推动上、中、下游全产业链发展。

### （三）完成关键任务

为了继续加快上海机器人产业园的基础配套建设，改善产业园的发展环境和招商环境，依据现有发展条件和企业集群，2015年加快产业布局，对重点问题进行重点攻关。

一是发挥技术优势，突破机器人产业瓶颈。上海机器人产业园区围绕市场需求和自身技术特点，利用和整合园区内现有资源，避免资源浪费和恶意竞争，园区管理部门支持并且引导制造商、科研院所和用户单位相互协作，短短几年时间已经在精密减速机、伺服电机和驱动器、控制系统等制约产业发展的领域有极大进步，研发了多种市场需求的产品。2014年5月中旬，中国产学研合作促进会科技成果转化专家委员会联合上海机器人产业园共同开设了机器人产业链创新与发展及科技成果产业化推进科技论坛，论坛以加强机器人产业创新与发展为主旨，吸引了企业、协会和社会团体共同关注机器人研发和制造。

二是搭建园区机器人产业公共服务平台，发挥协会、联盟的纽带作用。相关机器人行业协会与园区内企业对接，发挥桥梁纽带的作用，定期举办产业链对接活动，促进制造商、研究院所、用户企业对接。同时，园区建设机器人检测、测试、培训、维修等公共服务平台，多方面保证机器人产业在生产、科研、使用方面顺利对接，进一步提升上海机器人产业园品牌形象建设，提升知名度和影响力，打造机器人国产品牌。2013年，上海市机器人产业园积极吸收行业专业人才，上海市工业和信息化委员会作为牵头单位，指导计划筹建上海市机器人行业协会，上海电气集团、上海ABB、上海新松等企业，上海大学、上海理工大学、上海交通大学等科研院所共11家单位参与联合筹建工作，其主要目标为从事上海地区机器人及相关零部件研发、制造、集成应用。截至2015年，超过70余家机器人相关制造企业、应用集成企业、工程服务企业成为协会会员。

### （四）推动机器人发展模式创新

上海机器人产业园鼓励机器人制造商、用户和科研院所创新发展模式，探索开展机器人融资租赁业务，推行金融担保机制，发挥财务的重要杠杆作用，支持并且鼓励机器人发挥自身优势，利用财务杠杆作用发展机器人再制造模式，建立再制造产业链。例如，上海机器人产业园区建立再制造过程中的评审机制，并且形成维修、拆解、再利用的流水线服务模式。2015年11月，上海机器人产业园区以最强阵容参加第17届中国国际工业博览会，其中上海义信自动化科技有限公司、上海盛顺机器人有限公司等企业展示了工业、教育、智能餐饮等终端工业级服务机器人领域，展出面积近 200 平方米。

### 三、园区建设经验

#### （一）加大政策支持力度

政府政策支持是上海机器人产业园飞速发展的重要因素。一是政府力推发展政策聚焦机器人领域。机器人的研发和使用集机械、电子、控制、传感器、人工智能等多种先进的科学技术于一体，随着人口红利优势减弱，我国产业结构面临革新，大力发展并推广应用机器人产业是加快当地制造业升级、促进产业提升质量的重要助力。上海市政府为贯彻落实《工业和信息化部关于推进工业机器人产业发展的指导意见》制定了上海战略新兴产业、技术改造等专项政策，最大限度保证机器人产业的重大项目土地利用和技术支撑。二是政府制定规划，构建完善的机器人产业发展体系。2015 年，上海大力推进"创新驱动发展，经济转型"战略，政府部门考虑上海各类园区发展质量参差不齐，服务水平与高端产业园有较大差距，发布了《上海市产业园区创业服务体系建设导则》，借鉴中关村、硅谷等国内外优秀创业园区服务体系建设经验。

此外，政府发挥专项资金引导作用，遵循市场规律，吸引社会资本参与园区企业建设，积极引导天使投资、风险投资、股权投资等多种类别基金；加大首台（套）政策的支持力度，对于具备较高技术水平的企业加强机器人产业中关键核心技术攻关。2013—2015 年，为落实《上海市工业区转型升级三年行动计划》发展要求，政府大力推广金融产品与服务转型升级，协助园区内企业得到更加专业、高效的金融服务，减轻企业财政压力。2015 年 3 月，上海机器人产业园综合金融服务工作站正式成立，旨在与企业进行直接对接，提供高效安全的金融服务。

#### （二）推进试点示范项目

上海市张江高新区管委会联合市委组织部、上海市经济和信息委员会、上海市知识产权局等部门，共同开展试点工作，推进人才服务平台建设、企业信用管理服务平台建设、人才培养产学研联合实验室建设等多项试点示范项目。经过多个分院管理机构审核、第三方机构评审、专家调研等环节，确定了第一批 55个试点示范项目，40 余家单位享受了试点项目的优惠政策。此类竞争力较强的试点示范项目是园区创新生态体系的重要组成部分，形成了政府引导和市场运作的模式，突出市场对于资源配置的作用。

**（三）控制市场风险**

第一，结合自身优势，控制市场风险。上海机器人产业园做了大量市场调研，了解机器人产业的市场需求，有针对性地培养具有优势的企业，鼓励园区内企业进行合作，推动技术创新，通过技术使得产业链条持续革新。发挥协会的纽带作用，结合企业自身产品设计、宣传，得到了消费者的认可。

第二，提供金融服务支持，降低资金风险。上海市政府优化本土金融环境，遵循市场规律，提升企业资金自筹能力，园区管理部门作为引导机构，为企业提供金融服务接洽，保证在生产、研发过程中资金周转流动。

第三，支持企业建立合作关系，规避技术风险。上海机器人产业园重点培养高新技术公司，使得大学、科研机构的研究成果能够被企业转化为产品成果，企业与科研院所建立合作关系，对于科研开发、就业有了重要推动作用。

# 第十一章 长春汽车经济技术开发区

长春汽车经济技术开发区位于长春市区西南部，原名长春汽车产业开发区，成立于 2005 年 9 月，并于 2010 年 12 月被国务院批准为国家级经济技术开发区，2012 年 10 月更名为长春汽车经济技术开发区，是全国唯一一家以汽车产业为核心的专业开发区。开发区由中共长春市委、长春市人民政府与一汽集团合作共建，是全国首个政企共建的开发区。开发区建成区面积 23 平方公里，行政管辖面积 110 平方公里，总人口 22.3 万人，各类企业 3160 余户，先后被授予国家汽车零部件出口基地、国家汽车电子产业基地、国家新型工业化产业示范基地等称号，也是东北首家启动国家级生态工业示范园区创建工作的开发区。

## 第一节 发展现状

### 一、产业规模

长春市与上海市、武汉市并称为我国三大汽车产业基地，根据《2014 年长春市国民经济和社会发展统计公报》，2014 年，长春市汽车产业实现产量 250.3 万辆，比上年同期增长 11.4%，高于全国平均水平 4.1 个百分点；全年汽车制造业累计完成产值 5894.2 亿元，增长 7.7%，占全市规模以上工业总产值的 60%；可见，汽车产业是决定长春市工业经济增长的决定性因素。

汽车经济技术开发区是长春市汽车产业发展的核心区。区内拥有全国最大的汽车生产企业，包括一汽集团，一汽解放、一汽大众、一汽丰越、一汽通用等整车制造企业以及 300 多家汽车零部件企业，目前已具备年产 120 万辆轿车、20

万辆卡车、20万辆专用车的生产能力，占长春市汽车总产量的60%，2014年实现总产值约3900亿元，占长春市汽车工业总产值的66%。同时，拥有一汽技术中心、中国机械工业第九设计院、吉林大学汽车学院等国内最顶尖的汽车研发教育机构；以及全国最大的汽车零部件交易集散地，东北地区最大的汽车、二手车交易市场等完善的汽车后市场服务区。目前，全区产值达到100亿元以上的企业1户，产值达到50亿元以上的企业1户、10亿元以上的企业3户，1亿元以上的企业有16户。

## 二、主要产品

整车方面，园区以一汽集团、一汽解放、一汽大众、一汽丰越、一汽通用等整车制造企业为代表，已经形成了"中、重、轿"三大系列多个车型的产品格局。零部件方面，区内集聚汽车零部件企业300余户，包括一汽富维、杰克赛尔空调、一汽铸造、一汽锻造、一汽模具中心等一批在国内较有影响的企业，可生产发动机、变速器、减震器、底盘、内饰件等5000多个品种，形成了一定规模的配套体系和在国内具有一定竞争优势的零部件制造企业集群。

## 三、技术进步

目前，开发区的技术创新及进步主要依托包括一汽集团、中国机械工业第九设计院、吉林大学汽车学院为代表国内最顶尖的汽车研发教育机构。

一汽集团技术中心作为国家级技术中心，承担国家及一汽集团商用车产品、乘用车产品及总成和零部件的自主研发任务，具备中重、轻、微、轿、客、军、新能源等全系列整车产品的自主开发能力。技术中心拥有汽车振动噪声和安全控制综合技术国家重点实验室，具备寒、热带两个汽车试验场，具备整车环境与强度疲劳、车身试验、底盘及总成试验、发动机试验、振动噪声试验、电子电器试验、材料与工艺试验、新产品试制、计算分析等产品试验验证能力设施。此外，一汽集团还设有铸造技术中心、模具技术中心、车载电子技术中心等研发机构。2014年5月，一汽—大众在长春建成车辆安全中心，标志着一汽—大众已经具备车身本地化开发的能力。2014年6月，一汽—大众投资约13亿元兴建了亚洲最大的整车试验场，作为一汽大众研发体系能力建设的重要基础设施之一。预计2015年，一汽—大众将具备整车开发的能力，包括零部件以及模块的开发，整车的开发和匹配，同时也包括新能源汽车的开发。2015年4月，中国一汽正式发布了新能源汽车战略规划，规划提出，未来一汽不仅要完全掌握高功率密度的湿式离合器耦合电机设计、电池组集成开发、整车控制器自主软件源代码设计技术等核心技术，还要突破以铝代铜的低成本的高压电气技术，以及突破增程式电动汽车发动机关键技术，创新设计对置活塞增程发动机。在研发能力方面，建立完整的新能源汽车研发专业体系，形成从整车到总成再到关键性能的新能源汽车正向开发流程、体系和标准，全面建成具有国际先进水平的1万平方米新能源汽车整车及关键总成试验基地，能完成整车多功能模拟研究和整车性能与可靠性的品质认证。

表 11-1　长春汽车经济技术开发区研发机构情况

| 国家级企业技术中心或研发机构名称 | 所属企（事）业 |
|---|---|
| 汽车振动噪声和安全控制综合技术国家重点实验室 | 一汽集团技术中心 |
| 汽车仿真与控制国家重点实验室 | 吉林大学汽车学院 |
| 其他企业技术中心或研发机构名称 | 所属企（事）业 |
| 汽车工程系实验室 | 吉林大学汽车学院 |
| 内燃机实验室 | 吉林大学汽车学院 |
| 车身实验室 | 吉林大学汽车学院 |
| 热能实验室 | 吉林大学汽车学院 |
| 铸造技术中心 | 一汽集团技术中心 |
| 模具技术中心 | 一汽集团技术中心 |
| 车载电子技术中心 | 一汽集团技术中心 |
| 轿车车型开发中心 | 一汽集团技术中心 |
| 汽车测试中心 | 一汽集团技术中心 |
| 汽车性能实验室 | 一汽集团技术中心 |
| 能源与动力实验室 | 一汽集团技术中心 |
| 吉林省汽车零部件研发中心 | 一汽集团技术中心 |
| 吉林大学汽车研究所 | 一汽集团技术中心 |
| 吉林大学低碳汽车研究中心 | 一汽集团技术中心 |

资料来源：赛迪智库，2015年12月。

表 11-2　长春汽车经济技术开发区重大科研成果

| 企业技术中心及研发教育机构 | 科研成果及重点项目（部分） |
|---|---|
| 一汽集团技术中心 | 锡柴奥威11升天然气发动机 |
|  | 11升奥威重型柴油机出厂试验实施"冷试"技术 |
| 中国机械工业第九设计院 | 涂装车间机械化输送系统运行模拟仿真 |
|  | 工厂数字化技术。包括数字化的"土建三维建模设计""设备三维设计""机械化运输模拟仿真""物流数字化技术""MES系统技术"等技术研发与应用 |
|  | 汽车生产线装备制造技术。包括"双链U形杆输送机""新型节能直通式烘干室""涂装烘干室废气焚烧余热回收利用技术""汽车涂装烘干生产线废气焚烧供热系统""干式喷漆室""轿车工厂焊接车间排烟技术"等科研项目 |
|  | 焊装工艺制造技术。"年产20万辆A级轿车精益化典型工厂设计""柔性焊接生产线举升机构及夹具库研制""涂装车间工艺规划通用技术要求研究"等工艺制造技术的研究项与应用 |
|  | 涂装工艺材料。包括"水性漆、氧化锆及硅烷等先进工艺材料技术" |
|  | 天津一汽夏利汽车股份有限公司华利工厂15万辆改扩建项目等整车项目 |
|  | 汽车工厂典型物流平台系统建设 |
|  | 一汽解放汽车有限公司轴齿制造中心项目 |
| 吉林大学汽车学院 | 中国机械工业科学技术奖二等奖:低速汽车燃料消耗量限值及测量方法 |
|  | 吉林省科学技术奖一等奖:混合动力客车动力系统匹配设计及关键控制技术 |
|  | 中国汽车工业科学技术奖二等奖:汽车CAN总线仪表及其检测系统设计方法和关键技术研究与应用 |
|  | 中国机械工业科技进步二等奖:高效低排放车用柴油机关键技术及产业化 |
|  | 中国机械工业科技进步二等奖:大功率重型商用车天然气发动机自主研发与技术创新 |
|  | 中国机械工业联合会科技进步奖二等奖：别克轿车液力变矩器 |
|  | 国家科技进步奖二等奖:全工况高精度轮胎动力学体系创建及应用 |
|  | 汽车工业科学技术奖特等奖:全工况高精度轮胎动力学理论、关键技术及应用 |
|  | 吉林省科技进步奖一等奖:全工况高精度轮胎动力学理论、关键技术及应用 |
|  | 国家科技进步奖二等奖:低断面抗湿滑低噪声超高性能轿车子午线轮胎 |

资料来源：赛迪智库，2015 年 12 月。

## 四、产业集群

长春汽车经济技术开发区围绕一汽集团，包括一汽大众、一汽马自达、一汽丰越等整车企业聚集了一大批相关汽车零部件配套产业，已经形成了以主机厂为核心、周边配套企业围绕发展，同时集研发、制造、物流、贸易、服务于一体的强势产业集群。目前，园区围绕一汽的汽车零部件本地配套率由此前的28%上升到38%，随着一批整车及零部件的上马，本地配套率还将得到快速提升。

## 五、园区品牌影响

长春是中国汽车工业的发源地，长春汽车经济技术开发区作为省市汽车产业发展的核心区，承载着中国汽车工业的历史和未来，已经成为长春市汽车产业的核心区和增长极。在新的历史阶段，开发区确立了建设区域整车产能最大、核心零部件实力最强、研发能力一流、管理服务国际化的世界级汽车产业基地的发展目标。同时，开发区也是展示汽车社会新生活、新理念、新方法、新技术、新产品的创造、交流、生产、展示、贸易基地以及新城区。汽车区的发展必将为我国工业园区的建设探索出一条新途径，为中国汽车工业的创新发展提供样本及经验。

# 第二节　发展经验

## 一、加强政策保障

开发区从产业发展、招商引资、人才吸引等方面实施了相关支持政策。具体包括：在产业发展方面，鼓励把汽车产业做大，形成整车与零部件相互依存、共同发展的集群优势；积极发展汽车贸易和服务业，在发展汽车及零部件国内贸易的同时，扩大对外贸易，鼓励有条件的企业到境外办厂；支持发展汽车信用消费，积极发展汽车租赁和二手车市场，推动汽车消费；建立国家级的汽车及汽车零部件出口基地，充分利用现有出口资源，吸引聚集一批优势出口企业，迅速扩大出口规模，提高参与国际市场竞争的能力；建立汽车工业信息网络平台，充分运用现有网络资源，以一汽和地方共建的方式，建立面向国内和国际的汽车、汽车零部件及专用车信息网络，实现企业间的信息共享。在招商引资方面，对投资核心零部件的企业应缴纳的土地出让总价款，可在一年内分两期，每期按总价款50%缴纳。对投资规模5亿元人民币以上或世界500强企业的重大核心零部件项目，可一事一议。将所缴纳的城市基础设施配套费的50%返还给企业。核心零部件企业从获利年度起，已缴纳的企业所得税，前三年市、区两级留成部分的全额和第四、第五年市、区两级留成部分的50%，由市、区两级财政按年度返还给企业。在人才吸引方面，对于核心零部件企业的总经理、副总经理，在个人所得税、子女上学方面给予奖励和提供方便。

## 二、搭建产业发展平台

开发区定位为世界级汽车产业发展基地，其中，四大汽车产业发展平台的建设与发展起到至关重要的作用。主要包括：整车平台、零部件平台、研发平台及商贸物流平台。

整车平台以解放、大众、丰越、q工场、专用车等整车企业为主导。园区内整车企业主要包括一汽集团总部，一汽解放、一汽大众、一汽丰越等一汽集团的全资和控股企业。目前，全区整车产能160万辆以上。2014年11月开工的一汽大众q工场项目，占地面积49万平方米，总投资158亿元。年产30万辆全新audi q系列车型。项目达产后预计可实现年销售收入1579亿元，税收296亿元。

零部件平台以引进核心零部件企业为主导。近年来，在抓好整车扩产增量基础上，开发区逐步向发展零部件产业体系转型，努力提升本地配套率和综合配套率，缩短配套半径，使企业受益。开发区大力引进一汽供应商，同时积极引进既为本地配套又具备向外埠配套能力的零部件企业。开发区目前已形成动力总成园、模具工业园、富奥工业园、轴齿工业园等四大零部件产业集群。麦格纳、纳铁福、日本电装、大众发动机、变速箱、一汽四环股份、杰克赛尔空调、一汽铸造、一汽锻造、一汽模具中心等一批在国际国内较有影响的汽车零部件企业已集聚园区，形成了国内具有一定竞争优势的零部件制造企业集群。

研发平台以技术研发机构、科技型企业主导。近年来，开发区不断加大对区内企业技术创新的支持，鼓励企业成立科研队伍和申报省级、市级技术研发中心。突出产业创新，积极推进一汽乘用车研究所建设，鼓励企业开展技术创新，新建省级企业技术中心5个，落实各类创新扶持资金2000余万元。目前，开发区内有中国机械工业第九设计院、长春汽车高专等研发教育机构，一汽乘用车研究所也正在建设之中。

商贸物流平台以汽配批发、二手车交易等为主导。开发区是全国最大的汽车零部件交易集散地，近年来，开发区大力发展汽车上下游产业，努力促进高力北方汽贸城、汽配商街市场发展，启动了西湖大路 4s 店区和新区后市场产业园规划，拥有华港二手车、长沈路汽车贸易商街等。其中一汽物流园区计划 2016 年 12 月投入使用，可实现年仓储、发运 100 万辆一汽—大众品牌整车，储存和配送 100 万辆份零部件，仓储、包装、发运一汽解放公司入库金额 10 亿元的备品、一汽轿车公司入库金额 25 亿元的备品。实现年营业收入 23 亿元，税收 1.8 亿元。

### 三、完善产业链环节

汽车产业链以汽车零部件及整车制造为核心，包括上游的零部件及整车研发设计、下游的汽车贸易、汽车物流、汽车金融及服务等环节，长春汽车经济技术开发区以打造世界级汽车产业基地为目标，不断完善产业发展链条，逐步形成了以整车为核心，零部件、原材料、贸易、物流、金融、文化等产业协调发展的比较完整的产业体系。首先，在核心领域，开发区以整车为依托，重点发展以动力总成为主的核心零部件产业，以及汽车电子、汽车模具、新能源汽车等潜力领域，打造围绕整车生产关键环节的高端零部件产业集群。在上游研发设计领域，依托一汽集团技术中心等国家级汽车产业科研机构和单位，掌握底盘、发动机等核心零部件的研发技术，并将重点突破乘用车系列发动机及直喷增压技术等六项乘用车技术，重型高端商用车平台技术等四项商用车技术和汽车电子等四项共性技术。在下游汽车服务及贸易领域，开发区建设了长春第一个"汽车后市场"产业园。其建设内容主要包括二手车交易中心、一站式服务配套办公楼、汽车整备工厂、汽车拆解中心和 F3 赛道等项目，预计整个项目建成后，可实现年产值 100 亿元。根据发达国家经验，汽车服务业创造的利润占到行业利润总额的 50% 至 60%，发展空间巨大，是汽车产业新的盈利增长点。

# 第十二章　宁夏银川经济技术开发区

## 第一节　发展现状

银川经济技术开发区是 2001 年经国务院批准设立的国家级开发区，批准面积 7.5 平方公里，规划控制面积 72 平方公里，建成区面积 34 平方公里，已形成发展现代服务业为主的东区（2.26 平方公里），培育发展信息产业、生物技术与知识产权转化为主的南区（1.02 平方公里），高端装备制造及新材料为主的西区（30.68 平方公里），承接东部产业转移及发展能源化工下游延伸产业为主的横山工业园（38 平方公里）4 个区块。

开发区共有高新技术企业 30 家，占全区企业的 50%。有装备制造、生物医药工程、汽车零部件、石油化工 4 家院士工作站，国家级企业技术中心 3 家，国家和地方联合工程研究中心 8 家，国家技术创新示范企业 1 家，国家科技成果转化服务（宁夏）示范基地 1 家，全国首个微电影研发基地，自治区级企业技术中心 17 家，工程技术研究中心 3 家，自治区技术创新中心 9 家，自治区工程实验室 10 家，企业研发成果获国家专利百余件，科技创新能力不断提升。创全国驰名商标 3 件，宁夏著名商标 34 件，特色产业的引领和示范作用正在不断增强。2014 年，完成 GDP 128 亿元，增长 14.2%；工业总产值 284.8 亿元，增长 13%；工业增加值 78.8 亿元，增长 13%；固定资产投资 50.6 亿元，增长 25%。

### 一、产业规模

经过多年的发展，开发区的装备制造业形成了一定的产业基础和配套体系，具有一定的科技创新能力。主要产品数控机床、起重机械、特种铸钢、高端轴承等技术水平在国内领先，已被国家工信部认定为"装备制造国家新型工业化产业示范基地"。小巨人机床、共享铸钢、轨道交通轴承公司及舍弗勒等企业及产品在国内外都有一定的影响力。

2014年开发区32家规模以上装备制造业完成产值56亿元，占开发区规模以上工业产值的23%，同比增长12.3%。拥有高新技术企业13家，国家级企业技术中心3家，自治区级企业技术中心10家，自治区工程技术研究中心2家，自治区技术创新中心3家，国家地方联合工程实验室6家，院士工作站2家，国家驰名商标3件。

## 二、主要产品

开发区高端装备制造产业虽然规模不大，但产业体系完整，技术含量较高，配套完善，特色突出。主要产品有数控机床、轴承、门式机器人、起重设备、新能源装备、铸钢件及其他产品。开发区数控机床产能为10000台。其中小巨人机床公司年产各类高档数控机床4000台，新瑞长城机床公司年产数控机床4000台，大河数控机床公司年产各类大型数控珩磨机2000余台。开发区轴承产能为1500万套。其中舍弗勒公司年产深沟球轴承、圆锥滚子轴承等各类轴承1000万套，特种轴承公司年产10万套滚动轴承，宁夏西北轴承轨道交通轴承公司投产后拥有年产石油、冶金、铁路轨道交通、风电、军工等高端配套轴承420万套及铁路货车轴承21万套的能力。开发区机器人集成能力为100套生产线。其中巨能机器人公司，主导产品门式机器人，已为全国各大装备制造业企业生产集成化生产线360条。开发区起重运输设备产能为6000吨。其中天地奔牛公司年产5000吨起重运输设备，银川起重机器股份公司年产1000吨起重运输设备。开发区铸钢件产能为25000吨。其中共享铸钢公司年铸造能力15000吨，可生产最大单件铸件150吨，新瑞铸造公司年产10000吨铸钢件。开发区新能源装备企业主要有银星能源风电设备制造公司、银星能源股份公司和银星能源光伏发电设备公司，主要产品有风机、光伏组件、减速器等，产能为光伏组件400MW，风机1500台套，减速器400MW。其他重点产品还有通宇公司年产5000台的电梯、隆基宁光仪表公司年产700万只的智能电表、水表、热量表、燃气表及银利电器公司年产50000台的变压器、互感器等。

## 三、经济效益

2011年开发区装备制造产业工业总资产为206.33亿元，增加值为64亿元。

2014 年，开发区完成 GDP 128 亿元，增长 14.2%；工业总产值 284.8 亿元，增长 13%；工业增加值 78.8 亿元，增长 13%；固定资产投资 50.6 亿元，增长 25%。其中装备制造业完成工业总产值 284.81 亿元，增加值为 78.78 亿元。

## 四、技术进步

宁夏银川经济技术开发区建立了以宁夏共享集团有限公司技术中心为主的国家级企业技术开发中心 3 家、自治区级企业技术中心 10 家，国家地方联合工程实验家室 6 家，自治区技术创新中心 3 家，自治区工程技术研究中心 2 家。经过多年发展，基地已成为自治区技术创新的龙头和核心区。其中大河机床承担了"高档数控珩磨机"和"大功率船用柴油机用数控珩磨机"等国家重大科技专项，三新集团、宁夏发电集团分别承担了"新一代相变石油加热炉关键技术研究与示范""冶金法制备太阳能级多晶硅关键技术研究与示范"等国家科技支撑计划项目。共享铸钢获国家科学技术进步二等奖。巨能机器人的 GS 门式工业机器人、西部大森的数控装配压装机、银星能源光伏发电设备的光电互补智能控制楼宇照明系统等多项产品获评国家重点新产品。基地内示范产业企业获得的有效发明专利数量 111（个）。

宁夏银川经济技术开发区的宁夏小巨人机床有限公司，引用了 MAZAK 最新智能网络化工厂的构建理念，建立起智能网络化的生产环境，被誉为"中国第一座智能网络化机床制造工厂"，开创了我国智能网络化工厂之先河。中国专业铸造排名第一的宁夏共享铸钢有限公司，年铸造能力 15000 吨，可生产最大单件铸件 150 吨；国内产量最大的数控珩磨机生产厂家宁夏银川大河数控机床有限公司。年产各类大型数控珩磨机 100 余台。ZMK2218YS 数控珩磨机床是全球首款 5 轴控制数控珩磨机床，实现了主轴 3–30m/min 的稳定运行，家速度达到 2.5g。具有完全自主知识产权，在全国机床制造企业中唯一承担了"国家高档数控珩磨机"及"大功率舰船用柴油机数控珩磨机床"两项课题的企业；国内最早研发数控压装设备的企业银川西部大森数控技术有限公司，先后为通用电气、西门子、上汽、一汽大众、东风本田等中外著名企业提供了近千台（套）精密数控压力机、数控专用设备和装配生产线。

## 五、产业集群

宁夏银川开发区高端装备制造产业集群虽然规模不大，但产业体系完整，形成了以数控机床、新能源装备、煤机设备、高端铸件、轴承、起重设备、电气自动化仪表等为主导的产业集群。年产各类数控机床、风机发电设备、起重设备等高端机具10000台套。规模以上装备制造企业32家，主要产品数控机床、起重机械、特种铸钢、高端轴承等技术水平在国内领先。已被国家工信部认定为"装备制造国家新型工业化产业示范基地"。小巨人机床、共享铸钢、轨道交通轴承公司及舍弗勒等企业及产品在国内外都有一定的影响力。

目前，宁夏银川开发区重点培育和扶持了七个专业化生产配套中心，为装备制造业配套的零部件加工及工业协作，形成了产业配套集群的雏形。为园区装备企业提供专业化配套服务，并辐射全区以及周边省（区）。七个配套中心分别为：精加工中心、热处理中心、液压中心、铸造中心、锻造中心、模具中心、钣焊件中心。

未来，开发区将以打造西北地区智能装备制造业基地为目标，围绕数控机床、加工中心、珩磨机、工业机器人、精密仪器仪表、高速精密轴承、大型铸钢件等重点领域，大力发展智能制造和绿色制造，重点研究开发新型传感器、智能控制系统、智能化仪表、智能电网管理终端、精密测试仪器、高速精密轴承、高速精密重载齿轮及传动系统等智能测控装置与基础元器件，大力推进工业机器人集成技术研发，以信息化带动工业化，走新型工业化道路，用现代信息技术改造传统产业，实现工业生产过程和经营管理的自动控制。强化质量控制、节约资源消耗、降低生产成本、提高生产效率，形成具有较强产业配套能力的先进智能装备制造业集群。至2017年，高端装备制造业的产值达到200亿元，"装备制造国家新型工业化产业示范基地"的示范带动作用更加显著。

## 第二节　发展经验

### 一、产业推进经验

按照自治区"4643"产业结构调整总体布局和银川市"2258"工作思路，银川开发区大力推进转型升级，主要从经济增长拉动力、投入结构、产业重点以及体制机制四个方面着手，结合银川开发区已形成的产业基础和特色优势，探索确定了"三调、两转、一示范"的发展战略和"光、石、智、服"的特色产业发展路径。

（一）"三调"即调高、调新、调轻

"调高"即将开发区打造成为高新技术产业和高附加值现代服务业的聚集区，以科技创新驱动开发区转型升级。到 2017 年，开发区高新技术企业要从目前的 30 家增加到 38 家，高新技术产业产值比重从目前的 20% 增长到 30%。"调新"即将开发区的发展方式由依靠项目带动和投资拉动逐步调整到依靠创新驱动和新型业态带动方面来。一是以高端装备制造和战略新型材料为重点，推进产业发展层次的高端化，立足国内技术水平最高、规模最大和国际领先的要求，将开发区高端数控机床、特种铸钢、光伏材料、晶体材料等产业打造成为具有世界级影响力的"单打冠军"。二是提升 iBi 育成中心孵化能力，完善开发区创新体系，加快培育信息技术、生物医药、知识产权转化等战略性新兴产业，争取在国内甚至国际上有一定地位。"调轻"即重点发展非重化工产业，提高消费品生产的比例，优化全市产业结构，提升抗风险能力。逐步提升信息产业、生产性服务业等第三产业的比重，推动开发区从产业新城向城市新区转变。到 2017 年，使开发区第三产业比重从目前的 20% 调升到 30%，通过稳定存量，调整增量，提升开发区发展质量、发展速度与发展水平。

（二）"两转"即转变引进培育企业的方式，由单一的政策鼓励引导向加强创新平台建设与政策引导相结合转变

结合开发区实际，对现有政策进行整合，更好地服务企业，促进经济发展。同时，着力加大投入力度，加强人才、科技、金融等服务平台建设，强化创新引导，不断增强工业企业的发展活力。转变经济增长模式，由传统的追求产能扩张向提高单位面积经济和生态综合效益转变。对园区现有土地进行清理，建立项目退出机制和土地回收制度，对发展不好，质量不高的占地项目及长期圈地不建的项目进行清理，通过劝离开发区、企业资产重组、企业间兼、包装招商、转让土地使用权等方式置换成一批高科技、高效益的项目，盘活土地资源，提高土地利用率和产出率。

（三）"一示范"即到 2017 年，建成技工贸总收入达到 1000 亿级的产业区，将开发区打造成为推动全市、引领全区转型升级的示范区

"智"是发展智慧制造业。通过支持现有企业升级、引进发展工业化和信息化高度融合的装备制造示范项目，在装备制造业的研发、设计、制造、营销等全过程中开展应用智能软件、智能机器人和智能网络"三大应用"，实现设计研发

信息化、生产装备数字化、生产过程智能化、经营管理网络化，利用技术创新手段促进产业结构升级。

## 二、园区建设经验

以"中国制造2025"战略部署为契机，坚持创新驱动、智能转型、强化基础、绿色发展，到2017年，开发区高端装备制造产业发展目标为：产业规模跃上新台阶，规划重点项目基本落地或达成意向，形成上下游完整的产业链条；装备制造产业销售收入达150亿元以上，其中，高端装备制造产业销售收入达100亿元以上，占开发区规上工业总值的30%以上，创造税收10亿元以上；高端装备所需的关键配套系统与设备、关键零部件与基础件制造能力显著提高，关键技术和核心技术转化能力显著提高，形成一批具有知识产权的高端装备产品和知名品牌。力争通过3年的努力，形成完整的高端装备制造产业体系，产业竞争力进入国内先进行列，将高端装备制造业培育成为开发区的支柱产业。

（一）加强自主创新和技术改造，提升产业层次。每年推进一批重大科技成果项目在示范基地的工程化和产业化，加大现有企业技术改造力度。加强技术创新服务平台和企业技术中心建设。引导示范基地加大研发投入，力争2017年示范基地研发投入占销售收入比重提高1个百分点，企业发明专利申请量增加一倍。

（二）促进绿色低碳发展，增强可持续发展能力。引导示范基地内企业加快实施节能、节水、清洁生产和污染防治技术改造。加强电力需求侧管理和重点用能企业能源管理中心建设，推进能效对标达标，开展共性、关键清洁生产技术应用示范，提高工业"三废"集中处理和循环利用能力，开展绿色企业创建试点。力争到2017年，示范基地单位工业增加值能耗及用水量处于全国领先水平。促进企业提高安全生产水平，提升园区安全生产管理水平和事故应急救援能力。

（三）壮大龙头企业，提升中小企业专业化协作配套水平。鼓励大企业与中小企业通过专业分工、服务外包、订单生产等多种方式，提高企业间专业化协作配套水平。支持符合园区主导产业发展方向、配套服务能力强的中小企业向"专精特新"方向发展。对达到国家中小企业公共服务示范平台条件的，同等条件下优先支持服务于示范基地发展的平台建设。

（四）促进产业融合，大力发展生产性服务业。大力发展第三方工业设计及研发服务，培育发展一批专业化研发服务平台和机构。鼓励发展合同能源管理、清洁生产审核、绿色产品认证评估、环境投资及风险评估、安全生产技术咨询和工程建设、管理咨询等专业服务。加强工业物流和供应链管理，加快电子商务服务体系建设。引导有条件的制造企业从提供设备向提供总集成总承包服务转变，促进由"生产型"制造向"服务型"制造转变。

（五）积极培育自主品牌和区域品牌。引导示范基地重点依托特色产业、龙头企业和主导产品，积极实施品牌战略，形成一批国内著名的自主品牌和具有世界影响力的国际品牌。支持以品牌共享为基础，大力培育集体商标、原产地注册、证明标志等区域产业品牌。

（六）提高"两化"融合发展水平。深化信息技术在研发设计、生产制造、经营管理、市场营销、节能减排、安全生产等关键环节的集成应用和渗透。发展一批面向工业行业的信息化服务平台，建设一批"两化"融合的集成、咨询和服务中心。力争到2017年，示范基地内大中型企业数字化设计工具普及率超过90%，关键工艺流程基本实现数控化。

（七）加强公共服务平台建设，完善配套服务环境。以满足示范基地内企业共性需求为导向，以提升公共服务能力为目标，以关键共性技术研发应用及公共设施共享为重点，着力发展一批运作规范、支撑力强、业绩突出、信誉良好的公共服务平台。整合各方资源，加大对示范基地重点公共服务平台建设发展的支持力度，逐步形成社会化、市场化、专业化的示范基地公共服务支撑体系。

（八）加强土地管理，提升土地节约集约利用水平。严格依据土地利用总体规划和城市总体规划进行开发建设，严格执行土地利用规划和年度计划，依法审批和供应土地。积极引进科技含量高、投资规模大、经济效益好、土地集约度高、污染程度低的项目，大力引导现有企业增容改造、深度挖潜；建立低效用地退出机制，逐步淘汰占地多、效益差的企业；探索建立土地集约利用。

# 第十三章　珠海航空产业园

## 第一节　发展现状

### 一、园区简介

珠海航空产业园是经国家发改委批复的国家级航空产业基地，它以珠海机场为核心，规划面积99.0平方公里，建设用地面积65.2平方公里，是广东省唯一的航空产业专属经济园区。已经成为以中航通飞为龙头，国内外知名通航企业为骨干，民营航空企业为助推器，聚集一批航空产业配套项目及航空服务项目的最具规模、最具实力、水平一流的中国通用飞机产业基地。历时6年，珠海航空产业园累计完成投资近200亿元，成功引进中航通飞总部、利捷航空亚太区总部和运营中心、珠海羽人飞行器有限公司、珠海市旺磐精密机械有限公司、珠海广联通用航空设备有限公司、珠海黎明云路新能源等40多个重点企业和重大项目建成了中国首家私人飞机固定运营基地，即珠海商业航空中心。

2009年7月，航空产业园成为"省市共建先进制造业基地"；2009年12月，航空产业园正式获国家发改委批复成为"航空产业国家高技术产业基地"；2010年12月，获国家工业和信息化部批复成为"国家新型工业化产业示范基地"；2011年7月，航空产业园获批成为"省市共建战略新兴产业基地"；2012年11月，航空产业园获国家民航局批复成为国家通用航空固定运营基地发展示范区；纳入国家空管委实施低空空域管理改革首批试点，建成了国内首批通航飞行服务站之一，划设了"珠海—阳江—罗定"低空转场训练航线，为航空产业发展提供了强有力的空域支撑。

未来五年，园区将逐步打造通用飞机固定运营基地、通用飞机维修基地。到

2025年，珠海航空产业园将建成"四个基地、一座新城"，即广东省与中航集团共建的民用航空产业基地；世界著名的航空展览基地；全国最大、国际一流的通用航空产业基地；亚太地区综合性航空维修基地，以及市政基础设施完善，航空企业、人才、资本聚集，极具航空产业特色，生态宜居的现代化航空新城。

## 二、产业选择

珠海航空产业园产业发展重点方向包括通用航空制造，通用航空及公务机运营与配套服务航空维修，通航零部件、航材销售配送，航空航天博览娱乐，航空科研教育，配套航空产品制造、保税仓储物流等。产业内容具体介绍如下。

### （一）航空制造

航空制造产业包括飞机总装交付、机体制造、机载设备及客舱内装饰件制造等。其中，机体制造包括机翼、机身、尾翼、发动机以及飞机零部件的制造，而发动机制造包括活塞式发动机和涡轮喷气式发动机、涡轮风扇发动机及其零部件的制造；飞机各系统及其机载设备的制造包括飞行和发动机仪表、导航、通信和飞行控制、操纵系统、液压系统、燃油系统、空调系统、防冰系统等的制造；飞机客舱内装饰件制造包括航空标准件、连接件的制造。另外，还包括电动、油动无人机的研发生产，专业化航空数控加工等。

### （二）航空维修

航空维修产业包括对机体、发动机、起落架等的维修，还包括对飞机/发动机/部件的改装，如客机加装设备、改变客舱布置、老龄客机改装为货机，也包括对飞机日常航线进行维护，如为航空公司承担航前维护、过站维护、航行后维护。

### （三）航空运输和物流

航空运输产业包括客运、货运以及通用航空服务。客运分为干线运输和支线运输，通用航空服务是指提供航空测绘、航空救援、航空旅游、森林巡逻、灭火等服务。航空物流产业包括货运、仓储保税、装卸包装、分拣配送等。

### （四）航空基础学科研发

航空基础学科研发包括飞机型号研究、发动机研制、空管系统软件开发（仪表着陆系统、机场塔台控制系统、测试设备等）、飞机部件研究（机翼、机身、内饰）和航空材料研究（复合材料、金属材料）。

## （五）航空展览与服务

为珠海地区低空空域和相关航线的通用航空飞行活动提供必要的服务，满足各企事业单位的低空空域飞行需求，完善珠海及其周边地区通用航空运行管理和服务保障体系。

## 三、产业集群

在珠海航空产业园，民营企业与国企错位发展，产业集聚效应初步显现，已成为华南地区规模最大、产业体系最完备的航空产业基地。据统计，珠海市航空产业园已经引进航空项目40个，累计完成投资200亿元，涵盖航空制造、维修、运营服务、物流、航空电子、卫星、前沿科技研究等多个领域，初步形成以通用航空为主导的制造和服务产业体系。

在通用飞机制造领域，中航通用飞机公司是我国通用航空产业的"国家队"，集合了中国通用航空制造产业的大部分优势资源，是珠海市乃至广东省航空产业龙头项目，在珠海建设"一总部、两中心、三基地"。中航通飞在珠海已完成约50亿元投资，建成了通用飞机设计研究院和总装生产基地，研发生产全球最大的水陆两栖飞机AG600和全复合材料涡桨公务机"领世AG300"，完成了西锐SR20/22轻型飞机和赛斯纳"奖状"XLS+中型公务机的组装生产。

在中航通飞的带动下，在通用航空运营服务领域，珠海航空产业园引进了世界最大的公务机运营商——利捷航空并设立亚太区总部和运营中心,准备将其"产权共享"运营模式复制到珠海。另外还引进了珠海中航飞行学校、爱飞客航空俱乐部等十多家通航运营企业。目前，园区已成为中南地区通用航空产业类别最齐全、运营企业最集中的区域。值得一提的是，珠海航空产业园引进了珠海瀚星通用航空有限公司，该公司采用欧美传统的FBO（固定基地运营商）管理模式，同时又结合中国国情，主要经营航空器代管业务、私照培训、个人娱乐飞行、航空内饰、飞行员用品、航空机械设备和电子产品等业务，成为园区内首家通用航空运营服务企业，国内首家私人飞机固定运营基地FBO从此诞生。同时，该公司还计划在全国兴建40个FBO基地和30个通用航空机场,总投资额超过500亿元。

在配套方面，广东旺磐精密机械公司、珠海广联通用航空设备公司、珠海黎明云路新能源等航空配套制造企业也纷纷进驻航空产业园，广联航空也将入园为通飞提供配套。在维修方面，美捷翰星的机库已经准备就绪，相关手续正在办理，

2016年就能投入使用。

## 第二节　发展经验

### 一、产业推进经验

#### （一）大力推进招商引资

珠海航空产业园的发展离不开招商引资，自开园六年以来已有40多个重点企业和重大项目落户，正是这些入驻的企业和项目带动了珠海航空产业园不断做大做强。珠海航展是珠海航空产业园乃至整个珠海市的一张"名片"，也成为招商引资的重要机遇。珠海航空产业园拥有专业的招商团队，每逢航展举办之际，招商团队就会与来参会的展商进行洽谈合作和投资推介，以便实现专业化、精准化的招商。借力航展进行招商取得了丰硕的成果，以第十届航展为例，航展中的金湾投资环境介绍会吸引了180多位来自海内外的企业参加，并且在展会期间共有珠海机场航空物流基地、珠海欧比特公司卫星研发生产基地、清华大学无人机研发生产基地等六大建设项目落户珠海航空产业园，投资额总共达到了13.8亿元。

#### （二）完善产业链条

通过招商引资，珠海航空产业园不断弥补产业链上的短板，大力促进全产业链协同发展。目前，在园区内有利捷公务航空、摩天宇、中航通飞等航空企业，业务涉及航空制造、通用航空、公务机运营和配送服务以及通航维修等多个方面。2014年，中航通飞自主研发的世界最大的水陆两栖飞机已经开始制造，自主研发的首款公务机"领世AG300"成功实现首飞，正在研制的"西锐SF50"飞机已获订单超过500架。国内首家私人飞机FBO（固定运营基地）——珠海商用航空中心建成。

#### （三）打造低空航线

为促进珠海航空产业园通用航空企业的发展，满足通用飞机试飞、校验的需求，开通了"珠海—阳江—罗定"低空航线，该航线除了试飞之外，还承担着驾驶训练、空中体验飞机和观光旅游等任务。这条低空航线的开通，对于购买私人飞机、公务机的消费需求必定起到一定的刺激作用，同时，也为以私人飞机和公务机为主的珠海通用航空产业提供了一定的保障。

## 二、园区建设经验

### （一）加强基础设施配套建设

2015年，珠海航空城发展集团有限公司与珠海金湾区人民政府签订了《珠海航空产业园基础设施开发建设框架协议》，未来3—5年内将完成20余个基础设施项目建设，投入资金70亿元。基础设施配套建设包括了市政基础设施、公共服务基础设施和土地一级开发，在空间上覆盖率航空产业园滨海商务区、机场核心运营区、高端产业聚集区、莲塘湾填海建设区域等。该协议将有力推动航空产业园区基础设施的开发建设，有助于将珠海航空产业园打造成珠江口西岸先进装备制造业的高地。

### （二）打造品牌优势

珠海航空产业园充分发挥中国航展平台以及通用航空论坛等载体，打造园区的品牌优势，提高园区在国内外的知名度和影响力。在招商引资和宣传推介上，积极向国内外通用航空产业的客户介绍珠海航空产业园的发展情况，不断借助网络招商、项目合作、以商引商等方式拓展项目资源。在扩大品牌影响力的同时，珠海航空产业园也在积极寻求国际合作。2015年在法国和欧洲航空航天工业的中心图卢兹市举行了"中国通用航空前瞻暨珠海航空产业推介会"，双方将考虑开展在先进制造业、高新技术、现代服务等产业的务实合作。

### （三）落实人才保障

有专家预测，未来5到10年内，我国通用航空领域面临的人才缺口将达到百万，岗位包括通用航空公司、通航机场维护、通用航空制造业、机场服务、飞机俱乐部、飞行培训等。珠海市拥有包括中山大学、暨南大学、北京理工大学珠海学院、北京师范大学珠海分校、珠海城市职业技术学院、广东科学技术职业学院等10所大学。其中北京理工珠海学院建立了比较完备的实践教学体系，广东科学技术职业学院为适应珠海航空产业园对特定人才的需求，适时调整专业设置，为园区输送一线的高端优秀技术技能人才。珠海航空产业园也不断谋划新的优惠政策和激励措施，鼓励通用航空相关企业和专家全程、全面参与高校通航高技能人才的培养。

# 企业篇

# 第十四章　新松机器人自动化股份有限公司

## 第一节　企业基本情况

### 一、发展历程与现状

#### （一）企业简介

新松机器人自动化股份有限公司成立于2000年，如今已经成为一家以先进制造技术为核心，致力于数字化智能高端装备研发、设计、制造的高科技企业。公司经过多年的改革和发展，主营业务已经涵盖高端装备制造产业、新能源制造产业、特种装备产业、石油石化装备产业。公司生产的五大机器人系列包括工业机器人、洁净机器人、移动机器人、特种机器人及智能服务机器人。截至2015年12月，新松机器人自动化股份有限公司市值已经近300亿，拥有多项自主知识产权和核心技术。作为国内机器人的龙头企业，新松研发和生产的工业机器人打破了国外对我国技术的遏制和垄断，被美国通用等跨国企业列为采购目标，产品已经出口到全球13个国家和地区，成功实现国产机器人"走出去"的战略目标；其生产的特种机器人批量应用于国防重点领域，满足工业、交通、能源、民生等关系国家安全和国民经济的重点领域需求。

目前，新松仍然保持高速稳定的增长，已经形成以自主核心技术、关键零部件、高端产品及领先的行业系统解决方案一体的完整产业链，企业战略已经提升至涵盖产品全生命周期的数字化、智能化生产制造全过程。

#### （二）产业布局

新松机器人自动化股份有限公司加强产业投入，培养高端人才，确保产品质量，强化创新中的自主知识产权和核心技术突破，生产产品80%以上属于自主研发，确立了国内外机器人行业的领先地位。公司以机器人和自动化技术为依托，致力于高端数字化装备制造，形成以多种成套装备和智能机器人领域的产业群组化发展。目前，新松在北京、上海、杭州、深圳及沈阳设立五家控股子公司，深入研究高端装备领域和核心技术，公司的服务已经遍及欧洲、美洲和亚洲十几个国家和地区，涉足工业、交通、国防、能源、民生等领域，满足了我国经济重点领域建设的机器人和自动化技术为核心的高端装备需求。

1. 瞄准地域优势

中国机器人产业在2013年增长率达到41%，2014年增长率高达54%，新松机器人自动化股份有限公司瞄准中国机器人市场的井喷式发展机遇在全国进行布局。

第一，公司在青岛建立新松国家级机器人产业创新平台，其中新松青岛中央研究院、机器人国家重点实验室、国家机器人工程技术分中心、博士后科研工作流动站、院士工作站等直接支撑平台建设，培育大批中小企业上下游产业链企业，组织团队开展科研工作。为青岛的就业、机器人发展起到重要推动作用，预计至2020年，青岛高新区的机器人产业将实现产值100亿元。公司将北方区域总部落户高新区，项目投资高达37亿元，同时建立区域性控股集团公司主要从事研发和生产各类工业机器人、服务机器人。

第二，公司对接上海高端汽车零配件市场，在杭州建立分公司。公司新建机器人基地位于大江东产业聚集区，依托良好的工业基础优势，对接以上海为中心的高端汽车零配件市场，与国际机器人企业形成竞争。未来规模与沈阳总部旗鼓相当，杭州新松将在未来承担工业机器人、服务机器人等多种高端智能产品的设计、研发和总装，下游企业将进行零部件的生产。

2. 打造数字化生产线

随着大数据、互联网和人工智能科技的发展，机器人需要不断升级并具备更多智能特性才能带动制造模式变革，也是第三次工业革命的一个切入点。2014年9月，新松机器人自动化股份有限公司，采用机器人生产机器人的方式将机器人、智能设备和信息技术实现融合；2015年公司已经初步实现数字化智能化工厂模式的推广，在压力容器、真空执行市场中投入实践，对于山东、江苏布局的数字化智能工厂进行生产物流管理、物料管理、智能仓储管理、智能控制系统、监控调度系统智能化改造。

另一方面，公司积极寻求合作伙伴，大力发展数字化制造业务。2015年，新松与西门子公司达成合作协议，建立数字化制造领域的战略合作关系，企业加大力度支持自动化、电气化、数字化新产品的研发、生产和售后服务，双方合作技术涵盖了产品生命周期管理软件（PLM）、制造执行系统（MES）和全集成自动化（TIA）等。以全集成自动化（TIA）解决方案技术为例，该项技术已经在新松得到了广泛应用，打造了先进的装备线。新松采用西门子全集成自动化解决方案后，企业生产编程调适的时间缩短，保障了工程的按期交付对接，为日后进一步扩大合作并向数字化制造方向发展奠定良好基础。此外，新松利用全集成驱动系统为客户打造全自动化立体仓库项目，提高新松乳品行业分拣调度系统的水平。

3. 实施双核驱动战略

我国机器人产业发展长期受制于国内核心零部件技术落后、自主知识产权和核心技术落后的弊端。2015年5月，公司拟与沈阳创业投资管理集团有限公司、沈阳浑南高新技术产业创业投资有限公司、沈阳创业投资基金有限公司共同出资设立沈阳新松智能驱动股份有限公司，提出"双核驱动"的发展战略。"双核驱动"战略主要指公司加大对核心技术及核心零部件方面的资金、人力等投入。核心零部件国产化一旦有所突破，能够极大程度降低机器人生产的成本，提升我国机器人市场的竞争力，未来公司将目光聚焦于机器人核心零部件领域，并进行机器人全产业链的布局。

## （三）企业文化

新松的国内市场占有率持续稳步增长，同时实施"走出去"的国际化战略，通过对国内市场的占有和对国际市场技术与产品的输出，逐渐走向多元化、集团化经营。企业文化以发展先进制造技术，引领现代产业文明为目标，为客户提供高技术、可靠性的解决方案，提升制造业整体水平。

## 二、企业组织结构

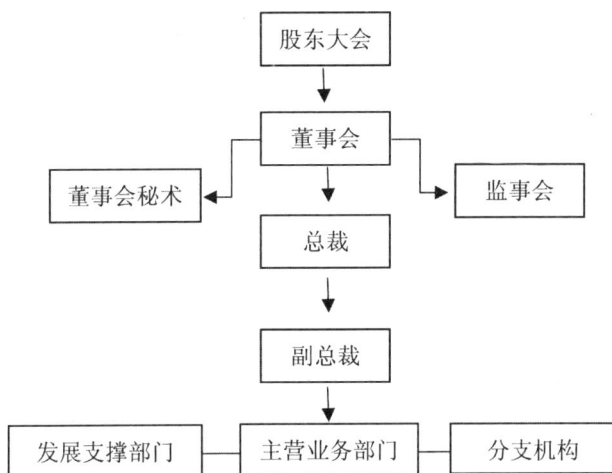

图14-1　新松机器人公司企业组织结构

资料来源：新松官网，2015年12月。

新松公司在技术、经营模式、管理机制方面不断领先创新，引进先进的技术，使产业组织结构不断优化。

## 三、企业技术状况

### （一）技术水平保持领先

新松机器人凭借数十年如一日的科研精神获得了多项殊荣：国家科技进步特等奖和多项国家重点新产品证书等奖项，并且已经形成工业机器人技术及装备、自动化技术及装备、仓储物流自动化技术及装备三大主导产业，涉足领域遍及汽车、电子、食品、化工、金融和印刷等多个行业。截至2014年12月，新松公司拥有百项国家专利，超过80%的产品属于自主创新。2014年末，公司共有1600多名员工，其中75%为技术研发人员，每年研发投入占总体销售额的12%，年平均完成重大科技攻关1000余项。

企业坚持自主创新使我国机器人技术在基础条件差、起步晚的不利情况下，迅速形成有自身特色的技术体系和产品体系。例如，新松公司为奇瑞汽车设计的制造机器人焊接系统，使得汽车噪音降低4分贝，产品质量超过同行业其他生产线生产的产品；一汽集团青岛汽车厂使用新松生产的第一条自主设计、实施的驾驶室机器人焊装线，为客户解决了多项关键性技术难题。此外，新松公司同时对落后产品进行升级换代，例如，2010年，国外出现不用电池的移动机器人产品，新松公司开始着手研发，2012年非接触供电机器人通过了内部测试，这款环保性和经济性的产品满足了国内新能源汽车发展需求，在汽车行业得到了广泛应用。

特种装备是我国国防和军队现代化建设的物质技术支撑，在自动化信息、施工、工程系统管理累积的经验和优势使得新松公司进入造船、军工等国家重点装备领域。2014年12月，新松公司签订了价值高达1.69亿元人民币的特种机器人订购合同，利用基于工业级AGV技术延伸的军用级技术，在国防领域方面发挥相关技术优势。机器人在国防军工领域的技术进展对于公司的综合竞争力提高具有巨大意义。

### （二）产业化基地发展迅速

新松公司建立全国机器人及自动化成套装备的产业化基地，创建机器人体验式营销模式平台。公司通过建立全国机器人自动化成套装备的产业基地，解决了部分机器人自动化成套装备产业化和应用工程中的关键技术瓶颈，开发具有自主知识产权的机器人和自动化成套装备的专利产品。以浑南智慧产业园为例，产业园涵盖研发中心、数字驱动中心、制造中心、互联网中心及其成套装备中心，能够全面提供工业机器人自动化领域服务。园区以工业机器人及自动化生产线为主攻方向，重点开发机器人焊接生产线、能在恶劣环境下应用的车载式双重载机器人系统、迎宾智能服务机器人等产品，打造成为我国领先的自动化生产装备产研基地。随着智慧产业园机器人数字化生产线产能释放，新松公司工业机器人全系列型号产品均实现在智慧产业园生产。2015年上半年公司已经实现销售机器人1800余台套，产值达到28亿元，利润超过5亿元，同比增长30%以上。

## 第二节　生产经营情况

### 一、生产情况

新松机器人市场份额不断扩大。2009—2014年世界机器人在全球市场的增长率接近30%，而中国机器人的增长率已经超过50%，机器人产业发展迅速，需求持续扩大。2013年中国成为全球机器人最大的市场，预计未来5—10年中国机器人产业仍会保持增长态势。但是机器人全球平均密度约0.62%，中国仅为

0.3%，由于我国在多种领域机器人技术方面不具备支撑条件，成本和后续维修费用高昂，机器人产品功能和性能难以满足真正制造业大批量的刚性需求。

新松公司注重全产业链综合发展，在关注机器人核心技术创新的同时，把产业化、市场化作为发展战略。公司在技术服务市场中不断完善纵向产业链，并向产业链上游核心零部件和下游客户服务双向延伸，构建"2+N+M"模式，设立 N 个区域性公司，下建不同功能子公司，并且与海外领军企业进行深化合作。2015 年，新松成立的新松智能驱动加快零部件资源整合，深化与海外先进零部件公司合作，在短时间内突破部分核心技术，扩大核心零部件领域的影响力。虽然我国机器人市场需求仍然较大，但是市场发展并不成熟，新松选择在工业机器人市场需求爆发时介入上游核心零部件领域、本体和系统集成的全产业链，伴随着综合竞争力的不断增强，新松有机会在未来与国际龙头企业同台角力。

## 二、机器人领域持续创新

新松始终拥有创新精神，并且坚持研发和技术投入，技术积累优势明显，企业将创新架构细分为国家级、企业级、事业部三大平台。事业部的创新平台关注市场最热需求进行产品的研发和升级改造；中央研究院作为企业创新平台进行相对超前的研发支撑；国家工程研究中心和国家及企业技术中心则为国家层面的创新提供支撑。每一个事业部门专注细分市场，同时公司对事业部进行有机串联，统一整合调度资源，实现技术共享、创新互通。

技术储备与需求拉动成为新松创新驱动的"双引擎"。公司通过多年技术积累和创新团队的共同努力进行适度超前的研发，其次企业能够满足客户需求提供比其他企业更好的产品和服务，为客户提供适合的多样化解决方案。2015 年，沈阳新松在中国国际工业博览会展示了最新智能爬壁喷涂机器人，并首发了国内领先的七轴柔性多关节机器人。新型机器人具备快速装置、牵引示教、视觉指引、碰撞检测等功能，能够适应布局紧凑、精准度高的柔性化生产线，满足精密装配、产品包装、打磨、检测、机床上下料等工业操作需求。与市场中出现的同类机器人产品相比，新松七轴机器人具有自主研发技术，在负载和成本中具有极大优势，具有灵活度、精确度和安全性的产品特征。

其次，布局"互联网＋机器人"战略，通过新一代信息技术完善网络化市场服务格局，为新松机器人建立更好的用户服务体验。"互联网＋机器人"有如下特点：去渠道化、信息对称化、去时空化、产品优质化、产业链细分化、产业平台化。随着大数据、互联网、物联网在新一代机器人产品中的应用，机器人将会在未来有突出表现。当前，全球以机器人为主题的制造模式逐步发展，制造模式也被改变，传统的生产模式向智能制造生产模式发展是中国的必经之路。

# 第三节　发展战略

## 一、布局工业机器人

全球工业发展热潮拉动了机器人行业发展。根据美国电器和电子工程师协会（IEEE）统计，2014年，日本每万名工人拥有超过300台工业机器人，超过世界平均水平10倍；德国、韩国、新加坡等技术发达国家每万名工人拥有160余台工业机器人。中国劳动力的薪酬从10年前的每小时4.35美元上涨至每小时12.47美元，而到2030年中国老龄化人口将首次超过年轻人口。随着劳动力成本上涨，老龄化问题的突出，中国新兴市场对于专业类机器人需求旺盛，医疗机械、食品饮料、汽车等行业工业化水平会出现由低至高的快速增长。我国工业机器人主要应用行业为汽车零部件、电子电器和化工，分别占比40%、28%、10%。2010年，我国新安装工业机器人约1.5万台，截至2015年1月，中国共售出5.6万台工业机器人，销量占全球市场销售总和的四分之一，机器人保有量为116.2万，与上年同期相比增长超过60%，取代日本成为世界最大工业机器人市场。工业机器人的问题日益受到国家重视，工业管理部门不断出台政策推动国产自主设计的工业机器人发展，补贴倾向研发环节，快速融资和互联网金融等财务手段也对行业发展有所帮助。预计在政策刺激、市场需求增长的背景下，2017年我国机器人总量比2014年16.2万台增长3倍，达到43万台，超过欧洲五个经济体和北美成为世界工业机器人第一使用大国。

## 二、加强工业自动化

工业自动化是我国制造业发展的长期目标和趋势。智能制造、重大技术装备是未来我国5—10年装备制造业发展的重点方向。但是中国机器人工业起步晚、技术水平薄弱，仍然处于起步阶段。与日本先进的机器人市场相比，我国的机器人保有量仅为日本的八分之一，我国生产的机器人精确度和速度与发达国家相比，仍然有较大差距。但是工程机械行业规模持续扩大，对于机器人工作站需求增长迅速，此外电子领域对于洁净智能装备的市场需求预期会成倍增长，未来五年半导体制造装备产业速度会比世界平均发展速度高两倍。2015年，《中国制造2025》部署的推进实施制造强国战略将会加速工业自动化领域发展，对于优化产业结构升级有巨大推动作用。

## 三、开发特种机器人

截至2015年，全球50—80个国家已经使用了军用机器人，为了保障国家安全，很多国家正在研发军用机器人技术。2014年12月，新松签订了一项总价为1.6亿元人民币的移动机器人转载输送系统业务合同，此项目合同的产品用于国防和军工的现代化建设，特种装备是实现高效、精准、快速的军队现代化建设的支撑。近几年，我国不断加大特种机器人的研发力度，特种机器人在国防军工领域需求旺盛，我国目前处于国防装备建设的战略机遇期，依托丰富的产品生产线和高质量的产品，新松能够持续扩大特种机器人市场。

激光领域方面，2014年全球固态激光机器人市场规模为60亿—70亿美元，全球固态激光加工系统每年增长约20%。新松机器人业务呈现爆发式增长，公司已经研制增材制造系统，该技术具备国际领先水平的快速成型制造功能，公司能够为航空航天领域多个项目提供激光快速成型设备，除了全固态激光器外，高功率光纤激光焊接工作站、多功能数控激光加工成套设备等业务发展迅猛。

## 四、参与全球市场竞争

美国和欧洲提出重振制造业的战略，以机器人为核心的制造业将成为未来竞争的主要方向。"中国制造2025"战略出台后，地方陆续出台符合本地区发展的制造业规划，江苏、湖南、安徽、北京、福建、四川、广东、辽宁等省市已经初步出台了制造业强省（市）的战略。"机器换人"趋势明显，我国机器人市场竞争加剧，企业核心技术人才梯队容易有流失风险。此外，截至2016年1月，中国国产机器人市场份额仅占30%，主要应用于低端行业，工业机器人在关键零部件方面与发达国家差距仍然较大，精密减速机、控制器、伺服机等关键零部件大部分依赖进口。新松要在未来加快智能化布局，将机器人与信息技术、大数据、云计算、人工智能等融合，才能在新一代机器人发展中抢占先机。

全球一体化使得中国机器人市场与海外市场同台竞技，新松的目标不仅是在国内市场竞争中占有领先地位，保持占有率稳定增长，海外市场也是新松的重要目标。在国际市场中，新松技术的产品和输出能够使企业走向多角化、集团化的规范经营，发展成为国际领先的高技术产业集团。

# 第十五章　中国长安汽车集团股份有限公司

## 第一节　企业基本情况

### 一、发展历程与现状

#### （一）发展历程

中国长安汽车集团股份有限公司（中国长安）是由中国兵器装备集团与中国航空工业集团于 2005 年通过战略重组成立的一家汽车企业集团。该企业诞生于

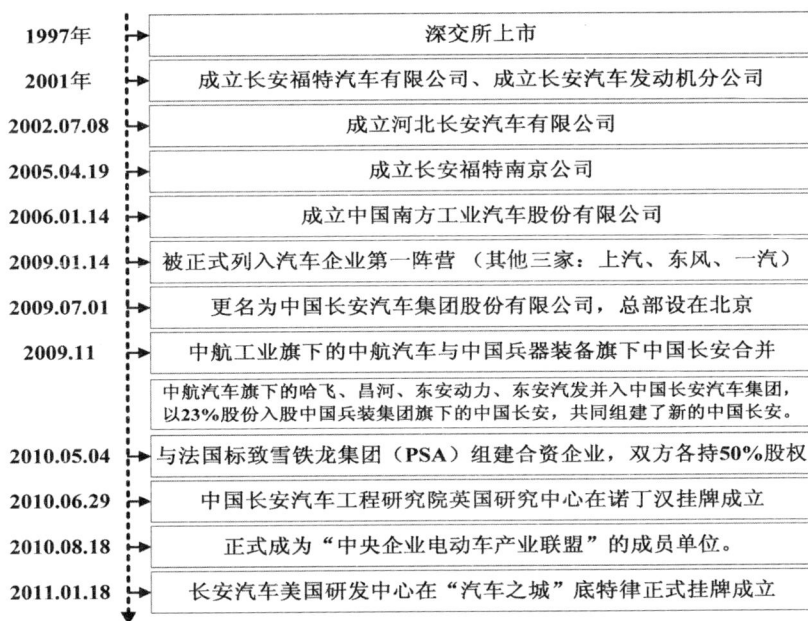

| 年份 | 事件 |
|---|---|
| 1997年 | 深交所上市 |
| 2001年 | 成立长安福特汽车有限公司、成立长安汽车发动机分公司 |
| 2002.07.08 | 成立河北长安汽车有限公司 |
| 2005.04.19 | 成立长安福特南京公司 |
| 2006.01.14 | 成立中国南方工业汽车股份有限公司 |
| 2009.01.14 | 被正式列入汽车企业第一阵营（其他三家：上汽、东风、一汽） |
| 2009.07.01 | 更名为中国长安汽车集团股份有限公司，总部设在北京 |
| 2009.11 | 中航工业旗下的中航汽车与中国兵器装备旗下中国长安合并 |
| | 中航汽车旗下的哈飞、昌河、东安动力、东安汽发并入中国长安汽车集团，以23%股份入股中国兵装集团旗下的中国长安，共同组建了新的中国长安。 |
| 2010.05.04 | 与法国标致雪铁龙集团（PSA）组建合资企业，双方各持50%股权 |
| 2010.06.29 | 中国长安汽车工程研究院英国研究中心在诺丁汉挂牌成立 |
| 2010.08.18 | 正式成为"中央企业电动车产业联盟"的成员单位。 |
| 2011.01.18 | 长安汽车美国研发中心在"汽车之城"底特律正式挂牌成立 |

**图15-1　长安汽车发展历程图**

资料来源：赛迪智库，2015 年 12 月。

1862 年，是中国最早的兵工厂。1938 年更名为第 21 兵工厂，为中国军队提供了 60% 以上的武器装备。20 世纪 80 年代初，正式进军汽车领域。1984 年，制造出第一辆微型汽车。1996 年，以募集方式向境外发行 B 股。1997 年在深交所上市，从事汽车开发、制造、销售工作。

长安汽车进军汽车领域以来，通过技术引进探索产品结构转型，转变原有以军为主、以民为辅的产品开发模式，推行军民产品融合发展，加大在整车、工业设备改造方面研发投入，推行自主创新的发展模式。进过 10 多年发展，目前已经拥有了国际化的汽车自主开发体系，连续多年获得中国汽车第一自主品牌称号。

**（二）发展现状**

目前，长安汽车拥有强大的整车制造和零部件供应能力，是中国四大汽车集团之一，也是中国最大的自主品牌汽车企业。目前，拥有广东、浙江、安徽、黑龙江、重庆、河北、江西、江苏等 9 大整车生产基地，33 个整车（发动机）工厂和 18 家直属企业。在北京、上海、重庆、江西、美国底特律、日本横滨、英国诺丁汉、意大利都灵等多地设立了汽车研发中心，建立了 24 小时不间断的"五国九地"全球化研发体系。2015 年 1—11 月份，长安汽车销售 253.2 万辆，同比增长达 8.4%；其中，自主品牌汽车销售 142.7 万辆，同比增长达 11.5%，并实现连续 8 年排名中国自主品牌汽车销量第一。自主品牌乘用车销售达 93 万辆，同比增长 30.3%，高于行业 8 个百分点。截至 2015 年 12 月，长安汽车自主品牌乘用车年产销量都突破 100 万辆，实现了中国汽车史上首个"双百万"。

**二、企业组织结构**

长安汽车集团由中国兵器装备集团与中航工业集团联合控股，其中中国兵装集团持股 77%，中航工业持股 23%。目前，长安汽车拥有 9 大整车生产基地，21 个整车工厂，27 家直属企业。企业组织结构图如下。

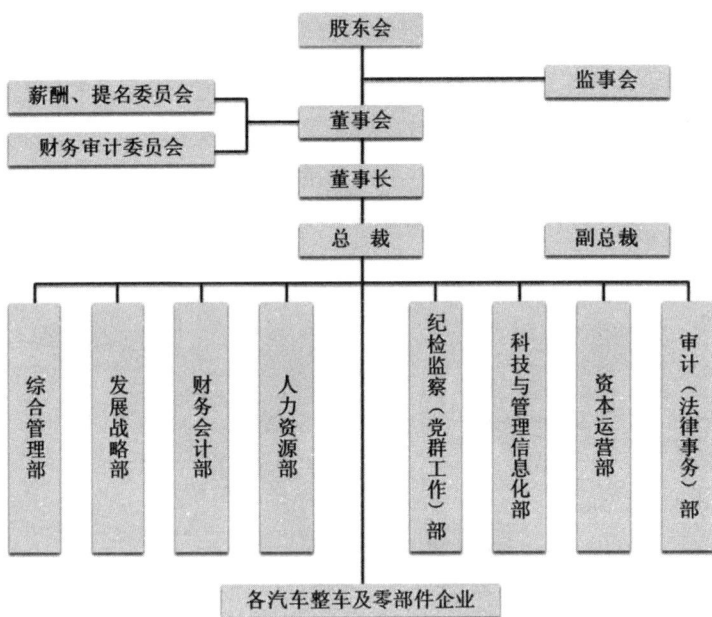

图15-2　长安汽车集团企业组织结构

资料来源：赛迪智库，2015年12月。

图15-3　重庆长安汽车股份有限公司企业结构

资料来源：赛迪智库，2015年12月。

### 三、企业技术状况

在研发实力方面，长安集团国内的核心研发人员达到 6500 余人，在北京、上海、重庆、江西、美国底特律、日本横滨、英国诺丁汉、意大利都灵等多地设立了汽车研发中心，建立了 24 小时不间断的"五国九地"全球化研发体系。

**图15-4　中国长安集团海外生产基地分布**

资料来源：赛迪智库，2015 年 12 月。

**图15-5　中国长安集团"五国九地"全球研发体系**

资料来源：赛迪智库，2015 年 12 月。

在品牌与产品方面，长安集团与福特、铃木、马自达、标致雪铁龙等企业合作成立了合资企业，同时与美国天合（TRW）、英国吉凯恩（GKn）、日本三菱、日本昭和、澳洲空调国际等企业在零部件领域展开合作，成功推出了星光4500、奔奔、杰勋、志翔、悦翔、睿驰、逸动、悦翔、欧诺、欧力威、欧尚等一系列自主产品，形成了以微车、轿车为主的产品谱系。

在新能源汽车领域，长安汽车已掌握了"锂离子动力电池集成及管理"核心技术，在重度混合动力、PLUG-IN、纯电动等领域均已取得突破性进展，并计划在未来十年向市场推出34款全新新能源产品。

在智能汽车方面，长安汽车已制定了面向2025的智能汽车技术发展规划（"654"战略），计划搭建电子电器、软件、测试环境、标准法规、中央决策、环境感知及执行等6大平台，掌握自动泊车、自适应巡航、智能互联、V2X技术和HMI交互等5大核心应用技术，分4个阶段实现智能化技术的产业化。目前，长安正在加速与华为、360、高德导航、科大讯飞等互联网公司展开合作，积极构建基于"互联网+"智能汽车生态圈。

## 第二节　生产经营情况

### 一、主营业务

长安集团主要经营整车、零部件、动力总成、商贸服务四大业务板块。2015年上半年度实现主营业务收入330.53亿元，比2014年增长36.54%。

整车企业主要有长安汽车、长安商用、哈飞、南方迪马、陆风、长安福特、长安马自达、长安铃木、长安标致雪铁龙等企业，主要从事乘用车、商用车的研发、生产与销售。2015年，集团整车销量达到275万辆，同比增长7.94%，销量增速位居前五大汽车集团之首。

零部件企业主要有江滨活塞、建安车桥、宁江山川、天雁、华川电装、南方天合、宁江昭和、南方英特、纳铁福传动轴、南方佛吉亚等企业。主要从事发动机、减震器、涡轮增压、车桥、变速器、活塞内高压充液成形管、防撞梁、气弹簧的研发、生产与销售，建立了汽车零部件产业园，与美国天合、日本昭和、日本三菱、澳洲空调国际、英国吉凯恩建立广泛的资本合作关系，提升了企业零部件配套水平，形成了多元化的汽车零部件配套体系。

动力总成企业主要包括青山变速器、东安动力、东安三菱等企业。长安汽车运用自主研发的 TEi、GDi、D-VVT、TC、新能源等技术，DCT 、AT、MT 等变速箱领先技术，成功研发了 BLUECORE 动力品牌，并在此基础上成功推出集成汽油缸内直喷、涡轮增压、稀薄燃烧、双离合变速器和轻量化等高效节能技术的一系列发动机和汽车产品。2015 年，制定了单车油耗降低 30% 以上，碳排放降低 40% 以上的节能减排战略，并计划打造年产动力总成 400 万台以上的生产能力。

商贸服务主要包括西南兵器工业公司、万友汽车投资有限公司等企业，主要负责汽车销售、汽车类信息咨询及反馈、（新车与二手车）汽车零部件销售、汽车维修、装潢美容装饰销售、车载 GPS 系统定位销售代理销售保险及保险咨询、定损赔付等业务。

表 15-1　长安集团整车、零部件、动力总成、商贸服务等板块成员企业

| 类型 | 成员企业 |
|---|---|
| 整车企业 | 重庆长安汽车股份有限公司（长安汽车） |
| | 哈尔滨哈飞汽车有限公司（哈飞汽车） |
| 动力总成企业 | 重庆青山变速器分公司（青山变速器） |
| | 哈尔滨东安汽车动力股份有限公司（东安动力） |
| | 哈尔滨东安汽车发动机制造有限公司（东安汽发） |
| 零部件企业 | 四川建安车桥分公司（建安车桥） |
| | 湖南江滨活塞分公司（江滨活塞） |
| | 四川宁江山川机械有限责任公司（宁江山川） |
| | 湖南天雁机械有限责任公司（湖南天雁） |
| | 成都华川电装有限责任公司（华川电装） |
| | 南方英特空调有限公司（南方英特） |
| | 成都宁江昭和汽车零部件有限公司（宁江昭和） |
| | 纳铁福（重庆）传动轴有限公司（重庆纳铁福） |
| | 南方佛吉亚汽车部件有限公司（南方佛吉亚） |
| 商贸企业 | 西南兵器工业公司（西南公司） |
| | 万友汽车投资有限公司（万友汽车） |

资料来源：赛迪智库，2015 年 12 月。

## 二、生产运行

2014 年，长安汽车集团生产汽车 262.74 万辆，同比增长 24.33%；销售 254.41 万辆,同比增长 19.86%。汽车市场占有率 10.83%。在自主品牌方面,2014 年,

长安自主品牌狭义乘用车业务实现销售 76.9 万辆，同比增长 39.4%，位居中国自主品牌第一。

2015 年第一季度，长安汽车保持快速增长，销售汽车为 80.77 万辆，进入国内汽车集团前三甲。

2015 年，长安汽车全年实现销量 275 万辆，同比增长 7.94%，销量增速位于五大汽车集团之首。自主品牌乘用车逆势增长，销量排名行业第一，并实现产销量均突破 100 万辆的"双百业绩"。重点产品逸动、CS 系列销量增长迅猛，零部件企业自主创新能力快速提升。大力推进汽车综合体建设，商贸业务板块获得快速增长。2015 年 10 月长安集团汽车（分车型）产量如表 15-2 所示。

表 15-2　2015 年 10 月长安集团汽车（分车型）产量统计表（辆）

| 企业名称 | 累计完成 | 基本型乘用车（轿车） | MPV | 两驱SUV | 四驱SUV | 交叉型乘用车 | 客车 | 货车 |
|---|---|---|---|---|---|---|---|---|
| 中国长安合计 | 2203429 | 974402 | 156118 | 588472 | 13642 | 138725 | 64995 | 267075 |
| 重庆长安汽车股份有限公司 | 991667 | 306739 | 156095 | 278155 | 0 | 138725 | 0 | 111953 |
| 长安福特汽车有限公司 | 688984 | 494849 | 0 | 188422 | 5713 | 0 | 0 | 0 |
| 江铃控股有限公司 | 232969 | 3225 | 23 | 39245 | 7929 | 0 | 48384 | 134163 |
| 长安马自达汽车有限公司 | 122565 | 81585 | 0 | 40980 | 0 | 0 | 0 | 0 |
| 重庆长安铃木汽车有限公司 | 95367 | 66699 | 0 | 28668 | 0 | 0 | 0 | 0 |
| 保定长安客车制造有限公司 | 37570 | 0 | 0 | 0 | 0 | 0 | 16611 | 20959 |
| 长安标致雪铁龙汽车有限公司 | 19064 | 6062 | 0 | 13002 | 0 | 0 | 0 | 0 |
| 哈飞汽车股份有限公司 | 15243 | 15243 | 0 | 0 | 0 | 0 | 0 | 0 |

资料来源：中国产业信息网，2015 年 12 月。

## 三、经济效益

2014 年中国长安全年销售汽车 254.78 万辆，同比增长 18.83%；营业收入 2700 亿元，同比增长近 32%。整车销量增速位居前五大集团之首，行业地位不断稳固。其中，长安自主品牌汽车销售 138 万辆，同比增长 20%，增速高于行业 22%；自主品牌乘用车逆市增长，销售汽车 77 万辆，同比增长 39%，高于行业 33 个百分点。旗下合资企业也取得了较大进步，长安福特产销量达 80.56 万辆，同比增长 18%，并首次跻身合资品牌销量前六名行列；长安马自达累计销量超 10 万辆，同比增长 61%。

2015 年上半年，长安汽车实现营业收入 330.53 亿元，同比增长 36.54%；归属于上市公司股东净利润 50.85 亿元，同比增长 40.16%；每股收益为 1.09 元，同比增长 39.74%。长安汽车在国内汽车市场取得了约 12.4% 的市场份额，比上年提升了 1.1%，销量赶超一汽集团，成为继上汽集团、东风汽车企业集团之后的第 3 名。2015 年上半年，汽车销量 146.6 万辆，同比增长 11%，高于汽车行业的 9.6%。其中，长安自主品牌乘用车（含新微客，不含合资自主）销量达 54.9 万辆，同比增长 40%。

## 第三节　经营发展战略

### 一、战略目标

"十二五"期间，长安汽车集团提出了自主创新、合作共赢、国际发展、品牌提升的产业发展战略，致力于核心业务的发展，巩固提高微车业务，加快发展乘用车，重点推进自主品牌汽车发展。同时加速核心零部件产业发展，积极推进汽车服务业。

——2012 年，整车销售超过 260 万辆，初步具备参与国际主流汽车市场竞争能力；

——2015 年，整车销售达 500 万辆，具备参与国际主流汽车市场竞争能力；

——2020 年，形成完整产品系列，自主品牌进入高端市场，向世界一流汽车企业迈进。

2014 年，长安汽车集团宣布了企业 2015 年发展目标：

——2015 年销量整车 290 万—300 万辆，比 2014 年增长 14%—18 %；

——自主品牌乘用车销量达到 80 万辆，比 2014 年提升 45%；微车销量 50 万—55 万辆；

——在合资汽车方面，长安福特销售达到 110 万辆，长安马自达销售达到

15 万辆，长安铃木销售达到 20 万辆；

——在销售额方面，力争 2015 年销售额达到 2600 亿—2700 亿元，比 2014 年提升 14%—19%；

——未来 5—10 年：到 2020 年实现年销量 600 万台，到 2025 年实现年销量 800 万—900 万台，自主品牌业务销量贡献率达到 60%。

## 二、战略实施

### （一）立足自主创新，打造自主品牌

长安汽车立足自主创新，开始了自主品牌的研发之路。通过以国家产业政策支持为依托，以企业为创新主体，长安汽车逐渐形成了具有自主研发实力的核心竞争力，成立了自己的汽车研究所，投入 120 亿元建造具有国际先进水平的实验室，在汽车碰撞安全、振动与噪声、驱动系统、制动性能、底盘试验等关键技术上取得突破，推出了具有完全自主知识产权的汽车与发动机产品。此外，长安汽车建立了贯通欧亚大陆的全球数字设计协同网络，构建了覆盖亚欧美三大洲的"五国九地"全球研发体系。同时，长安汽车把自主品牌放到战略高度，将资金、技术、人才、管理等资源向自主品牌倾斜，通过技术创新的渐进式升级形成了集技术研发、管理、品牌推广于一体的创新发展模式，开发出了一系列具有自主知识产权的品牌产品（逸动、CS、悦翔等系列车型）。2015 年，在全国整体汽车市场低迷的背景下，长安汽车集团旗下自主品牌产品实现逆势增长，2015 年前 7 个月实现自主品牌汽车产品销量 140 万辆。

### （二）展开合资合作，服务自主创新

长安汽车自主创新的同时，坚持"两条腿"走路，继续与国际先进汽车企业集团展开合资合作，通过合资合作掌握国际先进技术，服务于自主品牌创新。长安汽车与国外大型汽车企业的合作道路始于 1993 年，第一次合作是与日本铃木株式会社、铃木（中国）共同合资成立了长安铃木公司，持股比例为 50%、40%、10%。公司通过推行精益生产方式及"小而轻短美"的企业价值观念，极大提高企业的生产效率。2001 年，长安汽车与福特公司展开合作，通过在产品研发流程、生产管理、售后服务等方面复制福特公司优秀的管理体系，依靠合资公司在技术研发与品质管理方面的优势改善自主品牌产品的品质。2005 年，与马自达、福特展开三方合资合作。2010 年，长安汽车与法国标致雪铁龙展开合

资合作，此次合作彻底打破了传统的"中方出市场、外方出技术"的合作模式，而是以双方各持股 50% 为基础，共同成立研发中心，建立研发平台，合作开发新品牌。通过与国外知名车企展开合资合作，长安汽车不但在整车开发、汽车制造、流程管理等方面积累了宝贵的经验，而且通过将学来的经验、知识进行消化吸收，服务于自主产品研发与品质的提升，打造自主品牌，通过"合资合作 + 自主创新"的方式，真正实现合资合作与自主品牌开发的双赢。

### （三）以微型车为基础，建立完善的产品谱系

长安汽车从微车起家，曾连续多年称霸于中国微车行业，是中国微车行业的龙头。自 2005 年开始，长安汽车提出了"以微为本，以轿为主"的发展战略，将乘用车研发成功引入企业产品研发计划，弥补了原有产品单一的市场短板。通过对汽车装载能力、效率、油耗、安全、造型等方面的技术研发，长安汽车成功研制了"长安之星 II 代"汽车，在确保质量的前提下，降低了 10% 的成本。目前，长安汽车以微型车为基础车型，凭借其先进的自主研发技术，成功打造了涵盖乘用车、客车、卡车、SUV 等完善的产品谱系，实现了产品从中低端到高端市场的全面覆盖。

### （四）严抓产品质量，提升产品品质

在自主产品开发上面，长安汽车视产品品质为企业生存发展生命线，将"以客户为尊"作为核心宗旨，以顾客需求作为导向，严抓产品质量，努力打造符合市场和用户需求的汽车产品。在提升产品竞争力方面，长安汽车将产品品质作为核心竞争力，通过品质的持续稳定提升与市场口碑的逐步积累提高自主品牌议价能力，从而推进自主品牌品质的二次提升，并使企业获得可持续发展的能力。通过提升产品品质与核心竞争力，长安汽车充分发挥了自己在中端、中低端市场的资源优势与价格优势，其近几年推出的逸动、CS 系列和 CS 商务等产品，在市场上受到用户的青睐，其中 CS75 从 2014 年 5 月上市三个月销量接近 10000 台，供不应求。

### （五）以"互联网 +"为契机，在智能汽车领域展开积极布局

随着互联网技术的快速发展，长安汽车以"互联网 +"为契机，在智能汽车领域展开了积极布局。在互联网平台方面，长安汽车投入上亿元来打造车联网产品系统，包括车互联、生活服务、娱乐咨询、安全防护等。在智能化汽车方面，

长安汽车已制定了面向 2025 的智能汽车技术发展规划，通过搭建 6 大平台，掌握 5 大核心应用技术，分 4 个阶段实现智能化技术的产业化。在合作方面，2014 年，长安汽车和源讯公司签署合作协议，将以车联网为核心，致力于汽车移动智能终端的开发以及软件平台的建立。同年 11 月，长安汽车与华为签署合作关系，双方将在车联网、智能汽车、国际化业务拓展、流程信息化、信息化建设等领域展开跨界合作。此外，近半年来，长安汽车也在加速与汽车之家、360、高德导航、科大讯飞等互联网公司展开合作，构建基于"互联网 +"的智能汽车生态圈。

# 第十六章　深圳市大疆创新科技有限公司

## 第一节　企业基本情况

### 一、发展历程与现状

#### （一）发展历程

由于微机电制造工艺研究的成功，无人机内部传感器的价格和体积都有了大幅的降低。受此影响，2006 年到 2010 年之间，国内外出现了一批批的民用小型无人机公司。

大疆创新发展无人机的过程大致可分为萌芽、起步与成长三个时期。

1. 萌芽期（2006—2009 年）

2006 年，还在中国香港科技大学攻读研究生的汪滔创立了大疆创新，开始研发生产直升机飞行控制系统。经过两年的努力，第一款较为成熟的直升机飞行控制系统 XP3.1 面市。美国、德国和英国等发达国家也有几个小规模的公司进行直升机飞行控制系统的研发，但是大疆创新的发展很快就赶超了这些小公司。

2. 起步期（2010 年）

2010 年大疆创新每月的销售额达到了几十万元。同年，大疆创新获得了香港科技大学 200 万元的投资。此时，多旋翼飞行器已经兴起，而且市场远大于直升机市场，大疆创新高度重视这个新兴市场，从而审时度势，很快把在直升机上积累的技术运用到多旋翼飞行器上。当时德国有一家名叫 MK 的公司生产多旋翼飞行器零配件，客户可以自行 DIY（购买配件自己组装）。基于这一开源项目，大疆进入以后，迅速打响口碑，一年后市场占有率达 50% 以上。

3. 发展期（2011 年至今）

自从 2011 年起，大疆创新不断地推陈出新，产品包括 WooKong-M（悟空）系列多旋翼控制系统及地面站系统、Naza（哪吒）系列多旋翼控制器、筋斗云系列多旋翼飞行器、禅思系列高精工业云台、风火轮系列轻型多轴飞行器以及众多飞行控制模块。可以看出，大疆创新的产品取名都带有很明显的中国文化特色，将中国神话名称与产品创造性结合，不仅能促进产品销售，而且将提高中国文化的影响。2013 年 1 月，大疆创新发布了具有携带高清照相机功能的 Phantom；2014 年，推出了第一款真正意义上到手即飞的航拍飞行器，即 Phantom2 Vision+ 多旋翼航拍飞行器，它无须任何形式的 DIY；2015 年 4 月，推出了 Phantom 3。从 2011 年到现在，大疆创新的营业收入增长了近 100 倍，成为全球发展最快的高科技公司之一。2015 年，大疆创新紧随谷歌、特斯拉进入《快公司》2015 年消费电子行业全球十大创新企业前三甲。

## （二）企业现状

大疆创新的产品不断地推陈出新，用户遍及全球 100 多个国家。产品线包括了高端无人机飞行控制系统及地面站控制系统、顶级商用云台系统、专业影视航拍飞行平台、专业级无线遥控和成像终端、高清远距离数字图像传输系统以及智能模型飞行器产品。

大疆创新目前拥有三座工厂，配置了先进的硬件设施，以不断提高制造的精度和工作的效率。大疆创新研制出了全世界第一款可以用于空中拍摄的小型一体化多旋翼飞行器和可以进行大批量应用在飞行玩具上的高精控制模块。当前大疆创新拥有 Phantom、Zenmuse、Spreading Wings、A2、Ronin、Inspire 等数十条专业生产线，实行非常严格的品质控制管理制度。值得一提的是，因为可以用来在空中拍摄极限运动、尼亚加拉大瀑布和烟火，大疆创新的 Phantom 四轴飞行器成为快速发展的民用无人机市场的里程碑产品，其用户规模迅速扩大。

表 16-1 大疆创新产品介绍

| 产品类型 | 外形 | 典型型号 |
|---|---|---|
| 航拍飞行器 | | "悟" Inspire 1、Phantom 3、Phantom 2 Vision+、Phantom 2 Vision、Phantom 2、Phantom 1 |

（续表）

| 产品类型 | 外形 | 典型型号 |
|---|---|---|
| 飞行平台 | | 筋斗云S1000+、筋斗云S1000、筋斗云S900、筋斗云S800 EVO、风火轮系列 |
| 飞行控制器 | | A2、WooKong-M、Naza-M V2、Naza-M Lite |
| 禅思机载云台 | | 禅思Z15-BMPCC、禅思Z15-5D III（HD）、禅思Z15-GH4（HD）、禅思H4-3D、禅思H3-3D |
| 如影手持云台 | | 如影Ronin |
| 地面站 | | iPad地面站、PC地面站 |
| 高清图传 | | DJI Lightbridge |
| 多旋翼动力系统 | | E1200、E800 |
| 配件和其他 | | DJI DropSafe、iOSD MARK II iOSD mini、2.4G 蓝牙电台、DT7 & DR16 遥控系统、风火轮起落架 |

资料来源：赛迪智库，2015 年 7 月。

## 二、企业组织结构

大疆创新在北京、香港、美国、德国、日本、荷兰均设有分公司，网络营销平台有 dji 官网商城、京东、天猫，并且构建了售后技术支持体系。国内的代理商分布在深圳、南京、北京、青岛、吉林、成都等地。

## 三、企业技术状况

大疆创新在智能控制算法、多传感器融合算法、计算机视觉算法、智能导航算法、高清数字相机、陀螺稳定云台系统、高效率动力系统、OFDM 无线视频传输系统等领域掌握了核心技术。大疆创新采取的技术策略主要包括以下两个方面。

### （一）研发实力行业领先

大疆创新认识到产品独创性的重要，一直努力创造新的产品，再通过商业化运营打造航拍无人机产业。随着大疆创新近年来的快速扩张，产品线日趋复杂，各种技术的融合越来越明显，新产品的研发周期也在拉长，这种情况下对团队规模和人员素质的要求很高。目前大疆创新有 500 人以上的研发团队，并且还在不断扩大规模，技术积累与研发实力已经到了全球领先的水平。同时，大疆创新通过举办全国大学生机器人科技创新夏令营、"RoboMasters" 全国大学生机器人大赛等活动，发掘工程师人才，推动企业人才队伍建设和创新发展。

### （二）核心技术拥有量多

2014 年大疆创新的 PCT 专利申请数量为 170 多件，位于国内前列。另外，大疆创新已有 40 多套专利通过 PCT 进入欧洲、日本、美国等地，而且八件核心专利在美国获得了授权。大疆创新在无人机飞行及地面站控制、专业影视航拍、直驱三轴陀螺稳定云台、高清远距离数字图像传输等方面均拥有核心技术。其主要产品 phantom 系列无人机与美国 MQ-9 "死神"（Reaper）无人机一起，入选了《经济学人》全球最具代表性机器人序列，并被美国《时代周刊》评为 "十大科技产品" 之一，被《纽约时报》评为 "2014 年杰出高科技产品" 之一。大疆创新的研发实验室不仅储备了未来 2—3 年的最新科技，而且持续融入自身的创造力和想象力，将很多前沿的科研成果应用到了实际工业和商业的许多方面。

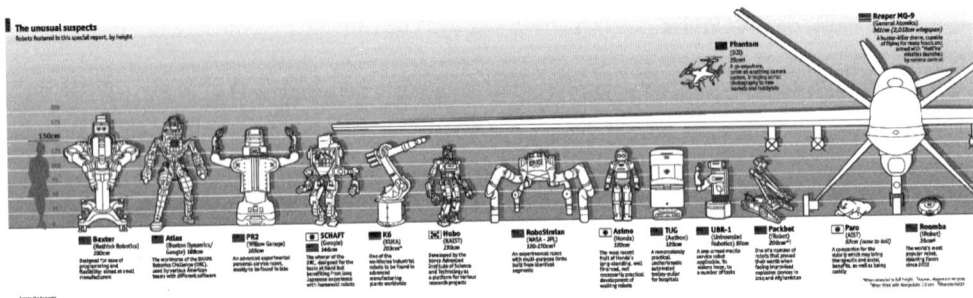

**图16-1 全球最具代表性的机器人（按高度比例示意）**

资料来源：《经济学人》机器人特别报告：《未来移民》2014年第3期。

# 第二节 生产经营情况

## 一、主营业务

大疆创新以"飞行影像系统"为核心发展方向，从无人机飞控系统到整体航拍方案、从多轴云台到高清图传，其产品已被广泛用于航拍、电影、农业、地产、新闻、消防、救援、能源、遥感测绘、野生动物保护等领域，并不断地融入新的行业应用。大疆创新作为无人机市场的开拓者，产品不断推陈出新，以先进的技术、高性能的产品，带领产业革命，成功步入千家万户，享誉100多个国家，重新定义了"中国制造"的魅力内涵。

## 二、生产运行

### （一）员工数量不断增长

在过去的几年中，大疆创新的员工规模不断扩大。在2011年大疆创新只有90名员工，2013年该公司的员工数量已达到1240人，2014年员工数量已经达到2800多名，目前的员工总人数已达3500人。

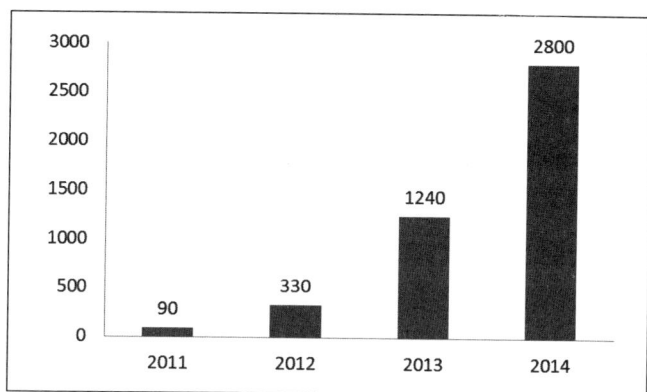

**图16-2　2011—2014年大疆创新的员工数量**

资料来源：赛迪智库整理，2015 年 7 月。

### （二）营销渠道不断拓宽

大疆创新的发展可以看作是一个以市场需求为导向，持续突破技术瓶颈，快速横扫市场的过程。当很多的民用无人机公司还没有找到盈利的商业模式时，大疆创新已经成功地找到了产业化的出口，并且非常主动地拓宽了电商渠道。2013年，在天猫商城的大疆创新旗舰店上线，直到现在大疆创新的航拍一体机"小精灵"（Phantom）系列最新款在天猫商城的月销售量超过 200 架。大疆创新的产品主要销往海外，2014 年 7 月，包括亚马逊在内的 12 个北美地区的航空摄影供应商、电商成为大疆创新的营销渠道，至此大疆创新打通了以官网为基础，海外、海内的主要电商平台并重的三维网络通路。

### 三、经济效益

在 2011 年，大疆创新只有 420 万美元营业收入；而 2013 年营业收入超过了1.3 亿美元，并且凭借 79 倍的增速令业界惊叹。2014 年营业收入达到了 5 亿美元。2015 年营业收入有望再度翻番增加到 10 亿美元。按照营业收入来衡量，大疆创新已经成为全球最大的消费级无人机制造商，也是开辟民用小型无人机这一新兴消费产品领域的第一个中国品牌，占据了全球民用小型无人机约 70% 的市场份额，欧美国家为主要市场。目前月产无人机 4 万台、收入 3 亿元，发展势头异常强劲。大疆创新近年来的年营业收入见图 16-3。

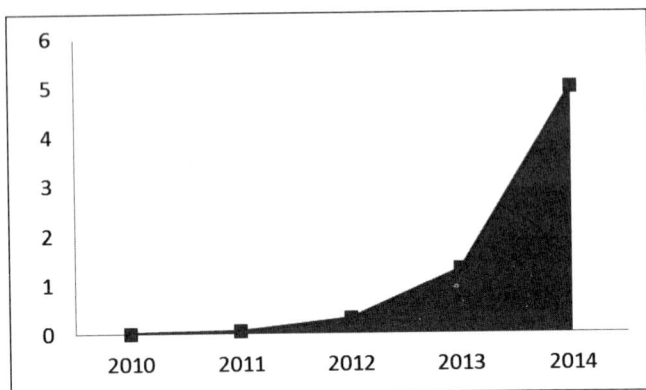

图16-3　2010—2014年大疆创新的年营业收入（亿美元）

资料来源：赛迪智库整理，2015年7月。

# 第三节　经营发展战略

## 一、战略目标

大疆创新不断加大研发投入，储备未来技术，融入自身创造力和想象力，在实现技术和产品质量领先的同时，加大产品推广和企业文化输出，坚持每一款产品都拥有强大、稳定的性能，使得各项技术成果能够最大限度地服务于市场和客户，被应用于各行各业解决实际问题。

## 二、战略实施

### （一）依托深圳的资源优势

目前，深圳航空航天产业的规模约为500亿元。深圳无人机产业的迅猛发展主要受益于良好的产业生态助升，而配套完整的供应链、制造链、技术支撑和政策支撑体系构成了这个产业生态。

1. 深圳有航模生产基础，容易向无人机转型

无人机比航模的技术含量高出很多，而航模为无人机的生产提供了基础，深圳作为世界模型产业的生产基地，全球约80%的模型产品出产自深圳。深圳大约有1000家的模型生产和组装企业，基本上所有模型的配套产品在深圳都可以找到。无人机是深圳航模企业转型的主要方向。

2. 深圳为无人机生产提供了原材料保障

深圳作为全球电子配件的集散地，对无人机的生产原材料可以提供零距离的保障。无人机惯性制导系统与智能手机所用的陀螺仪、电子罗盘、GPS 等传感器都是相同的，而中国生产了全球80%的手机,深圳又生产了中国手机的70%。另外,深圳拥有超过1000家的整机生产企业，还有很多产业链上的其他公司。深圳拥有覆盖手机产业链上下游的企业近万家，涵盖了主板设计、制造商、五金、塑胶、显示屏、电池充电器等配套产业，成为全球手机产业链最集中和完整的城市。

3. 深圳的产学研氛围浓厚

无人机的研发涉及多学科交叉，具有很强的专业性，对人才的要求特别高，而深圳聚集了一大批的专业人才。内地具有航空航天学科优势的科研机构，诸如哈工大、西工大、北大、清华、中科院等为深圳培养了很多的专业人才。中国香港和国外的很多大学也越来越青睐深圳，在深圳设立了很多的研发机构。由民营企业和高校研究院组成的几十家无人机研发和制造单位成为推动深圳民用无人机产业发展的主要力量。

### （二）打造无人机产业的高端产品

目前，无人机产业市场前景非常可观，吸引了不少的投资，大疆创新发展也面临越来越多的竞争。如果只是生产入门级的无人机产品，很容易形成低利润的竞争局面，很难提高市场的竞争力。其实，大疆创新之前也曾推出过两三千元的产品，不过大多数的消费者最终还是选择了价位在7000多元甚至更高的产品。事实证明，无人机产业中的高端产品领域不是一个以价格要素为主导的市场，用户体验更好、可靠性更高的专业航拍设备更受青睐。

### （三）积极开拓欧美市场

目前，欧美国家无人机消费需求旺盛，国内的无人机消费意识和需求也在不断增强，大疆创新积极开拓欧美市场，使其占到了总销售额的80%。2011年，大疆创新抓住了用无人机摄像代替直升机配备专业摄影人员的巨大商机，在好莱坞电影界中成功应用无人机进行摄像，并逐步替代了欧美的航拍市场，还进入了农业、新闻等其他民用领域，主要用户是电影剧组、业余爱好者和记者，主要用于拍摄电影、绘制地图及实地探测等。2012年，大疆创新获得了深圳麦星投资管理有限公司的首轮融资资金，主要用作民用无人机在欧美市场的推广。随着美国监管部门对无人机使用企业的审批加快,大疆创新的美国市场份额在不断扩大。大疆创新与《连线》杂志前主编创办的硅谷无人机公司联手亚马逊成立了一个"小型无人机联盟",专门负责游说美国政府,确保其无人机在美国的使用和飞行。根据路透社的统计,129家已经获得无人机使用权限的企业中有61家是大疆创新的用户,比例为47%;等待审批的695家美国企业中有近400家申请使用大疆创新的无人机。

### (四)通过降低成本扩大目标市场

大疆创新一直将市场占有率作为第一目标,利用成本优势不断扩大市场份额。随着智能手机产业的蓬勃发展,很多的核心电子元器件价格降低,这种情况让地处深圳的大疆创新间接受益。譬如,最初的直升机飞行控制系统所用的很多零件模块仅仅成本就超过1万元,到了成熟的AceOne,成本已经降低到了数千元。再以Phantom这样的产品为例,如果在德国换上碳纤维外壳,稍微加上包装就可以将销售价格提升到十几万元人民币一架,但这种经营模式的市场空间非常有限。其实随着产品大批量的投产和研发成果的应用,用塑料壳也可以做出同样续航时间的产品。事实证明,大疆创新利用其产品的独创性和成本优势已经占据了非常可观的市场份额。

# 第十七章　沪东中华造船（集团）有限公司

## 第一节　企业基本情况

### 一、发展历程与现状

　　沪东中华造船（集团）有限公司是中国船舶工业集团公司下属五大造船中心之一。公司产品主要包括军用船舶和民用船舶，以及大型钢结构。公司总部位于上海浦东新区，主要生产区域分布在上海东部的黄浦江两岸，占地面积135万平方米，码头岸线2800米；拥有360X92米大型干船坞1座，600吨龙门吊2台，12万吨级浮船坞、12万吨级和7万吨级船台各1座，2万吨级以下船台3座。公司具有70多年的造船历史和丰富的造船经验，为国内外船东建造过各类大中型集装箱船、LNG船、LPG船、化学品船、滚装船、浮式储油轮、成品油轮、原油轮、散货轮、客船、特种工作船、军舰和军辅船等共计3000多艘。船品除满足国内用户需要外，其市场还涵盖了亚洲、欧洲、非洲、大洋洲、南美洲和北美洲等40多个国家和地区。公司目前已具备年造船生产能力400万吨。此外，沪东中华还拥有上海长兴、崇明两大分段制造基地，以及下属20多家投资企业，业务涵盖船舶修理和改装，各类船用下水件、管件、舾装件、阀门、电站、钢结构工程产品生产制造，以及围绕造船生产提供各种相关社会化配套服务，是中国造船产业链最完整的企业之一。

　　1952年，中国人民解放军上海市军管会授权征用英商马勒机器造船厂，沪东造船厂在该船厂的基础上正式成立。随着"一五"计划的实施，中国与苏联签订海军订货协定，沪东造船厂得到了当时世界先进造舰国苏联的技术支持。1955年，沪东造船厂开始实施"炮艇"和"火炮护卫舰"工程。这两项工程直接催生了新中国第一批自主建造的水面战斗舰艇。2001年沪东造船厂和中华造船厂合并重组，公司改名为沪东中华造船（集团）有限公司。2013年和2014年，公司通过股权收购，分别控股了上海江南长兴造船有限责任公司和上海船厂船舶有限公司。

## 二、企业组织结构

下图为沪东中华造船有限公司组织机构图。

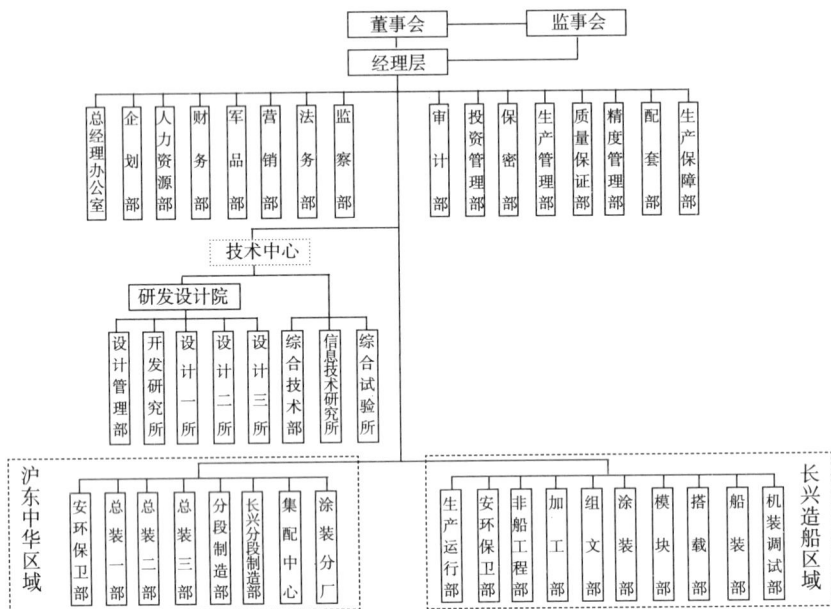

**图17-1 沪东中华造船有限公司组织机构图**

资料来源：沪东造船官网，2015年12月。

## 三、企业技术状况

### （一）技术中心

公司技术中心成立于1995年8月，是国家经贸委、国家税务总局、国家海关总署批准的国家级企业技术中心。技术中心包括综合技术部、综合试验所、船舶开发研究所、LNG船研究所、造船设计一所、造船设计二所、信息技术研究所及档案馆八个部门。另外，技术中心办公室负责技术中心管理协调工作。技术中心现有人员704人，其中，高级职称168人，中级职称206人。高级以上职称科技人员占总人数的 28%。技术中心主要职责是结合公司生产经营，开发设计高技术、高附加值船舶等各种新产品，制定公司技术发展和技术改造规划，推进"数字造船"等先进造船技术。

### （二）新产品开发

公司技术中心有计划地开发高技术船舶新产品，已经取得了众多开发成果。在军船方面，已经开发出了系列水面舰艇。在民船方面，开发生产了"中国沪东型"75000 吨巴拿马型散货船、72000 吨成品 / 原油船、10 万吨阿芙拉油船、超大型集装箱船、147210 立方米大型液化天然气（LNG）船等船型。公司是我国第一家能够建造高技术、高难度、高附加值 LNG 船的船舶企业。

在 LNG 产业方面，公司依托集团大力支持和国家能源局在我公司设立的 LNG 实验室，抓紧 LNG 船和相关装备研发，目前已经完成小型 LNG 船和 22 万立方米特大型 LNG 船的设计。在穿梭 LNG 船、LNG–FPSO、LNG–FSRU、LNG 海上转运和天然气动力技术等方面，也开展了深入的研究，其中穿梭 LNG 船、LNG 海上转运技术研究已成功申报国家科技部"863"计划。

一系列高技术船舶新产品研发成功和生产，快速合理地调整了公司的船舶产品结构，实现了企业产品向中高端的迈进。以"数字造船、绿色造船"为方向，公司不断推行数字化设计、数字化制造、数字化管理。在信息化方面，公司经过多年的建设，数字造船技术已经深入到船舶设计、制造和管理等各个板块，推进了船舶制造现代化进程，全面提升了公司的技术开发能力。

### （三）技术创新

为切实推进技术创新能力建设，公司建立了完善的技术创新工作体系。在工作氛围方面，公司积极鼓励自主创新，员工创新意愿浓厚。在技术创新成果方面，公司已有四十多项各类科技成果获得国家有关部委、上海市及中船集团公司科技进步奖项。其中，147210 立方米大型液化天然气（LNG）运输船国产化荣获国家能源局科技进步一等奖，147210 立方米大型薄膜型液化天然气（LNG）船建造技术荣获上海市科技进步一等奖，8530TEU 超大型集装箱船技术分别获得上海市科技进步一等奖和中船集团公司科技进步一等奖。

公司在引进、吸收、消化国外先进造船设计软件的同时，结合国内造船行业的特点，研发了拥有自主知识产权的"造船设计软件"（SPD）和"造船 ERP 系统"，大幅缩短了船舶设计周期，提高了产品建造质量，并为企业后续的信息化集成管理打下了坚实的基础。目前，中船集团公司已将SPD软件作为造船设计软件在集团内部试点推广应用，此外，SPD系统已在国内200多家船舶企业、科研院所和大专院校使用。"造船设计软件SPD"和"自主产权SPD系统的应用实施"分别被评为"第三届上海市企业信息化十佳优秀解决方案"和"第三届上海市企业信息化十佳成功案例"。

## 第二节　生产经营情况

### 一、主营业务

公司主营业务包括军、民用船舶，海洋工程装备，船用柴油机的设计、制造、服务及修理，160吨及以下桥式起重机，600吨及以下门式起重机，高层建筑钢结构、桥梁及大型钢结构、市政工程建筑、金属结构、网架工程（壹级）的制造、安装及施工，经外经贸部批准的自营进出口业务及进料加工，"三来一补"业务（来料加工、来样加工、来件装配、补偿贸易），机械设备设计、制造，工业设备工程安装、修理，一级起重机械安装，船用配件的设计、制造、服务及修理，铸钢件生产；承包与其实力、规模、业绩相适应的国外工程项目，对外派遣实施上述境外工程所需的劳务人员。

### 二、生产运行

沪东中华拥有国家级企业技术中心，博士后科研工作站，拥有1400余名各类专业技术人才，在船舶研发、设计方面走在中国造船企业前列。尤其是在被誉为世界造船"皇冠上的明珠"的LNG造船及相关产业领域，沪东中华是当之无愧的行业领军企业，包揽迄今中国五个LNG能源引进项目的16艘LNG船建造合同。已建成交付的6艘LNG船性能优异，运行良好。

沪东中华建立了四大数字造船信息管理系统，基本实现了设计、制造和管理的协同和集成。自主研发的SPD造船设计系统，在全国200多家企业和科研院所中得以应用。沪东中华造船工艺技术先进，实施精度造船技术，广泛应用预舾装、模块化安装工艺，建立了以中间产品为导向，组织生产的总装造船模式。沪东中华严格按照国际通行的质量标准建造船舶产品，建立并运行了经ABS船级社认证的 ISO9001 的质量管理体系。

作为中国海军重要的装备生产基地,沪东中华为中国海军建造了新型导弹护卫舰、大型综合登陆舰、中型登陆舰、综合补给船、电子侦察船等一系列优质舰船,被誉为中国海军护卫舰的摇篮和登陆舰的摇篮。沪东中华还承担了多项国家军贸任务,为巴基斯坦、泰国、阿尔及利亚等国海军建造了一系列优质舰船。

### 三、经济效益

根据《中国船舶工业统计年鉴 2015》数据显示,在 2014 年,沪东中华多型高端产品进入实质性建造阶段,全年造船完工 247.3 万载重吨,比上年增长 47.4%。2014 年,公司完成工业总产值 172.4 亿元,比上年增长 8.7%;实现主营业务收入 164.2 亿元,比上年增长 15.1%;完成工业增加值 26.9 亿元,比上年增长 36.7%;实现利润总额 1602 亿元,比上年下降 86.9%。

## 第三节 经营发展战略[1]

### 一、战略目标

公司战略目标:数字沪东中华,绿色沪东中华;到 2025 年,实现规模上国内排名第三,全球前十;运营效率国内领先,处于世界先进水平。

公司发展的思路为:抓住机遇,开拓思路,乘势而上,加快发展,做大做强;坚持数字造船、绿色造船、科技造船、高效造船和企业先进文化理念,实现高技术、高附加值产品和管理水平的全面提升,提高核心竞争力;合理整治,调整结构,推进改造,扩大能力,努力实现公司的跨越式发展,把公司建设成为世界一流的造船基地。

### 二、战略实施

#### (一)科技创新战略

公司非常重视产品的研发和设计,大力推进科技兴船、打造高端船舶行动,定位高技术、高附加值船舶市场,努力实现错位竞争。

---

[1] 本节部分内容引用复旦大学硕士学位论文《船舶工业发展趋势及沪东中华造船公司战略对策》,作者陈建良。

一是推进公司研发中心建设，完善科技创新体系。整合公司设计一所、设计二所研发中心力量，继续加强公司国家级技术中心建设，形成公司科技创新体系。在国家和中船集团公司的支持下，围绕世界船舶市场发展方向和公司发展战略目标，加强对具有前瞻性和关键性技术的研究。

二是优化产品结构，实现产品升级换代。要牢牢把握船市发展方向，加强对高技术、高附加值产品的开发创新，顺应国际船舶市场发展新趋势，实现产品升级换代，努力形成具有自身产品特色和品牌效应的高技术产品系列。同时对散货船、油船、集装箱船等船型进行优化，最终形成系列化、标准化的品牌船型。

三是开展产研结合，加快技术更新速度。开展厂所联合，使产品向高科技、高附加值方向调整，集中系统内科技力量和创新资源加快科技创新。以企业自身为主体，建立产研结合的技术创新体系及相应的运行机制。开展与生产关联度较大的一些关键技术和产品研究，包括工艺技术研究、生产管理技术研究、生产设计和产品建造技术的研究、总装造船、快速造船总装技术研究等。

### （二）推进数字造船、绿色造船战略

以信息化带动工业化战略决策，全面建立 HD-CIMS 系统，建立数字沪东中华，以信息技术改造传统造船企业，实现生产、经营、管理水平的大幅度提高，实现公司跨越式发展。公司数字造船的重点行动包括：（1）信息的集成和共享，特别是设计、经营、生产、管理各方面信息，均能做到有序共享，数据真实、可靠。（2）深化设计建模工作，建立完整的数字化产品设计模型和生产模型。（3）造船生产计划管理，要细化到人、部件和每一工序；在安排上先由计算机作出负荷计划，再确定生产计划并实施。（4）强化产品成本预算管理，建立产品成本目标单元，和以船体为区域，舾装为系统的核算体系。

绿色造船是顺应世界造船趋势和实现公司可持续发展的必然选择。"绿色造船"要求企业环境、生产过程、最终产品全面实现绿色化。公司将环境管理纳入企业管理范围，同时提出、同时落实、同时检查；把不符合环境要求，又能转移的生产环节，坚决转移出去；把不符合环境要求，又不能转移的生产环节，进行改造，使其"三废"排放符合标准；适应工艺要求，采用新设备，淘汰不符合要求的旧设备。公司发展战略明确提出了"绿色造船"的理念，确定了绿色造船的方针、目标、措施，成为公司未来 10 年发展的强大支撑。

### （三）实施造船转模战略

公司实施造船转模战略的思路是以确立先进造船理念为导向，以建立适应现代造船模式为突破口，不断更新造船模式，最终实现船舶制造技术现代化，达到世界一流建造水平。公司实施造船转模战略的重点包括：

一是建立适应现代造船模式的管理体制，使生产关系适应生产率的发展。变革现有生产模式，建立与现代造船相适应的生产管理体制。为提高生产效率并激发员工工作热情，设立若干造船事业部，探索建立符合公司特点、生产发展的、管理模式和运行机制。

二是以科技造船、标准化造船、高效造船的理念指导造船实践。重视科技和技术，紧跟世界造船技术潮流，加快产品和技术的研发进程；重视标准化管理，严格设计船舶产品设计、生产中的各个环节，实现国际认可的标准化；重视效率管理，优化造船资源配置，提升各部门协作的连贯性，最终提高造船效率。

三是必须抓住转模关键点稳步推进。在具体推进造船模式中，加强对生产环节的设计，实施精细化管理，抓住造船过程中的中心和重点。同时，加强顶层设计和全局考虑，在转模过程中合理决策，对配套改革措施给予适当支持，实现系统过程有序进行。

# 政　策　篇

# 第十八章　2015年中国装备工业政策环境分析

## 第一节　国内政策环境

### 一、《中国制造2025》开启制造强国新征程

新一代信息技术与制造业深度融合，正在引发新的产业变革，形成新的生产方式、产业形态、商业模式和经济增长点。全球产业竞争格局也在发生重大调整，各国都在不断加大科技创新力度，推动增材制造（3D打印）、移动互联网、云计算、大数据、生物工程、新能源、新材料等领域取得新突破，我国也在新一轮发展中面临巨大挑战，必须放眼全球，加紧战略部署，着眼建设制造强国，抢占制造业新一轮竞争制高点。

正是在此背景下，2014年初，中国工程院在《关于制定"中国制造2025"，加快建设制造强国的建议》中提出"中国制造2025"建设中国为制造强国的三个十年战略中第一个十年的行动纲领。2015年全国两会上，"中国制造2025"上升为国家战略。政府工作报告中提出：实施"中国制造2025"，坚持创新驱动、智能转型、强化基础、绿色发展，加快从制造业大国转向制造强国。

2015年5月19日，国务院正式印发了《中国制造2025》。这是党中央、国务院总揽国际国内发展大势，站在增强我国综合国力、提升国际竞争力、保障国家安全的战略高度做出的重大战略部署，其核心是加快推进制造业创新发展、提质增效，实现从制造大国向制造强国转变。《中国制造2025》由工信部会同发改委、科技部、财政部、质检总局、工程院等部门和单位联合编制，明确提出了建设制造强国的"三步走"战略，以十年为一个阶段，力争通过"三步走"实现制造强国的战略目标，并对第一个十年的战略任务和重点进行了具体部署。

第一步：力争用十年时间，迈入制造强国行列。到 2020 年，基本实现工业化，制造业大国地位进一步巩固，制造业信息化水平大幅提升。掌握一批重点领域关键核心技术，优势领域竞争力进一步增强，产品质量有较大提高。制造业数字化、网络化、智能化取得明显进展。重点行业单位工业增加值能耗、物耗及污染物排放明显下降。到 2025 年，制造业整体素质大幅提升，创新能力显著增强，全员劳动生产率明显提高，"两化"（工业化和信息化）融合迈上新台阶。重点行业单位工业增加值能耗、物耗及污染物排放达到世界先进水平。形成一批具有较强国际竞争力的跨国公司和产业集群，在全球产业分工和价值链中的地位明显提升。

第二步：到 2035 年，我国制造业整体达到世界制造强国阵营中等水平。创新能力大幅提升，重点领域发展取得重大突破，整体竞争力明显增强，优势行业形成全球创新引领能力，全面实现工业化。

第三步：新中国成立一百年时，制造业大国地位更加巩固，综合实力进入世界制造强国前列。制造业主要领域具有创新引领能力和明显竞争优势，建成全球领先的技术体系和产业体系。

总体看，《中国制造 2025》不是一般意义上的中长期发展规划，而是兼顾当前和长远、兼顾战略和战术的一个行动计划。既立足当前，面向制造业转型升级、提质增效，提出了九大战略任务、五项重点工程和若干重大政策举措；又着眼长远，着眼应对新一轮科技革命和产业变革、抢占未来竞争制高点，围绕先进制造和高端装备制造，前瞻部署了重点突破的十大战略领域，描绘了未来三十年建设制造强国的宏伟蓝图和梯次推进的路线图。

为推进实施制造强国战略，加强对有关工作的统筹规划和政策协调，国务院成立了国家制造强国建设领导小组。主要职责是统筹协调国家制造强国建设全局性工作，审议推动制造业发展的重大规划、重大政策、重大工程专项和重要工作安排，加强战略谋划，指导各地区、各部门开展工作，协调跨地区、跨部门重要事项，加强对重要事项落实情况督促检查。根据国家制造强国建设领导小组要求，工业和信息化部组织编制了《制造业创新中心建设工程实施方案（2016—2020年）》《工业强基工程实施方案（2016—2020 年）》《绿色制造工程实施方案（2016—2020 年）》《智能制造工程实施方案（2016—2020 年）》。

## 二、"互联网+制造业"引领智能制造发展

"互联网+"代表一种新的经济形态,即充分发挥互联网在生产要素配置中的优化和集成作用,将互联网的创新成果深度融合于经济社会各领域之中,提升实体经济的创新力和生产力,形成更广泛的以互联网为基础设施和实现工具的经济发展新形态。2015年政府工作报告中,李克强总理提出,"制定'互联网+'行动计划,推动移动互联网、云计算、大数据、物联网等与现代制造业结合,促进电子商务、工业互联网和互联网金融健康发展,引导互联网企业拓展国际市场"。

为加快推动互联网与各领域深入融合和创新发展,充分发挥"互联网+"对稳增长、促改革、调结构、惠民生、防风险的重要作用,2015年7月,国务院发布《国务院关于积极推进"互联网+"行动的指导意见》,指出,到2018年,互联网与经济社会各领域的融合发展进一步深化,基于互联网的新业态成为新的经济增长动力,互联网支撑大众创业、万众创新的作用进一步增强,互联网成为提供公共服务的重要手段,网络经济与实体经济协同互动的发展格局基本形成。

为进一步贯彻落实《国务院关于积极推进"互联网+"行动的指导意见》,促进互联网和经济社会融合发展,拓展网络经济空间,全面支撑《中国制造2025》实施和制造强国、网络强国建设,工业和信息化部研究制定了《工业和信息化部关于贯彻落实〈国务院关于积极推进"互联网+"行动的指导意见〉的行动计划(2015—2018年)》(以下简称《行动计划》)。《行动计划》提出:到2018年,互联网与制造业融合进一步深化,制造业数字化、网络化、智能化水平显著提高。文件提出了七大行动计划,其中三大行动最受关注,分别是:智能制造培育推广行动、网络基础设施升级行动、信息技术产业支撑能力提升行动。

智能制造总体目标是:到2018年,高端智能装备国产化率明显提升,建成一批重点行业智能工厂,培育200个智能制造试点示范项目,初步实现工业互联网在重点行业的示范应用。具体工作包括:推动车联网技术研发、标准制定;推动智能穿戴、服务机器人等新型智能硬件产品研发和产业化等等。这些智能制造领域的措施,将助推制造业转型升级。

《行动计划》是对《国务院关于积极推进"互联网+"行动的指导意见》细化后的具体实施细则,主要是针对制造业的企业和小微企业。其主旨是提高我国制造业智能制造的能力,推进《中国制造2025》,以及如何培育小微企业创新创业。《行动计划》的提出,有利于推动"互联网+"行动在三年内取得较为明显的进展。

### 三、坚持创新驱动，推动转型发展

党的十八大明确提出科技创新是提高社会生产力和综合国力的战略支撑，必须摆在国家发展全局的核心位置。强调要坚持走中国特色自主创新道路、实施创新驱动发展战略。在中央财经领导小组第七次会议上，习近平主席发表重要讲话强调，创新始终是推动一个国家、一个民族向前发展的重要力量。我国是一个发展中大国，正在大力推进经济发展方式转变和经济结构调整，必须把创新驱动发展战略实施好。实施创新驱动发展战略，就是要推动以科技创新为核心的全面创新，坚持需求导向和产业化方向，坚持企业在创新中的主体地位，发挥市场在资源配置中的决定性作用和社会主义制度优势，增强科技进步对经济增长的贡献度，形成新的增长动力源泉，推动经济持续健康发展。

为加快实施创新驱动战略，2015 年中共中央、国务院发布《关于深化体制机制改革加快实施创新驱动发展战略的若干意见》（以下简称《意见》），共分 9 个部分 30 条，包括总体思路和主要目标，营造激励创新的公平竞争环境，建立技术创新市场导向机制，强化金融创新的功能，完善成果转化激励政策，构建更加高效的科研体系，创新培养、用好和吸引人才机制，推动形成深度融合的开放创新局面，加强创新政策统筹协调。

《意见》指出，到 2020 年基本形成适应创新驱动发展要求的制度环境和政策法律体系，为进入创新型国家行列提供有力保障。人才、资本、技术、知识自由流动，企业、科研院所、高等学校协同创新，创新活力竞相迸发，创新成果得到充分保护，创新价值得到更大体现，创新资源配置效率大幅提高，创新人才合理分享创新收益，使创新驱动发展战略真正落地，进而打造促进经济增长和就业创业的新引擎，构筑参与国际竞争合作的新优势，推动形成可持续发展的新格局，促进经济发展方式的转变。

### 四、国际合作加快带动装备"走出去"

2013 年 9 月 7 日，习近平主席在哈萨克斯坦纳扎尔巴耶夫大学发表演讲时表示：为了使各国经济联系更加紧密、相互合作更加深入、发展空间更加广阔，我们可以用创新的合作模式，共同建设"丝绸之路经济带"，以点带面，从线到片，逐步形成区域大合作。并在此后外交中多次提及"一带一路"的战略构想。

在此背景下，2015 年 3 月 28 日，国家发改委、外交部、商务部联合发布《推动共建丝绸之路经济带和21世纪海上丝绸之路的愿景与行动》(以下简称《愿景与行动》),愿景与行动分为8个部分:一、时代背景;二、共建原则;三、框架思路;四、合作重点;五、合作机制;六、中国各地方开放态势;七、中国积极行动;八、共创美好未来。并提出:是合作发展的理念和倡议,是依靠中国与有关国家既有的双多边机制,借助既有的、行之有效的区域合作平台,旨在借用古代"丝绸之路"的历史符号,高举和平发展的旗帜,主动地发展与沿线国家的经济合作伙伴关系,共同打造政治互信、经济融合、文化包容的利益共同体、命运共同体和责任共同体。"一带一路"战略是目前中国最高的国家级顶层战略,它将充分依靠中国与有关国家既有的双多边机制,借助既有的、行之有效的区域合作平台。

2015年,"一带一路"战略被写入31个省份政府工作报告,成地方两会热点.
"一带一路"成了2015年各地政府工作报告的"标配",31个省份均针对"一带一路"的建设进行了破题。多省份明确了本地在"一带一路"战略中的角色和定位。北京提出,立足国际交往中心定位,主动融入国家"一带一路"战略;广东提出"争当21世纪海上丝绸之路建设排头兵";海南提出"打造成21世纪海上丝绸之路的重要战略支点";新疆提出建设"丝绸之路经济带核心区";宁夏提出"进一步打造丝绸之路经济带战略支点"。"一带一路"将依托沿线国家基础设施的互通互联,对沿线贸易和生产要素进行优化配置。国际工程承包类企业和机械出口类企业有望迎来爆发。

2015年4月3日,中共中央政治局常委、国务院总理李克强主持召开中国装备走出去和推进国际产能合作座谈会并作重要讲话。讲话指出,目前,许多国家对基础设施建设和推进工业化的需求很大,而我国很多装备和产能质优价廉,综合配套能力强。支持中国装备走出去和推进国际产能合作,有助于我国应对经济下行压力、拓展我国发展新空间,并可为中国与发达国家合作开拓第三方市场创造更多机遇。

因此,为抓住有利时机,推进国际产能和装备制造合作,实现我国经济提质增效升级,2015年5月16日,国务院提出《关于推进国际产能和装备制造合作的指导意见》(以下简称《意见》),包括提高中国企业"走出去"能力和水平、加强政府引导和推动、加大政策支持力度、强化服务保障和风险防控等。

《意见》提出,力争到2020年,与重点国家产能合作机制基本建立,一批重点产能合作项目取得明显进展，形成若干境外产能合作示范基地。推进国际产能和装备制造合作的体制机制进一步完善，支持政策更加有效，服务保障能力全面提升。形成一批有国际竞争力和市场开拓能力的骨干企业。国际产能和装备制造合作的经济和社会效益进一步提升，对国内经济发展和产业转型升级的促进作用明显增强。

《意见》指出，将与我装备和产能契合度高、合作愿望强烈、合作条件和基础好的发展中国家作为重点国别，并积极开拓发达国家市场，以点带面，逐步扩展。将钢铁、有色、建材、铁路、电力、化工、轻纺、汽车、通信、工程机械、航空航天、船舶和海洋工程等作为重点行业，分类实施，有序推进。

### 五、供给侧结构性改革加大力度

当前中国经济社会发展中面临很多问题，且这些问题是多个矛盾交织叠加形成的结构性问题。要解决这些问题，需要有针对性地进行结构性改革。中国目前的结构性问题主要包括产业结构、区域结构、要素投入结构、排放结构、经济增长动力结构和收入分配结构等六个方面的问题。这六个方面的结构性问题既相对独立、又相互叠加，需要通过结构性改革去有针对性地解决。

"十三五"规划建议明确提出，要加大结构性改革力度。习近平总书记在中央财经领导小组第十一次会议上也特别强调，要在适度扩大总需求的同时，着力加强供给侧结构性改革，加快提升供给体系的质量和效率，是"十三五"时期的重要任务。在11月18日的亚太经合组织工商领导人峰会上习近平指出：要解决世界经济深层次问题，单纯靠货币刺激政策是不够的，必须下决心在推进经济结构性改革方面作更大努力，使供给体系更适应需求结构的变化。加强供给侧的结构性改革，提高供给体系的质量和效率，创造新供给，对于实现供给与需求无缝对接、释放新需求，重要且迫切。

供给侧改革是一项系统工程，需要统筹兼顾，政府和市场协调与配合，同时做好加减乘除四则混合运算。"加法"即补齐短板，扩大要素供给，发展新兴产业，培育经济增长的新动力，提高经济增长质量与效益；"减法"主要是指政府简政放权、企业清除过剩产能、社会为企业降低成本，给企业松绑，给企业减负，激发微观经济活力。降低企业成本是企业层面的减法运算，主要包括交易成本、各种税费、融资成本、社会保障成本等，这有利于增强企业创新能力、提高供给侧的质量与效率、改善供给结构，最终提高全要素生产率；乘法是指以创新发展理念，挖掘经济发展新动力，开拓新空间，创造新产业，培育经济增长的"乘数因子"，以新产业的"几何式增长"推动经济发展；"除法"主要是指清除产能过剩、清除经济发展路上的"拦路虎"，为中国经济战车顺利前行扫清障碍。在国际经济持续低迷和我国经济进入转型升级阶段的背景下，我国工业领域产能过剩问题日益突出，工业领域呈通缩迹象，产能过剩问题具有普遍性，部分行业甚至出现了绝对过剩。因此，在供给侧改革中，必须有壮士断臂之精神，果断淘汰过剩产能。

## 第二节　国外政策环境

### 一、"再工业化"战略重塑实体经济

"再工业化"是西方学者基于工业在各产业中的地位不断降低、工业品在国际市场上的竞争力相对下降、大量工业性投资移师海外而国内投资相对不足的状况提出的一种"回归"战略，即重回实体经济，使工业投资在国内集中，避免出现产业结构空洞化。美国总统奥巴马提出美国经济要转向可持续的增长模式，即出口推动型增长和制造业增长，让美国回归实体经济，重新重视国内产业，尤其是制造业的发展，这也就是美国的"再工业化"战略。

金融危机后，经济受到重挫的欧美各国纷纷重新审视制造业和工业在经济发展中的地位，不仅将振兴工业及制造业上升到国家经济发展战略层面，并出台一系列法案及计划来保障其再工业化进程的推进。

2009年11月，美国总统奥巴马在一场演说中指出，美国经济要从过去维系在金融信贷之上的高消费模式，转向出口推动和制造业推动的成长模式。此后，美国政府又提出出口倍增计划、制造业促进法案等一系列相关政策。国际金融危机严重拖累了全球经济增长，不论发达国家还是新兴经济体国家，至今经济都难言复苏，世界各国纷纷意识到实体经济尤其是制造业在创造就业、拉动增长等方面的重要作用。为抢占世界经济和科技发展的先机，纷纷推行相应战略，重振本国制造业。以美国为例，奥巴马政府打出了一系列振兴本土制造业"组合拳"，如《重振美国制造业框架》《美国制造业促进法案》《先进制造业伙伴计划》《美国制造业复兴计划——促进经济增长的四大目标》和《先进制造业国家战略计划》等。

2008年9月8日，英国政府公布一项新的振兴国家制造业的战略计划。

2010 年 9 月，法国政府在"新产业政策"中明确将工业置于国家发展的核心位置，提出了法国必须进行再工业化，并计划到 2015 年把法国的工业生产量在现有基础上提高 25%。2010 年，西班牙也制定了再工业化援助政策，预计至 2015 年将制造业占 GDP 比重由 12% 提高至 18%。

通过一系列的法案和战略规划，欧美各国不仅改变了过去"去工业化"的思维，而且将制造业重新提高到国家战略高度，并将再工业化的重心放在了有前景的新兴产业和高端制造业上。总体上看，在工业化战略的主要手段包括：

一是强化贸易保护措施。欧美国家为了顺利推进再工业化，不断强化其贸易保护措施，所使用的贸易救济手段不断变化，涉及产品范围也不断扩大。主要表现在：出台法案加强反倾销及"双反"调查力度；技术性和知识产权贸易救济措施的使用越来越多；通过修改国际竞争规则或建立新机构来实施贸易保护。

二是利用税收措施或政府扶持吸引企业回归本土。美国政府在 2009 年的《制造业促进法案》、2010 年的《鼓励制造业和就业机会回国策略》以及 2012 年的《美国基业长青蓝图》报告中，一方面取消了把业务转移到海外的美国公司所享税务优惠，另一方面还为回国的企业及高端制造企业提供了各种税收优惠。与美国政府出台法案相配合，美国地方政府通过制定土地和税收优惠政策，改善投资经商环境等吸引制造业商本地置业。

三是加大高科技创新投入。欧美等国为了提高本国制造企业的竞争力，普遍加大了对技术创新的投入。首先是政府持续增加创新投入。美国国会公布的《2009 年美国复苏和再投资法案》的草案增加了 133 亿美元科技投入，主要流向美国竞争力计划所重点支持的美国国家科学基金会、能源部科学办公室和国家标准技术研究院三个机构和国立健康研究院。其次是鼓励企业增加高端研发投入。在欧盟工业研发领域，电子电器设备、工业工程及机械、航空航天及防务领域均属于中高强度研发级别，占欧盟研发投资的 48%。

## 二、各国纷纷出台战略抢占先进制造业制高点

2011 年 6 月，美国正式启动"先进制造伙伴计划"，旨在加快抢占 21 世纪先进制造业制高点。2011 年 3 月，欧盟公布了"欧洲 2020 战略"，提出 800 亿欧元预算，使其成为世界上最大的研发经费计划。日本也提出了类似的"工业智能化"战略，重点发展人工智能、服务机器人等产业。德国很清楚自身近些年在

竞争中的不利态势，面临很大的压力。面对竞争形势，德国采取了包容、开放、有策略的战略，在竞争中合作，在合作中竞争。德国为"工业4.0"配套制定了领先的供应商策略和主导的市场策略，重点考虑将产品与恰当的服务相衔接，着力开发新的商业模式。这是很值得借鉴的。

2015年，德国"工业4.0"纳入《高技术战略2020》中，"工业4.0"正式成为一项国家战略，而且制定了推进"工业4.0"的相关法律，把"工业4.0"从一项产业政策上升为国家法律。德国"工业4.0"在很短的时间内得到了来自党派、政府、企业、协会、院所的广泛认同，并取得一致共识。

美国的工业互联网以及ICT巨头与传统制造业领导厂商携手，GE、思科、IBM、AT&T、英特尔等80多家企业成立了工业互联网联盟，正重新定义制造业的未来，并在技术、标准、产业化等方面做出一系列前瞻性布局，工业互联网与成为美国先进制造伙伴计划的重要任务之一。

法国经济部也出台新政，提出"新工业法国"计划。核心就是所谓的"未来工业"，主要内容是实现工业生产向数字化、智能化转型，以生产工具的转型升级带动商业模式转型，在具体操作上，法国政府也制定了学习德国的详细路径。根据经济部计划，2015年秋法国"未来工业"项目将正式和德国"工业4.0"项目建立合作关系；2016年2月，法国将公布"未来工业"标准化战略。对于"未来工业"的宣传推广，法国也将仿照德国汉诺威工业博览会模式，举办类似大型活动。

### 三、"工业4.0"等引爆制造业革命

随着信息技术与工业技术的高度融合，网络、计算机技术、信息技术、软件与自动化技术的深度交织产生新的价值模型，在制造领域，这种资源、信息、物品和人相互关联的"虚拟网络—实体物理系统"（Cyber-Physical System，CPS），德国人称其为"工业4.0"。

"工业4.0"又可以称之为第四次工业革命，这是相对于前三次工业革命而言的，随着信息技术与工业技术的高度融合，其颠覆的不仅仅是人们的生活方式，它还有更大的魔力，信息技术改变了制造业的生产模式，并在全球持续刮起"工业4.0"风。

美国通用公司提出"工业互联网"与德国"工业4.0"类似，即将智能设备、

人和数据连接起来，并以智能方式利用这些交换数据。AT&T、思科（Cisco）、通用电气（GE）、IBM 已经在美国波士顿宣布成立工业互联网联盟（IIC），以期打破技术壁垒，促进物理世界和数字世界融合。

日本大力发展 3D 打印技术。在日本，长期积累的机器人技术，已广泛运用到了工业生产中。机器人、无人搬运机、无人工厂等先进技术和产品，是本田公司得以建成世界最短的高端车型生产线的必要条件。2014 年，日本经济产业省继续把 3D 打印机列为优先政策扶持对象，计划当年投资 45 亿日元，实施名为"以 3D 造型技术为核心的产品制造革命"的大规模研究开发项目。

# 第十九章 2015年中国装备工业重点政策解析

## 第一节 《中国制造 2025》

### 一、背景

#### （一）全球制造业格局面临重大调整

当前，新一代信息技术与制造业深度融合，正在引发影响深远的产业变革，形成新的生产方式、产业形态、商业模式和经济增长点。各国都在加大科技创新力度，推动 3D 打印、高端装备制造、移动互联网、云计算、大数据、生物工程、新能源、新材料等领域取得新突破。基于 CPS 的智能装备、智能工厂／车间等智能制造正在引领制造方式变革；网络众包众创、协同设计制造、大规模个性化定制、精准供应链管理、全生命周期管理、电子商务等正在重塑产业价值链体系；可穿戴智能产品、智能家电、智能网联汽车等智能终端产品不断拓展制造业新领域。我国制造业转型升级、创新发展迎来重大机遇。

全球产业竞争格局正在发生重大调整，我国在新一轮发展中面临巨大挑战。国际金融危机发生后，发达国家纷纷实施"再工业化"战略，重塑制造业竞争新优势，加速推进新一轮全球贸易投资新格局。一些发展中国家也在加紧谋划和布局，积极参与全球产业再分工，努力承接产业及资本转移，拓展国际市场空间。我国制造业面临发达国家和其他发展中国家"双向挤压"的严峻挑战，必须放眼全球，加紧战略部署，着眼建设制造强国，固本培元，化挑战为机遇，抢占制造业新一轮竞争制高点。

## （二）我国经济发展环境发生重大变化

随着新型工业化、信息化、城镇化、农业现代化同步推进，超大规模内需潜力不断释放，为我国制造业发展提供了广阔空间。各行业新的装备需求、人民群众新的消费需求、社会管理和公共服务新的民生需求、国防建设新的安全需求，都要求制造业在重大技术装备创新、消费品质量和安全、公共服务设施设备供给和国防装备保障等方面迅速提升能力和水平。全面深化改革和进一步扩大开放，将不断激发制造业发展活力和创造力，促进制造业转型升级。

同时，我国经济发展进入新常态，制造业发展面临新挑战。资源和环境约束不断强化，劳动力等生产要素成本不断上升，投资和出口增速明显放缓，主要依靠资源要素投入、规模扩张的粗放发展模式难以为继，调整结构、转型升级、提质增效刻不容缓。形成经济增长新动力，塑造国际竞争新优势，重点在制造业，难点在制造业，出路也在制造业。

## （三）建设制造强国任务艰巨而紧迫

在过去的 60 多年里，我国制造业从无到有，实现了跨越式的发展，总体规模跃居世界第一，综合实力显著增强，建立起门类齐全、独立完整的制造体系，成为支撑我国经济社会发展的重要基石和促进世界经济发展的重要力量。持续的技术创新，大大提高了我国制造业的综合竞争力。载人航天、载人深潜、大型飞机、北斗卫星导航、超级计算机、高铁装备、百万千瓦级发电装备、万米深海石油钻探设备等一批重大技术装备取得突破，形成了若干具有国际竞争力的优势产业和骨干企业，我国已具备了建设工业强国的基础和条件。

多数制造企业尚处于产业链底部，先进设备仅占 26.1%，核心技术缺失，关键技术受制于人，特别是高端装备、关键设备和关键元器件严重依赖进口。自主创新不足，产品质量问题比较突出，缺乏世界知名品牌，服务型制造比重也明显偏低，生产性服务业发展滞后。同时，依靠代工生产、资源消耗、劳动密集的粗放型发展方式、结构不合理。工业劳动生产率远不及发达国家水平，单位 GDP能耗却是世界平均水平的 2.2 倍，美国的 2.8 倍、日本的 4.3 倍。随着我国人口红利减少和土地、物流成本快速增长，"中国制造"原有的比较优势正不断消退，制造业大而不强面临的形势十分严峻。

面对国内外经济发展环境的深刻变化，国家提出了建设制造强国的发展战略，国务院于 2015 年 5 月 8 日发布了《中国制造 2025》，作为我国实施制造强国战略第一个十年的行动纲领。提出紧紧抓住当前难得的战略机遇，积极应对挑战，加强统筹规划，突出创新驱动，制定特殊政策，发挥制度优势，动员全社会力量奋力拼搏，更多依靠中国装备、依托中国品牌，实现中国制造向中国创造的转变，中国速度向中国质量的转变，中国产品向中国品牌的转变，努力促进中国制造业由大到强。

## 二、政策要点

### （一）提出制造强国建设战略方针和目标

提出坚持走中国特色新型工业化道路，以促进制造业创新发展为主题，以提质增效为中心，以加快新一代信息技术与制造业深度融合为主线，以推进智能制造为主攻方向，以满足经济社会发展和国防建设对重大技术装备的需求为目标，坚持创新驱动、质量为先、绿色发展、结构优化、人才为本的战略方针和 市场主导政府引导、立足当前着眼长远、整体推进重点突破、自主发展开放合作的基本原则，强化工业基础能力，提高综合集成水平，完善多层次多类型人才培养体系，促进产业转型升级，培育有中国特色的制造文化，力争通过"三步走"实现制造强国的战略目标。

第一步：力争用十年时间，迈入制造强国行列。到 2020 年，基本实现工业化，制造业大国地位进一步巩固。到 2025 年，制造业整体素质大幅提升，创新能力显著增强，全员劳动生产率明显提高，"两化"（工业化和信息化）融合迈上新台阶。第二步：到 2035 年，我国制造业整体达到世界制造强国阵营中等水平，创新能力大幅提升，重点领域发展取得重大突破，整体竞争力明显增强，优势行业形成全球创新引领能力，全面实现工业化。第三步：新中国成立一百年时，制造业大国地位更加巩固，综合实力进入世界制造强国前列，制造业主要领域具有创新引领能力和明显竞争优势，建成全球领先的技术体系和产业体系。并明确了第一个十年的具体指标目标。

### （二）部署建设制造强国战略任务和重点

为实现制造强国的战略目标，坚持问题导向，统筹谋划，突出重点，加快制造业转型升级，全面提高发展质量和核心竞争力。一是提高国家制造业创新能力，重点加强制造业关键核心技术研发，提高创新设计能力，推进科技成果产业化，完善以企业为主体、市场为导向、产学研用相结合的国家制造业创新体系，实施制造业创新中心（工业技术研究基地）建设工程。二是推进信息化与工业化深度融合，重点研究制定智能制造发展战略，加快发展智能制造装备和产品，推进制造过程智能化，深化互联网在制造领域的应用，加强互联网基础设施建设，并组织实施智能制造工程。三是强化工业基础能力，重点统筹推进核心基础零部件（元器件）、先进基础工艺、关键基础材料和产业技术基础发展，加强"四基"创新能力建设，推动整机企业和"四基"企业协同发展，并组织实施工业强基工程。四是加强质量品牌建设，重点推广先进质量管理技术和方法，加快提升产品质量，完善质量监管体系，夯实质量发展基础，推进制造业品牌建设。五是全面推行绿色制造，重点加快制造业绿色改造升级，推进资源高效循环利用，积极构建绿色制造体系，并组织实施绿色制造工程。六是瞄准新一代信息技术、高档数控机床和机器人、航空航天装备、海洋工程装备及高技术船舶、先进轨道交通装备、节能与新能源汽车、电力装备、农机装备、新材料、生物医药及高性能医疗器械等战略重点，推动优势和战略产业快速发展，组织实施高端装备创新工程。七是深入推进制造业结构调整，重点 持续推进企业技术改造，稳步化解产能过剩矛盾，促进大中小企业协调发展并优化制造业发展布局。八是积极发展服务型制造和生产性服务业，加快制造与服务的协同发展，推动商业模式创新和业态创新，推动服务功能区和服务平台建设。九是提高制造业国际化发展水平，重点提高利用外资与国际合作水平，提升企业跨国经营能力和国际竞争力，并深化产业国际合作，加快企业"走出去"。

### （三）构建制造强国建设战略支撑与保障

建设制造强国，须发挥制度优势，深化体制机制改革，营造公平竞争市场环境，完善金融扶持政策，加大财税政策支持力度，健全多层次人才培养体系，完善中小微企业政策，进一步扩大制造业对外开放，并健全组织实施机制，成立国家制造强国建设领导小组，培育创新文化和中国特色制造文化，推动制造业由大变强。

### 三、政策解析

发达国家都把制造业的发展放在首要位置。国际金融危机爆发后，美国重新认识到实体经济的重要性，通过制定"再工业化"战略促使制造业回归。在美国、欧盟国家对我国高技术产品出口限制清单中，大多数都是先进制造技术和高端装备。没有强大的制造业，就意味着没有掌握国民经济的主动权和长久的发展动力。在任何时候国家都应高度重视制造业的发展，因此，国家提出实施《中国制造2025》，重点是：一是坚持创新驱动。科技创新是提升产业层次和素质的战略支撑，未来制造业的持续发展必须依靠创新驱动，完善以企业为主体、市场为导向、产学研相结合的创新体系建设，加强关键核心技术和共性技术攻关，力争在高端装备、信息网络、系统软件、关键材料、基础零部件等重点领域取得突破，促进形成传统产业高端化、先进制造信息化、战略性新兴产业规模化、高新技术产业化的新格局。二是坚持推进结构优化升级。产业结构优化升级是加快形成新的经济发展方式的重要途径，制造强国建设要加快改造提升传统产业，发展先进制造业和战略性新兴产业，大力发展生产性服务业。瞄准重点领域和方向，着力化解产能过剩矛盾，加强技术改造，大力推进兼并重组、质量品牌、产业转移、集聚发展和绿色循环低碳发展，提高发展的质量和效益。三是坚持加快推进信息化与工业化深度融合。运用信息技术改造传统产业，深化信息技术在制造业领域的集成应用，提高生产过程、生产装备和经营管理的信息化水平，加快推动制造模式向数字化、网络化、智能化、服务化转变。四是必须坚持深化改革开放，完善发展体制机制。不仅要进一步加大改革力度，突破制约产业发展的体制机制障碍，而且要充分利用国际国内两个市场、两种资源，统筹"引进来"和"走出去"，着力培育开放型经济发展新优势。同时还要推进政府从经济主导型向服务型转变，为产业发展提供体制保障。

## 第二节 《关于推进国际产能和装备制造合作的指导意见》

### 一、背景

#### （一）推进国际产能和装备制造合作意义重大

当前，国家实施制造强国战略要求加快推动装备"走出去"和国际产能合作。经过多年的快速发展，我国已成为世界第二大经济体及全球第一大货物贸易国，中国经济对国际市场的影响和带动作用日益增强。在这一阶段，推进国际产能和装备制造合作，符合经济发展趋势，也符合经济发展规律。当前和今后一个时期，全球产业结构加速调整，基础设施建设步伐加快，发展中国家大力推进工业化进程，为我国加快国际产能和装备制造合作提供了重要机遇。特别是，目前国家大力推进制造强国建设，实施"一带一路"、周边互联互通规划、中非"三网一化"、中巴及孟中印缅经济走廊建设等重大对外合作战略，众多多双边自贸区谈判和建设不断推进，国际合作组织作用日益增强，为我国推进国际产能和装备制造合作奠定了基础。

推进装备"走出去"和国际产能合作，符合全球经济发展趋势和国际产业转移趋势，有利于统筹国内国际两个大局，实现互利合作和共同发展。国际经验表明，发达国家在工业发展到产能过剩的时期，均是通过资本输出、产能释放、产业输出保持了经济的快速增长和繁荣稳定。如美国利用其生产过剩的物资援助欧洲国家的"马歇尔计划"，日本的夕阳、过剩产业转移等。目前我国部分装备和产品在质量、性价比上有较强竞争力，可有效对接发展中国家基础设施建设及扩大投资拉动的需求，更大地推动目标国家和地区经济发展。而对于发达国家，将为我国企业参与中高端国际产业竞争，以国际高标准严要求提升发展质量和水平、抢占发展制高点提供条件。

当前，我国经济运行出现了新形势新变化，2014年国内生产总值同比增长7.4%，投资增长乏力，新的消费热点不多，发展中深层次矛盾凸显，困难和挑战更大，经济发展进入新常态。今后发展，一方面要靠大众创业、万众创新，靠中小微企业解决国内就业和市场活力问题。另一方面也要加快消费、出口、投资"三驾马车"的拉动作用，转变经济发展方式。除了国家不断抓好重大工程建设、重大战略之外，还要加快国际产能和装备合作，稳定出口、稳定投资、稳定增长。目前我国正面临着国内过度投资的风险，但在海外投资这一块仍有很大的空间，是增长方式转变的重要着力点。从另一方面讲，目前我国政府引导作用不断加强，金融支持装备"走出去"和国际产能合作的效果逐步显现。这些均为我国加快推进国际产能和装备制造合作提供了条件和保障。

**（二）我国已具备国际产能和装备制造合作的实力**

一是产品出口和产能合作稳步提升。从装备产品来看，目前，我国装备制造业规模占世界总量约1/3，已连续5年居全球第一，很多装备产品产量为世界之最。2014年我国装备制造业出口额达2.1万亿元，占全部工业产品出口的比重比2000年提高近一倍，电力、石化、轨道交通、冶金等装备出口快速增长，一些装备成功出口到发达国家和地区，我国装备已具备影响世界的品牌实力和条件，带动相关技术、标准和服务出口。从产能合作来看，目前广大中东欧、中亚、东盟、非洲、南美等地区国家对我国优势装备和产能都有着巨大需求，甚至国内已经淘汰的水泥、平板玻璃、钢材等生产线在这些国家和地区也有很大的市场，钢铁、有色金属、建材等行业与一些国家的产能合作取得积极成效。产能国家合作的发展不仅带动装备、生产线、技术和产品出口，而且带动相关服务、工程建设标准等为国际认可。

二是对外投资步伐不断加快。经过多年发展，我国制造业已经从最早的加工贸易、产品出口，逐步发展到技术、资本、能力相结合的综合输出方向发展。以工程总承包、援建项目带动产业链上下游配套"走出去"不断增多，绿地投资建厂、建设生产线、建立境外工业园、设立分支机构、建立研发中心、成立合资公司等全球布局发展趋势越来越快，"走出去"和产能合作方式更为多种多样，对外投资活动保持高度活跃。2014年我国参与境外铁路建设项目348个，同比增加113个。以海外并购为例，自20世纪90年代中期以来，我国企业跨国并购占对外直接投资总额的比例不断扩大，近几年海外并购占对外直接投资的比例在50%以上。

三是企业国际化水平快速增强。近年来，我国已经有10余家装备制造企业在美国、新加坡等国家和地区上市，这不仅可以直接参与国际资本市场，而且可以提高国内企业在对外经济交往中的地位。部分企业还实现了与银行合作进行低成本融资，通过设备融资租赁等方式获取海外发展资金，在海外设立分支机构、研发中心，成立合资公司，建立国际营销网络和全球运营中心等，逐渐以获取核心技术、知识产权、研发平台和研发团队等为主要目标，打造"境外研发、中国制造、全球销售"的国际化运营模式。

### （三）我国国际产能和装备制造合作还存在突出问题

一是缺乏统筹协调。在装备"走出去"和国际产能合作过程中，缺乏国家和各部门、企业之间的统筹协调是影响"走出去"和国际产能合作的主要因素，企业面对地区风险、面临发达国家竞争等应对不足。二是金融支持服务不足。我国银行在新兴市场国家的分支机构网点少、规模小、海外综合服务实力差，"走出去"和国际合作企业面临着较高的融资成本。三是竞争秩序亟须规范。部分企业在拓展海外市场时，将低价竞争作为主要手段，甚至存在恶意竞价、商业贿赂、串通投标、相互诋毁等不正当竞争行为。四是标准体系建设滞后。绝大多数装备制造行业和工程技术标准无完整外文版本，与国际标准"对标"不足，导致成本增加并缺乏国际话语权与行业主导权，易受美欧等发达国家掌握技术标准、专利、知识产权和行业发展方向的跨国企业的制约。五是国际化服务体系欠缺。国内缺乏能够提供高水平的咨询中介机构，缺少对知识产权保护、跨境并购服务、重大项目规划、国际人才培训等的专业服务组织等。六是政策支持尚需完善。没有统一完善的支持装备制造业"走出去"和国际产能合作的政策支持体系，宏观系统尚不完备，法律法规体系不健全。

针对这些问题，国家提出要抓住有利时机，推进国际产能和装备制造合作，实现我国经济提质增效升级。因此，2015 年 5 月 16 日，国务院制定发布了《关于推进国际产能和装备制造合作的指导意见》(国发〔2015〕30 号,以下简称《指导意见》)。

## 二、政策要点

### （一）提出总体要求

针对新的环境形势，《指导意见》提出，适应经济全球化新形势，着眼全球经济发展新格局，把握国际经济合作新方向，将我国产业优势和资金优势与国外需求相结合，以企业为主体，以市场为导向，加强政府统筹协调，创新对外合作机制，加大政策支持力度，健全服务保障体系，大力推进国际产能和装备制造合作，有力促进国内经济发展、产业转型升级，拓展产业发展新空间，打造经济增长新动力，开创对外开放新局面。

同时，坚持企业主导、政府推动，突出重点、有序推进，注重实效、互利共赢，积极稳妥、防控风险等原则，力争到 2020 年，通过《指导意见》实施，我国与重点国家产能合作机制基本建立，一批重点产能合作项目取得明显进展。推进国际产能和装备制造合作的体制机制进一步完善，支持政策更加有效，服务保障能力全面提升。形成一批有国际竞争力和市场开拓能力的骨干企业。国际产能和装备制造合作的经济和社会效益进一步提升，对国内经济发展和产业转型升级的促进作用明显增强。

### （二）分类施策明确任务

《指导意见》将与我国装备和产能契合度高、合作愿望强烈、合作条件和基础好的发展中国家作为重点国别,并积极开拓发达国家市场,以点带面,逐步扩展。

将钢铁、有色、建材、铁路、电力、化工、轻纺、汽车、通信、工程机械、航空航天、船舶和海洋工程等作为重点行业,分类实施,有序推进。一是立足国内优势,推动钢铁、有色行业对外产能合作。二是结合当地市场需求,开展建材行业优势产能国际合作。三是加快铁路"走出去"步伐,拓展轨道交通装备国际市场。四是大力开发和实施境外电力项目,提升国际市场竞争力。五是加强境外资源开发,推动化工重点领域境外投资。六是发挥竞争优势,提高轻工纺织行业国际合作水平。七是通过境外设厂等方式,加快自主品牌汽车走向国际市场。八是推动创新升级,提高信息通信行业国际竞争力。九是整合优势资源,推动工程机械等制造企业完善全球业务网络。十是加强对外合作,推动航空航天装备对外输出。十一是提升产品和服务水平,开拓船舶和海洋工程装备高端市场。

### (三)提高企业"走出去"能力和水平

重点是要发挥企业市场主体作用,拓展对外合作方式,积极开展"工程承包+融资""工程承包+融资+运营"等合作,鼓励采用BOT、PPP等方式,灵活采取投资、工程建设、技术合作、技术援助等多种方式,大力开展国际合作。创新商业运作模式,通过互联网借船出海,以大带小合作出海等。提高境外经营能力和水平,做好风险应对预案,推动企业本地化持续运营发展。规范企业境外经营行为,尊重当地法律法规和宗教习俗,遵守公平竞争的市场秩序,并承担相应的社会责任。

### (四)加强政府引导和推动

一是加强统筹指导和协调,制定国际产能合作规划。二是完善对外合作机制,为国际产能和装备制造合作提供全方位支持和综合保障。三是改革对外合作管理体制,为企业开展对外合作创造便利条件。四是做好外交服务工作,加强对企业的指导、协调和服务。五是建立综合信息服务平台,完善信息共享制度和政策。六是积极发挥地方政府作用,指导和鼓励本地区有条件的企业积极有序推进国际产能和装备制造合作。

### (五)加大政策支持和服务保障

通过完善财税支持政策、发挥优惠贷款作用、加大金融支持力度、发挥人民币国际化积极作用、扩大融资资金来源、增加股权投资来源、加强和完善出口信用保险等政策措施,以及加快中国标准国际化推广、强化行业协会和中介机构作用、加快人才队伍建设、做好政策阐释工作、加强风险防范和安全保障等服务保障和风险防控措施，加快推进国际产能和装备制造合作。

### 三、政策解析

《指导意见》提出了 35 条具体意见，需要准确把握推进国际产能和装备制造合作的重点和方向。

一是充分发挥市场和企业主体作用。坚持以市场为导向，按照商业原则和国际惯例，充分发挥企业市场主体作用，自主决策、自负盈亏、自担风险，拓展对外合作方式，创新商业运作模式，提高境外经营能力和水平，规范境外经营行为。推动相关企业积极融入"一带一路"战略，通过"走出去"在国际市场上锤炼，提升核心竞争力。引导企业在投资合作过程中，一方面要深入了解所在国的实际需求，切实遵守所在国法律法规，尊重当地文化习俗，践行正确义利观，并注重与当地政府和企业的互利合作，坚持公平交易、互利共赢，维护国家形象；一方面要注意防控风险，找准市场，对接所在国的产业发展政策，避免一哄而上、盲目投资，注重实效，提升国际化经营能力，形成竞争合力。

二是明确重点领域和市场。一个重点是根据我国国际产能和装备制造合作实际和优势，将与我国装备和产能契合度高、合作愿望强烈、合作条件和基础好的发展中国家作为重点国别，并积极开拓发达国家市场，以点带面，逐步扩展。既要有利于推动装备、技术、标准输出，实现上下游产业链整体对外转移，又要统筹考虑对方在产业发展上的实际需求，努力形成良好的经济效益和社会效益。另一个重点是选择有较强制造能力和技术水平、具备国际竞争优势的重点领域和优质富余产能，以 12 大行业作为重点领域，分类实施，有序推进国际产能和装备制造合作。

三是要加强政府引导和推动。加强统筹指导和协调，制定国际产能合作规划，完善对外合作机制，改革对外合作管理体制，做好外交服务工作，建立综合信息服务平台，积极发挥各地方政府作用，为企业"走出去"提供更好的优质服务。同时，加强政府统筹谋划，不断充实完善重大对外投资工程，推动重大工程落地实施。

四是要注重政策支持和服务保障。围绕意见要求，政府部门应积极成为国际经贸规则制定的参与者，加快中国标准国际化推广，构建多双边、全方位经贸合作新格局，形成深度交融的互利合作网络。同时，充分发挥丝路基金、中非基金、东盟基金、中投海外直接投资公司等作用，以股权投资、债务融资等方式，积极支持国际产能和装备制造合作项目。并提供国别风险和领事保护，在货物通关、人员出入境、货币结算、司法、税务合作方面跟不同国家建立多双边的合作机制。

## 第三节 《关于加快电动汽车充电基础设施建设的指导意见》

### 一、背景

随着我国经济社会发展水平不断提高，汽车保有量持续攀升。加快发展新能源汽车，能够解决燃油替代的问题，减少汽车尾气对环境的污染，从而解决由于我国汽车保有量不断攀升所带来的能源、污染等问题，同时更能推动我国从汽车大国走向汽车强国。充电基础设施是指为电动汽车提供电能补给的各类充换电设施，是新型的城市基础设施。新能源汽车一直面临充电难的问题，因此大力推进充电基础设施的建设，也是我国加速发展新能源汽车产业的重要支撑。充电基础设施既包括分散式充电桩，也包含各类集中式充换电站。面对加快新能源汽车推广应用这一紧迫任务，全社会应该继续大力推进充电基础设施的建设。

自 2010 年以来，虽然我国在充电基础设施建设方面取得了一些进展，积累了一部分经验，已经为未来新能源汽车发展奠定了基础。一是充电设施建设稳步推进。到 2014 年底，我国已经建成新能源汽车充换电站 780 座，分散式充电桩约 3.1 万个，可以给 12 万辆新能源汽车提供充电或换电服务。二是初步形成了新能源汽车充电网络。在上海、江苏和广东等地已经建立了大规模的新能源汽车的城市充电网络，也形成了沿着京港澳和京沪等高速公路的跨省的新能源汽车充电服务网络。三是新能源汽车的充电技术水平有所提高。直流和交流充电桩、带有双向功能的充放电机以及能够快速更换电池的系统等充电装备已经可以部分实现国产化，另外在新能源汽车移动式充电以及无线充电等新型技术已在个别城市开展示范运营。四是标准体系逐步完善。目前，我国新能源汽车充电领域的相关基础设施的标准已基本建立起来，形成了体系，包括文件中所使用的术语、充电系统、换电设备、汽车上的充电接口以及附加设备等部分，一共近 70 项标准，并积极在国际标准的制定中加强话语权。

近年来，在国务院决策的引导下，各部委均积极落实有关政策，有序推进我国新能源汽车充电基础设施的建设步伐。但由于技术和市场因素的诸多不确定性，在实际落实过程中也遇到了许多瓶颈，出现了诸多问题，如与新能源汽车发展速度不相适应、建设过程的难度较大、还没有形成成熟的商业模式以及现有充电标准体系不能全国统一等等。因此国务院办公厅于2015年9月正式下发了《关于加快电动汽车充电基础设施建设的指导意见》（以下简称《指导意见》）。

## 二、政策要点

### （一）明确了总体要求和工作目标

《指导意见》强调：我国新能源汽车发展的主要战略取向是要坚持以纯电驱动，同时要把充电基础设施建设放在更加重要的位置，要秉持依托市场、创新机制；统一标准、通用开放；适度超前、有序建设；统筹规划、科学布局等原则推进相关工作。从而实现到2020年，我国要基本建成一个高效的、智能的、一定程度超前的新能源汽车充电设施体系，能够满足超过500万辆新能源汽车的充电需要；同时，还要建立更加完善的市场监管体系以及技术标准规范等，打造一个竞争有序、统一开放的充电服务格局。甚至能够发展成为可持续的"互联网＋充电基础设施"的新型健康的生态体系，同时达到在商业模式创新和技术创新上取得突破，并出现若干家能够在国际市场上有竞争力的专门从事新能源汽车充电服务的企业。

### （二）加强专项规划设计和指导

《指导意见》指出：各地要将充电基础设施专项规划有关内容纳入城乡规划。并要求在社会公共停车场、大型公共建筑物和新建居民住宅的配建停车位等领域，要建设或者在施工期间要预留，满足具备新能源汽车充电设施安装条件的车位，分别占比达到10%、10%和100%，并且对全社会每2000辆新能源汽车要至少配建一座公共充电站。

### （三）强化充电基础设施建设的支撑保障

《指导意见》要求：第一是进一步简化新能源汽车充电技术设施规划建设的审批手续，特别是对于已经建好的停车位若要安装新能源汽车充电装置，则无须去有关部门办理其他建设用地的相关规划、建设工程或施工规划等方面的行政许可。第二是继续加大对新能源汽车充电基础设施建设的补贴金额，相关部委要尽快制定未来五年的相关财政补贴办法，特别强调的是在目前的初级发展阶段，主要依靠中央的基建投资资金拿出一部分进行支持。第三是拓宽多元融资渠道，有效整合各类公共资源为社会资本参与充电基础设施建设运营创造条件。第四是加大用地支持力度，将独立占地的集中式充换电站用地纳入公用设施营业网点用地范围，优先安排土地供应。第五是要扩大各个社区的业主委员会的调和权力，有关部门要出台能够在全国统一实行的个人居民住址的新能源汽车充电设施建设的文本。

## 三、政策解析

《指导意见》在充分认识我国新能源汽车充电基础设施建设和使用中所面临的问题的基础上，提出了具有较强针对性的对应策略，主要可以归纳为以下三个方面。

一是加速实施建设，近年来，我国新能源汽车应用逐步推进。截至2014年底，我国新能源汽车保有量已经超过12万辆。2015年上半年，我国新能源汽车共生产76223辆，销售72711辆，同比分别增长2.5倍和2.4倍。随着新能源汽车走进千家万户，充电设施的相对缺乏更加凸显。

二是统一充电标准。充电设施标准不统一，不仅会造成重复建设，更会影响用户体验。在标准建设方面将有多项工作陆续推进，例如要加快发布相关国家标准的修订稿，在发布以后要对已经建好的新能源汽车充电基础设施进行相应的改造，以使这一部分充电桩也能满足新的全国统一的标准要求。同时要制定无线充电等新型充电技术标准，新能源汽车充电的计量、计费、结算等运营服务管理规范等文件。同时，还要加快建立充电基础设施道路交通标识体系。

三是完善扶持政策。要把居民自用停车位作为新能源汽车充电的主要场所，但目前这也成为消费者抱怨最多的困难之一，很多社区业主在申请安装充电桩时遇到的最大问题就是车位不足，同时还要面临与物业、其他业主以及产权所有人的诸多交涉，协调起来非常困难。此次意见特别提出，鼓励充电服务、物业服务等企业参与居民区充电设施建设运营管理，统一开展停车位改造。对有固定停车位的用户，优先在停车位配建充电设施；对没有固定停车位的用户，鼓励通过在居民区配建公共充电车位，建立充电车位分时共享机制，为用户充电创造条件。在增量方面，意见提出，原则上，新建住宅配建停车位应100%建设充电设施或预留建设安装条件。

## 第四节 《首台（套）重大技术装备推广应用指导目录》（2015 年第二版）

### 一、背景

我国虽然已经成为当之无愧的装备制造业大国，但与欧美先进国家的装备制造业相比，仍有较大差距，有些突出问题尚未得到有效解决。首先，核心部件受制于人、装备自主化程度低、国产装备应用推广难是最为突出的问题之一，其次，我国首台（套）重大技术装备的创新成果在引入市场进行试点过程中，出现了推广难、企业信任度低等亟须解决的问题。为了消除用户对于使用国产装备的顾虑，解决首台（套）重大技术装备市场推广难的问题，根据党的十八届三中全会关于全面深化改革、加快完善现代市场体系的总体要求，财政部、工信部、保监会决定从 2014 年起在全国范围内开展首台(套)重大技术装备保险补偿机制试点工作。首台（套）重大技术装备创新成果转化引入保险的补偿机制是鼓励我国国产装备发挥市场机制和服务创新驱动发展战略的重大举措。

2015 年 2 月，财政部、工业和信息化部、中国保险监督管理委员会联合发出《关于开展首台（套）重大技术装备保险补偿机制试点工作的通知》，工信部发布《首台（套）重大技术装备推广应用指导目录（2015 年版）》，保监会发布《关于开展首台（套）重大技术装备保险试点工作的指导意见》，正式开展首台（套）重大技术装备保险补偿机制试点工作。

### 二、政策要点

首台（套）重大技术装备保险补偿机制试点工作主要由保监会、财政部、工业和信息化部联合实施。工信部确定首台（套）重大技术装备产品目录，财政部设计保费补贴方式，保监会组织保险公司成立共保体，设计完善保险条款，建立专业团队开展承保和理赔业务。

《首台（套）重大技术装备推广应用目录》由工业和信息化部牵头制定，并根据国家重大工程需求及装备产品完成情况，每两年进行动态调整。入选的装备产品原则上具备两个条件：一是要符合国家战略性新兴产业培育发展及传统产业转型升级的需要，是当前国家重大工程和国民经济建设急需的装备，同时装备的节能环保、节材潜力大，经济效益和社会效益要显著；二是单台/套/批次装备产品的价格要在 500 万元以上。

试点期间，首台（套）保险补偿机制将重点支持列入《首台（套）重大技术装备推广应用目录》的装备产品的保险工作。根据对《首台（套）重大技术装备推广应用目录》中 14 个领域装备的价格评估，保险标的总值约为 400 亿元。以首台（套）重大技术装备综合险费率 3% 进行测算，保费约 12 亿元，按财政补贴保费 80% 计算，约需财政补贴费用 9.6 亿元左右。

### 三、政策解析

首台（套）重大技术装备是指经过自主创新，其品种、规格或技术参数等有重大突破，具有自主知识产权但尚未取得市场业绩的首台（套）或首批次的装备、系统和核心部件。其中首台（套）装备是指在第一台（套）尚未验收情况下的前三台（套）装备产品；首批次装备是指首次同品种、同技术规格参数、同批签订合同、同批生产的装备产品。

首台（套）重大技术装备具有价值高、风险大、标的少的特点，保险公司很难按照传统的大数法则承保，因此，采取多家保险公司组建共保体，按照"风险共担、利益共享"的经营原则进行承保。设立共保体，一是可以更好地承担和分散风险，为用户企业提供充足的保险保障；二是便于积累风险数据，更好地完善保险产品和服务方案；三是有利于加强三部委之间的统筹协调，更有效地向承保企业传递监管要求和导向，及时解决试点期间出现的问题，维护市场秩序。

引入首台（套）重大技术装备产品保险机制是贯彻落实国务院《装备制造业调整和振兴规划》和《国务院关于加快发展现代保险服务业的若干意见》的重要举措。重大技术装备是关系到国家安全和国民经济命脉的战略产品，具有技术复杂、价值量大和存在创新成果转化风险的特点，存在市场初期应用瓶颈，引入保险机制可以在一定程度上打消用户企业使用首台（套）装备的顾虑，促进首台（套）重大技术装备产品的推广应用，对于加快我国重大技术装备自主化的进程，促进装备制造业的高端转型，以及打造中国制造升级版具有重要意义。另一方面，建立首台（套）重大技术装备产品保险机制对于拓宽保险的服务领域、扩大保险市场、完善科技保险体系具有重要的实践意义。

## 第五节 《关于促进旅游装备制造业发展的实施意见》

### 一、背景

旅游装备是满足多样化、多层次国民旅游休闲需求的重要支撑，是我国装备制造业发展的重要方向。随着经济发展和人民生活水平提高，国民旅游休闲需求不断增加，特别是近年来，以邮轮游艇、大型主题公园、高山滑雪、低空飞行旅游等为代表的新兴旅游产品不断兴起，已成为满足人民群众旅游休闲消费需求的重要组成部分。邮轮游艇等旅游装备制造业具有高成长性、高知识性、高增值性等特征，产业链条长，带动作用大，市场前景广阔。加快旅游装备制造业发展对于推动我国装备制造产业结构升级、培育新的经济增长点、促进国民经济稳增长、转方式、调结构具有重要意义。

为贯彻落实《国务院关于促进旅游业改革发展的若干意见》（国发〔2014〕31号），支持邮轮游艇、索道缆车、游乐设施等旅游装备制造本土化，积极发展游轮游艇旅游、低空飞行旅游，2015年9月28日，工业和信息化部会同国家发展和改革委员会、交通运输部、国家质量监督检验检疫总局、国家旅游局、中国民用航空局制定下发了《关于促进旅游装备制造业发展的实施意见》（以下简称《实施意见》）。

### 二、政策要点

#### （一）《实施意见》指出发展旅游装备制造业的重大意义

《实施意见》指出，旅游装备制造业具有高成长性、高知识性、高增值性等特征，产业链条长，带动作用大，市场前景广阔。加快旅游装备制造业发展对于推动我国装备制造产业结构升级、培育新的经济增长点、促进国民经济稳增长、转方式、调结构具有重要意义。

#### （二）《实施意见》提出旅游装备制造业的发展重点

《实施意见》提出，加快推动我国旅游装备制造业发展，应以市场需求为导向，以重点装备为核心，立足自主发展并结合引进消化，进一步强化创新驱动，完善配套体系，健全标准规范和检验检测体系，不断提高装备的质量、品牌和服务，培育专业化、规模化的骨干企业，形成具有较强国际竞争力的产业体系，有力支撑我国旅游业改革和发展。

### （三）《实施意见》明确旅游装备制造业的主要任务

《实施意见》明确了五项重点任务，一是加快实现邮轮自主设计和建造；二是大力发展大众消费游艇产品；三是提升索道缆车本土化制造水平；四是促进游乐设施装备制造业转型升级；五是推动低空飞行旅游装备产业化发展。

### （四）《实施意见》提出进一步完善政策体系

《实施意见》有针对性地提出了五项政策措施，一是加强顶层设计和规划引领；二是加大科技创新支持力度；三是完善金融财税政策支持；四是优化产业发展环境；五是加强人才培养。

## 三、政策解析

目前，我国已成为世界第一大出境旅游消费国及世界第四大入境旅游接待国，并拥有世界最大的国内旅游市场，但与我国旅游需求增长强劲不相符的是，与之配套的旅游装备制造业尚处于起步阶段。《实施意见》的发布，可以预见旅游装备制造业将迎来前所未有的重大发展机遇。一是绿色发展、生产性服务业发展日渐成为趋势。旅游装备制造业既属于绿色制造业又属于低碳制造业，符合世界制造业发展的大趋势和大方向，也为旅游业的发展指明了发展方向。现在一些地方省市正在根据《实施意见》制定相关的旅游装备制造业相关发展规划，如海南省已经将旅游装备制造业列为《海南省低碳制造业十三五规划》的重点发展方向，明确指出要强势发挥国际旅游岛的功能和作用，大幅带动本土低碳制造业和旅游装备制造业的发展。二是产业跨界融合趋势明显。旅游业作为第三产业与第二产业中的装备制造业进行跨界融合形成新型高新技术产业，旅游装备制造业将成为我国装备制造业发展的新亮点和新的增长极，带动旅游服务业的转型升级和特色化、集约化发展，同时也为装备制造业市场增加了一个新的需求点。三是自主创新能力尚需提升。旅游服务业和装备制造业的产业融合和跨界发展对我国装备制造业的发展提出了新的要求，二者的融合势必会在技术创新领域对装备制造业提出新的要求，新的技术创新才能使得两个不同的产业相互交叉、相互渗透，实现真正的跨界融合。

# 热 点 篇

# 第二十章　中德智能制造合作如火如荼

## 第一节　主要情况介绍

### 一、背景

智能制造是全球制造业的发展方向，《中国制造2025》明确提出要以推进智能制造为主攻方向，大力发展智能制造既有利于推进我国制造业转型升级、提质增效，又有利于塑造制造业新优势。

#### （一）智能制造是制造业未来的发展趋势

近年来，增材制造（3D打印）、移动互联网、云计算、大数据、生物工程、新能源、新材料等领域不断取得新突破，新一代信息技术与制造技术的融合程度不断加深，新一轮科技革命和产业变革正在全球孕育兴起，智能制造成为未来制造业的主要发展趋势。世界主要工业发达国家为了加快布局、抢占先机，纷纷推出了振兴制造业的国家战略，如美国的"先进制造业伙伴计划"、德国的"工业4.0"战略、日本的《制造业白皮书》等，支持和推动智能制造的发展，重塑制造业竞争优势。

#### （二）中德两国合作日趋深化

2015年10月10日，在李克强总理访问德国期间，中德双方共同发表了《中德合作行动纲要：共塑创新》。该行动纲要提出智能制造/工业4.0对于未来中德两国经济发展均具有重大意义，双方应加强该领域的合作，具体举措如下：一是建立智能制造/工业4.0对话机制，促进双方企业集团、行业协会之间的交流、合作；二是两国政府将出台相关政策，为两国企业、行业协会等在智能制造领域的深入合作提供支持；三是双方将在智能制造标准化领域紧密合作，将智能制造纳入中德标准化合作委员会的工作议题，并从系统性和战略性的视角强化对电动汽车、高能效智能能源控制／智慧家居、供水及污水处理等领域的关注；四是深化在移动互联网、物联网、云计算、大数据等领域的合作。

### （三）我国制造业亟须智能化转型

当前，制造业尚处于机械化、自动化、信息化并存的发展阶段，不同地区、不同行业、不同企业之间的发展水平十分不均衡，与工业发达国家相比还有较大差距，智能化转型需求十分迫切，以"高资源消耗、低人力成本和低价格竞争"为特征的粗放式的发展模式将不可持续。在国内，随着人口结构的调整，熟练劳动力短缺和用工成本快速上升，导致传统依靠低廉劳动力的发展模式不可持续。在国际上，我国制造业正面临来自发达国家和发展中国家的"双向挤压"。一方面，美国、德国、日本等主要工业发达国家正加速重振制造业，将引起部分高端制造业"回流"，加大我国制造业向高端领域提升的难度；另一方面，越南、印度、墨西哥等发展中国家正成为承接国际产业转移的新阵地，中低端制造业的竞争力也将被削弱。因此，要加快实现我国制造业的智能化转型。

## 二、内容

智能制造是制造技术与数字技术、智能技术以及新一代信息技术的融合，是面向产品全生命周期的具有信息感知、决策优化、执行控制功能的制造系统，其目的是高效、优质、柔性、清洁、安全、敏捷地制造产品和服务客户。在智能制造领域，德国具有全球领先的技术、装备和工业软件以及丰富的管理和实施经验，而中国制造业的规模全球最大，对于智能制造相关技术、装备和软件等有着十分旺盛的需求，因此中德双方在智能制造领域开展合作具有很强的互补性。2015年，中德智能制造合作如火如荼，在《中德合作行动纲要：共塑创新》的框架下，双方共同签订了合作备忘录、成立工作组、召开标准化交流会等，并就相关问题进行了交流探讨，为接下来深化合作奠定了坚实的基础。

## 第二节　关键事件

### 一、中德双方签署智能制造合作谅解备忘录

2015年7月16日，工业和信息化部与德国经济和能源部在北京共同签署《中

华人民共和国工业和信息化部与德意志联邦共和国经济和能源部推动中德企业开展智能制造及生产过程网络化合作的谅解备忘录》。根据该谅解备忘录，中德双方将建立联合工作机制，加强政府部门、行业协会、研究机构和企业等多个层面的交流互动，在智能制造、网络化生产等当面开展合作。这标志着中德两国在智能制造领域的合作已经由概念探讨、分散交流上升至战略布局、务实合作的新高度。

## 二、中德智能制造合作工作组第一次会议召开

2015 年 10 月 26 日，由两国的政府部门、重点企业、研究机构、行业协会等组成的中德智能制造合作工作组在北京召开第一次会议，这标志着工业和信息化部与德国能源经济部签署的《关于推动中德企业开展智能制造及生产过程网络化合作的谅解备忘录》开始进入实施阶段，双方推动智能制造合作的联合工作机制正式建立。双方在建立工作机制、智能制造标准化、中小企业、智能制造试点示范、人才培养、前瞻性研究等方面进行了充分的交流，达成诸多共识。

## 三、首届中德智能制造/工业4.0发展与标准化交流会召开

2015 年 12 月 16 日，以"智能制造、标准引领"为主题的首届中德智能制造 / 工业 4.0 发展与标准化交流会在上海召开，来自中德两国的政府领导、研究机构、制造业企业代表、新闻媒体等 150 余人参加了会议。会上，双方就智能制造与《中国制造2025》、德国"工业 4.0"国家平台、智能制造综合标准化体系建设指南、"工业 4.0"标准路线图等议题做了大会主旨报告，此外还就智能制造 / "工业 4.0"参考模型、数据字典、工业无线通信、信息安全与功能安全、工业大数据、试验验证、用户接口等问题开展了交流和探讨，确定了双方下一步合作的重点和思路。

# 第三节　效果及影响

## 一、专家观点

2015 年，中德双方通过签订合作备忘录、成立合作工作组、举办交流会和创新论坛等方式,在智能制造 / 工业 4.0 领域不断加深合作。对于今后的合作方向，工业和信息化部副部长怀进鹏提出了如下六项建议：一是共同商定并积极推动工

业机器人、增材制造、工业物联网和赛博物理系统（CPS）、动力电池、智能网联汽车以及工业软件等重点领域的合作；二是共同推动智能制造/工业4.0的参考模型和标准体系框架研究等工作；三是深化对话机制，加强合作方向、思路和行动计划等方面的交流；四是开展相关前瞻性的、战略性的课题研究合作，研究制定知识产权保护、数据隐私和保护等相关制度和条例；五是鼓励中德企业和协会参与在现有政策框架下的试点示范项目，开展经验交流；六是共同举办中德智能制造论坛，推进人员交流培训，加强政策制定者、企业家、学者的交流与合作。

## 二、后续影响

### （一）中德智能制造合作将进一步深化

一是2015年中德双方通过签订合作备忘录、成立工作组、召开交流会和创新论坛等方式，初步构建了智能制造合作的基本框架，形成了联合工作机制，在智能制造标准化、中小企业、试点示范、人才培养、前瞻性研究等方面达成诸多共识，为双方今后深入推进智能制造合作奠定了坚实的基础。二是随着《国家智能制造标准体系建设指南（2015年版）》等政策的公布、网络基础设施建设不断加快以及工控安全技术保障能力逐步加强，我国已初步构建智能制造发展的基础支撑。另外，通过开展智能制造试点示范、政策宣传解读等行动，全社会尤其是相关制造业企业对于发展智能制造的认识、理解和重视程度明显提高。因此，未来几年我国智能制造将进入一个快速发展的阶段，为中德合作提供了广泛的空间。

### （二）制造业将加速智能化转型

德国的装备制造业世界领先，并在自动化、嵌入式工业软件等方面具有较强的竞争力，拥有西门子、SAP、通快、库卡等一批全球领先的与智能制造相关企业，对于发展智能制造/工业4.0，德国既有先进的技术装备，又有丰富的管理和实施经验。而我国的制造业规模全球第一，并且正处于向智能化转型的发展阶段。在智能制造领域，中德两国处于不同发展阶段，互补互利远大于竞争。因此，通过深化中德智能制造合作，可以加快我国制造业尤其是传统制造业的智能化转型。

### （三）给我国智能制造相关产业带来挑战

与工业发达国家相比，我国的工业机器人、增材制造、工业互联网、工业软件等智能制造相关产业存在核心技术装备受制于人、智能制造标准 / 软件 / 网络 / 信息安全基础薄弱、智能制造新模式推广尚未起步、智能化集成应用缓慢等突出问题。随着中德智能制造合作的深入发展，我国庞大的智能制造技术装备和软件市场很有可能进一步被德国企业占领，这给我国本土的智能制造相关产业带来了一定的挑战。

# 第二十一章　智能制造试点示范逐现成效

## 第一节　主要情况介绍

### 一、背景

智能制造是基于新一代信息技术，贯穿设计、生产、管理、服务等制造活动的各个环节，具有信息深度自感知、智慧优化自决策、精准控制自执行等功能的先进制造过程、系统与模式的统称。智能制造具有以智能工厂/数字化车间为载体、以关键制造环节智能化为核心，以端到端数据流为基础，以网络互联互通为支撑等特征，可有效缩短产品研制周期、降低运营成本、提高生产效率、提高产品质量、降低资源能源消耗。

#### （一）智能制造是推进两化深度融合的主攻方向

《中国制造2025》明确提出要把推进智能制造作为工业化和信息化深度融合的主攻方向，着力发展智能装备和智能产品，推进生产过程智能化，培育新型生产方式，全面提升企业研发、生产、管理和服务的智能化水平，并提出要实施智能制造工程，紧密围绕重点制造领域关键环节，开展新一代信息技术与制造装备融合的集成创新和工程应用。

#### （二）我国制造业亟须智能化转型

与工业发达国家相比，我国制造业仍存在较大差距，智能化转型需求十分迫切。国内方面，随着"人口红利"的逐步消失，劳动力短缺和人力成本快速上升，导致劳动密集型和依靠低价格竞争的制造业发展模式难以为继；国际方面，我国制造业正面临来自发达国家和发展中国家的"双向挤压"。国内外两方面的因素导致过往的以"高资源消耗、低人力成本和低价格竞争"为特征的粗放式发展模式将不可持续，制造业智能化转型需求十分迫切。

## 二、内容

2015年3月9日，工业和信息化部印发了《2015年智能制造试点示范专项行动实施方案》（以下简称《实施方案》），决定从2015年起连续三年实施智能制造试点示范专项行动，以探索、积累智能制造发展经验，加快智能制造发展进程。

《实施方案》提出了2015年智能制造试点示范专项行动的基本思路和目标，并在基础条件好和需求迫切的地区、行业选择30个以上的智能制造试点示范项目，组织开展流程制造、离散制造、智能装备和产品、新业态新模式、智能管理和服务等6个方面的试点示范，组织实施制定智能制造试点示范要素条件、开展智能制造综合标准化体系建设、启动2015年度智能制造试点示范项目、组织论证智能制造重大工程、开展智能制造网络安全保障能力建设、开展智能制造战略研究、组织召开2015年世界机器人大会、开展智能制造试点示范项目评估与总结等8项重点任务，并从加强组织领导、研究落实促进智能制造发展政策、搭建公共服务平台、大力推进国际合作、加强人才培养等5个方面保障专项行动的顺利实施。

# 第二节　关键事件

## 一、2015年智能制造试点示范项目名单公布

2015年7月21日，经地方主管部门和中央企业推荐，专家评审等阶段后，在综合考虑行业、区域和试点示范类别等因素的基础上，工业和信息化部公布了《2015年智能制造试点示范项目名单》，共包括46个试点示范项目，覆盖了38个行业，分布在21个省（自治区、直辖市）。

## 二、智能制造典型案例经验交流和模式推广系列活动

2015年9月11日，智能制造试点示范经验交流全国电视电话会议在京召开，全国36个省（自治区、直辖市、计划单列市）共1800人参加，工信部部长苗圩出席并作重要讲话，九江石化等企业作交流发言。2015年11月3—7日，工业和信息化部组织2015年智能制造试点示范项目在第十七届中国国际工业博览会

设专区集中展览展示，取得良好的宣传效果。此外，工业和信息化部还分别组织召开了电子信息、石化、消费品工业和装备工业的行业智能制造现场经验交流会，共18家企业作交流发言，近千家企业参与学习。

### 三、2015年世界机器人大会顺利举行

2015年11月23—25日，工业和信息化部、中国科学技术协会、北京市人民政府联合举办了2015年世界机器人大会，搭建了机器人领域的国际交流合作平台，组织国内企业、科研机构与国家同行开展研讨，推动机器人的研究和集成应用创新，有效提升了我国机器人产业的国际影响力。

### 四、《国家智能制造标准体系建设指南（2015年版）》公布

2015年12月30日，工业和信息化部与国家标准化委员会联合发布了《国家智能制造标准体系建设指南（2015年版）》，明确了建设智能制造标准体系的总体要求、建设思路、建设内容和组织实施方式，建立了智能制造标准体系参考模型，提出了智能制造标准体系框架，并将智能制造相关标准划分为三类：基础共性标准、关键技术标准和重点行业标准。

## 第三节　效果及影响

### 一、专家观点

工业和信息化部副部长辛国斌指出，加快推进智能制造是落实工业化和信息化深度融合战略的重要举措，更是实施《中国制造2025》、加快建设制造强国的主攻方向。智能制造不仅仅是单一的先进技术和设备的应用，而是制造模式的转变。随着试点示范专项行动的不断深入，还会涌现出更多的智能制造新模式，需要不断总结、完善，在新形势下积极探索智能制造发展的新路径。

中国工程院院士李伯虎认为我国制造业在研发、服务、质量和基础、制造业信息化水平等环节都有待提高，智能制造是两化深度融合的突破口和主攻方向，推动智能制造具有重要意义，但推进智能制造是一项复杂的系统工程，要根据中国国情循序渐进地推进，因为很多中小企业连数字化都还没有实现，智能化就更加无从谈起。

## 二、后续影响

### （一）形成了若干可复制、可推广的典型经验和模式

通过专项行动的实施，九江石化、西飞公司、红领集团、海尔集团、长虹集团、陕鼓动力、博创机械等企业积极探索智能制造新模式，形成了石化行业智能工厂、航空产业网络协同开发、消费品行业个性化定制和重大装备远程运维服务等较成熟、可复制、可推广的发展模式与经验。

### （二）企业和地方政府实施智能制造的积极性得到有效激发

通过召开全国经验交流电视电话会议、组织行业现场经验交流会、在中国国际工业博览会上进行集中展览展示等宣传推广活动，专项行动的影响力不断扩大，地方政府和相关企业对发展智能制造的认识、理解和重视程度显著提高，实施智能制造的积极性得到极大提升，江苏、贵州、湖北、福建等地已分别实施了各自的智能制造试点示范行动。

# 第二十二章　智能网联汽车成为关注重点

## 第一节　主要情况介绍

### 一、背景

当前，全球汽车产业正处于深度变革时期，随着以互联网为代表的信息网络技术在汽车产业的广泛渗透，"电动化、智能化、网联化"成为汽车产业技术发展的三大趋势，智能网联成为汽车产业发展新的战略制高点。智能网联汽车的发展趋势主要表现在：车载式和网联式加速融合，最终向全工况无人驾驶迈进；更高级别驾驶辅助技术逐渐成熟并将加快产业化步伐；互联网企业成为技术进步和产业重构的重要参与者；基于互联网的模式创新不断涌现，电商化和共享化特征日益凸显。为适应这一形势，美国、欧盟、日本等主要国家和地区竞相布局，抢占智能网联汽车这一新的战略制高点。《中国制造2025》规划明确提出，"到2020年，掌握智能辅助驾驶总体技术及各项关键技术，初步建立智能网联汽车自主研发体系及生产配套体系。到2025年，掌握自动驾驶总体技术及各项关键技术，建立较完善的智能网联汽车自主研发体系、生产配套体系及产业群，基本完成汽车产业转型升级"。

### 二、内容

智能网联汽车可以从三个方面来理解：一是搭载了先进的车载传感器、控制器、执行器等装置和车载系统模块，二是融合了现代传感技术、控制技术、通信与网络技术，三是具备信息互联共享、复杂环境感知、智能化决策与控制等功能。

智能网联汽车可按其技术路径及智能化程度来实现不同的划分。按技术路径角度,可将智能网联汽车分为车载式和网联式两类。车载式是基于先进的车载装置和控制系统,应用人工智能等技术,实现汽车对车身自主控制的智能汽车。网联式是集成信息通信、车联网、云计算等技术,实现车与环境之间信息互联互通和实时交互的智能汽车。未来,车载式和网联式将走向技术融合,智能网联汽车技术终极发展目标将是实现信息互联互通和自动安全行驶,并完全融入未来的智能交通生态体系中。按智能化程度,可将智能网联汽车发展分为四个层次,即具有特殊功能的智能化、具有多项功能的智能化、具有限制条件的无人驾驶和全工况无人驾驶。这四个层次又可分为辅助驾驶和无人驾驶两个阶段。

智能网联汽车拓展了传统汽车的产业链,在组成上更接近于移动智能终端。主要包括上游的芯片、传感器、操作系统:其中,芯片主要包括通用处理器芯片、微控制芯片 MCU 等,是车辆数据处理和控制的中枢,是产业链的核心关键环节;传感器主要包括传感元器件、各波段雷达(激光、厘米波、毫米波、超声波)、摄像头等,用于车辆感知周围环境和诊断自身状态,是智能网联汽车产业链与传统汽车产业链的主要区别之一;操作系统包括汽车底层控制系统以及整合车载信息终端、实现网络功能的车载操作系统,是整个智能网联汽车产业生态构建的核心。中游的整车制造及信息终端制造:其中,信息终端制造主要包括行车电脑、多媒体终端、导航仪、车载通信网关等的制造,由 IT 企业主导;下游的车辆运维服务、信息内容服务:其中,车辆运维服务包括车况实时监测、车辆远程诊断、车辆维护提醒、车辆远程控制等,用于确保汽车本身的正常、安全运行;信息内容服务主要包括地理信息服务、交通信息服务等,用于丰富和扩充汽车功能,是智能网联汽车价值链的高端环节。

智能网联汽车的发展将带来汽车产业发展模式的转变。从汽车产业链环节来看,汽车产品设计与制造更加智能、高效与个性化;销售与售后服务更加便捷与网络化、人性化;无人驾驶、车载系统等新兴技术不断应用,车、人、路三者的关系更加和谐与安全。从汽车产业价值链分布来看,用户从过去专注车辆硬件条件转为更加关注汽车的使用功能,汽车电子产品和基于汽车的智能服务在产品价值链中的比重快速上升,汽车制造、销售渠道、服务的竞争格局面临新一轮的洗牌和调整。

## 第二节　关键事件

### 一、《中国制造2025》将智能网联汽车发展上升为国家战略

2015年5月，国务院出台《中国制造2025》将节能和新能源汽车列为十大重点发展领域，并指出了节能和新能源汽车的三个重点的发展方向，这三个方向分别是：节能汽车的技术、新能源汽车和智能网联汽车，智能网联汽车首次被提升到国家战略的高度。工业和信息化部提出未来中国智能网联汽车产业的发展目标是："到2020年，掌握智能辅助驾驶总体技术及各项关键技术，初步建立智能网联汽车自主研发体系及生产配套体系。到2025年，掌握自动驾驶总体技术及各项关键技术，建立较完善的智能网联汽车自主研发体系、生产配套体系及产业群，基本完成汽车产业转型升级"。

### 二、"互联网+"推动汽车产品向智能化、网联化转型

2015年7月，国务院制定并实施"互联网+"行动指导意见，通过移动互联网、云计算、大数据、物联网与现代制造业的结合，催生新兴业态，以适应新技术革命的发展要求。"互联网+汽车"已进入议事日程，这符合制造业网络化、数字化、智能化发展的大背景，也顺应了汽车产业调整变革、转型升级的大趋势。

"互联网+"推动汽车产品向智能化、网联化转型。在智能化方面，预计到2025年，全球将有10万辆自动驾驶汽车上路行驶，由于安全性提高、时间节约以及燃油消耗和污染物排放降低等带来的经济影响大约在每年0.2万亿—1.9万亿美元。其次，在网联化发展过程中，互联网在车载系统上已经取得应用。苹果、谷歌、诺基亚、英特尔等已经开发出比较成熟的车载系统。国内率先推出智能汽车概念的是上汽集团，其产品荣威350搭载了智能网络行车系统InkaNet，依托中国联通WCDMA 3G网络，实现了信息检索、实时路况导航、电子路书、股票交易和社群交流等互联应用，开启了国产汽车网络互联信息化时代。

"互联网+"推动汽车商业模式向电商化、共享化转型。首先，汽车销售环节中引入了电商模式。目前，天猫、京东、汽车之家、上汽等正在积极试水汽车电商；车易拍、车置宝、优信拍等二手车电商也发展得如火如荼。此外，汽车产

品形态和功能的变化必然带来汽车使用方式呈现"轻拥有、重使用"的共享化趋势。我国现在已有滴滴专车、Uber、神州专车、易到用车等多家公司在努力打造P2P汽车共享商业平台，汽车共享化时代已经开启，未来汽车资源将最大限度地得到合理配置。

### 三、国务院开展智能网联汽车示范试点

2015年9月，国务院提出，开展智能网联汽车示范试点。我国首个智能网联汽车示范区将在上海开展。上海"智能网联汽车示范区"项目将由"两园"示范区（同济科技园即同济大学嘉定校区、上海汽车博览公园）、部分市政道路和汽车城核心区三期构成，示范道路里程累计达到50公里，有包括轿车、SUV、轻型客车、公交等多种车型约2000余辆汽车参与示范运行。工信部表示将构建智能网联汽车发展平台，促使产业链上下互补，优势创新，共同研发、推广智能网联汽车。完善消费环境，开展智能网联汽车应用，加快推进质量安全认定等法律法规建设，培育智能网联汽车消费环境。

### 四、工信部车联网行动计划

2015年12月，工信部发布贯彻落实《国务院关于积极推进"互联网+"行动的指导意见》的行动计划（2015—2018年），首次提出"要出台《车联网发展创新行动计划（2015—2020年）》，要求推动车联网技术研发和标准制定，组织开展车联网试点、基于5G技术的车联网示范"。

## 第三节　效果及影响

### 一、专家观点

清华大学汽车工程系主任李克强：建议结合我国实际情况，循序渐进，制定切合实际的智能汽车技术发展路线。鉴于智能汽车技术横跨多个行业和诸多学科，我国在智能汽车领域与美国、日本、欧洲等世界汽车发达国家和地区差距甚远，建议我国实现智能汽车技术发展的路线如下：首先，大力推进智能汽车第一层级辅助驾驶技术的实用化开发及产业化，并推广应用，包括前碰撞预警（FCW）、车道偏离预警（LDW）、车道保持系统（LKS）、自动泊车辅助（APA）等；同时，积极开展基于车联网 V2I/V2V 技术的车路/车车协同式辅助驾驶技术的研究，

统一和完善技术标准规范，建立相应的道路试验场进行实用性测试。其次，努力开展智能汽车二、三层级的半自动驾驶技术、高度自动驾驶技术的研发，力争赶上国际先进水平。此外，探索无人驾驶技术的原理和方法，并进行样机实车试验，建立和完善技术标准规范，并逐步建立相应的通信和道路基础设施，为无人驾驶汽车最终上路积累经验和奠定基础。

中国汽车工程学会理事长付于武：互联网推动汽车产业形态由链转网。在互联网等新技术的冲击下，汽车产业已经发生了深刻的变化，车企不再是简单的车辆制造商，而是出行服务的提供者。而颠覆这个非常具有冲击力和破坏性的词，正逐渐地被一个更温和和包容的数据符号——"+"所取代。汽车＋互联网还是互联网＋汽车正成为颠覆与被颠覆之后，新的话题。第一，汽车生产正在向智能工厂升级，生产模式正在由集中强中心化、固定配置的形态，向分散、动态配置的形态去变化。直接联通不同企业的 B2B，以及直接联通客户和企业的 C2B 等模式，将成为未来汽车产业发展的主流。以期实现大规模的定制化的生产。能够融入互联的智能制造企业，将成为企业生存的关键。第二，汽车产品的形态，正向智能网联升级，作为新的互联工具与端口，汽车将成为可移动的数据终端，构成智能交通体系，乃至新型城市中不可获取的智能一环。并将成为人类更聪明的伙伴变化。第三，汽车生态发生全面的变化，产业链将由线性连接转变为网状的交融。数据将成为第一生产力。汽车使用、服务等相关的商业模式正在发生改变。共享经济将在汽车产业得到突出的体现，在整个汽车产业和汽车社会，开放、协作、跨界、融合都将成为常态。

吉利控股集团董事长李书福：建议尽早布局并搭建开放的智能互联汽车生态。智能互联是中国政府和汽车产业面临的一次历史性机遇。中国正应及早动手，由政府主导，成立自动驾驶和智能互联相关的项目组；制定中国车联网和智能互联汽车的发展战略、技术路线和时间表；制定车联网和自动驾驶的统一安全标准、云服务规划、数据安全和 V2X 通信协议，并与国际组织和标准对接；加强在交通执法、保险责任、黑客侵袭等方面提供立法支持。通过产学研合作以及基础设施改造、智能交通规划，智慧城市的规划，共同促进中国及全球汽车工业的变革。

## 二、后续影响

跨界合作取得明显进展。百度、阿里巴巴、腾讯、乐视、小米等国内互联网巨头纷纷推出造车计划，与汽车企业开展深度合作，以整合发挥汽车企业拥有的大规模制造能力、汽车后服务网络资源，以及互联网企业在智能控制系统、软件开发、地图导航、电商平台等领域的突出优势。例如，北汽集团与乐视共同打造智能汽车生态系统，富士康与腾讯等开展"互联网＋智能电动车"领域合作，奇瑞汽车、易到用车和博泰集团共同出资打造"互联网智能汽车共享计划"，长安汽车与华为公司在车联网、智能汽车领域开展协同创新等。与此同时，车联网和智能交通系统（ITS）的快速发展，也推动汽车产业和电子信息产业加速跨界融合。

表 22-1　互联网企业与车企合作情况

| 时间 | 公司 | 合作方 | 合作产品及计划 |
|---|---|---|---|
| 2014年12月 | 乐视 | 北汽集团 | 公布超级汽车"SEE（Super Electric Eco-system）计划"。北京汽车将为"乐视超级汽车"提供硬件层面的支持，乐视则将为北京汽车提供"互联网智能汽车"的智能系统、EUI操作系统、车联网系统。 |
| 2015年3月 | 腾讯 | 富士康、和谐汽车 | 与富士康、和谐汽车共同签订"关于互联网+智能电动车的战略合作框架协议"，三方将在河南省郑州市积极展开"互联网+智能电动车"领域的创新合作。 |
| 2015年3月 | 阿里巴巴 | 上汽集团 | 合资设立10亿元的"互联网汽车基金"，推进"互联网汽车"开发和运营平台建设。双方将组建合资公司，专注互联网汽车的技术研发。其首款互联网汽车产品有望2016年上市。 |
| 2015年2月 | 易道 | 奇瑞、博泰 | 联手成立合资公司"易奇泰行"，启动互联网智能共享汽车计划，打造智能互联纯电动汽车——易奇汽车by iVokaOS。 |
| 2015年12月 | 百度 | 宝马 | 百度无人驾驶车国内首次实现城市、环路及高速道路混合路况下的全自动驾驶。12月14日，百度宣布正式成立自动驾驶事业部，计划三年实现自动驾驶汽车的商用化，五年实现量产。百度无人驾驶车项目由百度研究院主导研发，其核心技术是"百度汽车大脑"，包括高精度地图、定位、感知、智能决策与控制四大板块。 |

资料来源：赛迪智库，2015年12月。

相关领域企业积极布局。在汽车行业，传统汽车企业加快推出智能汽车产品。上汽荣威350已经实现了实时路况导航、股票交易、社群交流、信息检索等互联应用。东风风神ECS概念车也为驾驶者提供智能化驾乘体验、更高的安全性，以及基于3G的互联网接入服务。华晨汽车的中华AO概念车应用一键式操作系统、智能汽车信息管理系统等全数字系统。长安汽车的inCall3.0+T–BOX已实现语音控制、远程控制、手机互联等功能。

在互联网行业，BAT等加速向智能汽车领域渗透布局。2014年，百度进行Carnet车载智能平台的研发，可将用户的智能手机与车载系统结合，实现"人、车、手机"间的互联互通。阿里巴巴与上汽集团合作打造"互联网汽车"。腾讯入股四维图新，推出"路宝"盒子。

# 第二十三章　民用无人机行业爆发增长

## 第一节　主要情况介绍

### 一、背景

无人机（Unmanned Aerial Vehicle，UAV），即无人驾驶飞机，是相对有人驾驶飞机而言的没有机载驾驶员操控、利用空气动力起飞、可以自主飞行或遥控驾驶、一次使用或多次使用、携带有效负载的飞行器，不包括无人驾驶自由气球和系留气球。无人机主要依靠无人驾驶系统进行飞行，其中无人驾驶系统一般由飞机平台系统、信息采集系统（有效载荷系统）和地面控制系统三大部分组成。民用无人机按照用途划分，主要分为消费娱乐类（消费级）无人机、工农业作业类（工业级）无人机和商用无人机，后两者统称为专业级无人机。相对有人驾驶飞机而言，无人机具有明显的优势特征，主要包括无人优势，即不需要飞行员在恶劣环境下飞行或承担飞行风险，不需要考虑人体承载能力等；重量轻；尺寸小；造价低廉，成本低；机动性强；飞行效率高等。无人机综合多项先进技术，将航空技术、信息技术、控制技术、测控技术、传感技术以及新材料、新能源等多学科技术融为一体，代表着未来航空业的发展方向。

目前，世界上30多个国家和地区已研制出了50多种无人机，有55个国家装备了无人机，其中，美国无论在无人机装备数量还是技术水平上都遥遥领先，紧随其后的是以色列的无人机技术水平，西欧国家也处于领先地位。我国研制和使用的无人机机型也已多达上百种，已经形成了种类齐全、功能多样的较为完备的机种系列。小型无人机技术基本成熟，大中型无人机产品体系逐步健全，具备了自主设计研发低、中、高端无人机的能力。部分产品技术不断改善提升，基本形成了配套齐全的研发设计、总装集成、销售和服务等较为完整的产业体系。不仅拥有以中航工业、航天科技、北航、西工大、南航为主的整机研制生产单位，而且在微小型民用无人机领域涌现了一批如大疆创新等发展迅猛的民营企业。近年来，世界各国积极推动民用无人机的研制，拓展民用无人机应用范围，其在航空摄影、地图测绘、气象探测、森林防火、环境监测、边境巡逻、治安反恐、应急救援等方面正发挥着重要作用。

## 二、内容

近年来，我国民用无人机产业呈现蓬勃发展态势，各种新机型、新应用层出不穷。消费级无人机大众化趋势明显，且发展处于世界前列，占据超 70% 全球市场份额；工业级无人机不断普及；商用无人机在新兴领域的应用也越来越广泛。我国民用无人机产品技术水平不断提高，相关企业发展取得明显突破，产业体系进一步完善，我国在民用无人机领域的发展已处于世界前列。目前，我国有近百家民用无人机相关企业。随着无人机操控门槛和市场价格的大幅下降，促使消费级无人机客户群体从小众拓展至大众，客户规模呈现指数级增长。而专业级无人机目前正在应用到国计民生的很多领域，比如国土测绘、气象探测、抢险救灾、环保监测、农林植保、森林防火、警用巡逻、物流快递、医疗救护等，整体处于爆发前的积累阶段，显示出极大的商业价值和商业前景。

## 第二节　关键事件

2009 年，民航局发布《关于加快通用航空发展的有关措施》，规范轻型运动航空器、实验类航空器及无人机的使用与管理。

2009 年，民航局适航审定司发布《关于民用无人机管理有关问题的暂行规定》，规范民用无人机的适航评估工作，提到无人机的登记、管理办法要参照有人航空器的要求执行。

2009 年，民航空管局发布《民用无人机空中交通管理办法》，加强对民用无人机飞行活动的管理，规范其空中交通管理的办法。

2010 年，国务院、中央军委发布《关于深化我国低空空域管理改革的意见》，确立我国空域改革总体目标，将改革进程分为试点阶段（2011 年前）、推广阶段（2011—2015 年）和深化阶段（2016—2020 年），明确"十二五"期间我国将全面推广低空改革试点。

2012年，工业和信息化部发布《高端装备制造业"十二五"发展规划》，提出在具有产业基础的地区，优先发展社会效益好、市场需求大和经济价值高的通用飞机，鼓励有条件的企业发展6座（含）以下轻小型通用飞机、水上飞机、无人机、特种飞行器和2吨（含）以下直升机。

2013年，工业和信息化部发布《民用航空工业中长期发展规划（2013—2020）》，提出实施支线飞机和通用飞机产业化工程，开发一批通用飞机、直升机、教练机、无人机、其他特种飞行器和模拟器。

2013年，总参谋部、民航局发布《通用航空飞行任务审批与管理规定》，规定无人驾驶的航空器，不允许在国家重要目标和国家重大活动场所上空从事通用航空飞行。

2013年，民航局飞行标准司《民用无人驾驶航空器系统驾驶员管理暂行规定》，明确定义了无人机相关系统及其组成部分，并对无人机进行级别划分，并提出了驾驶员飞行执照的管理办法。

2015年，工业和信息化部发布《关于无人驾驶航空器系统频率使用事宜的通知》，规划840.5—845MHz、1430—1444MHz和2408—2440MHz频段用于无人驾驶航空器系统。

## 第三节　效果及影响

### 一、专家观点

#### （一）我国民用无人机安全使用问题突出

我国无人机发展起步较晚，但近年来民用无人机飞速发展，生产厂商迅速扩大到400多家。随着无人机技术水平的提高及低空空域的开放，我国消费级无人机将保持快速发展态势，很可能成为我国国民经济发展新的增长点。然而，由于缺乏有效的行业监管，消费级无人机使用所引发的安全问题越来越引起全社会广泛关注。所以，为保障无人机行业有序发展，规范无人机的安全使用，需从生产环节、制造源头加强标准分类和管理，同时进一步强化监管机制。

#### （二）需加强无人机领域技术创新

目前，我国微小型民用无人机在世界市场上已经占据绝对的市场份额，但是世界无人机高精尖技术还主要掌握在美、以、英、法等具备大中型无人机研发能力的国家手中。此外，我国无人机研究机构以军工集团、高等院校等为主，民用无人机主要是中低端、实验试用。未来我国民用无人机向更广、更高市场拓展的空间很大。因此，需结合国家军民融合发展的战略，大力创新无人机研发机制，以资金、专项政策等鼓励军用无人机研制生产单位在国家规定范围内有条件地向民用无人机生产企业转让较高端的技术、专利，通过与民用无人机生产企业加强合作，促进技术转化。同时，着重发展中高端民用无人机市场，大力支持企业提高民用无人机的可靠性、适应性，加快核心技术突破，增强企业原始创新能力。

**（三）需注重规范无人机行业管理**

无人机产业发展空间巨大，越来越多的企业看到了无人机的市场和应用前景，纷纷投入无人机研制生产，其中不仅包括从事航空相关配套产业的企业，还包括一些互联网企业等。而我国目前缺乏专门针对无人机行业的规范制度，这就导致企业间存在明显恶性竞争倾向。同时，国内外技术和标准竞争也愈为激烈，国外3D打印无人机不断涌现，谷歌正在开发 Titan 等，先进无人机技术的竞争越发激烈。因此，规范无人机生产和销售管理，营造鼓励创新的公平竞争环境，提高行业自律，对侵犯知识产权、恶性竞争的行为进行严惩，对于规范无人机产业有序发展具有重要意义。

**（四）要完善无人机管理法规体系**

目前，全球对无人机仍缺乏有效的管理方法，仅有 16 个国家初步建立了无人机监管法规。只有在法律和规章制度的基础上，才能更好地保障无人机的设计、生产、销售和使用，才能使我国的无人机行业得到更好的发展。近几年，民航局、空管局、工信部密切关注无人机的发展，制定了一系列法律法规。但目前我国无人机行业发展管理相关的政策法规并没有形成完整的体系，缺乏统筹规划。因此，还需在加快制定行业标准的基础上，完善无人机相关法规体系，为无人机发展提供良好的政策环境。

## 二、后续影响

**（一）我国民用无人机市场规模将持续扩大**

目前，我国民用无人机市场需求越来越旺盛。得益于工业产业链的进一步完善，企业纷纷加大研发创新投入，无人机研制各种所需硬件也更容易采购；传感器等硬件成本大幅降低，形成巨大成本优势；无人机制作门槛也进一步降低，我国民用无人机市场规模将持续扩大。随着无人机导航飞行控制和发动机技术的快速提升，无人机性能越来越优越，对有人飞机的替代动力越来越强。据预测，到2020年，我国民用无人机的市场规模将超过60亿元。我国民用无人机需求将在未来20年达到460亿元的规模。未来，在低空空域进一步开放和需求不断扩大的牵引下，我国民用无人机将很有可能作为航空工业实现赶超发展的重要突破口，成为国民经济转型升级和发展的新的增长点。

### （二）无人机监管政策体系亟待完善

无人机市场的爆发性增长必然需要完整的政策法律体系作为监管及规范标准。而目前，我国对无人机的监管及规范还处于研究阶段，包括研制生产、适航管理等在内的产业标准及政策法规主要是参照有人飞机来制定，专门针对无人机的法规政策较为滞后，无法满足我国无人机快速发展的实际需求。目前我国还没有针对无人机的相关立法，民用无人机尚未规定归口管理单位，因此缺乏长远规划，缺少适航标准，安全性和技术参数要求也不能满足。此外，一些微小型民用无人机的归口管理单位划定为国家体育总局下的航模运动处。国家仅有一些包括公安部门对无人机企业进行检查、禁止无人机在城区和大型广场飞行等的规范措施，无人机监管政策体系亟待完善。

### （三）无人机发展配套系统需加快建立

目前，我国无人机发展配套设施缺乏，推广使用还存在一定困难。低空空域的开放，为我国通用航空产业的发展打造了良好的政策环境。但是，针对无人机的相关低空空域管理、飞行管理、分类标准等政策尚未出台，无人机飞行空域环境还不明晰。此外，由于军队在空域使用上不受限制，我国大中型无人机的研制生产经费主要来源于国防支出，而民用无人机的发展缺乏资金和政策支持。从研制生产环节来看，目前我国民用无人机产业链还处于低端水平，主要集中在产品设计研发、生产制造和销售服务阶段，对于作为产业链延伸的飞行使用相关业务的开展还比较落后，试飞场地、驾驶员培训等地面服务保障没有形成体系。

# 第二十四章　增材制造产业持续发酵

## 第一节　主要情况介绍

### 一、背景

当前，世界主要经济体高度重视增材制造这一新兴技术及产业的发展，将其作为增强科技创新能力、重振制造业的重要手段，纷纷进行战略布局，通过资金、政策等手段扶持组建新型研发机构，加大对材料、装备、工艺、标准等领域的研发，抢占增材制造技术与产业发展的战略制高点。2012 年 8 月，美国政府在俄亥俄州的扬斯敦成立国家增材制造创新研究所（America Makes）；自 2011 年开始，德国研究基金会通过建立的跨学科的合作研究中心资助 900 万欧元开展提高对增材制造技术评价能力；日本在 2014 年 4 月成立增材制造技术创新联盟，并在 2015 年预算中投入 40 亿日元支持国产打印机的开发及增材制造技术的应用。

习总书记在 2013 年 3 月政协科技界联组讨论会指出：现在热议的 3D 打印技术，已经从研发转向产业化，传统的工艺流程、生产线、工厂模式、产业链都将面临深度调整。我国若不抓住机遇，抢占先机，加大对增材制造科研投入，打通创新链、产业链、服务链的通道，加速科技成果转化及应用，将拉大与工业化发达国家的差距，错失创新发展的重要机遇。

### 二、内容

相比传统制造工艺，增材制造技术具有以下优势：一是增材制造技术不受部件复杂程度的影响，可以加工具有复杂外形和内部结构的零部件；二是增材制造技术可以加工具有高熔点、高硬度、难加工特点的高温合金、钛合金等高性能材料，并使功能梯度材料、复合材料等异质材料的加工成为可能；三是增材制造技术不仅可以显著地降低零部件的制造成本，而且可以满足对产品的快速响应要求，显著缩短生产周期，消除大量的库存存储空间，减少材料的浪费。四是增材制造技术不仅可以促进零部件的轻量化、功能化，而且赋予设计师更大的设计空间，大大提升设计水平。

经过20多年的快速发展，目前增材制造已经在全球范围内初步形成较为完善的技术体系和产业体系，所用材料已从塑料、砂、光敏树脂扩展到复合材料、金属材料等，应用范围已从工业产品的开发设计、模具制造、扩展到零部件直接制造，应用领域扩大到航空、航天、汽车、生物医疗、文化创意等诸多领域。产业规模也实现了快速增长，增材制造设备和服务收入的年均增长率近30%。

## 第二节　关键事件

### 一、《国家增材制造产业发展推进计划（2015—2016年）》发布

2015年2月28日，工业和信息化部、发改委和科技部联合发布《国家增材制造产业发展推进计划（2015—2016年）》，提出以直接制造为增材制造产业发展的主要战略取向，兼顾增材制造技术在原型制造和模具开发中的应用，面向航空航天等领域重大需求，聚焦材料、装备、工艺、软件等关键环节，实施创新驱动，发挥企业主体作用，加大政策引导和扶持力度，营造良好发展环境，促进增材制造产业健康有序发展。明确了我国增材制造产业的发展目标：到2016年，初步建立较为完善的增材制造产业体系，在航空航天等直接制造领域达到国际先进水平，形成2—3家具有较强国际竞争力的增材制造企业，部分增材制造工艺装备达到国际先进水平，初步掌握增材制造专用材料、工艺软件及关键零部件等重要环节关键核心技术。

### 二、国务院开展先进制造与3D打印专题讲座

2015年8月23日，国务院总理李克强主持召开第一次国务院专题讲座"先进制造与3D打印"，中国工程院院士、西安交通大学卢秉恒教授介绍了我国制造技术的发展现状、世界3D打印主流技术和即将带来的重大科技突破，并提出了相关建议。在听完讲座后，李克强总理提出了相关意见，其中指出：我国3D

打印技术研究起步不晚，有些方面还处于世界领先地位，但产业化发展步伐总体较慢。面对世界先进制造技术方兴未艾的时代潮流，我们决不能再度落后，必须参与其中、抢占先机。培育中国制造竞争新优势，既要瞄准世界产业技术发展前沿，加强 3D 打印等核心技术和原创技术研发，又要加快成果推广运用和产业化进程，促进创新链和产业链紧密联结，以个性化定制满足广阔市场需求，以增材制造降低能源资源消耗，以绿色生产赢得可持续发展的未来，推动新兴产业集群不断壮大，使中国制造价格优势叠加性能优势、质量优势。

# 第三节　效果及影响

## 一、专家观点

中国工程院院士、西安交通大学教授卢秉恒：我国的 3D 打印相比国外，研究起步并不晚，技术并不落后，某些方面还处于领先地位，但产业的发展太慢，企业规模不足。3D 打印现在处于技术井喷期，企业处于跑马圈地期。我国应该及时拿出自己的应对策略来。

北京航空航天大学王华明教授：虽然我国的增材制造技术在国际竞争中占据了领先位置，但是现在还仅仅只是一个开始。未来，科学家将研发出更多的材料、更好的性能、更高的精度，将直接制造技术应用到更广的领域。我国 3D 打印技术与国际先进水平的竞争，更主要的还是如何以应用为导向的技术开发和成果转化，特别是在工业领域，即如何充分发挥增材制造 3D 打印的优势，制造出高性能、高附加值的高端装备。

西北工业大学副教授薛蕾：现在觉得这行业刚刚崛起，整个行业没有完全苏醒，有的醒得早起得早在做这个事情，已经展现出很大的需求，目前国内还处于产业孕育期。我们现在承担技术普及和市场推广的责任。我觉得到 2020 年会迎来 3D 打印小高潮，未来 30 到 50 年 3D 行业会一直是增长趋势，我说的是总趋势，因为未来行业会细分，但是基于发展起来的上下游行业和以这个技术本身，未来一定是上升趋势。

业内专家认为，3D 打印是一场制造技术的革命，是中国制造业升级的重要一环。但 3D 打印在中国还处于初级阶段，从整个产业角度来看，由于缺少龙头企业的带动作用，政府暂时缺少针对性的扶植措施，整体产业体量还较小；另一方面中国制造业还处于粗放形式，各个环节对 3D 打印技术带来的冲击认识还不足，接受度较低。

## 二、后续影响

随着国家对于增材制造产业的不断重视，我国对于增材制造产业发展的政策扶持力度不断加大，具体体现在：一是安排工业转型升级专项资金 5000 万元，重点支持西安铂力特等六家企业开展金属增材制造技术装备、高性能增材制造复合材料、生物增材制造的软组织修复等研发与产业化；二是华曙高科、宁夏共享作为增材制造领域的代表企业入选"智能制造试点示范专项行动"；三是组织制定了适应我国现行增材制造技术发展的技术标准体系，开展了标准化工作规划并征集标准建议，新立项了六项国家增材制造标准，2015 年 10 月，国标委发布《国家标准委办公室关于筹建全国增材制造标准化技术委员会的批复》（标委办综合函〔2015〕144 号），同意开展全国增材制造标准化技术委员会筹建工作。下一步，国家将在充分利用现有政策扶持举措的基础上，通过组建增材制造行业协会和全国增材制造标准化技术委员会，在航空航天等重点领域组织开展试点示范，加强产需对接和产业标准体系建设，并将结合《中国制造 2025》的总体部署，研究组建国家增材制造创新中心，加快推进对增材制造专用材料、装备及关键部件等研发和产业化。

# 第二十五章 "两机"专项启动实施

## 第一节 主要情况介绍

### 一、背景

航空制造业被誉为"现代工业之花",大型客机被誉为"工业皇冠",航空发动机被誉为"皇冠上的明珠"。国际上认为,按产品单位重量创造的价值计量,如果船舶为1,则小汽车为9,彩电为50,电子计算机为300,喷气客机为800,航空发动机则达1400。在飞机的价值结构中,机体占飞机总成本的30%—35%,机载设备占25%—30%,其他标准件等占10%—15%,而发动机占25%—30%。目前,全球大飞机用航空涡扇发动机主要由GE、罗罗和普惠三家垄断。近年来,我国航空工业发展迅速,军用民用飞机产品不断推陈出新,单通道干线飞机、支线飞机、通用飞机和直升机等取得重要进展,总体设计、研发制造、系统集成能力等不断提高,但缺少强劲"中国心"的问题是我国工业发展的最大短板。目前我国除少量军机和小型民机使用国产发动机外,中国发展的重点军机,如歼–10系列战斗机、718工程验证机等均采用国外发动机。已经交付的ARJ21支线飞机,使用的是美国GE的CF34–10A发动机;完成总装下线的C919大型客机,使用的是美、法联合研制的LEAP–X1C发动机。摆脱国外制约,突破航空动力瓶颈,振兴航空发动机产业已成为国家战略需要。并且,据预测,未来10年,国内干线客机对大型涡扇发动机的市场累计需求总量超6000台,总价值超500亿美元,发展航空发动机也具备巨大的市场空间。

除航空外,动力问题一直是制约我国装备制造业发展的瓶颈,包括船舶和海洋工程装备、汽车、工程机械等,动力方面基本都没有形成自主知识产权。作为船舶核心设备，船舶动力系统价值占船舶总价的15%—25%。动力系统的好坏直接影响船舶的可靠性、节能环保及经济性，因此动力系统一直是全球造船业关注的重点和世界主要造船国家竞争的焦点，目前船舶动力系统的研发、设计主要由欧美垄断。近年来，我国船舶动力行业取得了快速进步，在占比最大的柴油机动力中已占据一定的市场地位。但整体船舶动力系统仍相对落后，国产化率不高，制约装备发展的形势仍然严峻，特别是舰用燃气轮机薄弱。因此，亟须加强船舶燃气轮机动力系统研制，特别是预计到2020年，我国军用舰船动力推进系统的市场规模将达240亿元，军品民品综合市场规模将达720亿元以上，燃机也具有很大的空间。

## 二、内容

"两机"专项，即国家航空发动机与燃气轮机科技重大专项，力图投入资金改变过去的窘境，主要将航空发动机发展分为聚焦突破、支撑变革和学科创新三个部分，聚焦突破军民两用发动机项目的研制，支撑变革对现有发动机进行改进，学科创新探索和预研新一代发动机项目，目前，中国航空发动机发展已经进入快车道，一系列新型发动机项目正在进入关键攻关阶段。《中国制造2025》重点领域技术路线图及北京航空航天大学披露的航空发动机发展路线图等提出了两机专项的相关领域。其中航空发动机方面，突破先进大涵道比风扇系统、先进高级压比高压压气机、先进低污染燃烧室、单晶/陶瓷基复合材料高压涡轮叶片等零部件，CJ-1000A完成型号研制，1000kgf级涡扇、1000kW级涡轴等完成论证和型号研制，航空活塞发动机实现产业化，部分产品开始抢占国内飞机市场，开拓售后服务市场，进一步扩大中国航空发动机产业。同时，突破F级300MW重型燃气轮机发电装备、G/H级400MW重型燃气轮机发电装备、重型燃气轮机高温部件及控制装置、先进燃气轮机高温部件高温高强超级合金材料、高压比大流量压气机设计制造技术、干式低$NO_x$燃烧室设计制造技术、高温透平叶片冷却技术，高代次涡轮盘和单晶叶片等高温合金产品形成稳定供应能力，满足航空发动机与燃气轮机重大专项对高温合金材料的需求。

## 第二节　关键事件

### 一、两院院士开展专项调研和论证

2011 年以来，在党中央、国务院的关心下，两院院士专家、国家部委开展了"航空发动机和燃气轮机"重大专项调研和论证。

2012 年 6 月，两院院士师昌绪牵头、组织两院院士提出的"我国航空发动机和燃气轮机工程咨询研究报告"，引起了党和国家领导人的高度重视，促成了"两机"科专项的设立。

### 二、国家明确实施"两机"专项

2014 年 12 月 22 日，全国工业和信息化工作会议确定了创新驱动发展取得新进步，完成两机专项论证工作，提出推动部署一批体现国家战略意图、促进两化深度融合的重大工程，推动两机专项、新材料专项尽快实施。

2014 年 12 月 22 日，国资委召开央企及地方国资委负责人会议，在部署创新驱动发展战略实施工作时提出：2015 年要围绕新一批国家重点科技专项，进一步加大研发技改投入，在高端装备、信息网络、集成电路、新能源汽车、新材料、航空发动机及燃气能机"两机"等重点领域突破和掌握一批关键技术，加快重大科技成果的产出和应用。

2015 年政府工作报告提出，要实施高端装备、信息网络、集成电路、新能源、新材料、生物医药、航空发动机、燃气轮机等重大项目，把一批新兴产业培育成主导产业。

### 三、国务院常务会和政治局常委会讨论通过专项

2015 年 10 月，中航工业集团旗下中航动力、中航动控等上市公司同时公告，制定中航工业下属航空发动机相关企（事）业单位业务的重组整合方案。市场预测，中航工业的航空发动机板块将另立门户，成立一家新的国字头公司，在"两机"专项启动后，国内航空发动机和燃气轮机将迎来难得的发展机遇。

2015 年 10 月 29 日，习近平总书记在就《中共中央关于制定国民经济和社会发展第十三个五年规划的建议》起草的有关情况向十八届五中全会作说明时指

出，在航空发动机、量子通信、智能制造和机器人、深空深海探测、重点新材料、脑科学、健康保障等领域再部署一批体现国家战略意图的重大科技项目。

2015年11月9日，在中国船舶工业协会召开的船舶动力研讨会上，工业和信息化部装备工业司司长透露，"两机"专项已经过国务院常务会和政治局常委会讨论通过，正在准备实施，有些工作已经启动。

2015年12月25日，全国工业和信息化工作会议提出，坚持创新引领发展，培育壮大高端制造业，组织抓好国家科技重大专项，抓紧实施航空发动机及燃气轮机重大专项。

## 第三节　效果及影响

### 一、专家观点

中国工程院院士刘大响认为，过去我们主要是眼睛向外，航空发动机以引进为主，在引进的基础上发展、改进或仿制。但航空发动机的关键技术是花大钱也买不来的，尤其是随着现代技术水平的不断提高，航空发动机的复杂性和集成度在大幅提升，今后再想通过仿制来完全掌握先进发动机技术的可能性越来越小，想借此途径走向自主研制更是十分困难。坚定不移地走自主创新发展之路，才是根治飞机"心脏病"的必然选择。只有狠下决心在国家重大科技专项中精选几个有重大意义和带动作用的军民用发动机，走完自主研制的全过程，才能一通百通，才能真正完成从测绘仿制向自主研制的战略转变。航空发动机本身也是一个独立复杂的系统工程，由于研制难度大、投资多、周期长、风险高，为了满足飞机的研制进度，发动机必须先行立项，才能赶上飞机的进度要求。要坚持动力先行，加强预先研究，切实打好基础，提高自主创新能力，培养锻炼一支高水平的科技人才队伍。

飞行器结构力学和复合材料专家、中国工程院院士杜善义认为，新中国成立初期，我国经济不发达，工业基础薄弱，通过引进生产和测绘仿制国外航空发动机来满足部队装备的急需，符合当时的国情。但我国的问题在于，专利引进或测绘仿制的发动机型号过多，延续时间过长；在仿制过程中，又没有安排足够的经费和精力认真抓好消化吸收，虽然搞了一轮又一轮的引进和仿制，但许多关键技术并没有吃透，往往是知其然而不知其所以然，因而对促进自主研发的作用较为有限。而且许多引进项目往往挤掉或者削弱了国内的自主研制工作，占用了大量的人力、物力和资金。长期的测绘仿制思维，在某种程度上阻碍和束缚了自主发展。

中科院院士徐建中认为，要想缩小与世界航空强国的差距，必须提前独立地开展高性能航空发动机研制工作，必须特别注重基础研究，同时要加强关键技术的研究。航空发动机的发展趋势是，进一步提高军用航空发动机推重比，改善民用航空发动机的可靠性、经济性和环保性，研发安静而清洁的发动机，还要研究多电或全电发动机、智能发动机、超声速军民用发动机及新概念发动机。只要发挥全国优势力量，进行创新性的基础研究和关键技术研发，特别是发展颠覆性的创新技术，我国与国外的差距就有望迅速缩小。

中国工程院院士、上海交通大学第 37 任校长翁史烈认为，国家在机械装备、动力能源、海洋船舶等制造业的发展迎来了一个全面创新的时代。作为工业皇冠上的明珠，"两机"，即航空发动机和燃气轮机的制造水平，关乎国民经济和国防建设的命脉，国家第二十个重大专项，"两机"专项的设立，也预示着我国将在"两机"方面力求突破。

海军装备研究所舰船所高级工程师刘祥源认为，我国船舶动力系统仍相对落后，国产化率不高，制约装备发展的局面仍然没有太大改观。各个行业动力系统研制力量比较分散，应该组成动力系统"国家队"，并完善金融、财政等配套措施。此外，还应该改革船舶动力科研体制，对重点动力系统如舰用燃气轮机进行重点研制。

## 二、后续影响

在中国国家安全战略升级、空中力量加速建设、民用航空运输快速增长、海洋资源充分利用、核电重获发展的背景下，对军民用飞机发动机、舰船用燃气轮机、电站重型燃气轮机的需求更加迫切，"两机"专项的设立，实现动力先行，将极大加快我国航空发动机和燃气轮机取得突破。市场预计，专项的支持力度有望大幅超过预期，达到 2000 亿元甚至 3000 亿元，无疑将强力助推我国动力行业发展，加快解决动力瓶颈。据预计，未来 20 年我国航空发动机和燃气轮机市场总需求合计超 2 万亿元。其中，民用航空发动机市场需求 9000 亿元，相应的服务需求 6000 亿元；军用航空发动机需求 3000 亿元，相应的服务需求 5000 亿元；舰船、电力及坦克用燃气轮机需求 2750 亿元，相应服务需求 2550 亿元。这些重大的市场需求，将在"两机"专项的推动下加快释放。

# 展望篇

# 第二十六章　主要研究机构预测性观点综述

## 第一节　机械行业预测

### 一、全球机械行业预测

#### （一）全球行业格局稳定

2015 年，全球机械行业 500 强企业中，从企业数量看，美国、中国、日本企业占据前三位，其中美国入围企业 140 家，持续占据全球首位，我国以 104 家入围企业位居全球第二，日本以 101 家企业位列全球第三。前 10 强企业中，美国、德国各占 3 席，中国、日本、韩国、中国台湾各占 1 席。前 3 强仍旧由德国的大众汽车集团、日本的丰田汽车、韩国的三星电子占据。预计未来全球机械行业格局基本稳定，500 强企业仍将主要集中在发达国家，传统机械强国竞争力依然强劲，德、美、法等国在行业领域的优势突出，亚洲除传统强国日本外，韩国实力不容小觑，其 2015 年进入 500 强的企业平均收入已超越德国。

#### （二）智能制造成为未来布局重点

当今世界，新一轮科技革命和产业变革正在快速发展，新一代信息技术和制造业正在加速融合，移动互联网、大数据、云计算、增材制造、生物工程、新能源、新材料等领域不断取得重大突破，机械制造业的生产方式、产业形态、发展模式也随之发生着颠覆式的变革，发达国家已经重新认识到实体经济的重要性，并纷纷提出了"再工业化"和"制造业回归"战略，强调通过发展智能制造来重振制造业，巩固在技术、产业方面的领先优势。美国政府先后推出了先进制造业合作伙伴计划、成立了智能制造领导联盟和工业互联网联盟，以此为契机，其未来将打造一批智能工厂，加速先进技术的工程化应用，物理世界和数字世界的融合步伐也将随之加快。德国为巩固其在制造业的领先地位，实施"工业4.0"战略，德国政府深度参与了该战略，并率先开展"工业4.0"标准化工作，发布技术研发路线图，未来德国"工业4.0"的核心在于打造智能工厂，推动企业建立全球互联网络，并将智能装备、生产系统、管理流程与生产基础设施融入该系统中。

### （三）节能环保仍是重要发展方向

节能环保目前乃至未来都将是机械工业重要的发展方向，"提高能源利用有效性"已成为全球机械制造业者和设备使用者所共同追求的目标。随着全球各国尤其是新兴市场国家对节能环保的关注度的提高，机械工业向环境友好、低能耗、低排放的发展的趋势是不可扭转的。在一些地区，节能环保已成为政策法规的明确要求，在帮助企业优化成本的同时还可以有效地提升企业形象。

## 二、国内机械行业预测

### （一）行业整体实力不断加强

2015年，我国进入全球机械500强的企业有104家，较上年增加了26家，销售额占500强总销售额18.4%，较去年上涨4.3百分点，进入前300强的企业46家，进入前100强有15家企业，仅上海汽车集团进入前10强，排名较上年提升了14位，位居第4，与世界第一的差距不断缩小。目前我国在交通运输设备制造、电气机械及器材制造、专用设备制造、通用设备制造等领域已形成了较高的品牌影响力，未来随着《中国制造2025》等一系列相关促进政策的落实，我国机械行业的整体实力仍将不断加强，品牌认知度也将不断提高，将会涌现出一批有国际影响力的品牌。

### （二）轨道交通装备需求旺盛

我国目前建成并运营城市轨道交通线路的城市有22个，经国家批准建设城市轨道交通线路的城市已有39个，规划总里程已超过6880公里，预计到2020年，具备建设城市轨道交通条件的城市可达到50个，"十三五"期间，我国城市轨道交通将新增里程3937公里，较"十二五"期间增加14.18%，对城市轨道交通装备及相关零部件的需求热潮仍将持续。

我国铁路建设在"十三五"期间较"十二五"虽然有所放缓，但投资额仍保持在2.8万亿的高水平上，未来，铁路装备市场总需求也将稳定在较高的水平上。

同时，我国已形成了强大的铁路建设和铁路装备制造能力，可满足"一带一路"沿线国家对铁路建设的需求。我国已经提出中亚、泛亚、亚欧等铁路规划，并出资 400 亿美元成立丝路基金，可为"一带一路"沿线国家的基础设施建设、产业合作、资源开发等提供投融资支持。目前，已出口的铁路相关项目包括美国西部快线、中泰铁路、中老泛亚铁路等，未来随着我国高铁"走出去"步伐的加快，我国高铁装备及相关服务业的国际市场需求将持续上扬。

表 26-1　2015 年我国海外铁路项目

| 签约时间 | 项目名称 | 规划里程 |
|---|---|---|
| 6月 | 俄罗斯莫斯科—喀山高铁 | 770公里 |
| 9月 | 美国西部快线 | 370公里 |
| 10月 | 印尼雅加达—万隆高铁 | 150公里 |
| 11月 | 中老泛亚铁路 | 418公里 |
| 12月 | 中泰铁路 | 867公里 |

资料来源：赛迪智库，2016 年 1 月。

**（三）核电建设空间广阔**

我国 2014 年已投入运行的核电机组 22 台、装机容量 1912 万千瓦，发电量 1306 亿千瓦时，核电发电量占全国发电总量 2.39%。根据《国家能源发展战略行动计划（2014—2020 年）》，到 2020 年我国核电建设装机容量将达到 5800 万千瓦，在建容量达到 3000 万千瓦以上，2015—2020 年平均新增装机容量将在 600 万千瓦以上，总投资额近 720 亿元。核电在我国总发电量中占比不足 3%，而美、俄等核电国家占比在 15% 以上，加之我国越来越紧迫的节能减排压力，未来我国的核电建设将有较为广阔的发展空间。随着我国核电"走出去"步伐加快，我国先后与巴基斯坦、罗马尼亚、英国、阿根廷等国开始了核电项目合作，新兴市场对电力能源需求的增加，将进一步推动我国核电"走出去"的进程。

# 第二节　汽车行业预测

## 一、全球汽车行业预测

### （一）全球乘用车行业预测

法国思迈汽车信息咨询公司（IHS Automotive）认为，"2018 年，全球汽车销量将首次达到并突破 1 亿大关，到 2021 年将超过 1 亿辆，在 2013 年的基础上再增 2500 万辆"。其中，中国将以世界上最大的单一汽车市场的身份主导产量的增加，北美和欧洲等较成熟的市场也将发挥着重要的作用。随着新兴市场的兴起，成熟市场面临规模缩减的压力，全球汽车产业发展格局正发展着深刻变化。IHS Automotive 认为，"到 2016 年，中国市场汽车总销量将突破 3000 万辆大关，而印度将取代日本成为亚洲第二大汽车市场。其中，印度市场 2014 年销量为 291 万辆，预计 2016 年达到 488 万辆，到 2020 年，印度车市将售出 673 万辆汽车；而日本排量 660 cc 以下的微型车销量到 2016 年将回落至 451 万辆，2020 年更进一步缩水至 435 万辆"。

IHS Automotive 公司预测称，在智能网联汽车发展领域，谷歌自动驾驶技术将领跑全球。IHS 汽车部门预计，谷歌目前为止已在自动驾驶汽车研发上累计投资了近 6000 万美元，每年近 3000 万美元。在自动驾驶汽车发展的过程中，软件技术是关键因素，先进的自动驾驶软件系统可以有效识别汽车传感器数据，模仿人工驾驶技巧和经验，而谷歌目前正是这一领域的技术领导者。IHS 称，到 2035 年时，自动驾驶和无人驾驶汽车的全球销量预计将达到 1200 万辆，占据全球轻型汽车总销量的约 10%，而这一预测数据可能保守。

此外，IHS Automotive 公司还预测称，"到 2021 年时，全球电动汽车充电站的数量将达到 700 万个以上，远高于 2015 年的 65 万个（不包括家用充电桩的数量）。预计到 2022 年时，全球电动汽车产量将从 2015 年的 27.3 万辆增长到 130 万辆，插电式混合电动汽车的全球产量预计将从 2015 年的 17.9 万辆增长到 240 万辆"。

### （二）全球商用车行业预测

罗兰贝格认为，"从全球中重卡市场的分布来看，南亚市场将会是未来的主要发展区域，而其他地区包括欧洲、北美也将会呈现微增长。罗兰贝格预测，到 2020 年，全球大部分中重卡汽车市场发展将迎来上升趋势，其中东欧、俄罗斯、北美是重点增长市场"。

罗兰贝格认为，"高效、绿色、互联、安全"四大趋势正在深刻地影响全球商用车产业发展，并在未来几年继续对行业产生影响。首先，商用车的高效性包括整体产品拥有的成本、燃油经济性、汽车编队、运营时间、容量优化和交通运输基础设施的优化等等。目前商用车排放技术主要有两条技术发展路线，分别是美国 EGR 技术路线和欧洲的高效燃烧技术的 SCR 路线。第二，商用车的绿色性包括排放标准和后处理的提升，但对内燃机技术的改进仍将是提升效率的最重要方法，因此，提高混合动力、新燃料的应用和整体的燃油经济性将是未来所有商用车企业都会考虑的问题。第三，互联互通性也是商用车未来技术发展的一个重要基础，在很多领域，商用车的互联互通带来的经济效益会比乘用车更有效，主要包括远程故障诊断、负载监控、性能分析、订单管理、在线测试、大数据、远程信息处理等技术的应用，将会使商用车和车队的发展综合联系起来。第四，随着客户的需要和竞争的需要，商用车驾驶安全性的问题和对司机的关注度会越来越高。

### （三）全球零部件行业预测

罗兰贝格在 2015 年 12 月 25 日发布的《全球汽车零部件供应商研究》报告中预测，"全球汽车零配件市场短期之内的增长将放缓；长期来看，产业结构将发生根本性改变，专注于产品、客户和区域结构的供应商可能获得较大收益"。

报告认为，2015 年全球汽车行业的波动性和不确定性不断增强。预计 2016 年，全球轻型汽车的产量将继续上升，但是增速会大幅下降，其中，欧洲将维持较低水平，日本将有所下降，北美自由贸易区将温和增长，中国仍是唯一的主要增长动力。受终端客户需求继续向亚洲转移、原材料供应商向下游扩张、货币与资本市场波动等因素的进一步影响，未来汽车零部件供应商面临的不确定性将增强，产业结构从根本上发生改变，并重新分配产品和领域的收益。

报告建议，供应商应在不限制其灵活性的情况下抓住下一波提高效率的机会，以快速适应更具不确定性和波动性的市场发展。与此同时，供应商应做好准备，从产业转移中获益并缓解中长期的相关风险。从短期看，供应商应提高智能效率，在生产、研发和采购等环节提高或保持整个价值链的灵活性，激发关键资源的主动性，保证其可随时加入可能的工作组；严格管理投资决策和一次性费用；谨慎监控市场发展和市场可能下滑的信号。从长期行动看，供应商则应维护或完善独特的销售主张，突出明确的技术或工艺差异，专注于增长率高于平均水平、具有利润潜力的产品领域，积极利用并购机会，既从收入角度也从创造价值的角度来平衡区域份额与顾客份额；建立最佳流程和结构，在更复杂的全球化布局中保持灵活与高效；应用场景模拟技术，定期回顾并调整之前制定的策略。

## 二、国内汽车行业预测

### （一）国内乘用车行业预测

普华永道预测：2016 年中国乘用车产量预计将达到 2500 万辆。总体来说，对 2016 年中国汽车市场表现不宜过于乐观，但整体上增幅应高于 2015 年。普华永道 Autofacts 预测认为，2016 年中国轻型汽车产量将达到 2500 万辆，较 2015 年增长 8.2% 左右；轻型汽车产量将于 2021 年达到 3090 万辆，2015 年至 2021 年复合年增长率将达到 5%。在新能源汽车发展方面，自 2014 年开始，中国新能源汽车市场进入快速发展期，预计未来 5—10 年将成为中国新能源汽车产业化的重要时期，特别是电动汽车的发展。目前，国内自主品牌电动汽车占据市场主导地位，2015 年 1 月至 10 月，国内电动车销售量达到 12.5 万辆，同比增长 190%，前十大车型均为中国品牌，占销售总量的 75%。

德勤咨询公司预测，"随着中国消费结构的升级、二孩政策的放开、人口步入老龄化等趋势，2016 年中国汽车销量将小幅回升，其中 SUV 销量有望继续保持两位数增长，成为 2016 年中国乘用车销量增长的主导力量。与此同时，"轿车市场将出现分化，在政府出台购置税减半政策的影响下，1.6L 及以下排量乘用车销量增幅明显，在轿车市场的占比持续攀升"。另外，"'中国制造 2025'和'十三五'规划都把发展新能源汽车列为战略新兴产业之一，并对新能源汽车研发、生产、购买、充电设施建设等上下游产业提供了较为完善的政策支持"。另一方面，"第四阶段的油耗限值标准将于 2016 年起开始导入，直至 2020 年所有乘用车企业的平均燃料消耗量降至 5.0 升 /100 公里"。面对日益严苛的油耗监管，多家车企加快调整产品结构，加大对新能源汽车、节能型乘用车的投资扩产计划。预计 2016 年中国新能源汽车产销水平将维持高增长势态。

### （二）国内商用车行业预测

中国汽车工业协会认为，2016 年商用车市场或将出现转机。首先，工程建设数量增长有望带动商用车市场提升。据统计，截至 2015 年 10 月，国家发改委批复铁路、公路、机场等各项基础设施建设项目投资总额已达 15629.22 亿元。此外，水泥、钢铁、煤炭等多个行业也因投资增加而呈现回暖趋势。这对于载货车市场，特别是中重型载货车而言是一大利好因素。根据目前各家商用车企业的商务大会公布的数据显示，一汽解放 2016 年总体销售目标为 15.5 万辆，其中，中重型载货车为 13.7 万辆，市场份额 18%；中国重汽总体销量目标为 16.2 万辆，其中重型载货车为 10 万辆；陕汽方面提出了 7.2 万辆的销量目标，均明显高于去年水平。第二，高效物流用车将成主流。随着近年来我国经济发展速度放缓的态势，公路运输市场日趋追求高效、快速，竞争不断加剧，车辆运营企业在车辆采购上也朝着高端化方向发展。以牵引车为例，2016 年，大排量、500 马力以上的高端牵引车成为各企业的重点产品。未来几年，大马力牵引车时代必将到来。第三，商用车企竞相推出"互联网 +"产品。近年来，商用车企纷纷试水"互联网 +"概念。陕汽推出天行健、车轮滚滚平台；中国重汽推出名为"智慧重汽"的手机 APP 应用，涵盖售后维修、配件购买、养车用车以及救援等多项内容。最后，新能源仍将是客车行业的主题。2015 年 4 月，财政部发布了《关于 2016—2020 年新能源汽车推广应用财政支持政策的通知》，其附录中发布的 2016 年新能源汽车推广应用补贴标准中指出：长度级别在 10—12 米的插电式混合动力客车（含增程式）补贴金额为每辆 20 万—25 万元；12 米以上及双层客车按照标准车型 1.2 倍进行补贴。这一补贴形式，或许会在一定程度上刺激 12 米以上级别客车和双层新能源客车数量的增长。但受制于这类车型的使用范围，在 2016 年 12 米以上级别及双层新能源客车并不会出现较明显的增长趋势。此外，6—8 米级新能源客车仍将保持较高的发展态势。

### （三）国内零部件行业预测

罗兰贝格在 2015 年 12 月 25 日发布的《全球汽车零部件供应商研究》报告中预测，"与美国、欧洲、日本等汽车市场相比，中国汽车零部件供应商的利润率仍具有领先优势，但由于国际市场竞争激烈，其利润水平也在逐渐下降。未来几年，中国仍是全球汽车终端客户需求的最大市场，中国客户对入门级车辆的需求显著上升，这对本地主机厂的质量和技术以及西方主机厂的成本提出挑战。长期来看，全球前 30 强供应商中将出现 2—3 家有竞争力的中国一级供应商。中国作为全球排名第一的汽车生产基地，本土供应商与全球相关领域同行的差距正在逐渐缩小"。

中国汽车工业协会指出，新能源汽车及智能汽车零部件将成为汽车零部件行业重点培育领域。2016 年，汽车零部件产业的发展一定离不开新能源及智能汽车的发展。《中国制造 2025》也提出培育新能源及智能汽车关键零部件，将其上升至国家战略。在新能源汽车关键技术和产业化方面，发改委提出了四个方向：

一是整车控制系统，二是插电深度混合动力系统，三是新能源化结构和材料，四是先进动力电池，均是新能源汽车的核心零部件系统。中国汽车工业协会发布《2015 年零部件工业报告》，指出：一是重点发展新能源汽车关键零部件，推动动力电池系统、驱动电机、电机控制器、燃料电池系统及电堆、电机耦合装置、增程式发动机、高压总成、整车控制器、轻量化车身等关键核心零部件自主化，满足新能源汽车产业发展需求。二是重点发展智能网联汽车关键零部件，着力推动车载光学系统、车载雷达系统、车载高精定位系统、车载互联终端、集成控制系统的发展，提升中国品牌市场份额。

电动汽车资源网指出：受惠于政策，国内新能源汽车市场迎来利好发展，2016 年，我国新能源汽车动力电池市场规模将得到快速发展。电动汽车资源网预测，2016 年，我国锂电池市场规模将达 596 亿元，2020 年将达到 2000 亿人民币。这一庞大的市场发展将面对一系列新的机遇与挑战。从面临挑战来看，随着新能源汽车销量的暴涨，预计到 2020 年我国仅纯电动乘用车和混合动力乘用车的电池累计报废量，将达到 17 万吨左右的规模，回收和再利用新能源车动力电池将成为当务之急；国家及地方对新能源汽车补贴政策的退坡一定程度上增加了动力电池的技术研发成本，对新能源汽车的销售造成一定影响。

## 第三节　航空行业预测

### 一、全球航空行业预测

#### （一）全球民用飞机市场预测

1. 全球新增飞机预测

2015 年，波音、空客、中国商飞等公司对未来 20 年全球新增飞机情况进行了预测。波音预测未来 20 年将有价值 5.6 万亿美元的 38050 架新飞机交付，其中单通道市场继续成为增长最快和规模最大的部分，在未来 20 年将需要 26730 架飞机。这些飞机将成为全球民航机队的主力，在全世界超过 70% 的航线上运载多达 75% 的乘客。该细分市场是由低成本航空公司和新兴国家与地区的发展驱动的。下表列举了波音、空客和中国商飞对未来 20 年单通道飞机、双通道飞机以及新增飞机总体情况的预测。

表 26-2　未来 20 年全球新增飞机预测

| 机型分类<br>预测公司 | 单通道飞机 | 双通道飞机 | 新增飞机总体情况 |
|---|---|---|---|
| 波音 | 全球需要26730架单通道飞机，总价值27700亿美元。 | 全球需要8830架双通道飞机，总价值27000亿美元。 | 全球需要38050架新飞机，总价值5.6万亿美元，其中包括90座及以下支线喷气飞机2490架，总价值1000亿美元。 |
| 空客 | 全球需要23000架新的单通道飞机，总价值2.2万亿美元。单通道飞机占到了全部新交付飞机总量的70%及5万亿美元价值总量的45%。 | 全球需要新增大约9600架宽体飞机，价值约2.7万亿美元。这占到了全部新交付飞机总数的30%、总价值的55%。 | 全球需要新增32600架100座级以上飞机（其中包括31800架客机和800架载10吨以上的货机），总价值近5万亿美元。 |
| 中国商飞 | 全球单通道喷气客机交付量将达到24144架，价值达2.25万亿美元。 | 全球双通道喷气客机交付量将达8232架，总价值约2.37万亿美元。 | 全球将有37049架新机交付，价值约48235亿美元。其中涡扇支线客机的交付量约为4673架，价值超过2081亿美元。 |

资料来源：赛迪智库整理，2016 年 1 月。

波音对细分机型分交付量及价值进行了预测。

表 26-3　各机型新飞机交付：2015—2034

| 飞机类型 | 座级 | 交付总量 | 美元价值 |
|---|---|---|---|
| 支线喷气 | 90座及以下 | 2490 | 1000亿 |
| 单通道飞机 | 90—230座 | 26730 | 27700亿 |
| 小型宽体机 | 200—300座 | 4770 | 12500亿 |
| 中型宽体机 | 300—400座 | 3520 | 12200亿 |
| 大型宽体机 | 400座及以上 | 540 | 2300亿 |
| 合计 | — | 38050 | 5.6万亿 |

资料来源：波音官网，2015 年 8 月。

波音对全球每个区域的新飞机交付量进行预测，认为包括中国在内的亚洲市场，将继续引领全球未来 20 年的飞机交付总量。

表 26-4　各地区新飞机交付：2015—2034

| 区域 | 飞机交付量（架） |
|---|---|
| 亚洲 | 14330 |
| 北美 | 7890 |
| 欧洲 | 7310 |
| 中东 | 3180 |
| 拉美 | 3020 |
| 非洲 | 1170 |
| 独联体 | 1150 |
| 合计 | 38050 |

资料来源：波音官网，2015 年 8 月。

2. 东北亚地区新增飞机预测

波音公司近日对包括日本、韩国和中国台湾在内的东北亚地区未来 20 年的民航飞机需求进行了预测。据此，到 2034 年，东北亚地区民机需求总量达 1450 架，价值达 3100 亿美元。波音预测，未来 20 年，这一地区民航市场表示客运量的收入乘客里程（RPK）将以 2.6% 的年均增幅增长。按目的地区域看，飞往中国、中东、南亚等地的航班将会日趋增长。

其中，630 架（占比 43%）为波音 737 型等单通道窄体客机，320 架（占比 22%）为波音 787 等小型双通道宽体客机，400 架（占比 28%）为波音 777 等中型双通道宽体客机，40 架（占比 3%）为波音 747 等大型客机，60 架（占比 4%）为 MRJ 等三菱支线客机。未来 20 年向东北亚地区交付的飞机，490 架（占比 34%）为新增客机，960 架（占比 66%）为现有客机的更新。

双通道宽体客机的需求总计 720 架，相当于总需求的 50% 以上，价值达 2200 亿美元，占比为 71%。单通道客机 630 架，相当于总需求的 43%，价值达 700 亿美元，占比为 23%。单通道客机的用户主要为廉航公司。目前在东北亚地区运行的飞机中，双通道宽体客机占比达 55%，居全球航空之首。并且这一比例在今后 20 年不会发生太大的变化。

3. 超大型航空枢纽城市预测

2015 年 9 月 16 日，在第十六届北京国际航空展览会上，中国商飞公司发布《2015—2034 年民用飞机市场预测年报》。到 2034 年，始发或往返于超大型航空枢纽城市的远程航线将在远程航线市场中占据主导地位，其市场份额将由目前的90%（客运量90万乘客/天）提高到95%（客运量230万乘客/天）。超大型航空枢纽城市是城市化和财富聚集的中心，到2034年这种超大型城市的数量将由目前的47个增长到91个，届时，全世界35%的GDP将集中于此。这些超大城市已经拥有良好的航空运输体系，其现有的航线网络将能够很好地承担从现在到2034年70%的整体运输增长。

4. 全球航空客运需求预测

国际航空运输协会（IATA，以下简称"国际航协"）发布最新旅客增长预期指出，2034年客运总量将增至70亿人次，客运需求年均增长率为3.8%（以2014年为基准年），比2014年航空客运总量（33亿人次）翻了一倍多，是2015年预计客运总量（35亿人次）的整整两倍。除了国际航协，波音、空客以及中国商飞也对全球及亚太地区的客运量进行了预测，预测结果列举在下表中。

表 26-5　未来二十年全球及亚太地区客运量预测

| 预测内容<br>预测公司 | 全球客运量预测 | 亚太地区客运量预测 |
|---|---|---|
| 波音 | 航空客运量将保持4.9%的年均增长率，接近5%的历史最高水平。到2034年，乘机旅客总量将达到70亿人次。航空货运量将年均增长约4.7%。 | 需要12820架新飞机，总价值1.9万亿美元，占到全世界新飞机交付量的36%。 |
| 空客 | 全球航空客运量年均增长率为4.6%，到2034年，全球客机和货机机队总数将由现在的19000架增长一倍，达到38500架。未来20年，大约有13100架老旧飞机将由燃油效率更高的新飞机替代。 | 到2034年，亚太地区将成为世界航空运输市场的领头羊，其中中国在未来10年内将成为世界最大的航空运输市场。亚洲和新兴市场是航空运输业强劲增长的催化剂。 |
| 国际航空运输协会 | 2034年全球客运总量将增至70亿人次，客运需求年均增长率为3.8%（以2014年为基准年），比2014年航空客运总量（33亿人次）翻了一倍多，是2015年预计客运总量（35亿人次）的整整两倍。 | 亚太地区出境、入境和区域内航线每年将新增18亿旅客，到2034年客运量为29亿人次。与其他地区相比，亚太市场占全球客运量的比例将增至42%，年均增长率为4.9%，与中东地区并列榜首。 |
| 中国商飞 | 全球航空旅客周转量（RPK）将以平均每年4.7%的速度递增。到2034年，预计全球客机机队规模将达到41949架，是现有机队（19882架）的2.1倍。 | 亚太地区（含中国）是增长最快的市场，其机队占全球的比例将从目前的28%增长到2034年的35%，其中中国客机机队的比例将由12%增长到17%。 |

注：表中波音对亚太地区的预测为2014年的预测结果，其余均为2015年的预测结果。

资料来源：赛迪智库，2016年1月。

国际航协发现，就每年新增旅客而言，旅客数量增长最快的五个市场为中国（11.96 亿旅客中有 7.58 亿新旅客）、美国（11.56 亿旅客中有 5.23 亿新旅客）、印度（3.78 亿旅客中有 2.75 亿新旅客）、印度尼西亚（2.19 亿旅客中有 1.32 亿新旅客）和巴西（2.02 亿旅客中有 1.04 亿新旅客）。

国际航协对亚太地区、北美地区、欧洲、拉丁美洲、中东地区和非洲地区未来 20 年的旅客数量进行了预测，预测结果见下表。

表 26-6　国际航协对全球各大地区旅客数量预测

| 地区 | 预测结果 |
| --- | --- |
| 亚太地区 | 该地区出境、入境和区域内航线每年将新增18亿旅客，到2034年客运量为29亿人次。与其他地区相比，亚太市场占全球客运量的比例将增至42%，年均增长率为4.9%，与中东地区并列榜首。 |
| 北美地区 | 年均增长率预计为3.3%，2034年客运总量达到14亿，每年新增 6.49亿人次。 |
| 欧洲 | 该地区年均增长率最低，为2.7%，但每年仍会新增5.91亿旅客。总量将达到14亿人次。 |
| 拉丁美洲 | 该地区年均增长率预计为4.7%，客运总量为6.05亿，每年新增旅客3.63亿。 |
| 中东地区 | 该地区增长幅度大，预计年均增长率为4.9%，至2034年，出境、入境和区域内航线每年新增旅客数量将达到2.37亿。阿联酋、卡塔尔和沙特阿拉伯增长率将分别达到5.6%、4.8%和4.6%。中东地区客运量将达到3.83亿人次。 |
| 非洲地区 | 该地区年均增长率预计达到4.7%。至2034年，每年新增旅客1.77亿人次，客运总量为2.94亿人次。 |

资料来源：赛迪智库，2016 年 1 月。

5. 全球民航专业人员需求预测

波音发布的 2015 年版《飞行员和维修技师展望》中预测，全球在 2015—2034 年将需要 55.8 万名新民航飞行员和 60.9 万名新民航维修技师。

全球航空业对着些民航专业人员的需求将受到经济持续增长的驱动，使每年需要约 2.8 万名新飞行员和超过 3 万名维修技师。

按照地区划分，未来 20 年对新飞行员和维修技师的需求统计见下表。

表 26-7 未来 20 年全球对新飞行员和维修技师的需求统计

| 预测内容<br>各大地区 | 新飞行员（万名） | 新维修技师（万名） |
|---|---|---|
| 亚太地区 | 22.6 | 23.8 |
| 欧洲 | 9.5 | 10.1 |
| 北美 | 9.5 | 11.3 |
| 拉美地区 | 4.7 | 4.7 |
| 中东地区 | 6 | 6.6 |
| 非洲 | 1.8 | 2.2 |
| 俄罗斯/独联体 | 1.7 | 2.2 |

资料来源：赛迪智库，2016 年 1 月。

## （二）全球公务航空市场预测

### 1. 全球公务机交付情况预测

霍尼韦尔航空航天集团发布的年度全球公务航空展望报告预测，2015 年至 2025 年间，全球将交付多达 9200 架新公务机，总值 2700 亿美元，较 2014 年的预测总值下降了 3%—5%。报告显示，运营商计划在未来 5 年内购买的新飞机约相当于现有机队数量的 22%，用于替换或补充现有机队；预计近期内大型公务机将占据 80% 以上的新购机支出；预计新机型的推出及经济状况改善将推动公务机行业发展，实现 3% 的年均增长率。

据《航空周刊》"2016 年度市场总结报告"预测，从 2016 年到 2025 年的十年间将需求近 1.3 万架新型喷气式公务机和涡轮螺旋桨飞机，飞机退役总数将超过 5500 架。在这 10 年间，交付量居于前五位的飞机包括"空中国王"（KingAir）300/350、"皮拉图斯"（Pilatus）PC-12、"湾流"（Gulfstream）G650、"挑战者"（Challenger）350 和"飞鸿"（Phenom）300 公务机。另外，全球公务机机队将保持 2.3% 的年增长速度。

### 2. 全球公务航空电子设备市场预测

市场分析公司 Avascent 发布的报告预测，2020 年全球公务航空电子设备市场将以 3% 的复合年增长率（CAGR）增长，仅在 2015 年，用于固定翼公务机航空电子系统的经费就将达到 200 亿美元。同时，空运飞机的航空电子零部件设备市场也会比之前预计的发展更快，其 2015 年至 2020 年的复合年增长率为 5.3%，

2020 年数额将达 42 亿美元。另外，Avascent 预测涡轮螺旋桨飞机设备年增长率将为 5.5%，2020 年涡轮螺旋桨飞机原有航空电子设备预计将达 3.5 亿美元。

### 3. 全球各大区域的公务机数量预测

《航空周刊》"2016 年度市场总结报告"对全球各大区域的公务机数量进行了预测。北美地区的增长速度预计为 2.3%，2025 年北美公务机机队将从 19700 架增加到 24100 架，保持其 63% 的市场份额。尽管中国机队规模较小，其增长速度预计会以 9% 的速度最快增长。预计在未来 10 年，中国机队将扩充至 679 架公务机。东欧和西欧机队数量的增长将仅次于中国。除中国外，亚太地区的机队总数为 1025 架，预计到 2025 年将增到 1310 架。西欧 3329 架公务机机队数量每年增长 4.1%，而东欧机队数量预计会以每年 3.6% 的速度从约 540 架飞机增至 740 架。拉美地区在役公务机总计 4558 架，预计到 2025 年增至 4667 架，年增长速度为 0.3%。印度机队数量不超过 70 架，但预计在此期间会以每年 3.1% 的速度增长。与此同时，中东机队目前拥有 419 架飞机，预计到 2025 年将攀升至 510 架。

### （三）全球无人机市场预测

研究机构 EVTank 分析指出，2014 年全球无人机的销量为 39 万架，其中军用无人机占 4%，民用无人机占 96%，为 37.8 万架，其中专业级无人机销量约 12.6 万架，消费级无人机销量约 25.5 万架。预估在 2015 年全球消费性无人机市场规模可望达到 17 亿美元，年成长率达 167%。预测未来几年无人机将保持快速增长的趋势，到 2020 年，全球无人机年销量有望达到 433 万架，市场规模将达到 259 亿美元。

智研数据研究中心预测，在 2015 到 2023 年期间，全球将生产大约 4.18 万个陆基和海基无人机系统，总价值约为 105 亿美元，世界其他的无人机制造商将生产价值近 12 亿美元的无人机。

## 二、国内航空行业预测

### （一）我国民用飞机市场预测

#### 1. 波音对中国民机市场的预测

波音公司预测未来 20 年中国将需要 6330 架新飞机，总价值约为 9500 亿美元。与此同时，中国民航机队规模在未来 20 年将扩大到现在的三倍，从 2014 年的 2570 架增至 2034 年的 7210 架。波音的预测显示，单通道飞机的需求量保持稳定增长，截至 2034 年该型飞机市场需求量为 4630 架。这主要是受到了快速发展的新兴航空公司与低成本航空公司的推动。

波音提供的数据显示，随着航空货运市场复苏，中国未来将需要 190 架新货机，其中大型货机如波音 777 与 747-8 将占 74%。波音看好中国航空市场的前景，是基于波音认为中国的航空公司将不仅主导国内航空市场，还将成长为亚洲、欧洲、北美航空市场的主要参与者。波音公司发布预测，未来 20 年中国将需要 10 万名飞行员和 10.6 万名维修技师。

波音预测中国未来 20 年将订购多达 4600 架的单通道飞机以满足不断增长的需求并替换退役飞机。波音认为这部分市场将可产出 4900 亿美元的销售额。波音表示，中国的航空公司在今后 20 年内将需要超过 1500 架宽体客机，总价值约合 4500 亿美元。

表 26-8　波音对中国民用航空市场新飞机需求预测（2015—2034）

| 机型 | 数量（架） | 价值（亿美元） |
|---|---|---|
| 喷气支线机 | 190 | 100 |
| 单通道飞机 | 4630 | 4900 |
| 小型宽体机 | 810 | 2100 |
| 中型宽体机 | 650 | 2200 |
| 大型及超大型宽体机 | 50 | 200 |
| 合计 | 6330（占全球总数16.6%） | 9500（占全球总价值17%） |

资料来源：波音官网，2015 年 8 月。

2. 巴西航空工业公司对中国民机市场的预测

巴西航空工业公司预测，到 2034 年，中国市场将交付 1020 架 70—130 座级商用喷气飞机，而该级别飞机的全球交付量将达 6350 架。根据当前目录价格，交易价值将达 3000 亿美元。报告指出，中国的经济仍将保持强劲增长，预期年增长率为 5.6%。这意味着中国航空业在未来 20 年将以每年 7% 的速度增长，成为世界增速最快的国家。另外，中国二三线城市的航空业将会以二倍于一线城市的速度增长。对于中西部而言，地方政府有充分的时间积极性推动航空业进步，未来 20 年，该区域的发展速度将领跑全国。

### 3. 中国商飞对中国民机市场的预测

中国商飞发布《2015—2034 年民用飞机市场预测年报》预测，未来 20 年中国将继续保持相对高速的经济增长速度，而稳步的经济增长也带来航空运输业的发展。预计中国机队年均增长率为 5.5%，旅客周转量年均增长率为 6.8%。到 2034 年，中国的旅客周转量将达到 2.58 万亿人公里，占全球的 16%。中国机队规模将达到 7034 架。未来 20 年，中国市场将接收 50 座以上客机 6218 架，价值约 8037 亿美元（以 2014 年目录价格为基础），折合人民币近 5 万亿元。其中，50 座以上涡扇支线客机交付 773 架，价值 347 亿美元；单通道喷气客机 4195 架，价值 3900 亿美元；双通道喷气客机 1250 架，价值 3800 亿美元。

### 4. 中航工业对中国民机市场的预测

根据中航工业发布的《民用飞机中国市场预测年报 2015—2034》，2015—2034 年，中国航空客运周转量年均增长率为 7.4%，预期期末将达到 2.66 万亿人公里，是 2014 年的 4.2 倍。中国航空货运周转量年均增长率在整个预测期间为 9.0%，高于航空客运周转量增长速度，预测期末将达到 1000 亿吨公里，为 2014 年的 5.6 倍。为了满足运量增长的需要，未来 20 年中国需要补充各型民用客机 5522 架，其中大型喷气客机 4580 架，支线客机 942 架。货机机队规模将达到 708 架。

## （二）我国无人机市场预测

2014 年我国无人机销量约 2 万架，其中军用无人机约占 1.4%，民用无人机占 98.6%，其中 2014 年民用无人机销售规模已经达到 40 亿元。天拓兆业（北京）咨询有限公司对我国无人机市场进行预测，认为到 2020 年中国无人机年销量将达到 29 万架。在民用无人机方面，在行业应用推广，消费娱乐以及新应用等领域将迎来爆发式增长，随着我国低空空域的开放以及无人机监管政策的完善，未来 10 年我国民用无人机的增速将有望超 30%，未来 20 年我国民用无人机市场规模将达到 460 亿元。

## 第四节　船舶行业预测

### 一、全球船舶行业预测

预计 2016 年，国际船市新一轮大调整持续深入，产业调整周期的特征不断显现，需求结构出现一些趋向性变化，散货船等常规船型需求仍然乏力，海洋工程装备及高技术船舶需求将企稳回升。同时，受船舶能效和排放更高标准要求的影响，节能环保的新型散货船、集装箱船、油船有望成为市场需求主体，LNG 船、LPG 船将保持旺盛需求，汽车运输船、远洋渔船、豪华游轮等需求增长将表现明显。

### （一）全球造船市场难见复苏气象

据日本造船工业协会（SAJ）预测，到 2020 年，国际海运贸易量将达到116.5 亿吨，到 2035 年将达到 163.1 亿吨。受此推动，国际造船市场需求将从2020 年开始出现增长，在 2025—2035 年的增速有望恢复到 2000—2010 年的水平。中国船舶工业行业协会分析认为，2015 年欧美经济开始缓慢复苏，中国经济步入新常态，日本经济复苏步伐稳中有升，印度经济增长最为快速，各国的经济复苏形势将积极影响全球航运市场。但从另一个方面看，航运市场运力过剩导致航运市场供需矛盾将在未来很长一段时间存在。同时，BDI 指数长期处于低位，散货船和大型集装箱船订单量难以增长，甚至可能会下降；油船方面，2015 年油价走低使得石油库存量大幅增加，需求降低，未来油船订单量将出现下滑。

### （二）全球航运市场运力过剩

证券日报数据显示，2016 年 1 月 5 日，波罗的海贸易海运交易所干散货运价指数（BDI）继续下跌，报收 468 点，突破了历史最低点 471 点。由于 BDI 指数不断创造历史最低纪录，业内普遍不看好航运业的未来前景。2008 年金融危机发生之前，全球经济飞速发展，贸易量与日俱增进而推升市场运价，为满足市场需求船东大量订造新船。但在金融危机爆发之后，航运市场需求直线下滑。贸易量大幅下跌导致航运市场紧缩，对比大量订造的新船进入市场使得可用运力快速上升，全球航运市场运力严重过剩。通常情况下，旧船随着船龄增长、燃效低下而被进行报废处理，从而平衡新船进入市场的运力增长。而面对短时间内大量新船的进入，通常的拆船率还不足以缓解运力过剩这一问题。另外，全球钢价下跌也使得船舶废钢贬值，油价低行也缩小了现代化船舶与传统船舶之间的经济效益差距，则船东短时间内的拆船意愿下降，产能过剩现象继续恶化。据全球航运咨询公司德鲁里发布的干散货运报告显示，未来一段时间内干散货航运市场前景黯淡，预期航运企业在2017年之前不会恢复盈利。

## 二、国内船舶行业预测

### （一）高端化、智能化将成为发展新趋势

2015年，国家相关部门陆续出台了一些新的政策措施，推动我国船舶工业由大变强。国务院出台的《中国制造2025》将海洋工程装备和高技术船舶作为未来重点发展的十大领域之一，《关于加快培育外贸竞争新优势的若干意见》《关于推进国际产能和装备制造合作的指导意见》等文件，要求提升船舶等装备制造业和大型成套设备出口的综合竞争优势。人民银行等九部委联合发布了《关于金融支持船舶工业加快结构调整促进转型升级的指导意见》要求化解船企融资难、融资贵的问题，提高保险服务水平；发改委发布了《战略性新兴产业专项债券发行指引》，加大企业债券对行业发展支持力度，鼓励社会资本投入；财政部、工信部、保监会联合发布《关于开展首台（套）重大技术装备保险补偿机制试点工作的通知》、工信部发布了《军民融合深度发展2015专项行动》等文件对加快重大技术装备发展，促进船舶装备制造业高端转型具有重要意义 [1]。

随着我国经济的发展，我国劳动用工成本刚性上升，与日、韩等造船国家相比的成本优势逐渐消失；当前科技更新加速，国际对船舶的安全、环保等的要求和标准日益提高，促使我国船舶行业加快技术创新和技术更新换代；为抢占制造业制高点，各国纷纷推出新规划、新政策，德国提出"工业4.0"计划，中国提出"中国制造2025"，为主动适应市场、抢占市场先机，船舶行业必须紧跟国家规划及政策；全球造船市场低迷，船企间竞争日趋白热化，为提高竞争力，智能制造成为我国船企不二选择。为应对以上船舶行业新形势、新挑战，我国船舶工业转型升级步伐逐渐加快，船舶建造正在朝着高端化、智能化方向发展。船舶工业生产向高端化、智能化发展的道路上，利用工业机器人来完成重要而又复杂的造船工作已经是船企普遍选择。在国家政策支持和市场压力逼迫的作用下，国内一大批船企，如南通中远川崎船舶工程有限公司、江苏新时代造船有限公司、中船澄西

---

[1] 资料来源：中国船舶工业协会。

船舶（广州）有限公司等，已经开始在切割、焊接、涂装等船舶建造环节广泛使用机器人，节约了成本，并提高了造船的生产效率和精度，智能制造已经成为船舶工业转型升级的必然道路。

### （二）产能过剩推动行业结构调整

2015年我国多家造船企业倒闭，未来我国造船行业或将出现企业倒闭潮。与我国钢铁、水泥行业的情况类似，目前国内船舶工业存在着产能总量严重过剩的现象，根据工信部预测，"十三五"期间全球新船年均需求在8000万—9000万载重吨左右，而中国目前船舶工业的年产能已经达到8000万载重吨。以我国船舶行业在世界市场中的份额来看，我国造船业产能总量已经严重过剩。航运业是船舶工业的下游产业，其形势将直接影响船舶工业的发展，船舶工业的未来走势从目前航运行业的运行状况可窥一二。2015年，全球大部分航运企业盈利微薄甚至开始出现亏损，因此未来一段时间内船舶企业很难从航运企业得到大量新船订单。新船订单量的下降，无疑会恶化船舶工业产能过剩情况。从我国造船业产能结构上看，中低端产能所占比重过大。与之相对应的，我国生产中低端船舶产品的中小企业众多，它们大多成立在船市高峰期，其产品单一、技术含量低、抵抗风险能力差，是造船企业倒闭的主体。产能过剩和市场竞争压力正在逐步淘汰我国中低端产能，推动我国船舶行业结构调整。

### （三）高强度船用钢材需求量上升

根据中国船舶工业行业协会分析，我国船舶工业所建造的船舶大多为三大主流船型，而随着船舶工业的转型升级以及新船型开发，高技术、高附加值船舶数量所占的比重也在逐渐增大，具体产品包括半潜式钻井平台、自升式钻井平台、多功能钻井船等海工装备，超大型气体船（VLGC）、浮式LNG再气化装置（FRSU）等含高附加值的化学品船，18000TEU集装箱船、14000TEU集装箱船、9400TEU集装箱船等超大型集装箱船。当前时期，船舶建造标准和船型都在快速变化，国际规范对船舶建造提出了新要求，船型正在向大型化、高技术方向转变。在这样的变化下，普通船板在船舶建造过程中的适用范围将缩小，高强度船板的用途和用量不断扩大。随着我国船舶工业产品向高技术方向转型，高技术船舶的订单及完工量将不断增加，对高强度钢的需求量必将快速上升，特别是对耐蚀钢、殷瓦钢、双相不锈钢、超大型集装箱船用的47公斤级高强度钢。基于此，未来海洋工程平台的高强度、甚高强度钢的使用量将大幅增长。

# 第二十七章　2015年中国装备工业发展形势展望

## 第一节　整体展望

2016 年是"十三五"规划开局之年，展望 2016 年，我国装备工业发展机遇与挑战并存，既有"十三五"各项新的政策开始实施、产业发展空间不断拓展等积极因素，也有国内外需求持续低迷、企业面临的困难超出预期等不利因素，但总体机遇大于挑战，我国装备工业将呈现新的发展形态和趋势，新能源汽车、高端装备、智能制造等将成为增长亮点。

### 一、生产增速企稳回升

2016 年,在"十三五"开局一系列政策刺激下,我国装备工业下行压力将减小。尽管国际经济形势仍然严峻，但随着我国三大区域发展战略、中长期制造强国建设战略及加快国际产能和装备制造合作等逐步深入实施和加快落实,新的增长点、增长极、增长带逐步形成，国内经济将保持中高速增长。在此带动下，2016 年全年我国装备工业将加快发展，工业增加值增速同比加速回升，全年有望保持在 7% 左右。出口方面，"十三五"时期我国将把装备工业作为新的出口主导产业培育发展，同时因 2015 年出口基数下降，2016 年我国装备产品出口增速有望加快回暖，出口交货值将实现同比增长，预计全年累计增幅在 5% 左右。

### 二、装备"走出去"步伐不断加快

自实施"走出去"战略以来，伴随成套设备出口增加、对外承包工程及对外直接投资快速增长，中国装备"走出去"的步伐也在加快，为更大范围、更高水平开展装备制造国际合作奠定了坚实的基础。

一是规模范围快速扩大。进入 2015 年以来，我国国际产能和装备制造合作发展迅速，在中国领导人推动下，中方与巴西等拉美国家签署了产能与投资合作谅解备忘录及 70 余项合作文件，同意成立中拉产能合作基金（300 亿美元）；与欧洲国家签署总额近 700 亿美元的装备产能投资协议及合同。仅上半年，我国制造业对外投资达到 50.9 亿美元，同比增长 63.1%，涉及亚洲、拉美、欧洲和非洲。

二是产业领域分布广泛。迄今我国装备"走出去"涉及的产业主要有：钢铁、有色、建材、铁路、电力、化工、轻纺、汽车、通信、工程机械和航空等领域，这些产业代表了国内的制造能力、技术水平与国际竞争优势。2015 年 1 月，中国与非盟签署推动非洲"三网一化"建设的谅解备忘录，带动了我国高铁和航空装备"走出去"。2015 年 3 月，我国与哈萨克斯坦签署了开展钢铁、有色金属、平板玻璃、炼油、水电、汽车等广泛领域产能合作的 33 份文件，项目总金额达到 236 亿美元；中印尼两国同意深化基础设施与产能合作，在电力、光伏、钢铁、有色金属等产能领域开展交流与合作；2015 年 5 月，中俄签署加强产能与投资合作的谅解备忘录，重点领域是基础设施、装备制造业、建材、矿业、石油化工、汽车、农业等领域的投资与产能合作。这些举措都将带动大量装备走向国际市场。

### 三、转型升级效果更为明显

2016 年，高端装备创新发展成为未来制造业发展的主要趋势愈发明显。我国将深入实施创新驱动发展战略，着力打造发展新引擎和支撑平台，加快培育经济增长新动力。以科技创新为核心，以公共服务平台为支撑，以重大专项为抓手，以产业化应用为目标的高端装备创新发展加快推进，一批标志性、带动性强的重点产品和重大装备将加快布局，自主设计水平和系统集成能力、核心部件研制技术水平逐步提升，产业创新能力不断增强。一批首台（套）高端装备将在国民经济建设、社会生产生活和国防建设相关领域开展应用试点和示范，产业发展路径和模式将取得突破，带动传统产业结构调整和转型升级，为构建我国制造业竞争新优势、建设制造强国奠定更为扎实的基础。

### 四、智能制造装备加快发展

2016 年，随着"十三五"将智能制造提高到新的高度，各领域智能制造推进路线进一步明确，以及中德合作的进一步加深，国家将构建开放、共享、协作的智能制造产业生态，推动生产装备智能化升级、工艺流程优化改造、基础数据全方位共享及关键智能装备和产品、核心部件不断突破，促进新一代信息通信技术、高端装备、节能与新能源汽车、电力装备、农机装备、新材料、生物医药及高性能医疗器械等产业不断发展壮大，逐步形成新型制造体系。并进一步依托智能制造创新产业业态和发展模式，培育出行业的新的增长点。

## 第二节　子行业展望

### 一、汽车

2015 年，受全球经济增长放缓、国际贸易环境复杂多变以及国内限购限行政策等因素的影响，我国汽车工业发展进入"微增长"的新常态，与此同时，自主品牌汽车与新能源汽车也进入了快速发展通道。展望 2016 年，我国汽车工业总体将继续保持中低速增长状态，其中，自主品牌汽车将保持稳定发展，新能源汽车将实现高速增长，智能网联汽车将成为新的发展热点。

#### （一）产销维持中低速增长

预计 2016 年，随着我国宏观经济增速趋于稳定，全面深化改革的逐步落实，鼓励内需的导向将刺激汽车的消费需求，尤其是鼓励新能源汽车发展若干政策意见及规划的出台、《中国制造 2025》中对重点发展新能源汽车的具体措施逐渐得到贯彻落实，"互联网+"行动指导意见中对智能网联汽车发展的支持以及市场竞争带来的技术升级以及新车型的增加和价格的下降，将有力促进我国汽车市场的发展。同时，环境污染、交通拥堵、油价上涨和停车位短缺将成为阻碍汽车市场发展的因素，近年出现的汽车限购政策，范围有可能进一步扩大。受上述因素影响，2016 年，预计我国汽车产销量将维持在 7% 左右的增幅水平。

#### （二）出口形势难以改观

进入 2016 年，我国汽车产业出口形势仍不宜乐观。首先，全球经济整体上仍处于国际金融危机后的深度调整期，发达国家复苏缓慢，新兴市场和发展中国家经济步入稳步调整期，全球经济复苏态势仍显脆弱。国际货币基金组织（IMF）将 2016 年全球经济增长率预期下调至 3.7%，预示着全球经济增长将进入疲弱"新常态"。其次，全球贸易增长继续放缓，据世界贸易组织（WTO）预测，2015 年全球贸易额增长预期分别下调至 4%，远低于 2008 年金融危机前平均 6.7% 的贸易年增长水平。对于汽车工业来说，全球经济增速的疲弱必然带来汽车市场需求的下降，这对终端消费以及产业投资增速也都带来一定的影响。预计 2016 年我国汽车出口水平将与 2015 年基本持平，出口量稳定在 90 万辆以内。

### （三）自主品牌乘用车加速发展

预计 2016 年，随着众多自主品牌车企 SUV 和 MPV 市场的进一步开拓和增长、新能源汽车推广、智能网联汽车开发战略实施及技术升级步伐的加快，我国自主品牌乘用车市场占有率将保持 40% 左右的稳定增长态势。

### （四）节能与新能源汽车继续快速成长

预计 2016 年，我国将重点通过以下几个方面推进新能源汽车产业化进程，包括完善充电设施建设、制定企业平均油耗管理办法、建立新能源汽车发展基金、实施新能源汽车企业准入、破除地方保护目录、支持新能源汽车长期推广等。预计随着越来越多的地方政府用"补贴""增加配额""取消限购""减免购置税"等手段大力支持，拉动新能源汽车消费，再加上国家鼓励、厂家发力等多重有利因素，国内的新能源汽车将在 2016 年进入实质规模消费及应用阶段，迎来快速发展期，并有望成为带动汽车产业发展的增长点。

表 27-1　新能源汽车产业化实施重点

| 重点领域 | 主要内容 |
|---|---|
| 充电设施建设 | 制定了充电设施建设和运营、充电标准和服务、用地和用电价格等政策体系 |
| 企业平均油耗管理 | 制定实施基于汽车企业平均燃料消耗量的积分交易和奖惩办法 |
| 新能源汽车发展基金 | 建立长期稳定的发展新能源汽车的资金来源 |
| 新能源汽车企业准入 | 支持社会资本和具有技术创新能力的企业参与新能源汽车科研生产 |
| 破除地方保护 | 各地区要执行国家统一的新能源汽车推广目录，不得采取制定地方推广目录 |
| 新能源汽车长期推广 | 有关方面要抓紧研究确定2016—2020年新能源汽车推广应用的财政支持政策 |

资料来源：赛迪智库，2015 年 12 月。

## 二、机械

### （一）延续分化走势

2015 年以来，我国机械工业运行面临较大困难，主要指标增速创新低，总体呈低迷走势，部分行业表现分化。预计 2016 年，影响行业经济运行的不确定因素仍然存在，机械工业仍将经受严峻考验。但随着国家宏观调控政策逐步到位，宏观经济形势逐步好转，机械工业下行态势也将逐渐企稳，加上行业发展的积极因素也在不断积聚，部分结构调整起步较早的企业、行业和地区将加快回升。同时，一些机械行业将延续增长分化走势：工程机械、重型机械、矿山机械、石化设备、常规发电装备等传统投资类产品以及机床、交流电动机、低压电器、电线电缆、中小型普通农机产品等产能相对过剩行业将延续下降趋势，国家重点支持的新型农业机械、节能环保装备、文物保护装备、现代物流设备等将加快增长。

**（二）高端产品创新出现新起色**

2015 年，为应对国内外市场需求的变化，机械工业不断转型升级，高端产品发展取得明显成效，高端产品产值占机械工业比重逐步提高。《中国制造2025》明确将高端装备创新工程作为政府引导推动的五个工程之一，提出智能绿色列车、节能与新能源汽车、海洋工程装备及高技术船舶、智能电网成套装备、高档数控机床、核电装备等一批创新和产业化专项、重大工程。目的是集中资源，统筹推进，突破瓶颈，提高创新发展能力和国际竞争力，抢占竞争制高点。预计2016 年，高端机械产品创新发展成为未来制造业发展的主要趋势愈发明显。我国将深入实施创新驱动发展战略，着力打造发展新引擎和支撑平台，加快培育经济增长新动力。以科技创新为核心，以公共服务平台为支撑，以重大专项为抓手，以产业化应用为目标的高端装备创新发展加快推进，一批带动性强的标志性重点产品和重大装备将加快布局，自主设计水平和系统集成能力、核心部件研制技术水平逐步提升，产业创新能力不断增强。一批首台（套）高端装备将在国民经济建设、社会生产生活和国防建设相关领域开展应用试点和示范，产业发展路径和模式将取得突破，带动传统产业结构调整和转型升级，为构建我国制造业竞争新优势、建设制造强国奠定更为扎实的基础。

### 三、航空

**（一）通用航空将进一步发展**

随着我国低空空域的开放，通用航空产业迎来快速发展。2016—2020 年为低空空域改革深化阶段，低空空域管理体制机制将更为先进合理、法规标准将更加科学完善、服务保障体系将更为可靠完备。同时，《中国制造 2025》确定航空装备为大力推动突破发展的重点领域,提出推进直升机、无人机和通用飞机产业化;《民用航空工业中长期发展规划(2013–2020年)》也提出积极发展通用航空产业,为通用航空的进一步发展提供了良好的政策环境。"一带一路"国家发展战略也为通用航空发展带来重大机遇。

### (二)制造思维和发展理念将实现突破

2015年8月21日,国务院举办"先进制造与3D打印"专题讲座,美国通用电气公司的3D打印航空发动机喷油嘴,特别是其"互联网+"与"3D打印"结合的理念,引起了总理和专家学者的密切关注。近年来,我国积极探索3D打印技术的研发及应用,部分技术已经处于世界先进水平。在《中国制造2025》、"工业4.0"等利好政策推动下,我国航空3D打印金属粉末、复合材料、主承力部件等均已实现突破,钛合金大型构件技术水平则世界领先。未来,随着3D打印技术越来越为成熟可靠,航空3D打印将迎来重大发展。同时,依托我国"互联网+"的平台优势及人才智力优势,能够构建"互联网+航空制造""互联网+航空全产业链"的新型发展模式,实现快速响应客户需求的智能化网络化服务。

### (三)国际合作将进一步加强

当前,在全球一体化的背景下,航空产业已逐步形成全球生产体系,各国在原材料、零部件、机载设备采购以及飞机部装、总装领域都开始了全球化的布局,各种形式的国际合作成为促进自身发展、增强竞争力的重要手段。近年来,我国航空工业企业广泛开展国际经济技术合作,中航工业与塞斯纳合作生产奖状XLS+公务机、中航直升机与空客合作生产EC175/AC352、湖北太航星河与美国安琪生产螺旋桨飞机、与美国擎天公司生产2座和4座飞机、重庆直投收购恩斯特龙、与皮拉图斯合作生产通用飞机、九江红鹰与波兰斯维德尼克生产PZL SW轻型直升机等,国际合作研制大幅提升。国产中短航程新型涡扇支线飞机ARJ21的交付使用,也标志着我国探索出一条"自主研制、国际合作、适航为准"的民机技术路线。目前,我国已成为全球第二大航空运输市场,随着我国航空市场的进一步发展,我国航空工业企业国际合作范围将继续扩大,国际航空产业将加快向我国转移的步伐。

## 四、船舶

### （一）我国船舶工业将逐渐好转

2015 年，受全球航运市场低迷影响，船舶和海工增长压力较大。虽然我国造船完工量年初实现企稳回升，但由于新承接船舶订单延续上一年度的疲软态势，同比持续大幅下降，导致手持船舶订单从 3 月份开始一直负增长，三大指标呈现一升两降的发展态势。加上新船价格持续低位徘徊，船舶企业交船难、融资难等问题突出，经济效益出现下滑，船舶工业面临形势严峻。1—10 月，全国造船完工量 3287 万载重吨，同比增长 15.4%。承接新船订单量 2038 万载重吨，同比下降 62.1%。截至 10 月底，手持船舶订单 13201 万载重吨，同比下降 14%。重点监测船舶企业工业总产值、营业收入保持平稳增长，出口交货值出现下降。同时，海洋工程装备市场也出现较大幅度萎缩。

预计 2016 年，国际船市新一轮大调整持续深入，产业调整周期的特征不断显现，需求结构出现一些趋向性变化，散货船等常规船型需求仍然乏力，海洋工程装备及高技术船舶需求将企稳回升。同时，受船舶能效和排放更高标准要求的影响，节能环保的新型散货船、集装箱船、油船有望成为市场需求主体，LNG 船、LPG 船将保持旺盛需求，汽车运输船、远洋渔船、豪华游轮等需求增长将表现明显。综合来看，受 2015 年的基数水平及"十三五"大环境的影响，2016 年造船完工量增速将继续回升企稳，新接订单量同比降幅将大幅减小，手持订单降幅进一步收窄。

### （二）航运船舶运力将持续过剩

#### 1. 散货船市场

2015 年，散运市场不断更新 BDI 指数的最低点，BDI 指数长期处于低位运行状态，也预示着散运市场的冷淡。普氏能源资讯（Platts）的调查结果显示，全球干散货运输市场的低迷状态要持续三年以上。与市场低迷的状态相反，金融危机后全球造船产能下降幅度有限，散运运力供过于求的局面将制约散运市场的发展。受市场影响，散货新船订单有所减少，伴随拆船活动的持续进行，散货市场运力过剩有望得到有效控制。

#### 2. 油船市场

2015 年，国际原油价格持续走低，促进了全球石油消费量的提高，故油船市场运价有所提高，油运市场呈现繁荣景象。受需求拉动，2015年油船新船订单量增加幅度较大，油船市场运力提高。未来油价预计将持续在40美元/桶水平，全球石油消费量难以有所增长。未来几年，油船市场将处于相对饱和的状态。

3. 集装箱船市场

市场需求方面，全球经济缓慢复苏已成事实，国际间贸易量小幅增长，拉动了全球集装箱运量平稳增长。运力供给方面，超大型新船带来了运力的大幅增长，拆船活动减少而没有起到降低运力的作用，市场中闲置运力不断提高。当前，8000TEU以上大型集装箱船主要服务于东西向主干航线，东西向主干航线运力持续过剩，运价低迷。

**（三）豪华游轮市场加快发展**

近年来，国内邮轮旅游呈现一片繁荣的发展趋势，据新华网报道，预计到2020年和2030年，中国的邮轮旅客将分别达到450万人次和1750万人次，成为全球最大的邮轮市场之一。2015年，《中国制造2025》明确指出要"突破豪华邮轮设计建造技术"，未来将是豪华邮轮快速发展时期。2015年10月，中国船舶工业集团、中国投资有限责任公司与邮轮公司嘉年华集团签署了价值26亿英镑的合资合作协议，共同发展豪华邮轮业务；外高桥船厂即将与意大利船厂签署合作协议，预计于2017年开始建造国产豪华邮轮，并于2020年前交付使用。

**（四）海工市场将持续低迷**

自2014年开始，国际原油价格已经下降了约一半，这为海工市场带来沉重打击。由于油田开发的延迟以及开发成本的超支，运营商面临着严重的经营风险和现金流问题。为了应对油价危机，未来运营商不得不大幅削减油气勘探开发的成本，甚至海工船东将降价出售船舶资产。受原油油价持续走低、船队利用率下降、日租金疲软、海工资产价值下滑等因素影响，海工市场的低迷至少要持续到2017年。

# 附　录

# 中国制造2025

## （国发〔2015〕28号）

　　制造业是国民经济的主体，是立国之本、兴国之器、强国之基。十八世纪中叶开启工业文明以来，世界强国的兴衰史和中华民族的奋斗史一再证明，没有强大的制造业，就没有国家和民族的强盛。打造具有国际竞争力的制造业，是我国提升综合国力、保障国家安全、建设世界强国的必由之路。

　　新中国成立尤其是改革开放以来，我国制造业持续快速发展，建成了门类齐全、独立完整的产业体系，有力推动工业化和现代化进程，显著增强综合国力，支撑我世界大国地位。然而，与世界先进水平相比，我国制造业仍然大而不强，在自主创新能力、资源利用效率、产业结构水平、信息化程度、质量效益等方面差距明显，转型升级和跨越发展的任务紧迫而艰巨。

　　当前，新一轮科技革命和产业变革与我国加快转变经济发展方式形成历史性交汇，国际产业分工格局正在重塑。必须紧紧抓住这一重大历史机遇，按照"四个全面"战略布局要求，实施制造强国战略，加强统筹规划和前瞻部署，力争通过三个十年的努力，到新中国成立一百年时，把我国建设成为引领世界制造业发展的制造强国，为实现中华民族伟大复兴的中国梦打下坚实基础。

　　《中国制造2025》，是我国实施制造强国战略第一个十年的行动纲领。

## 一、发展形势和环境

### （一）全球制造业格局面临重大调整。

　　新一代信息技术与制造业深度融合，正在引发影响深远的产业变革，形成新的生产方式、产业形态、商业模式和经济增长点。各国都在加大科技创新力度，推动三维（3D）打印、移动互联网、云计算、大数据、生物工程、新能源、新材料等领域取得新突破。基于信息物理系统的智能装备、智能工厂等智能制造正在引领制造方式变革；网络众包、协同设计、大规模个性化定制、精准供应链管理、全生命周期管理、电子商务等正在重塑产业价值链体系；可穿戴智能产品、智能家电、智能汽车等智能终端产品不断拓展制造业新领域。我国制造业转型升级、创新发展迎来重大机遇。

全球产业竞争格局正在发生重大调整，我国在新一轮发展中面临巨大挑战。国际金融危机发生后，发达国家纷纷实施"再工业化"战略，重塑制造业竞争新优势，加速推进新一轮全球贸易投资新格局。一些发展中国家也在加快谋划和布局，积极参与全球产业再分工，承接产业及资本转移，拓展国际市场空间。我国制造业面临发达国家和其他发展中国家"双向挤压"的严峻挑战，必须放眼全球，加紧战略部署，着眼建设制造强国，固本培元，化挑战为机遇，抢占制造业新一轮竞争制高点。

**（二）我国经济发展环境发生重大变化。**

随着新型工业化、信息化、城镇化、农业现代化同步推进，超大规模内需潜力不断释放，为我国制造业发展提供了广阔空间。各行业新的装备需求、人民群众新的消费需求、社会管理和公共服务新的民生需求、国防建设新的安全需求，都要求制造业在重大技术装备创新、消费品质量和安全、公共服务设施设备供给和国防装备保障等方面迅速提升水平和能力。全面深化改革和进一步扩大开放，将不断激发制造业发展活力和创造力，促进制造业转型升级。

我国经济发展进入新常态，制造业发展面临新挑战。资源和环境约束不断强化，劳动力等生产要素成本不断上升，投资和出口增速明显放缓，主要依靠资源要素投入、规模扩张的粗放发展模式难以为继，调整结构、转型升级、提质增效刻不容缓。形成经济增长新动力，塑造国际竞争新优势，重点在制造业，难点在制造业，出路也在制造业。

**（三）建设制造强国任务艰巨而紧迫。**

经过几十年的快速发展，我国制造业规模跃居世界第一位，建立起门类齐全、独立完整的制造体系，成为支撑我国经济社会发展的重要基石和促进世界经济发展的重要力量。持续的技术创新，大大提高了我国制造业的综合竞争力。载人航天、载人深潜、大型飞机、北斗卫星导航、超级计算机、高铁装备、百万千瓦级发电装备、万米深海石油钻探设备等一批重大技术装备取得突破，形成了若干具有国际竞争力的优势产业和骨干企业，我国已具备了建设工业强国的基础和条件。

但我国仍处于工业化进程中，与先进国家相比还有较大差距。制造业大而不强，自主创新能力弱，关键核心技术与高端装备对外依存度高，以企业为主体的制造业创新体系不完善；产品档次不高，缺乏世界知名品牌；资源能源利用效率低，环境污染问题较为突出；产业结构不合理，高端装备制造业和生产性服务业发展滞后；信息化水平不高，与工业化融合深度不够；产业国际化程度不高，企业全球化经营能力不足。推进制造强国建设，必须着力解决以上问题。

建设制造强国，必须紧紧抓住当前难得的战略机遇，积极应对挑战，加强统筹规划，突出创新驱动，制定特殊政策，发挥制度优势，动员全社会力量奋力拼搏，更多依靠中国装备、依托中国品牌，实现中国制造向中国创造的转变，中国速度向中国质量的转变，中国产品向中国品牌的转变，完成中国制造由大变强的战略任务。

## 二、战略方针和目标

### （一）指导思想。

全面贯彻党的十八大和十八届二中、三中、四中全会精神，坚持走中国特色新型工业化道路，以促进制造业创新发展为主题，以提质增效为中心，以加快新一代信息技术与制造业深度融合为主线，以推进智能制造为主攻方向，以满足经济社会发展和国防建设对重大技术装备的需求为目标，强化工业基础能力，提高综合集成水平，完善多层次多类型人才培养体系，促进产业转型升级，培育有中国特色的制造文化，实现制造业由大变强的历史跨越。基本方针是：

——创新驱动。坚持把创新摆在制造业发展全局的核心位置，完善有利于创新的制度环境，推动跨领域跨行业协同创新，突破一批重点领域关键共性技术，促进制造业数字化网络化智能化，走创新驱动的发展道路。

——质量为先。坚持把质量作为建设制造强国的生命线，强化企业质量主体责任，加强质量技术攻关、自主品牌培育。建设法规标准体系、质量监管体系、先进质量文化，营造诚信经营的市场环境，走以质取胜的发展道路。

——绿色发展。坚持把可持续发展作为建设制造强国的重要着力点，加强节能环保技术、工艺、装备推广应用，全面推行清洁生产。发展循环经济，提高资源回收利用效率，构建绿色制造体系，走生态文明的发展道路。

——结构优化。坚持把结构调整作为建设制造强国的关键环节，大力发展先进制造业，改造提升传统产业，推动生产型制造向服务型制造转变。优化产业空间布局,培育一批具有核心竞争力的产业集群和企业群体,走提质增效的发展道路。

——人才为本。坚持把人才作为建设制造强国的根本,建立健全科学合理的选人、用人、育人机制,加快培养制造业发展急需的专业技术人才、经营管理人才、技能人才。营造大众创业、万众创新的氛围,建设一支素质优良、结构合理的制造业人才队伍,走人才引领的发展道路。

**(二)基本原则。**

市场主导,政府引导。全面深化改革,充分发挥市场在资源配置中的决定性作用,强化企业主体地位,激发企业活力和创造力。积极转变政府职能,加强战略研究和规划引导,完善相关支持政策,为企业发展创造良好环境。

立足当前,着眼长远。针对制约制造业发展的瓶颈和薄弱环节,加快转型升级和提质增效,切实提高制造业的核心竞争力和可持续发展能力。准确把握新一轮科技革命和产业变革趋势,加强战略谋划和前瞻部署,扎扎实实打基础,在未来竞争中占据制高点。

整体推进,重点突破。坚持制造业发展全国一盘棋和分类指导相结合,统筹规划,合理布局,明确创新发展方向,促进军民融合深度发展,加快推动制造业整体水平提升。围绕经济社会发展和国家安全重大需求,整合资源,突出重点,实施若干重大工程,实现率先突破。

自主发展,开放合作。在关系国计民生和产业安全的基础性、战略性、全局性领域,着力掌握关键核心技术,完善产业链条,形成自主发展能力。继续扩大开放,积极利用全球资源和市场,加强产业全球布局和国际交流合作,形成新的比较优势,提升制造业开放发展水平。

**(三)战略目标。**

立足国情,立足现实,力争通过"三步走"实现制造强国的战略目标。

第一步:力争用十年时间,迈入制造强国行列。

到 2020 年,基本实现工业化,制造业大国地位进一步巩固,制造业信息化水平大幅提升。掌握一批重点领域关键核心技术,优势领域竞争力进一步增强,产品质量有较大提高。制造业数字化、网络化、智能化取得明显进展。重点行业单位工业增加值能耗、物耗及污染物排放明显下降。

到 2025 年,制造业整体素质大幅提升,创新能力显著增强,全员劳动生产率明显提高,两化(工业化和信息化)融合迈上新台阶。重点行业单位工业增加值能耗、物耗及污染物排放达到世界先进水平。形成一批具有较强国际竞争力的跨国公司和产业集群，在全球产业分工和价值链中的地位明显提升。

第二步：到2035年，我国制造业整体达到世界制造强国阵营中等水平。创新能力大幅提升，重点领域发展取得重大突破，整体竞争力明显增强，优势行业形成全球创新引领能力，全面实现工业化。

第三步：新中国成立一百年时，制造业大国地位更加巩固，综合实力进入世界制造强国前列。制造业主要领域具有创新引领能力和明显竞争优势，建成全球领先的技术体系和产业体系。

**表1 2020年和2025年制造业主要指标**

| 类别 | 指标 | 2013年 | 2015年 | 2020年 | 2025年 |
|---|---|---|---|---|---|
| 创新能力 | 规模以上制造业研发经费内部支出占主营业务收入比重（%） | 0.88 | 0.95 | 1.26 | 1.68 |
| | 规模以上制造业每亿元主营业务收入有效发明专利数1（件） | 0.36 | 0.44 | 0.70 | 1.10 |
| 质量效益 | 制造业质量竞争力指数2 | 83.1 | 83.5 | 84.5 | 85.5 |
| | 制造业增加值率提高 | — | — | 比2015年提高2个百分点 | 比2015年提高4个百分点 |
| | 制造业全员劳动生产率增速（%） | — | — | 7.5左右（"十三五"期间年均增速） | 6.5左右（"十四五"期间年均增速） |
| 两化融合 | 宽带普及率3（%） | 37 | 50 | 70 | 82 |
| | 数字化研发设计工具普及率4（%） | 52 | 58 | 72 | 84 |
| | 关键工序数控化率5（%） | 27 | 33 | 50 | 64 |
| 绿色发展 | 规模以上单位工业增加值能耗下降幅度 | — | — | 比2015年下降18% | 比2015年下降34% |
| | 单位工业增加值二氧化碳排放量下降幅度 | — | — | 比2015年下降22% | 比2015年下降40% |
| | 单位工业增加值用水量下降幅度 | — | — | 比2015年下降23% | 比2015年下降41% |
| | 工业固体废物综合利用率（%） | 62 | 65 | 73 | 79 |

注:1.规模以上制造业每亿元主营业务收入有效发明专利数＝规模以上制造企业有效发明专利数/规模以上制造企业主营业务收入。

2. 制造业质量竞争力指数是反映我国制造业质量整体水平的经济技术综合指标，由质量水平和发展能力两个方面共计 12 项具体指标计算得出。

3. 宽带普及率用固定宽带家庭普及率代表，固定宽带家庭普及率 = 固定宽带家庭用户数 / 家庭户数。

4. 数字化研发设计工具普及率 = 应用数字化研发设计工具的规模以上企业数量 / 规模以上企业总数量（相关资料来源于 3 万家样本企业，下同）。

5. 关键工序数控化率为规模以上工业企业关键工序数控化率的平均值。

## 三、战略任务和重点

实现制造强国的战略目标，必须坚持问题导向，统筹谋划，突出重点；必须凝聚全社会共识，加快制造业转型升级，全面提高发展质量和核心竞争力。

### （一）提高国家制造业创新能力。

完善以企业为主体、市场为导向、政产学研用相结合的制造业创新体系。围绕产业链部署创新链，围绕创新链配置资源链，加强关键核心技术攻关，加速科技成果产业化，提高关键环节和重点领域的创新能力。

加强关键核心技术研发。强化企业技术创新主体地位，支持企业提升创新能力，推进国家技术创新示范企业和企业技术中心建设，充分吸纳企业参与国家科技计划的决策和实施。瞄准国家重大战略需求和未来产业发展制高点，定期研究制定发布制造业重点领域技术创新路线图。继续抓紧实施国家科技重大专项，通过国家科技计划（专项、基金等）支持关键核心技术研发。发挥行业骨干企业的主导作用和高等院校、科研院所的基础作用，建立一批产业创新联盟，开展政产学研用协同创新，攻克一批对产业竞争力整体提升具有全局性影响、带动性强的关键共性技术，加快成果转化。

提高创新设计能力。在传统制造业、战略性新兴产业、现代服务业等重点领域开展创新设计示范，全面推广应用以绿色、智能、协同为特征的先进设计技术。加强设计领域共性关键技术研发，攻克信息化设计、过程集成设计、复杂过程和系统设计等共性技术，开发一批具有自主知识产权的关键设计工具软件，建设完善创新设计生态系统。建设若干具有世界影响力的创新设计集群，培育一批专业化、开放型的工业设计企业，鼓励代工企业建立研究设计中心，向代设计和出口自主品牌产品转变。发展各类创新设计教育，设立国家工业设计奖，激发全社会创新设计的积极性和主动性。

推进科技成果产业化。完善科技成果转化运行机制，研究制定促进科技成果转化和产业化的指导意见，建立完善科技成果信息发布和共享平台，健全以技术交易市场为核心的技术转移和产业化服务体系。完善科技成果转化激励机制，推动事业单位科技成果使用、处置和收益管理改革，健全科技成果科学评估和市场定价机制。完善科技成果转化协同推进机制，引导政产学研用按照市场规律和创新规律加强合作，鼓励企业和社会资本建立一批从事技术集成、熟化和工程化的中试基地。加快国防科技成果转化和产业化进程，推进军民技术双向转移转化。

完善国家制造业创新体系。加强顶层设计，加快建立以创新中心为核心载体、以公共服务平台和工程数据中心为重要支撑的制造业创新网络，建立市场化的创新方向选择机制和鼓励创新的风险分担、利益共享机制。充分利用现有科技资源，围绕制造业重大共性需求，采取政府与社会合作、政产学研用产业创新战略联盟等新机制新模式，形成一批制造业创新中心（工业技术研究基地），开展关键共性重大技术研究和产业化应用示范。建设一批促进制造业协同创新的公共服务平台，规范服务标准，开展技术研发、检验检测、技术评价、技术交易、质量认证、人才培训等专业化服务，促进科技成果转化和推广应用。建设重点领域制造业工程数据中心，为企业提供创新知识和工程数据的开放共享服务。面向制造业关键共性技术，建设一批重大科学研究和实验设施，提高核心企业系统集成能力，促进向价值链高端延伸。

## 专栏1　制造业创新中心（工业技术研究基地）建设工程

围绕重点行业转型升级和新一代信息技术、智能制造、增材制造、新材料、生物医药等领域创新发展的重大共性需求，形成一批制造业创新中心（工业技术研究基地），重点开展行业基础和共性关键技术研发、成果产业化、人才培训等工作。制定完善制造业创新中心遴选、考核、管理的标准和程序。

到2020年，重点形成15家左右制造业创新中心（工业技术研究基地），力争到2025年形成40家左右制造业创新中心（工业技术研究基地）。

加强标准体系建设。改革标准体系和标准化管理体制，组织实施制造业标准化提升计划，在智能制造等重点领域开展综合标准化工作。发挥企业在标准制定中的重要作用，支持组建重点领域标准推进联盟，建设标准创新研究基地，协同推进产品研发与标准制定。制定满足市场和创新需要的团体标准，建立企业产品和服务标准自我声明公开和监督制度。鼓励和支持企业、科研院所、行业组织等参与国际标准制定，加快我国标准国际化进程。大力推动国防装备采用先进的民用标准，推动军用技术标准向民用领域的转化和应用。做好标准的宣传贯彻，大力推动标准实施。

强化知识产权运用。加强制造业重点领域关键核心技术知识产权储备，构建产业化导向的专利组合和战略布局。鼓励和支持企业运用知识产权参与市场竞争，培育一批具备知识产权综合实力的优势企业，支持组建知识产权联盟，推动市场主体开展知识产权协同运用。稳妥推进国防知识产权解密和市场化应用。建立健全知识产权评议机制，鼓励和支持行业骨干企业与专业机构在重点领域合作开展专利评估、收购、运营、风险预警与应对。构建知识产权综合运用公共服务平台。鼓励开展跨国知识产权许可。研究制定降低中小企业知识产权申请、保护及维权成本的政策措施。

**（二）推进信息化与工业化深度融合。**

加快推动新一代信息技术与制造技术融合发展，把智能制造作为两化深度融合的主攻方向；着力发展智能装备和智能产品，推进生产过程智能化，培育新型生产方式，全面提升企业研发、生产、管理和服务的智能化水平。

研究制定智能制造发展战略。编制智能制造发展规划，明确发展目标、重点任务和重大布局。加快制定智能制造技术标准，建立完善智能制造和两化融合管理标准体系。强化应用牵引，建立智能制造产业联盟，协同推动智能装备和产品研发、系统集成创新与产业化。促进工业互联网、云计算、大数据在企业研发设计、生产制造、经营管理、销售服务等全流程和全产业链的综合集成应用。加强智能制造工业控制系统网络安全保障能力建设，健全综合保障体系。

加快发展智能制造装备和产品。组织研发具有深度感知、智慧决策、自动执行功能的高档数控机床、工业机器人、增材制造装备等智能制造装备以及智能化生产线，突破新型传感器、智能测量仪表、工业控制系统、伺服电机及驱动器和减速器等智能核心装置，推进工程化和产业化。加快机械、航空、船舶、汽车、轻工、纺织、食品、电子等行业生产设备的智能化改造，提高精准制造、敏捷制造能力。统筹布局和推动智能交通工具、智能工程机械、服务机器人、智能家电、智能照明电器、可穿戴设备等产品研发和产业化。

推进制造过程智能化。在重点领域试点建设智能工厂/数字化车间，加快人机智能交互、工业机器人、智能物流管理、增材制造等技术和装备在生产过程中的应用，促进制造工艺的仿真优化、数字化控制、状态信息实时监测和自适应控制。加快产品全生命周期管理、客户关系管理、供应链管理系统的推广应用，促进集团管控、设计与制造、产供销一体、业务和财务衔接等关键环节集成，实现智能管控。加快民用爆炸物品、危险化学品、食品、印染、稀土、农药等重点行业智能检测监管体系建设，提高智能化水平。

深化互联网在制造领域的应用。制定互联网与制造业融合发展的路线图，明确发展方向、目标和路径。发展基于互联网的个性化定制、众包设计、云制造等新型制造模式，推动形成基于消费需求动态感知的研发、制造和产业组织方式。建立优势互补、合作共赢的开放型产业生态体系。加快开展物联网技术研发和应用示范，培育智能监测、远程诊断管理、全产业链追溯等工业互联网新应用。实施工业云及工业大数据创新应用试点，建设一批高质量的工业云服务和工业大数据平台，推动软件与服务、设计与制造资源、关键技术与标准的开放共享。

加强互联网基础设施建设。加强工业互联网基础设施建设规划与布局，建设低时延、高可靠、广覆盖的工业互联网。加快制造业集聚区光纤网、移动通信网和无线局域网的部署和建设，实现信息网络宽带升级，提高企业宽带接入能力。针对信息物理系统网络研发及应用需求，组织开发智能控制系统、工业应用软件、故障诊断软件和相关工具、传感和通信系统协议，实现人、设备与产品的实时联通、精确识别、有效交互与智能控制。

## 专栏2　智能制造工程

紧密围绕重点制造领域关键环节，开展新一代信息技术与制造装备融合的集成创新和工程应用。支持政产学研用联合攻关，开发智能产品和自主可控的智能装置并实现产业化。依托优势企业，紧扣关键工序智能化、关键岗位机器人替代、生产过程智能优化控制、供应链优化，建设重点领域智能工厂/数字化车间。在基础条件好、需求迫切的重点地区、行业和企业中，分类实施流程制造、离散制造、智能装备和产品、新业态新模式、智能化管理、智能化服务等试点示范及应用推广。建立智能制造标准体系和信息安全保障系统，搭建智能制造网络系统平台。

到 2020 年，制造业重点领域智能化水平显著提升，试点示范项目运营成本降低 30%，产品生产周期缩短 30%，不良品率降低 30%。到 2025 年，制造业重点领域全面实现智能化，试点示范项目运营成本降低 50%，产品生产周期缩短 50%，不良品率降低 50%。

### （三）强化工业基础能力。

核心基础零部件（元器件）、先进基础工艺、关键基础材料和产业技术基础（以下统称"四基"）等工业基础能力薄弱，是制约我国制造业创新发展和质量提升的症结所在。要坚持问题导向、产需结合、协同创新、重点突破的原则，着力破解制约重点产业发展的瓶颈。

统筹推进"四基"发展。制定工业强基实施方案，明确重点方向、主要目标和实施路径。制定工业"四基"发展指导目录，发布工业强基发展报告，组织实施工业强基工程。统筹军民两方面资源，开展军民两用技术联合攻关，支持军民技术相互有效利用，促进基础领域融合发展。强化基础领域标准、计量体系建设，加快实施对标达标，提升基础产品的质量、可靠性和寿命。建立多部门协调推进机制，引导各类要素向基础领域集聚。

加强"四基"创新能力建设。强化前瞻性基础研究，着力解决影响核心基础零部件（元器件）产品性能和稳定性的关键共性技术。建立基础工艺创新体系，利用现有资源建立关键共性基础工艺研究机构，开展先进成型、加工等关键制造工艺联合攻关；支持企业开展工艺创新，培养工艺专业人才。加大基础专用材料研发力度，提高专用材料自给保障能力和制备技术水平。建立国家工业基础数据库，加强企业试验检测数据和计量数据的采集、管理、应用和积累。加大对"四基"领域技术研发的支持力度，引导产业投资基金和创业投资基金投向"四基"领域重点项目。

推动整机企业和"四基"企业协同发展。注重需求侧激励，产用结合，协同攻关。依托国家科技计划（专项、基金等）和相关工程等，在数控机床、轨道交通装备、航空航天、发电设备等重点领域，引导整机企业和"四基"企业、高校、科研院所产需对接，建立产业联盟，形成协同创新、产用结合、以市场促基础产业发展的新模式，提升重大装备自主可控水平。开展工业强基示范应用，完善首台（套）、首批次政策，支持核心基础零部件（元器件）、先进基础工艺、关键基础材料推广应用。

## 专栏3  工业强基工程

开展示范应用，建立奖励和风险补偿机制，支持核心基础零部件（元器件）、先进基础工艺、关键基础材料的首批次或跨领域应用。组织重点突破，针对重大工程和重点装备的关键技术和产品急需，支持优势企业开展政产学研用联合攻关，突破关键基础材料、核心基础零部件的工程化、产业化瓶颈。强化平台支撑，布局和组建一批"四基"研究中心，创建一批公共服务平台，完善重点产业技术基础体系。

到2020年，40%的核心基础零部件、关键基础材料实现自主保障，受制于人的局面逐步缓解，航天装备、通信装备、发电与输变电设备、工程机械、轨道交通装备、家用电器等产业急需的核心基础零部件（元器件）和关键基础材料的先进制造工艺得到推广应用。到2025年，70%的核心基础零部件、关键基础材料实现自主保障，80种标志性先进工艺得到推广应用，部分达到国际领先水平，建成较为完善的产业技术基础服务体系，逐步形成整机牵引和基础支撑协调互动的产业创新发展格局。

### （四）加强质量品牌建设。

提升质量控制技术，完善质量管理机制，夯实质量发展基础，优化质量发展环境，努力实现制造业质量大幅提升。鼓励企业追求卓越品质，形成具有自主知识产权的名牌产品，不断提升企业品牌价值和中国制造整体形象。

推广先进质量管理技术和方法。建设重点产品标准符合性认定平台，推动重点产品技术、安全标准全面达到国际先进水平。开展质量标杆和领先企业示范活动，普及卓越绩效、六西格玛、精益生产、质量诊断、质量持续改进等先进生产管理模式和方法。支持企业提高质量在线监测、在线控制和产品全生命周期质量追溯能力。组织开展重点行业工艺优化行动，提升关键工艺过程控制水平。开展质量管理小组、现场改进等群众性质量管理活动示范推广。加强中小企业质量管理，开展质量安全培训、诊断和辅导活动。

　　加快提升产品质量。实施工业产品质量提升行动计划，针对汽车、高档数控机床、轨道交通装备、大型成套技术装备、工程机械、特种设备、关键原材料、基础零部件、电子元器件等重点行业，组织攻克一批长期困扰产品质量提升的关键共性质量技术，加强可靠性设计、试验与验证技术开发应用，推广采用先进成型和加工方法、在线检测装置、智能化生产和物流系统及检测设备等，使重点实物产品的性能稳定性、质量可靠性、环境适应性、使用寿命等指标达到国际同类产品先进水平。在食品、药品、婴童用品、家电等领域实施覆盖产品全生命周期的质量管理、质量自我声明和质量追溯制度，保障重点消费品质量安全。大力提高国防装备质量可靠性，增强国防装备实战能力。

　　完善质量监管体系。健全产品质量标准体系、政策规划体系和质量管理法律法规。加强关系民生和安全等重点领域的行业准入与市场退出管理。建立消费品生产经营企业产品事故强制报告制度，健全质量信用信息收集和发布制度，强化企业质量主体责任。将质量违法违规记录作为企业诚信评级的重要内容，建立质量黑名单制度，加大对质量违法和假冒品牌行为的打击和惩处力度。建立区域和行业质量安全预警制度，防范化解产品质量安全风险。严格实施产品"三包"、产品召回等制度。强化监管检查和责任追究，切实保护消费者权益。

　　夯实质量发展基础。制定和实施与国际先进水平接轨的制造业质量、安全、卫生、环保及节能标准。加强计量科技基础及前沿技术研究，建立一批制造业发展急需的高准确度、高稳定性计量基标准，提升与制造业相关的国家量传溯源能力。加强国家产业计量测试中心建设，构建国家计量科技创新体系。完善检验检测技术保障体系，建设一批高水平的工业产品质量控制和技术评价实验室、产品质量监督检验中心，鼓励建立专业检测技术联盟。完善认证认可管理模式，提高强制性产品认证的有效性，推动自愿性产品认证健康发展，提升管理体系认证水平，稳步推进国际互认。支持行业组织发布自律规范或公约，开展质量信誉承诺活动。

　　推进制造业品牌建设。引导企业制定品牌管理体系，围绕研发创新、生产制造、质量管理和营销服务全过程，提升内在素质，夯实品牌发展基础。扶持一批品牌培育和运营专业服务机构，开展品牌管理咨询、市场推广等服务。健全集体商标、证明商标注册管理制度。打造一批特色鲜明、竞争力强、市场信誉好的产业集群区域品牌。建设品牌文化，引导企业增强以质量和信誉为核心的品牌意识，树立品牌消费理念，提升品牌附加值和软实力。加速我国品牌价值评价国际化进程，充分发挥各类媒体作用，加大中国品牌宣传推广力度，树立中国制造品牌良好形象。

**（五）全面推行绿色制造。**

加大先进节能环保技术、工艺和装备的研发力度，加快制造业绿色改造升级；积极推行低碳化、循环化和集约化，提高制造业资源利用效率；强化产品全生命周期绿色管理，努力构建高效、清洁、低碳、循环的绿色制造体系。

加快制造业绿色改造升级。全面推进钢铁、有色、化工、建材、轻工、印染等传统制造业绿色改造，大力研发推广余热余压回收、水循环利用、重金属污染减量化、有毒有害原料替代、废渣资源化、脱硫脱硝除尘等绿色工艺技术装备，加快应用清洁高效铸造、锻压、焊接、表面处理、切削等加工工艺，实现绿色生产。加强绿色产品研发应用，推广轻量化、低功耗、易回收等技术工艺，持续提升电机、锅炉、内燃机及电器等终端用能产品能效水平，加快淘汰落后机电产品和技术。积极引领新兴产业高起点绿色发展，大幅降低电子信息产品生产、使用能耗及限用物质含量，建设绿色数据中心和绿色基站，大力促进新材料、新能源、高端装备、生物产业绿色低碳发展。

推进资源高效循环利用。支持企业强化技术创新和管理，增强绿色精益制造能力，大幅降低能耗、物耗和水耗水平。持续提高绿色低碳能源使用比率，开展工业园区和企业分布式绿色智能微电网建设，控制和削减化石能源消费量。全面推行循环生产方式，促进企业、园区、行业间链接共生、原料互供、资源共享。推进资源再生利用产业规范化、规模化发展，强化技术装备支撑，提高大宗工业固体废弃物、废旧金属、废弃电器电子产品等综合利用水平。大力发展再制造产业，实施高端再制造、智能再制造、在役再制造，推进产品认定，促进再制造产业持续健康发展。

积极构建绿色制造体系。支持企业开发绿色产品，推行生态设计，显著提升产品节能环保低碳水平，引导绿色生产和绿色消费。建设绿色工厂，实现厂房集约化、原料无害化、生产洁净化、废物资源化、能源低碳化。发展绿色园区，推进工业园区产业耦合，实现近零排放。打造绿色供应链，加快建立以资源节约、环境友好为导向的采购、生产、营销、回收及物流体系，落实生产者责任延伸制度。壮大绿色企业，支持企业实施绿色战略、绿色标准、绿色管理和绿色生产。强化绿色监管，健全节能环保法规、标准体系，加强节能环保监察，推行企业社会责任报告制度，开展绿色评价。

## 专栏4　绿色制造工程

组织实施传统制造业能效提升、清洁生产、节水治污、循环利用等专项技术改造。开展重大节能环保、资源综合利用、再制造、低碳技术产业化示范。实施重点区域、流域、行业清洁生产水平提升计划，扎实推进大气、水、土壤污染源头防治专项。制定绿色产品、绿色工厂、绿色园区、绿色企业标准体系，开展绿色评价。

到2020年，建成千家绿色示范工厂和百家绿色示范园区，部分重化工行业能源资源消耗出现拐点，重点行业主要污染物排放强度下降20%。到2025年，制造业绿色发展和主要产品单耗达到世界先进水平，绿色制造体系基本建立。

### （六）大力推动重点领域突破发展。

瞄准新一代信息技术、高端装备、新材料、生物医药等战略重点，引导社会各类资源集聚，推动优势和战略产业快速发展。

1. 新一代信息技术产业。

集成电路及专用装备。着力提升集成电路设计水平，不断丰富知识产权（IP）核和设计工具，突破关系国家信息与网络安全及电子整机产业发展的核心通用芯片，提升国产芯片的应用适配能力。掌握高密度封装及三维（3D）微组装技术，提升封装产业和测试的自主发展能力。形成关键制造装备供货能力。

信息通信设备。掌握新型计算、高速互联、先进存储、体系化安全保障等核心技术，全面突破第五代移动通信（5G）技术、核心路由交换技术、超高速大容量智能光传输技术、"未来网络"核心技术和体系架构，积极推动量子计算、神经网络等发展。研发高端服务器、大容量存储、新型路由交换、新型智能终端、新一代基站、网络安全等设备，推动核心信息通信设备体系化发展与规模化应用。

操作系统及工业软件。开发安全领域操作系统等工业基础软件。突破智能设计与仿真及其工具、制造物联与服务、工业大数据处理等高端工业软件核心技术，开发自主可控的高端工业平台软件和重点领域应用软件，建立完善工业软件集成标准与安全测评体系。推进自主工业软件体系化发展和产业化应用。

2.高档数控机床和机器人。

高档数控机床。开发一批精密、高速、高效、柔性数控机床与基础制造装备及集成制造系统。加快高档数控机床、增材制造等前沿技术和装备的研发。以提升可靠性、精度保持性为重点，开发高档数控系统、伺服电机、轴承、光栅等主要功能部件及关键应用软件，加快实现产业化。加强用户工艺验证能力建设。

机器人。围绕汽车、机械、电子、危险品制造、国防军工、化工、轻工等工业机器人、特种机器人，以及医疗健康、家庭服务、教育娱乐等服务机器人应用需求，积极研发新产品，促进机器人标准化、模块化发展，扩大市场应用。突破机器人本体、减速器、伺服电机、控制器、传感器与驱动器等关键零部件及系统集成设计制造等技术瓶颈。

3.航空航天装备。

航空装备。加快大型飞机研制，适时启动宽体客机研制，鼓励国际合作研制重型直升机；推进干支线飞机、直升机、无人机和通用飞机产业化。突破高推重比、先进涡桨（轴）发动机及大涵道比涡扇发动机技术，建立发动机自主发展工业体系。开发先进机载设备及系统，形成自主完整的航空产业链。

航天装备。发展新一代运载火箭、重型运载器，提升进入空间能力。加快推进国家民用空间基础设施建设，发展新型卫星等空间平台与有效载荷、空天地宽带互联网系统，形成长期持续稳定的卫星遥感、通信、导航等空间信息服务能力。推动载人航天、月球探测工程，适度发展深空探测。推进航天技术转化与空间技术应用。

4.海洋工程装备及高技术船舶。

大力发展深海探测、资源开发利用、海上作业保障装备及其关键系统和专用设备。推动深海空间站、大型浮式结构物的开发和工程化。形成海洋工程装备综合试验、检测与鉴定能力，提高海洋开发利用水平。突破豪华邮轮设计建造技术，全面提升液化天然气船等高技术船舶国际竞争力，掌握重点配套设备集成化、智能化、模块化设计制造核心技术。

5.先进轨道交通装备。

加快新材料、新技术和新工艺的应用，重点突破体系化安全保障、节能环保、数字化智能化网络化技术，研制先进可靠适用的产品和轻量化、模块化、谱系化产品。研发新一代绿色智能、高速重载轨道交通装备系统，围绕系统全寿命周期，向用户提供整体解决方案，建立世界领先的现代轨道交通产业体系。

6. 节能与新能源汽车。

继续支持电动汽车、燃料电池汽车发展，掌握汽车低碳化、信息化、智能化核心技术，提升动力电池、驱动电机、高效内燃机、先进变速器、轻量化材料、智能控制等核心技术的工程化和产业化能力，形成从关键零部件到整车的完整工业体系和创新体系，推动自主品牌节能与新能源汽车同国际先进水平接轨。

7. 电力装备。

推动大型高效超净排放煤电机组产业化和示范应用，进一步提高超大容量水电机组、核电机组、重型燃气轮机制造水平。推进新能源和可再生能源装备、先进储能装置、智能电网用输变电及用户端设备发展。突破大功率电力电子器件、高温超导材料等关键元器件和材料的制造及应用技术，形成产业化能力。

8. 农机装备。

重点发展粮、棉、油、糖等大宗粮食和战略性经济作物育、耕、种、管、收、运、贮等主要生产过程使用的先进农机装备，加快发展大型拖拉机及其复式作业机具、大型高效联合收割机等高端农业装备及关键核心零部件。提高农机装备信息收集、智能决策和精准作业能力，推进形成面向农业生产的信息化整体解决方案。

9. 新材料。

以特种金属功能材料、高性能结构材料、功能性高分子材料、特种无机非金属材料和先进复合材料为发展重点，加快研发先进熔炼、凝固成型、气相沉积、型材加工、高效合成等新材料制备关键技术和装备，加强基础研究和体系建设，突破产业化制备瓶颈。积极发展军民共用特种新材料，加快技术双向转移转化，促进新材料产业军民融合发展。高度关注颠覆性新材料对传统材料的影响，做好超导材料、纳米材料、石墨烯、生物基材料等战略前沿材料提前布局和研制。加快基础材料升级换代。

10. 生物医药及高性能医疗器械。

发展针对重大疾病的化学药、中药、生物技术药物新产品，重点包括新机制和新靶点化学药、抗体药物、抗体偶联药物、全新结构蛋白及多肽药物、新型疫苗、临床优势突出的创新中药及个性化治疗药物。提高医疗器械的创新能力和产业化水平，重点发展影像设备、医用机器人等高性能诊疗设备，全降解血管支架等高值医用耗材，可穿戴、远程诊疗等移动医疗产品。实现生物 3D 打印、诱导多能干细胞等新技术的突破和应用。

## 专栏5　高端装备创新工程

组织实施大型飞机、航空发动机及燃气轮机、民用航天、智能绿色列车、节能与新能源汽车、海洋工程装备及高技术船舶、智能电网成套装备、高档数控机床、核电装备、高端诊疗设备等一批创新和产业化专项、重大工程。开发一批标志性、带动性强的重点产品和重大装备，提升自主设计水平和系统集成能力，突破共性关键技术与工程化、产业化瓶颈，组织开展应用试点和示范，提高创新发展能力和国际竞争力，抢占竞争制高点。

到 2020 年，上述领域实现自主研制及应用。到 2025 年，自主知识产权高端装备市场占有率大幅提升，核心技术对外依存度明显下降，基础配套能力显著增强，重要领域装备达到国际领先水平。

### （七）深入推进制造业结构调整。

推动传统产业向中高端迈进，逐步化解过剩产能，促进大企业与中小企业协调发展，进一步优化制造业布局。

持续推进企业技术改造。明确支持战略性重大项目和高端装备实施技术改造的政策方向，稳定中央技术改造引导资金规模，通过贴息等方式，建立支持企业技术改造的长效机制。推动技术改造相关立法，强化激励约束机制，完善促进企业技术改造的政策体系。支持重点行业、高端产品、关键环节进行技术改造，引导企业采用先进适用技术，优化产品结构，全面提升设计、制造、工艺、管理水平，促进钢铁、石化、工程机械、轻工、纺织等产业向价值链高端发展。研究制定重点产业技术改造投资指南和重点项目导向计划，吸引社会资金参与，优化工业投资结构。围绕两化融合、节能降耗、质量提升、安全生产等传统领域改造，推广应用新技术、新工艺、新装备、新材料，提高企业生产技术水平和效益。

稳步化解产能过剩矛盾。加强和改善宏观调控，按照"消化一批、转移一批、整合一批、淘汰一批"的原则，分业分类施策，有效化解产能过剩矛盾。加强行业规范和准入管理，推动企业提升技术装备水平，优化存量产能。加强对产能严重过剩行业的动态监测分析，建立完善预警机制，引导企业主动退出过剩行业。切实发挥市场机制作用，综合运用法律、经济、技术及必要的行政手段，加快淘汰落后产能。

促进大中小企业协调发展。强化企业市场主体地位，支持企业间战略合作和跨行业、跨区域兼并重组，提高规模化、集约化经营水平，培育一批核心竞争力强的企业集团。激发中小企业创业创新活力，发展一批主营业务突出、竞争力强、成长性好、专注于细分市场的专业化"小巨人"企业。发挥中外中小企业合作园区示范作用，利用双边、多边中小企业合作机制，支持中小企业走出去和引进来。引导大企业与中小企业通过专业分工、服务外包、订单生产等多种方式，建立协同创新、合作共赢的协作关系。推动建设一批高水平的中小企业集群。

优化制造业发展布局。落实国家区域发展总体战略和主体功能区规划，综合考虑资源能源、环境容量、市场空间等因素，制定和实施重点行业布局规划，调整优化重大生产力布局。完善产业转移指导目录，建设国家产业转移信息服务平台，创建一批承接产业转移示范园区，引导产业合理有序转移，推动东中西部制造业协调发展。积极推动京津冀和长江经济带产业协同发展。按照新型工业化的要求，改造提升现有制造业集聚区，推动产业集聚向产业集群转型升级。建设一批特色和优势突出、产业链协同高效、核心竞争力强、公共服务体系健全的新型工业化示范基地。

**（八）积极发展服务型制造和生产性服务业。**

加快制造与服务的协同发展，推动商业模式创新和业态创新，促进生产型制造向服务型制造转变。大力发展与制造业紧密相关的生产性服务业，推动服务功能区和服务平台建设。

推动发展服务型制造。研究制定促进服务型制造发展的指导意见，实施服务型制造行动计划。开展试点示范，引导和支持制造业企业延伸服务链条，从主要提供产品制造向提供产品和服务转变。鼓励制造业企业增加服务环节投入，发展个性化定制服务、全生命周期管理、网络精准营销和在线支持服务等。支持有条件的企业由提供设备向提供系统集成总承包服务转变，由提供产品向提供整体解决方案转变。鼓励优势制造业企业"裂变"专业优势，通过业务流程再造，面向行业提供社会化、专业化服务。支持符合条件的制造业企业建立企业财务公司、金融租赁公司等金融机构，推广大型制造设备、生产线等融资租赁服务。

加快生产性服务业发展。大力发展面向制造业的信息技术服务，提高重点行业信息应用系统的方案设计、开发、综合集成能力。鼓励互联网等企业发展移动电子商务、在线定制、线上到线下等创新模式，积极发展对产品、市场的动态监控和预测预警等业务，实现与制造业企业的无缝对接，创新业务协作流程和价值创造模式。加快发展研发设计、技术转移、创业孵化、知识产权、科技咨询等科技服务业，发展壮大第三方物流、节能环保、检验检测认证、电子商务、服务外包、融资租赁、人力资源服务、售后服务、品牌建设等生产性服务业，提高对制造业转型升级的支撑能力。

强化服务功能区和公共服务平台建设。建设和提升生产性服务业功能区，重点发展研发设计、信息、物流、商务、金融等现代服务业，增强辐射能力。依托制造业集聚区，建设一批生产性服务业公共服务平台。鼓励东部地区企业加快制造业服务化转型，建立生产服务基地。支持中西部地区发展具有特色和竞争力的生产性服务业，加快产业转移承接地服务配套设施和能力建设，实现制造业和服务业协同发展。

### （九）提高制造业国际化发展水平。

统筹利用两种资源、两个市场，实行更加积极的开放战略，将引进来与走出去更好结合，拓展新的开放领域和空间，提升国际合作的水平和层次，推动重点产业国际化布局，引导企业提高国际竞争力。

提高利用外资与国际合作水平。进一步放开一般制造业，优化开放结构，提高开放水平。引导外资投向新一代信息技术、高端装备、新材料、生物医药等高端制造领域，鼓励境外企业和科研机构在我国设立全球研发机构。支持符合条件的企业在境外发行股票、债券，鼓励与境外企业开展多种形式的技术合作。

提升跨国经营能力和国际竞争力。支持发展一批跨国公司，通过全球资源利用、业务流程再造、产业链整合、资本市场运作等方式，加快提升核心竞争力。支持企业在境外开展并购和股权投资、创业投资，建立研发中心、实验基地和全球营销及服务体系；依托互联网开展网络协同设计、精准营销、增值服务创新、媒体品牌推广等，建立全球产业链体系，提高国际化经营能力和服务水平。鼓励优势企业加快发展国际总承包、总集成。引导企业融入当地文化，增强社会责任意识，加强投资和经营风险管理，提高企业境外本土化能力。

　　深化产业国际合作，加快企业走出去。加强顶层设计，制定制造业走出去发展总体战略，建立完善统筹协调机制。积极参与和推动国际产业合作，贯彻落实丝绸之路经济带和 21 世纪海上丝绸之路等重大战略部署，加快推进与周边国家互联互通基础设施建设，深化产业合作。发挥沿边开放优势，在有条件的国家和地区建设一批境外制造业合作园区。坚持政府推动、企业主导，创新商业模式，鼓励高端装备、先进技术、优势产能向境外转移。加强政策引导，推动产业合作由加工制造环节为主向合作研发、联合设计、市场营销、品牌培育等高端环节延伸，提高国际合作水平。创新加工贸易模式，延长加工贸易国内增值链条，推动加工贸易转型升级。

## 四、战略支撑与保障

　　建设制造强国，必须发挥制度优势，动员各方面力量，进一步深化改革，完善政策措施，建立灵活高效的实施机制，营造良好环境；必须培育创新文化和中国特色制造文化，推动制造业由大变强。

### （一）深化体制机制改革。

　　全面推进依法行政，加快转变政府职能，创新政府管理方式，加强制造业发展战略、规划、政策、标准等制定和实施，强化行业自律和公共服务能力建设，提高产业治理水平。简政放权，深化行政审批制度改革，规范审批事项，简化程序，明确时限；适时修订政府核准的投资项目目录，落实企业投资主体地位。完善产学研用协同创新机制，改革技术创新管理体制机制和项目经费分配、成果评价和转化机制，促进科技成果资本化、产业化，激发制造业创新活力。加快生产要素价格市场化改革，完善主要由市场决定价格的机制，合理配置公共资源；推行节能量、碳排放权、排污权、水权交易制度改革，加快资源税从价计征，推动环境保护费改税。深化国有企业改革，完善公司治理结构，有序发展混合所有制经济，进一步破除各种形式的行业垄断，取消对非公有制经济的不合理限制。稳步推进国防科技工业改革，推动军民融合深度发展。健全产业安全审查机制和法规体系，加强关系国民经济命脉和国家安全的制造业重要领域投融资、并购重组、招标采购等方面的安全审查。

### （二）营造公平竞争市场环境。

　　深化市场准入制度改革，实施负面清单管理，加强事中事后监管，全面清理和废止不利于全国统一市场建设的政策措施。实施科学规范的行业准入制度，制定和完善制造业节能节地节水、环保、技术、安全等准入标准，加强对国家强制性标准实施的监督检查，统一执法，以市场化手段引导企业进行结构调整和转型升级。切实加强监管，打击制售假冒伪劣行为，严厉惩处市场垄断和不正当竞争行为，为企业创造良好生产经营环境。加快发展技术市场，健全知识产权创造、运用、管理、保护机制。完善淘汰落后产能工作涉及的职工安置、债务清偿、企业转产等政策措施，健全市场退出机制。进一步减轻企业负担，实施涉企收费清单制度，建立全国涉企收费项目库，取缔各种不合理收费和摊派，加强监督检查和问责。推进制造业企业信用体系建设，建设中国制造信用数据库，建立健全企业信用动态评价、守信激励和失信惩戒机制。强化企业社会责任建设，推行企业产品标准、质量、安全自我声明和监督制度。

**（三）完善金融扶持政策。**

深化金融领域改革，拓宽制造业融资渠道，降低融资成本。积极发挥政策性金融、开发性金融和商业金融的优势，加大对新一代信息技术、高端装备、新材料等重点领域的支持力度。支持中国进出口银行在业务范围内加大对制造业走出去的服务力度，鼓励国家开发银行增加对制造业企业的贷款投放，引导金融机构创新符合制造业企业特点的产品和业务。健全多层次资本市场，推动区域性股权市场规范发展，支持符合条件的制造业企业在境内外上市融资、发行各类债务融资工具。引导风险投资、私募股权投资等支持制造业企业创新发展。鼓励符合条件的制造业贷款和租赁资产开展证券化试点。支持重点领域大型制造业企业集团开展产融结合试点，通过融资租赁方式促进制造业转型升级。探索开发适合制造业发展的保险产品和服务，鼓励发展贷款保证保险和信用保险业务。在风险可控和商业可持续的前提下，通过内保外贷、外汇及人民币贷款、债权融资、股权融资等方式，加大对制造业企业在境外开展资源勘探开发、设立研发中心和高技术企业以及收购兼并等的支持力度。

**（四）加大财税政策支持力度。**

充分利用现有渠道，加强财政资金对制造业的支持，重点投向智能制造、"四基"发展、高端装备等制造业转型升级的关键领域，为制造业发展创造良好政策环境。运用政府和社会资本合作（PPP）模式，引导社会资本参与制造业重大项目建设、企业技术改造和关键基础设施建设。创新财政资金支持方式，逐步从"补建设"向"补运营"转变，提高财政资金使用效益。深化科技计划（专项、基金等）管理改革，支持制造业重点领域科技研发和示范应用，促进制造业技术创新、转型升级和结构布局调整。完善和落实支持创新的政府采购政策，推动制造业创新产品的研发和规模化应用。落实和完善使用首台（套）重大技术装备等鼓励政策，健全研制、使用单位在产品创新、增值服务和示范应用等环节的激励约束机制。实施有利于制造业转型升级的税收政策，推进增值税改革，完善企业研发费用计核方法，切实减轻制造业企业税收负担。

**（五）健全多层次人才培养体系。**

加强制造业人才发展统筹规划和分类指导，组织实施制造业人才培养计划，加大专业技术人才、经营管理人才和技能人才的培养力度，完善从研发、转化、生产到管理的人才培养体系。以提高现代经营管理水平和企业竞争力为核心，实施企业经营管理人才素质提升工程和国家中小企业银河培训工程，培养造就一批优秀企业家和高水平经营管理人才。以高层次、急需紧缺专业技术人才和创新型人才为重点，实施专业技术人才知识更新工程和先进制造卓越工程师培养计划，在高等学校建设一批工程创新训练中心，打造高素质专业技术人才队伍。强化职业教育和技能培训，引导一批普通本科高等学校向应用技术类高等学校转型，建立一批实训基地，开展现代学徒制试点示范，形成一支门类齐全、技艺精湛的技术技能人才队伍。鼓励企业与学校合作，培养制造业急需的科研人员、技术技能人才与复合型人才，深化相关领域工程博士、硕士专业学位研究生招生和培养模式改革，积极推进产学研结合。加强产业人才需求预测，完善各类人才信息库，构建产业人才水平评价制度和信息发布平台。建立人才激励机制，加大对优秀人才的表彰和奖励力度。建立完善制造业人才服务机构，健全人才流动和使用的体制机制。采取多种形式选拔各类优秀人才重点是专业技术人才到国外学习培训，探索建立国际培训基地。加大制造业引智力度，引进领军人才和紧缺人才。

**（六）完善中小微企业政策。**

落实和完善支持小微企业发展的财税优惠政策，优化中小企业发展专项资金使用重点和方式。发挥财政资金杠杆撬动作用，吸引社会资本，加快设立国家中小企业发展基金。支持符合条件的民营资本依法设立中小型银行等金融机构，鼓励商业银行加大小微企业金融服务专营机构建设力度，建立完善小微企业融资担保体系，创新产品和服务。加快构建中小微企业征信体系，积极发展面向小微企业的融资租赁、知识产权质押贷款、信用保险保单质押贷款等。建设完善中小企业创业基地，引导各类创业投资基金投资小微企业。鼓励大学、科研院所、工程中心等对中小企业开放共享各种实（试）验设施。加强中小微企业综合服务体系建设，完善中小微企业公共服务平台网络，建立信息互联互通机制，为中小微企业提供创业、创新、融资、咨询、培训、人才等专业化服务。

**（七）进一步扩大制造业对外开放。**

深化外商投资管理体制改革，建立外商投资准入前国民待遇加负面清单管理机制，落实备案为主、核准为辅的管理模式，营造稳定、透明、可预期的营商环境。全面深化外汇管理、海关监管、检验检疫管理改革，提高贸易投资便利化水平。进一步放宽市场准入，修订钢铁、化工、船舶等产业政策，支持制造业企业通过委托开发、专利授权、众包众创等方式引进先进技术和高端人才，推动利用外资由重点引进技术、资金、设备向合资合作开发、对外并购及引进领军人才转变。加强对外投资立法，强化制造业企业走出去法律保障，规范企业境外经营行为，维护企业合法权益。探索利用产业基金、国有资本收益等渠道支持高铁、电力装备、汽车、工程施工等装备和优势产能走出去，实施海外投资并购。加快制造业走出去支撑服务机构建设和水平提升，建立制造业对外投资公共服务平台和出口产品技术性贸易服务平台，完善应对贸易摩擦和境外投资重大事项预警协调机制。

**（八）健全组织实施机制。**

成立国家制造强国建设领导小组，由国务院领导同志担任组长，成员由国务院相关部门和单位负责同志担任。领导小组主要职责是：统筹协调制造强国建设全局性工作，审议重大规划、重大政策、重大工程专项、重大问题和重要工作安排，加强战略谋划，指导部门、地方开展工作。领导小组办公室设在工业和信息化部，承担领导小组日常工作。设立制造强国建设战略咨询委员会，研究制造业发展的前瞻性、战略性重大问题，对制造业重大决策提供咨询评估。支持包括社会智库、企业智库在内的多层次、多领域、多形态的中国特色新型智库建设，为制造强国建设提供强大智力支持。建立《中国制造2025》任务落实情况督促检查和第三方评价机制，完善统计监测、绩效评估、动态调整和监督考核机制。建立《中国制造2025》中期评估机制，适时对目标任务进行必要调整。

各地区、各部门要充分认识建设制造强国的重大意义，加强组织领导，健全工作机制，强化部门协同和上下联动。各地区要结合当地实际，研究制定具体实施方案，细化政策措施，确保各项任务落实到位。工业和信息化部要会同相关部门加强跟踪分析和督促指导，重大事项及时向国务院报告。

国务院

2015 年 5 月 8 日

# 国务院关于推进国际产能和装备制造合作的指导意见

## （国发〔2015〕30号）

各省、自治区、直辖市人民政府，国务院各部委、各直属机构：

近年来，我国装备制造业持续快速发展，产业规模、技术水平和国际竞争力大幅提升，在世界上具有重要地位，国际产能和装备制造合作初见成效。当前，全球产业结构加速调整，基础设施建设方兴未艾，发展中国家大力推进工业化、城镇化进程，为推进国际产能和装备制造合作提供了重要机遇。为抓住有利时机，推进国际产能和装备制造合作，实现我国经济提质增效升级，现提出以下意见。

### 一、重要意义

（一）推进国际产能和装备制造合作，是保持我国经济中高速增长和迈向中高端水平的重大举措。当前，我国经济发展进入新常态，对转变发展方式、调整经济结构提出了新要求。积极推进国际产能和装备制造合作，有利于促进优势产能对外合作，形成我国新的经济增长点，有利于促进企业不断提升技术、质量和服务水平，增强整体素质和核心竞争力，推动经济结构调整和产业转型升级，实现从产品输出向产业输出的提升。

（二）推进国际产能和装备制造合作，是推动新一轮高水平对外开放、增强国际竞争优势的重要内容。当前，我国对外开放已经进入新阶段，加快铁路、电力等国际产能和装备制造合作，有利于统筹国内国际两个大局，提升开放型经济发展水平，有利于实施"一带一路"、中非"三网一化"合作等重大战略。

（三）推进国际产能和装备制造合作，是开展互利合作的重要抓手。当前，全球基础设施建设掀起新热潮，发展中国家工业化、城镇化进程加快，积极开展境外基础设施建设和产能投资合作，有利于深化我国与有关国家的互利合作，促进当地经济和社会发展。

## 二、总体要求

（四）指导思想和总体思路。全面贯彻落实党的十八大和十八届二中、三中、四中全会精神，按照党中央、国务院决策部署，适应经济全球化新形势，着眼全球经济发展新格局，把握国际经济合作新方向，将我国产业优势和资金优势与国外需求相结合，以企业为主体，以市场为导向，加强政府统筹协调，创新对外合作机制，加大政策支持力度，健全服务保障体系，大力推进国际产能和装备制造合作，有力促进国内经济发展、产业转型升级，拓展产业发展新空间，打造经济增长新动力，开创对外开放新局面。

（五）基本原则。

坚持企业主导、政府推动。以企业为主体、市场为导向，按照国际惯例和商业原则开展国际产能和装备制造合作，企业自主决策、自负盈亏、自担风险。政府加强统筹协调，制定发展规划，改革管理方式，提高便利化水平，完善支持政策，营造良好环境，为企业"走出去"创造有利条件。

坚持突出重点、有序推进。国际产能和装备制造合作要选择制造能力强、技术水平高、国际竞争优势明显、国际市场有需求的领域为重点，近期以亚洲周边国家和非洲国家为主要方向，根据不同国家和行业的特点，有针对性地采用贸易、承包工程、投资等多种方式有序推进。

坚持注重实效、互利共赢。推动我装备、技术、标准和服务"走出去"，促进国内经济发展和产业转型升级。践行正确义利观，充分考虑所在国国情和实际需求，注重与当地政府和企业互利合作，创造良好的经济和社会效益，实现互利共赢、共同发展。

坚持积极稳妥、防控风险。根据国家经济外交整体战略，进一步强化我国比较优势，在充分掌握和论证相关国家政治、经济和社会情况基础上，积极谋划、合理布局，有力有序有效地向前推进，防止一哄而起、盲目而上、恶性竞争，切实防控风险，提高国际产能和装备制造合作的效用和水平。

（六）主要目标。力争到2020年，与重点国家产能合作机制基本建立，一批重点产能合作项目取得明显进展，形成若干境外产能合作示范基地。推进国际产能和装备制造合作的体制机制进一步完善，支持政策更加有效，服务保障能力全面提升。形成一批有国际竞争力和市场开拓能力的骨干企业。国际产能和装备制造合作的经济和社会效益进一步提升，对国内经济发展和产业转型升级的促进作用明显增强。

## 三、主要任务

（七）总体任务。将与我装备和产能契合度高、合作愿望强烈、合作条件和基础好的发展中国家作为重点国别，并积极开拓发达国家市场，以点带面，逐步扩展。将钢铁、有色、建材、铁路、电力、化工、轻纺、汽车、通信、工程机械、航空航天、船舶和海洋工程等作为重点行业，分类实施，有序推进。

（八）立足国内优势，推动钢铁、有色行业对外产能合作。结合国内钢铁行业结构调整，以成套设备出口、投资、收购、承包工程等方式，在资源条件好、配套能力强、市场潜力大的重点国家建设炼铁、炼钢、钢材等钢铁生产基地，带动钢铁装备对外输出。结合境外矿产资源开发，延伸下游产业链，开展铜、铝、铅、锌等有色金属冶炼和深加工，带动成套设备出口。

（九）结合当地市场需求，开展建材行业优势产能国际合作。根据国内产业结构调整的需要，发挥国内行业骨干企业、工程建设企业的作用，在有市场需求、生产能力不足的发展中国家，以投资方式为主，结合设计、工程建设、设备供应等多种方式，建设水泥、平板玻璃、建筑卫生陶瓷、新型建材、新型房屋等生产线，提高所在国工业生产能力，增加当地市场供应。

（十）加快铁路"走出去"步伐，拓展轨道交通装备国际市场。以推动和实施周边铁路互联互通、非洲铁路重点区域网络建设及高速铁路项目为重点，发挥我在铁路设计、施工、装备供应、运营维护及融资等方面的综合优势，积极开展一揽子合作。积极开发和实施城市轨道交通项目，扩大城市轨道交通车辆国际合作。在有条件的重点国家建立装配、维修基地和研发中心。加快轨道交通装备企业整合，提升骨干企业国际经营能力和综合实力。

（十一）大力开发和实施境外电力项目，提升国际市场竞争力。加大电力"走出去"力度，积极开拓有关国家火电和水电市场，鼓励以多种方式参与重大电力项目合作，扩大国产火电、水电装备和技术出口规模。积极与有关国家开展核电领域交流与磋商，推进重点项目合作，带动核电成套装备和技术出口。积极参与有关国家风电、太阳能光伏项目的投资和建设，带动风电、光伏发电国际产能和装备制造合作。积极开展境外电网项目投资、建设和运营，带动输变电设备出口。

（十二）加强境外资源开发，推动化工重点领域境外投资。充分发挥国内技术和产能优势，在市场需求大、资源条件好的发展中国家，加强资源开发和产业投资，建设石化、化肥、农药、轮胎、煤化工等生产线。以满足当地市场需求为重点，开展化工下游精深加工，延伸产业链，建设绿色生产基地，带动国内成套设备出口。

（十三）发挥竞争优势，提高轻工纺织行业国际合作水平。发挥轻纺行业较强的国际竞争优势，在有条件的国家，依托当地农产品、畜牧业资源建立加工厂，在劳动力资源丰富、生产成本低、靠近目标市场的国家投资建设棉纺、化纤、家电、食品加工等轻纺行业项目，带动相关行业装备出口。在境外条件较好的工业园区，形成上下游配套、集群式发展的轻纺产品加工基地。把握好合作节奏和尺度，推动国际合作与国内产业转型升级良性互动。

（十四）通过境外设厂等方式，加快自主品牌汽车走向国际市场。积极开拓发展中国家汽车市场，推动国产大型客车、载重汽车、小型客车、轻型客车出口。在市场潜力大、产业配套强的国家设立汽车生产厂和组装厂，建立当地分销网络和维修维护中心，带动自主品牌汽车整车及零部件出口，提升品牌影响力。鼓励汽车企业在欧美发达国家设立汽车技术和工程研发中心，同国外技术实力强的企业开展合作，提高自主品牌汽车的研发和制造技术水平。

（十五）推动创新升级，提高信息通信行业国际竞争力。发挥大型通信和网络设备制造企业的国际竞争优势，巩固传统优势市场，开拓发达国家市场，以用户为核心，以市场为导向，加强与当地运营商、集团用户的合作，强化设计研发、技术支持、运营维护、信息安全的体系建设，提高在全球通信和网络设备市场的竞争力。鼓励电信运营企业、互联网企业采取兼并收购、投资建设、设施运营等方式"走出去"，在海外建设运营信息网络、数据中心等基础设施，与通信和网络制造企业合作。鼓励企业在海外设立研发机构，利用全球智力资源，加强新一代信息技术的研发。

（十六）整合优势资源，推动工程机械等制造企业完善全球业务网络。加大工程机械、农业机械、石油装备、机床工具等制造企业的市场开拓力度，积极开展融资租赁等业务，结合境外重大建设项目的实施，扩大出口。鼓励企业在有条件的国家投资建厂，完善运营维护服务网络建设，提高综合竞争能力。支持企业同具有品牌、技术和市场优势的国外企业合作，鼓励在发达国家设立研发中心，提高机械制造企业产品的品牌影响力和技术水平。

（十七）加强对外合作，推动航空航天装备对外输出。大力开拓发展中国家航空市场，在亚洲、非洲条件较好的国家探索设立合资航空运营企业，建设后勤保障基地，逐步形成区域航空运输网，打造若干个辐射周边国家的区域航空中心，加快与有关国家开展航空合作，带动国产飞机出口。积极开拓发达国家航空市场，推动通用飞机出口。支持优势航空企业投资国际先进制造和研发企业，建立海外研发中心，提高国产飞机的质量和水平。加强与发展中国家航天合作，积极推进对外发射服务。加强与发达国家在卫星设计、零部件制造、有效载荷研制等方面的合作，支持有条件的企业投资国外特色优势企业。

（十八）提升产品和服务水平，开拓船舶和海洋工程装备高端市场。发挥船舶产能优势，在巩固中低端船舶市场的同时，大力开拓高端船舶和海洋工程装备市场，支持有实力的企业投资建厂、建立海外研发中心及销售服务基地，提高船舶高端产品的研发和制造能力，提升深海半潜式钻井平台、浮式生产储卸装置、海洋工程船舶、液化天然气船等产品国际竞争力。

## 四、提高企业"走出去"能力和水平

（十九）发挥企业市场主体作用。各类企业包括民营企业要结合自身发展需要和优势，坚持以市场为导向，按照商业原则和国际惯例，明确工作重点，制定实施方案，积极开展国际产能和装备制造合作，为我拓展国际发展新空间作出积极贡献。

（二十）拓展对外合作方式。在继续发挥传统工程承包优势的同时，充分发挥我资金、技术优势，积极开展"工程承包＋融资"、"工程承包＋融资＋运营"等合作，有条件的项目鼓励采用 BOT、PPP 等方式，大力开拓国际市场，开展装备制造合作。与具备条件的国家合作，形成合力，共同开发第三方市场。国际产能合作要根据所在国的实际和特点，灵活采取投资、工程建设、技术合作、技术援助等多种方式，与所在国政府和企业开展合作。

（二十一）创新商业运作模式。积极参与境外产业集聚区、经贸合作区、工业园区、经济特区等合作园区建设，营造基础设施相对完善、法律政策配套的具有集聚和辐射效应的良好区域投资环境，引导国内企业抱团出海、集群式"走出去"。通过互联网借船出海，借助互联网企业境外市场、营销网络平台，开辟新的商业渠道。通过以大带小合作出海，鼓励大企业率先走向国际市场，带动一批中小配套企业"走出去"，构建全产业链战略联盟，形成综合竞争优势。

（二十二）提高境外经营能力和水平。认真做好所在国政治、经济、法律、市场的分析和评估，加强项目可行性研究和论证，建立效益风险评估机制，注重经济性和可持续性，完善内部投资决策程序，落实各方面配套条件，精心组织实施。做好风险应对预案，妥善防范和化解项目执行中的各类风险。鼓励扎根当地、致力于长期发展，在企业用工、采购等方面努力提高本地化水平，加强当地员工培训，积极促进当地就业和经济发展。

（二十三）规范企业境外经营行为。企业要认真遵守所在国法律法规，尊重当地文化、宗教和习俗，保障员工合法权益，做好知识产权保护，坚持诚信经营，抵制商业贿赂。注重资源节约利用和生态环境保护，承担社会责任，为当地经济和社会发展积极作贡献，实现与所在国的互利共赢、共同发展。建立企业境外经营活动考核机制，推动信用制度建设。加强企业间的协调与合作，遵守公平竞争的市场秩序，坚决防止无序和恶性竞争。

### 五、加强政府引导和推动

（二十四）加强统筹指导和协调。根据国家经济社会发展总体规划，结合"一带一路"建设、周边基础设施互联互通、中非"三网一化"合作等，制定国际产能合作规划，明确重点方向，指导企业有重点、有目标、有组织地开展对外工作。

（二十五）完善对外合作机制。充分发挥现有多双边高层合作机制的作用，与重点国家建立产能合作机制，加强政府间交流协调以及与相关国际和地区组织的合作，搭建政府和企业对外合作平台，推动国际产能和装备制造合作取得积极进展。完善与有关国家在投资保护、金融、税收、海关、人员往来等方面合作机制，为国际产能和装备制造合作提供全方位支持和综合保障。

（二十六）改革对外合作管理体制。进一步加大简政放权力度，深化境外投资管理制度改革，取消境外投资审批，除敏感类投资外，境外投资项目和设立企业全部实行告知性备案，做好事中事后监管工作。完善对中央和地方国有企业的境外投资管理方式，从注重事前管理向加强事中事后监管转变。完善对外承包工程管理，为企业开展对外合作创造便利条件。

（二十七）做好外交服务工作。外交部门和驻外使领馆要进一步做好驻在国政府和社会各界的工作，加强对我企业的指导、协调和服务，及时提供国别情况、有关国家合作意向和合作项目等有效信息，做好风险防范和领事保护工作。

（二十八）建立综合信息服务平台。完善信息共享制度，指导相关机构建立公共信息平台，全面整合政府、商协会、企业、金融机构、中介服务机构等信息资源，及时发布国家"走出去"有关政策，以及全面准确的国外投资环境、产业发展和政策、市场需求、项目合作等信息，为企业"走出去"提供全方位的综合信息支持和服务。

（二十九）积极发挥地方政府作用。地方政府要结合本地区产业发展、结构调整和产能情况，制定有针对性的工作方案，指导和鼓励本地区有条件的企业积极有序推进国际产能和装备制造合作。

## 六、加大政策支持力度

（三十）完善财税支持政策。加快与有关国家商签避免双重征税协定，实现重点国家全覆盖。

（三十一）发挥优惠贷款作用。根据国际产能和装备制造合作需要，支持企业参与大型成套设备出口、工程承包和大型投资项目。

（三十二）加大金融支持力度。发挥政策性银行和开发性金融机构的积极作用，通过银团贷款、出口信贷、项目融资等多种方式，加大对国际产能和装备制造合作的融资支持力度。鼓励商业性金融机构按照商业可持续和风险可控原则，为国际产能和装备制造合作项目提供融资支持，创新金融产品，完善金融服务。鼓励金融机构开展PPP项目贷款业务，提升我国高铁、核电等重大装备和产能"走出去"的综合竞争力。鼓励国内金融机构提高对境外资产或权益的处置能力，支持"走出去"企业以境外资产和股权、矿权等权益为抵押获得贷款，提高企业融资能力。加强与相关国家的监管协调，降低和消除准入壁垒，支持中资金融机构加快境外分支机构和服务网点布局，提高融资服务能力。加强与国际金融机构的对接与协调，共同开展境外重大项目合作。

（三十三）发挥人民币国际化积极作用。支持国家开发银行、中国进出口银行和境内商业银行在境外发行人民币债券并在境外使用，取消在境外发行人民币债券的地域限制。加快建设人民币跨境支付系统，完善人民币全球清算服务体系，便利企业使用人民币进行跨境合作和投资。鼓励在境外投资、对外承包工程、大型成套设备出口、大宗商品贸易及境外经贸合作区等使用人民币计价结算，降低"走出去"的货币错配风险。推动人民币在"一带一路"建设中的使用，有序拓宽人民币回流渠道。

（三十四）扩大融资资金来源。支持符合条件的企业和金融机构通过发行股票、债券、资产证券化产品在境内外市场募集资金，用于"走出去"项目。实行境外发债备案制，募集低成本外汇资金，更好地支持企业"走出去"资金需求。

（三十五）增加股权投资来源。发挥中国投资有限责任公司作用，设立业务覆盖全球的股权投资公司（即中投海外直接投资公司）。充分发挥丝路基金、中非基金、东盟基金、中投海外直接投资公司等作用，以股权投资、债务融资等方式，积极支持国际产能和装备制造合作项目。鼓励境内私募股权基金管理机构"走出去"，充分发挥其支持企业"走出去"开展绿地投资、并购投资等的作用。

（三十六）加强和完善出口信用保险。建立出口信用保险支持大型成套设备的长期制度性安排，对风险可控的项目实现应保尽保。发挥好中长期出口信用保险的风险保障作用，扩大保险覆盖面，以有效支持大型成套设备出口，带动优势产能"走出去"。

## 七、强化服务保障和风险防控

（三十七）加快中国标准国际化推广。提高中国标准国际化水平，加快认证认可国际互认进程。积极参与国际标准和区域标准制定，推动与主要贸易国之间的标准互认。尽早完成高铁、电力、工程机械、化工、有色、建材等行业技术标准外文版翻译，加大中国标准国际化推广力度，推动相关产品认证认可结果互认和采信。

（三十八）强化行业协会和中介机构作用。鼓励行业协会、商会、中介机构发挥积极作用，为企业"走出去"提供市场化、社会化、国际化的法律、会计、税务、投资、咨询、知识产权、风险评估和认证等服务。建立行业自律与政府监管相结合的管理体系，完善中介服务执业规则与管理制度，提高中介机构服务质量，强化中介服务机构的责任。

（三十九）加快人才队伍建设。加大跨国经营管理人才培训力度，坚持企业自我培养与政府扶持相结合，培养一批复合型跨国经营管理人才。以培养创新型科技人才为先导，加快重点行业专业技术人才队伍建设。加大海外高层次人才引进力度，建立人才国际化交流平台，为国际产能和装备制造合作提供人才支撑。

（四十）做好政策阐释工作。积极发挥国内传统媒体和互联网新媒体作用，及时准确通报信息。加强与国际主流媒体交流合作,做好与所在国当地媒体、智库、非政府组织的沟通工作,阐释平等合作、互利共赢、共同发展的合作理念,积极推介我国装备产品、技术、标准和优势产业。

(四十一)加强风险防范和安全保障。建立健全支持"走出去"的风险评估和防控机制,定期发布重大国别风险评估报告,及时警示和通报有关国家政治、经济和社会重大风险,提出应对预案和防范措施,妥善应对国际产能和装备制造合作重大风险。综合运用外交、经济、法律等手段,切实维护我国企业境外合法权益。充分发挥境外中国公民和机构安全保护工作部际联席会议制度的作用,完善境外安全风险预警机制和突发安全事件应急处理机制,及时妥善解决和处置各类安全问题,切实保障公民和企业的境外安全。

国务院

2015 年 5 月 13 日

# 国务院办公厅关于加快电动汽车充电基础设施建设的指导意见

## （国办发〔2015〕73号）

各省、自治区、直辖市人民政府，国务院各部委、各直属机构：

　　充电基础设施是指为电动汽车提供电能补给的各类充换电设施，是新型的城市基础设施。大力推进充电基础设施建设，有利于解决电动汽车充电难题，是发展新能源汽车产业的重要保障，对于打造大众创业、万众创新和增加公共产品、公共服务"双引擎"，实现稳增长、调结构、惠民生具有重要意义。近年来，各地区、各部门认真贯彻落实国务院决策部署，积极推动电动汽车充电基础设施建设，各项工作取得积极进展，但仍存在认识不统一、配套政策不完善、协调推进难度大、标准规范不健全等问题。为加快电动汽车充电基础设施建设，经国务院同意，现提出以下意见：

## 一、总体要求

　　（一）指导思想。全面贯彻落实党的十八大和十八届二中、三中、四中全会精神，按照国务院决策部署，坚持以纯电驱动为新能源汽车发展的主要战略取向，将充电基础设施建设放在更加重要的位置，加强统筹规划，统一标准规范，完善扶持政策，创新发展模式，培育良好的市场服务和应用环境，形成布局合理、科学高效的充电基础设施体系，增加公共产品有效投资，提高公共服务水平，促进电动汽车产业发展和电力消费，方便群众生活，更好惠及民生。

　　（二）基本原则。

　　统筹规划，科学布局。加强充电基础设施发展顶层设计，按照"因地制宜、快慢互济、经济合理"的要求，根据各地发展实际，做好充电基础设施建设整体规划，加大公共资源整合力度，科学确定建设规模和空间布局，同步建设充电智能服务平台，形成较为完善的充电基础设施体系。

适度超前,有序建设。着眼于电动汽车未来发展,结合不同领域、不同层次的充电需求,按照"桩站先行"的要求,根据规划确定的规模和布局,分类有序推进建设,确保建设规模适度超前。

统一标准,通用开放。加快制修订充换电关键技术标准,完善有关工程建设、运营服务、维护管理的标准。严格按照工程建设标准建设改造充电基础设施,健全电动汽车和充电设备的产品认证与准入管理体系,促进不同充电服务平台互联互通,提高设施通用性和开放性。

依托市场,创新机制。充分发挥市场主导作用,通过推广政府和社会资本合作(PPP)模式、加大财政扶持力度、建立合理价格机制等方式,引导社会资本参与充电基础设施体系建设运营。鼓励企业结合"互联网+",创新商业合作与服务模式,创造更多经济社会效益,实现可持续发展。

(三)工作目标。到2020年,基本建成适度超前、车桩相随、智能高效的充电基础设施体系,满足超过500万辆电动汽车的充电需求;建立较完善的标准规范和市场监管体系,形成统一开放、竞争有序的充电服务市场;形成可持续发展的"互联网+充电基础设施"产业生态体系,在科技和商业创新上取得突破,培育一批具有国际竞争力的充电服务企业。

## 二、加大建设力度

(四)加强专项规划设计和指导。各地要将充电基础设施专项规划有关内容纳入城乡规划,完善独立占地的充电基础设施布局,明确各类建筑物配建停车场及社会公共停车场中充电设施的建设比例或预留建设安装条件要求。要以用户居住地停车位、单位停车场、公交及出租车场站等配建的专用充电设施为主体,以公共建筑物停车场、社会公共停车场、临时停车位等配建的公共充电设施为辅助,以独立占地的城市快充站、换电站和高速公路服务区配建的城际快充站为补充,形成电动汽车充电基础设施体系。原则上,新建住宅配建停车位应100%建设充电设施或预留建设安装条件,大型公共建筑物配建停车场、社会公共停车场建设充电设施或预留建设安装条件的车位比例不低于10%,每2000辆电动汽车至少配套建设一座公共充电站。鼓励建设占地少、成本低、见效快的机械式与立体式停车充电一体化设施。

(五)建设用户居住地充电设施。鼓励充电服务、物业服务等企业参与居民区充电设施建设运营管理,统一开展停车位改造,直接办理报装接电手续,在符合有关法律法规的前提下向用户适当收取费用。对有固定停车位的用户，优先在停车位配建充电设施；对没有固定停车位的用户，鼓励通过在居民区配建公共充电车位，建立充电车位分时共享机制，为用户充电创造条件。

（六）建设单位内部充电设施。具备条件的政府机关、公共机构和企事业单位，要结合单位电动汽车配备更新计划以及职工购买使用电动汽车需求，利用内部停车场资源，规划建设电动汽车专用停车位和充电设施。各地可将有关单位配建充电设施情况纳入节能减排考核奖励范围。

（七）建设公共服务领域充电设施。对于公交、环卫、机场通勤等定点定线运行的公共服务领域电动汽车，应根据线路运营需求，优先在停车场站配建充电设施，沿途合理建设独立占地的快充站和换电站。对于出租、物流、租赁、公安巡逻等非定点定线运行的公共服务领域电动汽车，应充分挖掘单位内部停车场站配建充电设施的潜力，结合城市公共充电设施，实现高效互补。

（八）建设城市公共充电设施。公共充电设施建设应从城市中心向边缘、从城市优先发展区域向一般区域逐步推进。优先在大型商场、超市、文体场馆等建筑物配建停车场以及交通枢纽、驻车换乘（P+R）等公共停车场建设公共充电设施。鼓励在具备条件的加油站配建公共快充设施，适当新建独立占地的公共快充站。鼓励有条件的单位和个人充电设施向社会公众开放。

（九）建设城际快速充电网络。充分利用高速公路服务区停车位建设城际快充站。优先推进京津冀鲁、长三角、珠三角区域城际快充网络建设，适时推进长江中游城市群、中原城市群、成渝城市群、哈长城市群城际快充网络建设，到2020年初步形成覆盖大部分主要城市的城际快充网络，满足电动汽车城际、省际出行需求。

## 三、完善服务体系

（十）完善充电设施标准规范。加快修订出台充电接口及通信协议等标准，积极推进充电接口互操作性检测、充电服务平台间数据交换等标准的制修订工作，实现充电标准统一。开展充电设施设置场所消防等安全技术措施研究，及时制修订相关标准。完善充换电设备、电动汽车电池等产品标准，明确防火安全要求。制定无线充电等新型充电技术标准。完善充电基础设施计量、计费、结算等运营服务管理规范，加快建立充电基础设施的道路交通标志体系。

（十一）建设充电智能服务平台。大力推进"互联网＋充电基础设施"，提高充电服务智能化水平，提升运营效率和用户体验，促进电动汽车与智能电网间能量和信息的双向互动。鼓励围绕用户需求，运用移动互联网、物联网、大数据等技术，为用户提供充电导航、状态查询、充电预约、费用结算等服务，拓展平台增值业务。

（十二）建立互联互通促进机制。组建国家电动汽车充电基础设施促进联盟，配合有关政府部门严格充电设施产品准入管理，开展充电设施互操作性的检测与认证。构建充电基础设施信息服务平台，统一信息交换协议，有效整合不同企业和不同城市的充电服务平台信息资源，促进不同充电服务平台互联互通，为制定实施财税、监管等政策提供支撑。

（十三）做好配套电网接入服务。各地要将充电基础设施配套电网建设与改造项目纳入配电网专项规划，在用地保障、廊道通行等方面给予支持。电网企业要加强充电基础设施配套电网建设与改造，确保电力供应满足充换电设施运营需求；要为充电基础设施接入电网提供便利条件，开辟绿色通道，限时办结。电网企业负责建设、运行和维护充电基础设施产权分界点至电网的配套接网工程，不得收取接网费用，相应资产全额纳入有效资产，成本据实计入准许成本，并按照电网输配电价回收。

（十四）创新充电服务商业模式。鼓励探索大型充换电站与商业地产相结合的发展方式，引导商场、超市、电影院、便利店等商业场所为用户提供辅助充电服务。鼓励充电服务企业通过与整车企业合作、众筹等方式，创新建设充电基础设施商业合作模式，并采取线上线下相结合等方式，提供智能充放电、电子商务、广告等增值服务，提升充电服务企业可持续发展能力。

## 四、强化支撑保障

（十五）简化规划建设审批。各地要按照简政放权、放管结合、优化服务的要求，减少充电基础设施规划建设审批环节，加快办理速度。个人在自有停车库、停车位，各居住区、单位在既有停车位安装充电设施的，无需办理建设用地规划许可证、建设工程规划许可证和施工许可证。建设城市公共停车场时，无需为同步建设充电桩群等充电基础设施单独办理建设工程规划许可证和施工许可证。新建独立占地的集中式充换电站应符合城市规划，并办理建设用地规划许可证、建设工程规划许可证和施工许可证。

（十六）完善财政价格政策。加大对充电基础设施的补贴力度，加快制定

"十三五"期间充电基础设施建设财政奖励办法，督促各地尽快制定有关支持政策并向社会公布，给予市场稳定的政策预期。在产业发展初期通过中央基建投资资金给予适度支持。对向电网经营企业直接报装接电的经营性集中式充换电设施用电，执行大工业用电价格，2020年前暂免收取基本电费；其他充电设施按其所在场所执行分类目录电价。允许充电服务企业向用户收取电费及服务费，对不同类别充电基础设施，指导各地兼顾投资运营主体合理收益与用户使用经济性等，及早出台充电服务费分类指导价格，并在总结各地经验基础上，逐步规范充电服务价格机制。

（十七）拓宽多元融资渠道。各地要有效整合公交、出租车场站以及社会公共停车场等各类公共资源，通过PPP等方式，为社会资本参与充电基础设施建设运营创造条件。鼓励金融机构在商业可持续原则下，创新金融产品和保险品种，综合运用风险补偿等政策，完善金融服务体系。推广股权、项目收益权、特许经营权等质押融资方式，加快建立包括财政出资和社会资本投入的多层次担保体系，积极推动设立融资担保基金，拓宽充电基础设施投资运营企业与设备厂商的融资渠道。鼓励利用社会资本设立充电基础设施发展专项基金，发行充电基础设施企业债券，探索利用基本养老保险基金投资支持充电基础设施建设。

（十八）加大用地支持力度。各地要将独立占地的集中式充换电站用地纳入公用设施营业网点用地范围，按照加油加气站用地供应模式，根据可供应国有建设用地情况，优先安排土地供应。供应新建项目用地需配建充电基础设施的，可将配建要求纳入土地供应条件，允许土地使用权取得人与其他市场主体合作，按要求投资建设运营充电基础设施。鼓励在已有各类建筑物配建停车场、公交场站、社会公共停车场、高速公路服务区等场所配建充电基础设施，地方政府应协调有关单位在用地方面予以支持。

（十九）加大业主委员会协调力度。制定全国统一的私人用户居住地充电基础设施建设管理示范文本。各地房地产行政主管部门、街道办事处和居委会要按照示范文本，主动加强对业主委员会的指导和监督，引导业主支持充电基础设施建设。业主大会、业主委员会应依据示范文本，结合自身实际，明确物业服务区域内建设管理充电基础设施的流程。

（二十）支持关键技术研发。依托示范项目，积极探索充电基础设施与智能电网、分布式可再生能源、智能交通融合发展的技术方案，加强检测认证、安全防护、与电网双向互动、电池梯次利用、无人值守自助式服务、桩群协同控制等关键技术研发。充分发挥企业创新主体作用,加快推动高功率密度、高转换效率、高适用性、无线充电、移动充电等新型充换电技术及装备研发。

(二十一)明确安全管理要求。各地要建立充电基础设施安全管理体系,完善有关制度和标准,加大对用户私拉电线、违规用电、不规范建设施工等行为的查处力度。依法依规对充电基础设施设置场所实施消防设计审核、消防验收以及备案抽查,并加强消防监督检查。行业主管部门要督促充电基础设施运营使用的单位或个人,加强对充电基础设施及其设置场所的日常消防安全检查及管理,及时消除安全隐患。

## 五、做好组织实施

(二十二)落实地方主体责任。各地要切实承担起统筹推进充电基础设施发展的主体责任,将充电基础设施建设管理作为政府专项工作。建立由发展改革(能源)部门牵头、相关部门紧密配合的协同推进机制,明确职责分工,完善配套政策。2016年3月底前发布充电基础设施专项规划,制定出台充电基础设施建设运营管理办法,并抓好组织实施。

(二十三)加大示范推广力度。各地要结合新能源汽车推广应用需要,针对充电基础设施发展的重点和难点,开展充电基础设施建设与运营模式试点示范。建立"示范小区与单位"、"示范城市与区县"、"城际快充示范区域"三级示范工程体系。在示范项目中要充分发挥现有公共设施的作用,加强政企合作,创新城市充电基础设施建设与运营模式,完善相关标准规范与配套政策,探索各种先进适用充电技术,总结形成可复制、可推广的充电基础设施发展经验,促进充电基础设施加快普及。

(二十四)营造良好舆论环境。各有关部门、企业和新闻媒体要通过多种形式加强对充电基础设施发展政策、规划布局和建设动态等的宣传,让社会各界全面了解充电基础设施,吸引更多社会资本参与充电基础设施建设运营,同时加强舆论监督,曝光阻碍充电基础设施建设、损害消费者权益等行为,形成有利于充电基础设施发展的舆论氛围。

(二十五)形成合力协同推进。发展改革委、能源局要会同工业和信息化部、住房城乡建设部、国土资源部等有关部门,依托节能与新能源汽车产业发展部际联席会议制度，加强部门协同配合，强化对各地的指导与监督，及时总结推广成功经验和有效做法，重大情况及时向国务院报告。能源局要从严格标准执行、理顺价格机制、加强供电监管、促进互联互通、引入社会资本等方面加快完善充电服务监管；住房城乡建设部、国土资源部、公安部要分别从规划建设标准、设施用地、消防安全和交通标志等方面为充电基础设施建设运营创造有利条件；财政部、银监会、保监会要通过加大财政支持、强化金融服务与保障等方式，增强社会资本信心。国管局、国资委要分别指导政府机关、公共机构和国有企事业单位率先在内部停车场建设充电基础设施。其他相关部门要按照各自职责分工，做好协同配合工作。

国务院办公厅

2015 年 9 月 29 日

# 首台（套）重大技术装备推广应用指导目录
## （2015年第二版）

为推动重大技术装备创新应用，按照《关于首台（套）重大技术装备保险补偿机制试点工作有关事宜的通知》（财办建〔2015〕82号）相关要求，组织专家对企业提交的申请材料进行了审查。现将《首台（套）重大技术装备推广应用指导目录》（2015年第二版）予以公示。

**附件：**

《首台（套）重大技术装备推广应用指导目录》（2015年第二版）.wps

国家重大技术装备办公室

2015年10月19日

### 1.清洁高效发电装备

| 编号 | 产品名称 | 单位 | 性能技术参数 | 备注 |
|---|---|---|---|---|
| 1.1 | 核电机组（三代核电机组） | | 百万千瓦级 | |
| 1.1.1 | 核岛装备：反应堆压力容器、蒸汽发生器、稳压器、反应堆堆内构件、控制棒驱动机构、环行吊车、主管道、安全注入箱、主装备支撑、数字化仪控系统、堆芯补水箱、安全壳、非能动余热排换热器、结构模块、核级锆材、核燃料元件等 | 套 | 满足三代核电标准：堆芯熔化概率≤$1.0\times10^{-5}$/堆年，大量放射性向环境释放概率≤$1.0\times10^{-6}$/堆年，设计寿命≥60年 | |
| 1.1.2 | 常规岛装备：汽轮机、汽轮发电机、发电机保护断路器、主变压器、除氧器、汽水分离器再热器、高低加热器等 | 套 | 满足三代核电标准：半转速，设计寿命≥60年 | |
| 1.2 | 高温气冷堆 | | | |

| 1.2.1 | 核岛装备：反应堆压力容器、蒸汽发生器、热气导管、金属堆内构件、石墨堆内构件、碳堆内构件、主氦风机、控制棒系统装备、吸收球停堆系统装备、燃料装卸系统装备、乏燃料贮存系统关键装备、主蒸汽隔离阀、数字化仪控系统、球形燃料元件等 | 套 | 1.实现第四代核能系统安全特性，消除大规模放射性释放，无需场外应急<br>2.堆芯出口温度≥750℃<br>3.燃料元件可承受高温≥1620℃<br>4.单模块热功率≥250兆瓦 | |
|---|---|---|---|---|
| 1.3 | 大型火电机组 | | | |
| 1.3.1 | 超临界循环流化床锅炉 | 套 | 功率≥350MW；锅炉主蒸汽压力≥25MPa；流量≥1900吨/小时；$SO_2$排放≤440mg/$Nm^3$；$NO_x$排放≤150mg/$Nm^3$；发电效率≥42% | |
| 1.3.2 | 大型整体煤气、天然气—蒸汽联合循环机组（IGCC） | 套 | 循环联合功率≥450MW；燃气轮机进口初温≥1450℃；热效率≥48% | |
| 1.3.3 | 高效超超临界锅炉 | 套 | 功率≥600MW；蒸汽压力≥28MPa；蒸汽温度≥610℃ | |
| 1.3.4 | 超临界燃用准东煤锅炉 | 套 | 功率≥350MW；燃烧准东煤比例≥80% | |
| 1.3.5 | 高效二次再热超超临界机组 | 套 | 功率≥600MW；蒸汽压力≥30MPa；蒸汽温度≥620℃ | |
| 1.3.6 | 超超临界供热机组 | 套 | 功率≥600MW；蒸汽压力≥25MPa； | |
| 1.3.7 | 联合循环预热锅炉 | 套 | 输出功率≥300MW | |
| 1.3.8 | 高效超临界汽轮机组 | 套 | 输出功率≥600MW | |
| 1.4 | 水电机组 | | | |
| 1.4.1 | 百万千瓦级水电机组 | 套 | 额定功率≥1000MW | |
| 1.4.2 | 大型抽水蓄能 | 套 | 输出功率≥300MW | 调整 |
| 1.4.3 | 可变速抽水蓄能机组 | 套 | 额定功率≥100MW | |
| 1.4.4 | 高水头大容量水轮发电机组 | 套 | 水头≥700m；冲击式大型水轮发电机组 | |
| 1.4.5 | 海洋能发电机组 | 套 | 潮流能、潮汐能发电机组 | |
| 1.5 | 大型风力发电机组及关键部件 | 套 | 额定功率≥2.5MW；设计寿命≥20年 关键部件：叶片、主轴、齿轮箱、电机、控制系统等 | 调整 |

| 1.6 | 清洁高效发电装备大型铸锻件及关键部件：发电机转子铸锻件、气缸、阀门铸件、汽轮机用高合金耐热钢铸件、燃气轮机用铸件、水电机组配套铸锻件及铸件、超超临界锅炉启动系统再循环泵、金属反射式保温层、乏燃料密集贮存格架、火电机组自动化成套控制系统、汽轮机乏汽冷凝间接空冷系统 | 套 | 应用机组要满足本目录编号1.1～1.4所规定产品的性能技术参数 | 新增 |

### 2. 超、特高压输变电装备

| 编号 | 产品名称 | 单位 | 主要技术指标 | 备注 |
|---|---|---|---|---|
| 2.1 | 特高压交流输变电装备 | | | |
| 2.1.1 | 1000kV发电机升压变压器 | 套 | 电压等级≥1000kV | 新增 |
| 2.1.2 | 超大容量发电机变压器 | 套 | 单相容量≥500000kVA，电压≥500kV | 新增 |
| 2.1.3 | 特高压磁控式可控并联电抗器 | 套 | 电压等级≥750kV，输出容量在5%—100%之间平滑调节 | 新增 |
| 2.1.4 | 特高压串联补偿装置用高压交流旁路开关 | 台 | 额定电压 对地 550kV 额定电流 5000A，额定旁路关合电流 125kA，额定旁路投入电流 6.8kA，额定短时耐受电流2s 63kA，额定峰值耐受电流 160kA， | 新增 |
| 2.1.5 | 大型水电机组用发电机保护断路器 | 台 | 额定电压≥24kV，额定电流25kA/27kA，额定短路开断电流≥160kA，额定工频耐受电压≥80kV，雷电冲击耐受电压≥150kV | |
| 2.1.6 | 特高压交流并联电容器及其装置 | 套 | 交流工程额定电压1000kV，电容器组额定电压110kV，电容器组额定电流≥1000A，三相电容器组额定容量≥720Mvar | 新增 |
| 2.1.7 | 特高压交流电磁式电压互感器（配GIS用） | 台 | 最高工作电压 1100kV，准确级及额定输出二次绕组 0.2级：100VA、0.5级：15VA、剩余电压绕组 3P：100VA，二次绕组极限输出1000VA | 新增 |
| 2.1.8 | 1100k特高压GIS用罐式避雷器 | 台 | 额定电压828kV，额定雷电冲击耐压2400Kv，方波通流容量8000A | 新增 |
| 2.1.9 | 特高压交流变压器用油纸电容式套管 | 只 | 额定电压1100kV，额定电流2500A/3150A，工频耐受电压（5分钟）≥1200kV，雷电冲击耐受电压：全波峰值≥2400kV、截波峰值≥2760kV、操作冲击耐受电压≥1950kV，弯曲耐受负荷≥5000N | |

| 2.1.10 | 特高压输变电开关设备用瓷制出线套管 | 只 | 额定电流≥6300A，额定雷电冲击耐受电压≥2400kV，额定短时工频耐受电压≥1100kV，端子拉力≥8000N | |
| --- | --- | --- | --- | --- |
| 2.1.11 | 特高压输变电开关设备用操作机构 | 台 | 操作功率≥16kJ，额定油压≥57.3MPa，额定操作电压DC220V，行程205mm | |
| 2.1.12 | CYTA-22（特高压断路器用碟簧液压操动机构） | 台 | 操作功率25kJ，额定油压57.6MPa，额定操作电压DC220V，行程205mm | 新增 |
| 2.1.13 | 特高压输变电开关设备用操作机构 | 套 | 操作功率≥51.5kJ，额定油压≥32.5MPa，额定操作电压DC220V，行程260mm | 新增 |
| 2.2 | 特高压直流输变电装备 | | | |
| 2.2.1 | 特高压直流接入750kV交流换流变压器 | 套 | 单相容量≥400000kVA，网侧电压≥750kV | 新增 |
| 2.2.2 | 特高压直流输电换流站用旁路开关 | 台 | 额定直流电压 对地：1120kV，额定直流耐受电压（60min）对地：≥1680kV，额定短时耐受电流 50kA，额定峰值耐受电流 ≥135kA，额定直流转移电流 ≥6600A | 新增 |
| 2.2.3 | 特高压直流极线用隔离开关（接地开关） | 极 | 额定直流电压 1120kV，额定电流 5500A，额定峰值耐受电流 125kA | 新增 |
| 2.2.4 | 特高压直流电子式电压互感器 | 台 | 额定一次电压：±1100kV，直流电压测量范围：±1680kV（0.1p.u.～1.5p.u.），额定分压比：1100000/50，准确级 0.2，数字量的额定输出：15000，阶跃响应时间≤250μs | 新增 |
| 2.2.5 | 特高压直流光学电流互感器 | 台 | 额定一次电压：±1100kV，额定一次电流：4500A，短时热电流（方均根值）：63kA，3s，额定动稳定电流（峰值）：160kA | 新增 |
| 2.2.6 | 特高压直流输电工程直流场滤波电容器及其装置 | 套 | 直流工程额定电压±800kV电容器组最大电流≥259A额定电容（CN，25°C）0.8μF | 新增 |
| 2.2.7 | 特高压直流输电工程交流场滤波电容器及其装置 | 套 | 直流工程额定电压±800kV，电容器组额定电压≥548kV，电容器组额定电流≥248A，三相电容器组额定容量≥447Mvar | 新增 |
| 2.2.8 | 特高压直流换流变压器用阀侧套管 | 只 | 额定电压800kV，额定电流≥3265A，工频耐受电压（5分钟）≥1200kV，雷电冲击耐受电压：全波峰值≥2100kV、截波峰值≥2310kV，操作冲击耐受电压≥1760kV，直流耐压电压≥1435kV，极性反转电压≥1115kV，弯曲耐受负荷≥5000N | |

| 2.3 | 柔性输变电装备 | | | |
|---|---|---|---|---|
| 2.3.1 | 柔性直流输电用直流侧电容器 | 台 | 电容量≤15mF，杂散电感≤40nH，绝缘耐压≤3kV | |
| 2.3.2 | 柔性直流输电用大功率器件及驱动装置 | 套 | 额定电压≥3300V，电流≥1500A | |
| 2.3.3 | 柔性直流输电换流阀成套装备 | 套 | 容量≥200MVA；阀控系统控制周期100us | 新增 |
| 2.3.4 | 大容量高压静止无功发生器 | 套 | 容量≥±200MVA；控制器响应时间＜1ms | 新增 |
| 2.3.5 | 大容量高压变频调速装置 | 套 | 额定电压10kV；容量≥25MVA；频率分辨率0.01Hz | 新增 |
| 2.4 | 电线电缆 | | | |
| 2.4.1 | 500kV交联聚乙烯绝缘电力电缆、电缆附件 | 套 | 额定电压：290/500kV;局部放电试验：435kV下无可检测出的放电;工频交流耐压试验：580kV 30分钟不击穿 | 新增 |

### 3. 大型石油、石化及煤化工成套装备

| 编号 | 产品名称 | 单位 | 主要技术指标 | 备注 |
|---|---|---|---|---|
| 3.1 | 百万吨级乙烯装置 | | | |
| 3.1.1 | 聚乙烯、聚丙烯装置混炼挤压造粒机组 | 套 | 年产量≥30万吨；主电机功率≥10MW | 删除 |
| 3.1.2 | 大型裂解炉 | 套 | 单炉年产量≥30万吨；热效率≥93% | |
| 3.1.3 | 百万吨级乙烯工艺螺杆压缩机 | 套 | 排气量≥1000立方米/分；功率≥5500kW | |
| 3.1.4 | 驱动往复式压缩机用大型防爆同步电动机 | 套 | 电机功率≥9600kW | |
| 3.1.5 | 仪表自动化集散控制系统 | 套 | 系统响应时间≤30ms | |
| 3.1.6 | 大型往复式迷宫压缩机 | 套 | 流量≥11000Nm3/h；活塞力≥30吨；压力≥20MPa | |
| 3.1.7 | 百万吨级乙烯装置配套的裂解气压缩机组（含驱动汽轮机） | 套 | 驱动功率≥56000KW | |
| 3.1.8 | 百万吨级乙烯装置配套的丙烯压缩机组（含驱动汽轮机） | 套 | 驱动功率≥33000KW | |

| 3.1.9 | 百万吨级乙烯装置配套的乙烯压缩机组（含驱动汽轮机） | 套 | 驱动功率≥14000KW | |
|---|---|---|---|---|
| 3.1.10 | 百万吨级乙烯成套装置管控一体化系统 | 套 | 系统规模≥2万I/O点，实现工艺过程管理和控制一体化系统平台 | |
| 3.1.11 | 超大型板壳式换热器 | 套 | 换热面积≥$1 \times 10^4$平方米/台，回收热量≥100MW/台 | 新增 |
| 3.1.12 | 丙烷脱氢装置用压缩机组 | 台 | 再生空气压缩机进气压力：0.099MPa（A）进气温度：26.7℃进气流量≥486000 kg/h排气压力：0.225 MPa（A）轴功率：≥12490KW工作转速：≥3850r/min | 新增 |
| | | 台 | 丙烷脱氢产品气压缩机低压缸进气压力：0.03（MPaA）进气温度：37℃流量：≥196416kg/h进口态流量：4852$m^3$/min排气压力法兰处：0.112MPaA排气温度：109℃转速：≥3247r/min额定功率：8332kW高压缸进气压力：0.101/0.37MPaA进气温度：37℃流量：≥198108kg/h进口态流量：2892$m^3$/min排气压力法兰处：0.412/1.309MPaA排气温度115/110℃转速：≥4368r/min额定功率：≥17216kW | |
| 3.1.12 | 丙烷脱氢装置用压缩机组 | 台 | 丙烯压缩机进口流量（$m^3$/min):462.4/619.8/493.7/403.9/112.1；进口压力（MPa）:0.163/0.268/0.56/0.832/1.24；出口压力（MPa）:0.268/0.5602/0.8319/1.265/1.85 | 新增 |
| | | 台 | 乙烯压缩机进口流量（$m^3$/min):43.5（56.7）进口压力（MPa）:0.11进口温度（℃):-101.9（-51.4）出口压力（MPa）:1.93（压缩机排气法兰位置） | |
| | | 台 | 干燥再生气循环压缩机组进气压力：3.7 bar（A）进气温度：42℃流量：≥20900kg/h进口态流量：147$m^3$/min排气压力法兰处：8.81 bar（A）排气温度：124.2℃转速：≥14240r/min轴功率：≥1186kW进口温度（℃):-35.8/-16.9/2.1/11.7/28.5/50.5； | |
| 3.2 | 百万吨级精对苯二甲酸装置（PTA） | | | |
| 3.2.1 | 大型多轴工艺空气压缩机组（含压缩机、汽轮机、尾气透平、电机及齿轮箱） | 套 | 功率≥20000kW | |

| 3.2.2 | 百万吨级CTA/PTA蒸汽管回转干燥机组 | 套 | 处理量≥100万吨/年，干燥机直径ø4500~4800 | 新增 |
|---|---|---|---|---|
| 3.2.3 | PTA过滤洗涤预干燥一体化技术及设备 | 套 | 物料出口湿含量≤10%，产量：55000kg/h，PT酸含量≤150mg/kg | 新增 |
| 3.2.4 | CTA溶剂交换技术及装备 | 套 | CTA浆料进料固含量34%；出料：滤液含固率≤0.1%，滤饼中醋酸含量≤4.5kg醋酸/吨干基，系统进水≤139 kg水/吨干基 | 新增 |
| 3.3 | 油气长输管道装备 | | | |
| 3.3.1 | 天然气长输管道离心压缩机组 | 套 | 流量≥1000000Nm³/hr；入口压力≥6MPa；出口压力≥10MPa | |
| 3.3.2 | 驱动用工业燃气轮机 | 套 | 功率≥30MW | |
| 3.3.3 | 长输管线高压大口径紧急切断球阀 | 台 | 公称通径≥1m；公称压力：符合Class600、900等级 | |
| 3.3.4 | 大容量高转速变频调速无刷励磁同步电机 | 套 | 额定转速≥4800rpm；功率≥20MW | |
| 3.4 | 大型天然气液化装备 | | | |
| 3.4.1 | 液化天然气（LNG）用大型开架式气化器 | 套 | 气化能力≥150吨/小时，–170℃≤温度≤65℃，耐压≥16MPa | 新增 |
| 3.4.2 | 预冷压缩机组 | 套 | 功率≥10000kW；多变效率≥83% | |
| 3.4.3 | 深冷混合冷剂离心压缩机组 | 套 | 功率≥15000kW；多变效率≥83% | |
| 3.4.4 | 大型高速变频电机 | 台 | 功率≥40MW | |
| 3.4.5 | 大型高效板翅式换热器冷箱 | 套 | 满足混合冷剂LNG工艺技术要求；单个模块能力天然气流量≥400万NM³/天；压力等级≤5.5—8MPa；换热器夹点温差≤2—3.5度 | |
| 3.4.6 | 大型缠绕管换热器 | 套 | 满足混合冷剂LNG工艺技术要求；天然气流量≥800万NM³/天；压力等级≤5.5—8MPa；换热器夹点≤温差4—5度 | |
| 3.4.7 | 大型天然气液化储罐 | 套 | 容积≥180000立方米 | |
| 3.4.8 | 液化天然气（LNG）冷能回收空分装备 | 套 | 能力：液O₂+液N₂≥10000Nm³/h；LNG压力≥8MPa | |
| 3.4.9 | 大型天然气液化自动化控制系统成套装备 | 套 | 系统规模≥5万I/O点 | |
| 3.4.10 | 丙烷制冷压缩机组 | 台 | 流量≥80000kg/h；轴功率≥5800kW；工作转速≥7000r/min | |

| 3.4.11 | 液化天然气（LNG）大口径低温高压铸造球阀 | 套 | 工作压力≥900LB；温度≤-196℃ | |
|---|---|---|---|---|
| 3.4.12 | 液化天然气（LNG）用大型开架式气化器 | 套 | 气化能力≥150吨/小时，-196℃≤温度≤20℃，耐压≥9.0MPa | |
| 3.4.13 | 20万吨/年超大型薄壁丁二醇（BYD）反应器 | 套 | 年产≥20万吨，工作压力≥1.725/FV（MPa），设计温度：150/-16.4（℃）直径≥DN6100mm | 新增 |
| 3.4.14 | LNG用大型浸没式燃烧型气化器（SCV） | 套 | 气化能力≥150吨/小时，-196℃≤温度≤20℃，耐压≥9.0MPa | 新增 |
| 3.4.15 | 天然气储藏、回注、气举用高压高速大功率往复式气体压缩机 | 套 | 功率≥1000kW | 新增 |
| 3.5 | 陆地油气钻采装备 | | | |
| 3.5.1 | 特种陆地钻机 | 套 | 钻井深度≥12000米/特深井；钻井深度≥7000米/极地；钻井深度≥7000米/全拖挂钻机；钻井深度≥3000米/斜井钻机；钻井深度≥5000米/智能钻机 | |
| 3.5.2 | 连续油管作业装备（连续管钻机、连续管作业机） | 套 | 注入头最大额定拉力≥380Kn，最大强行下入能力≥190Kn | |
| 3.5.3 | 大型压裂成套装备 | 套 | 单机最大输出功率≥2500HP | 调整 |
| 3.5.4 | 大型防喷器及其远程控制系统 | 套 | 公称压力：14—70MPa；调压范围：0—14MPa；压力控制器调定范围：18—21MPa | |
| 3.5.5 | 不压井作业装备（带压作业修井机） | 套 | 提升能力（钩载）≥900Kn；下压力≥300Kn；动密封压力≥14MPa | |
| 3.5.6 | 液氮泵车（氮气泡沫压裂泵车） | 套 | 最大压力时氮气排量≥500Sm$^3$/min；蒸发器最高工作压力≥70Mpa；蒸发率≤0.8% | |
| 3.5.7 | 特深井测井装备 | 套 | 绞车容量≥10000m；提升力≥85Kn；提升速度≥20m/h | |
| 3.5.8 | 顶部驱动钻井装置 | 套 | 为钻井深度≥12000m的钻机配套（或最大负载≥900t） | 新增 |
| 3.5.9 | 旋转导向钻井系统 | 套 | 造斜率≥6°/30m | 新增 |
| 3.5.10 | 钻机管柱自动化处理系统 | 套 | 输送管柱范围：2 7/8″—20″，立根排放范围：2 7/8″—8″ | 新增 |
| 3.5.11 | 油田钻采用发动机及发电机组 | 套 | 功率≥800kW | 新增 |

| 3.5.12 | 钻井泥浆处理设备 | 套 | 泥水分离处理能力：8–20m³/h；污水处理能力：5–10m³/h；综合处理能力：8—15m³/h。 | 新增 |
|---|---|---|---|---|
| 3.5.13 | 钻井废弃物随钻处理模块化成套装置 | 套 | 处理量≥50m³，液相回用、固相达标排放 | 新增 |
| 3.5.14 | 大排量十缸泥浆泵 | 台 | 最大排量≥6m³/min，最大压力≥12MPa | 新增 |
| 3.5.15 | 污泥干化工艺及设备 | 套 | 单机处理能力≥100 t/d，污泥干化处理后含水率≤40%，（根据具体工程要求确定）；热干化能耗≤0.9t蒸汽/t污泥，热效率≥85%；污泥干化设备使用寿命≥8年 | 新增 |
| 3.5.16 | 工业高氨氮废水处理工艺及装备 | 套 | 处理前废水氨氮含量2500—7500mg/L；处理后废水氨氮含量≤15 mg/L；蒸汽消耗量≤70kg/t废水（冬）、≤40kg/t废水（夏）；电耗≤4kWh/t废水 | 新增 |
| 3.5.17 | 丁苯树脂脱挥异向非啮合双螺杆挤出机组 | 套 | 年产量≥2万吨；主电机功率≥1000kW；产品挥发组分<0.2% | 新增 |
| 3.5.18 | 大型板式海水冷却器 | 套 | 处理能力≥4200t/h，冷却效率≥97%。 | 新增 |
| 3.6 | 煤化工成套设备 | | | |
| 3.6.1 | 高压油煤浆进料隔膜泵组 | 套 | 出口压力≥20MPa；工作温度≥290℃ | |
| 3.6.2 | 液化反应器离心循环泵组 | 套 | 出口压力≥20MPa；工作温度≥480℃ | |
| 3.6.3 | 大型气流床气化炉成套装备（煤制化肥） | 套 | 投煤量≥1000吨/天；燃烧嘴使用寿命≥8000小时 | |
| 3.6.4 | 大型内压缩流程空气分离成套装备（含空气压缩机组） | 套 | 装备容量≥10万Nm³/h | |
| 3.6.5 | 大型水冷壁气化炉成套装备（煤制油） | 套 | 投煤量≥2000吨/天；煤烧嘴使用寿命≥10年 | |
| 3.6.6 | 大型单层壁尿素合成塔（以煤为原料） | 套 | 百万等级年产能 | |
| 3.6.7 | 大型煤化工智能控制系统及成套装备 | 套 | 系统规模≥1万控制点（I/O） | |
| 3.6.8 | 大型乙二醇合成塔成套装备 | 套 | 年产≥30万吨；工作压力≥3.0MPa | |
| 3.6.9 | 大型水煤浆气化炉成套装备 | 套 | 单台气化炉日投煤量≥1500吨；工作压力≥6.5MPa | |

| 3.6.10 | 大型固定床气化炉成套装备 | 套 | 年产天然气≥40亿立方米；工作压力≥4.0MPa | |
| --- | --- | --- | --- | --- |
| 3.6.11 | 大型煤化工循环换热分离器 | 套 | 换热面积≥2000平方米/台；回收热量≥50MW/台；油气分离效率≥99% | 新增 |
| 3.6.12 | 大型多加热管回转式煤低解成套单元 | 套 | 单元年处理能力≥30万吨热解温度450—650℃ | 新增 |
| 3.6.13 | 大型热解温过滤装置 | 套 | 日处理能力≥9万Nm³，处理气体温度≥400℃过滤气体含尘浓度≤20mg/Nm³ | 新增 |
| 3.6.14 | 大型粉煤流化床分级分解炉成套装备 | 套 | 单台装备年处理粉煤量≥30万吨；粉煤粒度0—6mm | 新增 |
| 3.6.15 | 大型小粒煤旋转热解提质炉成套装备 | 套 | 单台装备年处理小粒煤量≥50万吨；小粒煤粒度6—30mm | 新增 |
| 3.6.16 | 高压油煤浆进料隔膜泵组 | 套 | 出口压力≥20MPa；工作温度≥290℃ | 新增 |
| 3.6.17 | 液化反应器离心循环泵组 | 套 | 出口压力≥20MPa；工作温度≥480℃ | 新增 |
| 3.6.18 | 大型气流床气化炉成套装备（煤制化肥） | 套 | 投煤量≥1000 吨/天；燃烧嘴使用寿命≥8000 小时 | 新增 |
| 3.6.19 | 大型内压缩流程空气分离成套装备（含空气压缩机组） | 套 | 装备容量≥10万Nm³/h | 新增 |
| 3.6.20 | 大型水冷壁气化炉成套装备（煤制油） | 套 | 投煤量≥2000 吨/天；煤烧嘴使用寿命≥10 年 | 新增 |
| 3.6.21 | 大型单层壁尿素合成塔（以煤为原料） | 套 | 百万等级年产能 | 新增 |
| 3.6.22 | 大型煤化工智能控制系统及成套装备 | 套 | 系统规模≥1万控制点（I/O） | 新增 |
| 3.6.23 | 大型乙二醇合成塔成套装备 | 套 | 年产≥30万吨；工作压力≥3.0MPa | 新增 |
| 3.6.24 | 大型水煤浆气化炉成套装备 | 套 | 单台气化炉日投煤量≥1500 吨；工作压力≥6.5MPa | 新增 |
| 3.6.25 | 大型固定床气化炉成套装备 | 套 | 年产天然气≥40 亿立方米；工作压力≥4.0MPa | 新增 |
| 3.6.26 | 涡流直燃式蒸汽机 | 台 | 工作功率3MW；水蒸气干度≥85%；注气压力 7MPa | 新增 |
| 3.6.27 | 大型小粒煤旋转热解提质炉成套装备 | 套 | 单台装备年处理小粒煤量≥50万吨；小粒煤粒度6—30mm | 新增 |
| 3.6.28 | 大型粉煤流化床分级分质热解炉成套装备 | 套 | 单台装备年处理粉煤量≥45万吨；粉煤粒度-6mm | 新增 |

| 3.6.29 | 原煤干燥及煤中水回收工艺及装备 | 套 | 处理能力：75—600t/h，原煤含水量≥30%，干燥后煤中水分≤12%，上述指标可根据工程实际条件确定；连续运行8000h/年；煤中蒸发水回收率≥95%，水质符合SH3099—2000生产给水水质要求及循环冷却水质的指标 | 新增 |
|---|---|---|---|---|
| 3.6.30 | 三相测试分离器 | 台 | 工作压力≥9.93MPa；气体处理量≥100万m³/d；液体处理量：10—1000 m³/d；分离精度：天然气中含水<13mg/ m³，油中含水<0.5%，水中含油<180mg/L | 新增 |
| 3.6.31 | 高速往复式压缩机组 | 套 | 功率≥160kW；进气压力≥0.3MPa；转速≤1800rpm；排量≤950Nm³/h | 新增 |
| 3.6.32 | 液压隔膜高压往复泵 | 套 | 额定压力：20—31.5MPa，额定流量：10—80m³/h，主要易损件使用寿命≥30000h | 新增 |
| 3.6.33 | 往复泵油气混输泵装置 | 套 | 流量≤2000m³/h，排出压力≤4MPa，压缩比8—10 | 新增 |
| 3.6.34 | 大型高效往复式注水泵 | 台 | 排出压力≤40MPa，流量30—300m³/h，效率≥90%，大修期≥18000小时 | 新增 |

4. 大型冶金、矿山装备及港口机械

| 编号 | 产品名称 | 单位 | 主要技术指标 | 备注 |
|---|---|---|---|---|
| 4.1 | 高精度热连轧成套装备 | 套 | 卷取温度控制精度：±18℃；轧制速度≥25米/秒；最小可轧厚度≤1.2毫米；带材厚度精度≤0.003毫米 | |
| 4.1.1 | 大型热轧机电气控制系统 | 套 | 本控制系统应对应4.1所规定的产品应用指标 | 新增 |
| 4.2 | 高精度冷连轧成套装备 | 套 | 轧制速度≥1800米/分钟；最小轧制厚度≤0.18毫米；板厚差≤±8μm | |
| 4.3 | 特厚板轧机成套装备 | 套 | 产品厚度:5—400毫米、宽度:1300—5350毫米、年产量≥200万吨；轧制压力≥110000Kn | |
| 4.4 | 大直径直缝焊管生产线 | 套 | 钢管直径≥610mm；管长范围9—18米；生产效率12—18根/小时 | 新增 |
| 4.4.1 | 大型管材矫直机 | 套 | 钢管规格：直径813—1500毫米；矫直速度：0.2—0.6米/秒（无级调速）；钢管矫直精度：0.7/1000毫米；矫直辊调整精度:升降≤0.05毫米,转角≤0.05 ° | |
| 4.5 | 大型H形钢轧制生产线 | 套 | 水平辊：最大辊径1600毫米，辊身长≥900毫米立辊：最大辊径1000毫米，辊面高≥450毫米轧制力：≥20000Kn能生产H型钢板长≥1000毫米 | |

| 4.6 | 棒线材连续减定径机组 | 套 | 棒材规格：Φ16—Φ80mm速度：～18m/s产品尺寸公差：±0.1mm调整精度：0.02mm | 新增 |
|---|---|---|---|---|
| 4.7 | 超宽幅钨钼板可逆热冷轧生产线 | 套 | 热轧成品幅宽≥1550mm，最小轧制厚度≥3mm，轧制速度≥65米/分<br>冷轧成品幅宽≥1200mm，最小轧制厚度≥0.3mm，轧制速度≥120米/分 | 新增 |
| 4.8 | 大型冶金关键零部件及系统 | | | |
| 4.8.1 | 高性能超大功率轧机主传动变频装置 | 套 | 应用装置要对应本目录4.1—4.7所规定的产品性能指标 | 新增 |
| 4.9 | 千万吨级井工综采成套装备 | | | |
| 4.9.1 | 井用大型提升机 | 套 | 提升高度≥1000m；卷筒直径≥6m；单斗容量≥30t；提升速度≥16m/s | |
| 4.9.2 | 大型防爆（隔爆）提升机 | 套 | 液压防爆（隔爆）提升机：卷筒直径≥3.5m；最大静张力≥150Kn；最大提升速度≤5m/s；电机功率≤1200kW<br>电气防爆（隔爆）提升机：卷筒直径≥3.5m；最大静张力≥150Kn；传动功率≥700kW；配套四象限变频防爆电控 | |
| 4.9.3 | 电牵引采煤机 | 套 | 采煤机装机功率≥2800kW；最大采高≥7m；牵引速度≥30m/min；牵引力≥1700Kn；生产能力≥4000t/h | |
| 4.9.4 | 超重型岩巷掘进机 | 套 | 截割功率≥300kW；截割硬度≥100MPa | |
| 4.9.5 | 硬岩竖井钻机成套装备 | 套 | 钻孔深度≥1000m；适应岩层单轴极限抗压强度≥200MPa；提吊力≥18000Kn；装机功率≥2000kW；综合成井速度≥60m/月 | |
| 4.9.6 | 全断面煤巷高效掘进机 | 套 | 总装机功率≥1800KW；掘进断面≥20㎡；牵引力≥1600Kn | |
| 4.9.7 | 护盾式掘锚机 | 台 | 总功率≥500KW，掘进断面≥20㎡；截割硬度≤80MPa | 新增 |
| 4.9.8 | 智能化8.8米超大采高液压支架 | 套 | 采高≥8.5米；工作阻力≥25000Kn；支护强度≥1.5MPa | 新增 |
| 4.9.9 | 智能控制刮板输送机 | 套 | 装机功率≥2000kW；槽宽≥1m；输送量≥2200t/h；刮板链速0—2.35m/s；具有链条自动保护与张紧、智能启动、低速检修模式、功率协调、智能调速、监测与专家系统、断链监测及报警功能、双向协同控制等特有功能 | 新增 |
| 4.9.10 | 井用关键零部件及系统 | | | 新增 |

| 4.9.10.1 | 制动器在线监测系统 | 套 | 闸间隙精度≤0.1mm；偏摆精度≤0.1mm；压力精度≤0.1MPa；闸盘温度精度≤1℃；开闸时间精度≤100ms；抱闸时间精度≤10ms；制动力精度≤0.1Kn；检测最高压力≥20MPa；同时检测制动器头数≥50 | 新增 |
|---|---|---|---|---|
| 4.9.10.2 | 瓦斯抽放泵系统 | 套 | 抽气量≥1700m³/min；效率≥62.5% | 新增 |
| 4.9.10.3 | 矿用隔爆兼本质安全型链式静止无功发生器 | 套 | 补偿容量≥1.4MVar、2.5MVar；电压3.3kV、6kV | 新增 |
| 4.10 | 2000万吨级以上大型露天矿成套装备 | | | |
| 4.10.1 | 大型露天矿破碎站 | 套 | 自移式破碎站：移动方式：履带式，生产能力≥3000t/h；主机型式：双齿辊，功率≥2×375kW；半移动破碎站：处理能力≥3000t/h；皮带机输送能力≥4000t/h | |
| 4.10.2 | 超大型露天矿用挖掘机装备 | 套 | 斗容范围≥50m3；行走速度≥0.8km/h；年采剥产量≥1500万立方米 | |
| 4.10.3 | 大型矿用液压挖掘机 | 套 | 工作重量≥200t；挖掘半径≥15000mm；最大挖掘高度≥16000mm | |
| 4.10.4 | 大型矿用电动轮自卸车 | 套 | 额定装载量≥220t；交流传动；最高车速≥50km/h；额定爬坡度≥8°；最大爬坡度≥16°；单车年运量≥500万t·km | |
| 4.10.5 | 大型矿用电动轮自卸车电动轮总成 | 台 | ≥220吨电动轮自卸车用电动轮总成；转速0—3200rpm；功率≥700kW；扭矩≥20000Nm | |
| 4.10.6 | 大型褐煤提质成型成套装备 | 套 | 额定年提质成型低阶褐煤≥100万吨；干燥后褐煤水分≤10% | |
| 4.10.7 | 大型排土机和转载机 | 套 | 排土机额定工作能力≥10000t，转载机额定工作能力≥10000t | |
| 4.11 | 800万吨级以上大型选矿厂成套装备 | | | |
| 4.11.1 | 大型液压旋回和圆锥破碎机 | 套 | 液压旋回破碎机：生产能力≥5000t/h；液压圆锥破碎机：处理能力≥500t/h | |
| 4.11.2 | 高压辊磨机粉磨成套装备 | 套 | 挤压辊直径≥2000mm；挤压辊宽度≥1600mm；粉磨作用力≥13000Kn；生产能力≥1800t/h | |
| 4.11.3 | 特大型矿用磨机 | 套 | 球磨机：直径≥7.9m；处理矿石能力≥1500t/h；装机功率≥15600kW；（半）自磨机：直径≥11m；处理矿石能力≥1500t/h；装机功率≥12686kW | |
| 4.11.4 | 大型液压碎石机械手 | 台 | 最大工作半径≥18m，电动机功率≥90kW，回转角度±360°，液压破碎锤冲击能4000J，控制方式：远程遥控 | 新增 |

| 4.11.5 | 自动化煤样管道输送系统 | 套 | 1.输送方式：正负压单管双向往复输送；2.输送管规格：φ110×2.2mm（PVC-U）；3.样盒尺寸：φ100×180mm；4.样盒运行速度：≥5m/s；5.输送介质：煤粉样；6.最大输送重量：0.75kg；7.控制方式：可编程序控制器自动控制 | 新增 |
|---|---|---|---|---|
| 4.12 | 港口机械 | | | |
| 4.12.1 | 重型叉车 | 台 | 额定起重量28吨以上 | 新增 |
| 4.12.2 | 集装箱空箱堆高机 | 台 | 堆垛7—8层空箱，最大起重量达到10吨 | 新增 |
| 4.12.3 | 集装箱正面吊运机 | 台 | 起重量≥32吨 | 新增 |
| 4.12.4 | 超大型斗轮堆取料机 | 台/套 | 生产能力≥11000吨/小时；回转半径≥50米 | 新增 |
| 4.12.5 | 大型轨道式堆料机 | 台 | 生产能力≥5000吨/小时（移动式）；回转半径≥50米 | 新增 |
| 4.12.6 | 通用铁路敞车重型翻车机 | 台 | 载重≥80吨 | 新增 |
| 4.12.7 | 大型矿石装船机 | 台 | 生产能力≥12000吨/小时；皮带速度≥5米/秒 | 新增 |
| 4.12.8 | 环保型链斗式连续卸船机 | 台 | 卸船能力：矿石≥3800吨/小时；煤炭≥2500吨/小时；最大回转半径≥54米 | 新增 |
| 4.12.9 | 全自动集装箱码头装卸系统 | 台 | 单泊位年吞吐量≥70万标准箱；单泊位理论船时效率≥240箱/小时 | 新增 |
| 4.13 | 机场专用设备 | | | |
| 4.13.1 | 倾翻式托盘分拣系统 | 台/套 | 分拣能力≥5400件/小时；实现双速运行模式 | 新增 |
| 4.13.2 | 目的地编码车系统 | 台/套 | 智能控制小车运行速度≥8米/秒；系统处理能力≥2400件/小时 | 新增 |
| 4.13.3 | 机场跑道除胶设备（车） | 套 | 车载2m宽幅平面清洗器：平均除胶效率不低于1000m²/h，机组功率≥250kW，机组压力≥100MPa | 新增 |
| 4.14 | 其他 | | | |
| 4.14.1 | 超大型环轨起重机 | 台 | 额定起重量≥2500t | |
| 4.14.2 | GBM无齿轮起重机 | 台 | 额定起重量≥500t | 新增 |
| 4.14.3 | 人造板连续平压热压机 | 套 | 产量≥20万m³/y加热区长度≥36480mm；运行速度≥1200mm/s；压制行程≥100mm；热板宽度≥2050mm；最大压制力≥5MPa；最大加热温度≥230℃ | 新增 |
| 4.14.4 | 大型热磨制浆系统 | 套 | 最大磨浆直径：58英寸；磨片安装方式：双托盘；产能：600吨/天（绝干）；排料方式：摆线底出料；工作时主轴系振动精度：≤4.5mm/s | 新增 |

| 4.14.5 | 长圆材精密剥皮机组 | 套 | 材料规格：Φ150mm–Φ350mm材料长度：5—15m成品直径公差：H8~h9成品表面质量：≤Ra0.8μm单次最大切深：7.5mm成品出料速度：4m/min | 新增 |

## 5.轨道交通装备

| 编号 | 产品名称 | 单位 | 主要技术指标 | 备注 |
|---|---|---|---|---|
| 5.1 | 轨道交通装备核心系统关键零部件 | | | 调整 |
| 5.1.1 | 动车组轴、轮、轮对 | 套 | 空心车轴：材料采用EA4T；车轮材料采用ER9。轴、轮满足350km/h、250km/h动车组速度要求 | 调整 |
| 5.1.2 | 动车组牵引齿轮箱 | 套 | 满足350km/h、250km/h、140km/h动车组速度要求 | 新增 |
| 5.1.3 | 大功率机车轴、轮、轮对 | 套 | 车轴材料采用EA4T或35CrMoA；车轮材料采用ER8（J2）或ER9（J3）。轴、轮、轮对满足23吨及以上轴重大功率机车要求 | 新增 |
| 5.1.4 | 重载铁路货车轴、轮、轮对 | 套 | 车轮材料采用CL70，车轴材质采用LZ45CrV，轴、轮、轮对满足轴重30t及以上货车装载要求 | 调整 |
| 5.1.5 | 弹性车轮 | 条 | 径向刚度150—200Kn/mm，轴向刚度30—60Kn/mm，最高运营速度80km/h | 新增 |
| 5.1.6 | 低地板城轨电车牵引齿轮箱 | 套 | 最高运营速度80km/h，速比：6.286，额定功率：50kW | 新增 |
| 5.1.7 | 城轨车辆制动系统 | 套 | 地铁电空制动：常用制动及快速制动冲动限制值≤0.75m/s³；具备40‰坡道停放及防溜坡启动功能；常用制动控制精度≤10kPa。低地板电液制动：紧急减速度（70km/h—0）≥2.8m/s²；常用制动及紧急制动控制精度≤0.2MPa。悬挂式单轨电液制动：紧急制动减速度（50km/h—0）≥1.2m/s²；冲动限制值≤0.75m/s³；35‰坡道停放安全系数≥2 | 新增 |
| 5.1.8 | 低地板有轨电车轮对 | 套 | 最大轴重12.5t，最高速度80km/h，最小离地净高（车轮磨耗到限时）73mm | 新增 |
| 5.1.9 | 低地板城轨车辆牵引齿轮箱 | 套 | 最高运营速度80km/h，速比：6.286，额定功率：50kW | 新增 |
| 5.2 | 城际动车组 | 套 | 速度≥120km/h；0→40km/h启动加速度≥0.65 m/s²；紧急制动平均减速度≥1.12 m/s² | |
| 5.3 | 大功率交流传动机车 | | | |

| 5.3.1 | 双动力电力机车 | 套 | 接触网供电：功率≥1200kW，运营速度≤80km/h或100km/h，轴重≥23t<br>蓄电池供电：功率≥800kW，运营速度≤60km/h或70 km/h、轴重≥23t<br>4轴或6轴 | |
|---|---|---|---|---|
| 5.3.2 | 山区小半径曲线大功率交流传动机车 | 套 | 降低车轮、钢轨磨耗50%以上；采用自导向径向转向架技术，降低轨磨耗50%以上；速度≤120km/h；功率≥7200kW；轴重≥23t | |
| 5.3.3 | 重载货运电力机车 | 套 | 轴功率≥1200kW；分布式微机网络控制；运营速度≥100km/h；轴重≥23t | |
| 5.3.4 | 快捷货（客）运电力机车 | 套 | 轴功率≥1200kW；分布式微机网络控制；运营速度≥160km/h | |
| 5.3.5 | 双动力内燃机车 | 套 | 6轴≥3000kW；电力牵引：运营速度≥140km/h，试验速度≥160km/h；内燃牵引：运营速度≥100km/h，试验速度≥120km/h | |
| 5.4 | 城市轨道交通装备 | | | |
| 5.4.1 | 储能式低地板城轨车辆 | 套 | 运行速度≥70km/h；采用超级电容储能运行；独立轮对设计；轴重≥10t；最大载客量368人（4模块）；曲线半径≥25m；坡度≤60‰ | |
| 5.4.2 | 跨坐式单轨车辆 | 套 | 轴重≥11t；运营速度≥80km/h；载客量：头车≥210人，中间车≥230人；曲线半径≤50m | |
| 5.4.3 | 悬挂式单轨车辆 | 套 | 运行速度≥60km/h；通过水平曲线半径≤50m（车辆段R30m），通过竖曲线半径≤650m；载客量≥125人 | |
| 5.4.4 | 旅客自动捷运系统（APM）胶轮车车辆 | 套 | 载客量≥159人（三节编组）；轴重≥13.5t；曲线半径≤23m | |
| 5.4.5 | 铰接式轻轨车辆 | 套 | 灵活式不同编组型式<br>轴重≥12t；运行速度≥80km/h；载客量≥250人/每辆；列车能通过小曲线半径≤40m | |
| 5.4.6 | 基于通信的列车运行控制系统 | 套 | 采用CBTC信号系统；监控点数≥10万点；行车最小运行间隔≤90秒 | |
| 5.4.7 | 面向轨道交通环境系统可编程控制器（PLC）产品 | 套 | 基于高速工业现场总线的大容量I/O技术、纳秒级指令处理速度、100μs级嵌入式操作系统硬实时任务调度技术 | |
| 5.5 | 大型养路机械 | | | |
| 5.5.1 | 连续式线路道岔捣固稳定车 | 套 | 起道量≥150mm，拨道量≥±150mm；捣固深度（由轨面以下）≥560mm；系统测量精度≤±1mm；作业效率正线捣固稳定速度≥1.2km/h，道岔捣固速度（1/12）≥25min | |

| 5.5.2 | 全断面道砟清筛机 | 套 | 作业效率≥1200m³/h（特定道床条件下）；挖掘宽度：枕底挖掘宽度≥4000mm，边坡挖掘≥600mm；挖掘深度≥850mm（轨面下） | |
|---|---|---|---|---|
| 5.5.3 | 铁路道床吸污车 | 套 | 作业宽度≥4000mm；吸污能力：粒径≥3mm的石子，钢轨打磨的散状磨屑；收集污物的容积≥5.2m³ | |
| 5.5.4 | 钢轨焊接接头焊后热处理、矫直及外形精整综合车 | 套 | 联挂速度≥120km/h；符合TB/T1632-2005标准要求 | |
| 5.5.5 | 非自行式移动焊轨车 | 套 | 联挂速度≥120km/h；符TB/T1632-2005标准要求；可焊钢轨截面积≥10000mm2；顶锻力≥1200Kn | |
| 5.5.6 | 钢轨表面铣轨车 | 套 | 铣削速度≥1.0km/h；廓形铣削精度≤+0.3mm；铣削后表面光洁度≤3微米 | |
| 5.5.7 | 轮对缺陷在线动态探伤系统 | 套 | 检测速度：最大速度12km/h；探测轮辋深度：车轮踏面下10—60mm深度范围内的连续壳层 | |
| 5.6 | 轨道交通供电装备 | | | |
| 5.6.1 | 轨道电路系统设备 | 套 | 轨道电路的可靠分路和调整，轨道电路向车载设备的信息可靠传输；电力牵引区段应用中不平衡系数不大于10%，不平衡牵引电流不大于200A | 新增 |
| 5.6.2 | 高速铁路列车运行控制系统 | 套 | 时速≥200km/h；列车最小追踪运行间隔≤3分钟；关键装备安全指标为SIL4级 | 新增 |
| 5.6.3 | 列车电力干线绝缘及贯通智能检测装备 | 套 | 电压等级：500V（AC380车型），1000V（DC600车型）；绝缘测试范围：0—99.99MΩ；贯通实验测试范围及精度：测试范围0—199.9Ω，精度为±（2%rdg+3dgt） | 新增 |
| 5.6.4 | 大运量客运架空索道 | 套 | 速度≥5m/s，单向运量≥1500人/h，长度≥1500m | 新增 |
| 5.6.5 | 大运量地面缆车 | 套 | 速度≥4m/s，车厢容量≥60人 | 新增 |
| 5.6.6 | 板块道床铺换车 | 台 | 铺换板型号尺寸3600×2400×330、机车牵引速度：60Km/h、允许坡度：35/1000、允许转弯半径：≥300m | 新增 |
| 5.7 | 轨道交通装备 | | | |
| 5.7.1 | 磁浮车辆 | 辆 | 车辆悬浮高度8mm，最高运行速度100km/h，最大牵引加速度1.0m/s²，最大坡度70‰ | 新增 |
| 5.7.2 | 磁浮车辆悬浮控制器 | 套 | 额定悬浮间隙8mm，静止时控制精度0.2mm，100km/h运动时，控制精度3mm | 新增 |

| 5.7.3 | 中低速磁悬浮车辆制动系统 | 套 | 常用制动减速度（100km/h—0）≥1.1m/s²；具备70‰坡道停放及防溜坡启动功能 | 新增 |
|---|---|---|---|---|
| 5.7.4 | 磁浮轨道 | 套 | F型导轨：F型钢悬浮检测面粗糙度应小于MRR Ra25，3米范围内平面度应不大于0.5mm；F型钢安装面、滑行面、感应板安装面、磁极面与悬浮检测面的平行度应不大于0.3mm；感应板上表面平面度不大于0.5mm/2000mm | 新增 |
| 5.7.5 | 磁浮道岔 | 组 | 轨距1860—2000mm，转换角度、转辙距离等指标满足磁浮列车直向通过速度100km/h、侧向通过速度25km/h所需要求 | 新增 |
| 5.7.6 | 磁浮轨道综合检测车 | 台 | 传感器应保证数据采集的连续性，检测数据存储空间达到10TB，数据处理时间小于15min；磁浮轨道综合检测车满足在F型导轨上动态检测运行需求 | 新增 |
| 5.7.7 | 磁浮线路接触轨作业车 | 台 | 重载速度40米/分钟，轻载速度40千米/小时；重载驱动功率45kW，轻载驱动功率50kW | 新增 |
| 5.7.8 | 磁浮线路信号系统 | 套 | 信号采用点—连式系统方案，最小行车间隔180s | 新增 |
| 5.7.9 | 磁浮车辆牵引系统 | 套 | 满足磁浮车辆最高运行速度100km/h，最大牵引加速度1.0m/s²，最大坡度70‰的工况需求 | 新增 |
| 5.7.10 | 磁浮线路维护装备 | 套 | 悬浮架成套试验设备：钢结构F轨支撑，轨道长度≥5m，移动风源工作压力800～950kPa，排气量≥1000L/min。直线电机成套试验设备：主要安装尺寸应符合设计要求。悬浮架升降台：举升丝杠升降机举升载荷（单机）大于3T，有效举升高度大于450mm | 新增 |

## 6.大型环保及资源综合利用装备

| 编号 | 产品名称 | 单位 | 主要技术指标 | 备注 |
|---|---|---|---|---|
| 6.1 | 污水处理及回收利用装备 | | | |
| 6.1.1 | 污水一体化生物处理装置 | 套 | 处理量≥2000吨/日；出水指标达到《城镇污水处理厂污染物排放标准》（GB 18918–2002）的一级A标准 | |
| 6.1.2 | 高浓度难降解化工污水处理装备 | 套 | 适用污水浓度COD≥5000mg/L；无机盐共存浓度≥3%；出水达到《污水综合排放标准》（GB8978–1996）中石化的一级标准 | 调整 |
| 6.1.3 | 污泥干化处理设备 | 套 | 单台处理量≥100吨/日，处理后污泥含水率≤25% | 调整 |

| 6.1.4 | 污泥焚烧锅炉 | 套 | 单台处理量≥100吨/日，处理后污泥含水率≤25% | 删除 |
|---|---|---|---|---|
| 6.2 | 大气污染防治装备 | | | |
| 6.2.1 | 燃煤电站烟气二氧化氮（NOX）集成控制装备 | 套 | 脱硝效率≥50%；NOX排放浓度≤100mg/m³；氨逃逸率≤3ppm；脱硝催化剂使用寿命≥24000h | |
| 6.2.2 | 工业锅炉脱硝装备 | 套 | 脱硝效率≥70%；NOx排放浓度≤150mg/m³；装备阻力≤800Pa；氨逃逸量≤3ppm | |
| 6.2.3 | 干法烟气脱硫除尘脱汞一体化装备 | 套 | SO2排放≤100mg/m³；汞及化合物排放≤0.02mg/m³；粉尘排放≤30mg/m³；副产物综合利用率≥60% | |
| 6.2.4 | 燃煤电站电袋复合除尘装备 | 套 | 出口烟尘排放浓度≤30mg/Nm³；进出口压差≤1000p；滤袋寿命≥4年；滤袋≥Φ160×8000mm | |
| 6.2.5 | 移动极板静电除尘装备 | 套 | 出口烟尘排放浓度≤20mg/Nm³ | |
| 6.2.6 | 电袋复（混）合除尘装备 | 套 | 出口烟尘排放浓度≤10mg/Nm³ | |
| 6.2.7 | 布袋除尘装备 | 套 | 出口烟尘排放浓度≤10mg/Nm³；进出口压差≤1200Pa；滤袋寿命≥4年 | |
| 6.2.8 | 燃煤电站低低温除尘装备 | 套 | 出口烟尘排放浓度≤20mg/Nm³；烟气温度每降低10℃，降低机组燃煤耗量≥0.4g；SO₃脱除率≥90% | |
| 6.2.9 | 燃煤烟气多污染物超低排放成套装备 | 套 | SO₂排放≤20mg/m³；NOx排放浓度≤30mg/m³；SO₃排放浓度≤2.5mg/m³；汞及化合物排放≤0.003mg/m³；粉尘排放≤5mg/m³ | |
| 6.2.10 | 燃煤电站湿式静电除尘装备 | 套 | 出口粉尘排放浓度≤10mg/m³；PM2.5去除效率≥70%；SO₃气溶胶去除效率≥80% | |
| 6.2.11 | PM2.5便携式监测仪 | 套 | 颗粒物监测浓度范围：1μg/m³—1000μg/m³，分辨率0.1μg/m³；温度范围：−45℃—99℃，分辨率0.1℃；湿度范围：0—90%RH，分辨率0.1%RH | |
| 6.3 | 固体废弃物处理装备 | | | |
| 6.3.1 | 大型生活垃圾焚烧炉及二噁英处理成套装备 | 套 | 单台日处理能力≥700吨；炉膛温度≥850℃；烟气停留时间≥2秒；炉渣的热灼减率≤3%；二噁英分解率≥95%；二噁英排放浓度≤0.1ng/（TEQ）Nm³ | |
| 6.3.2 | 水泥窑协同无害化处置成套装备 | 套 | 处理能力：300—1000t/d；二噁英/呋喃≤0.1ngTEQ/Nm³；排放达到《水泥工业大气污染物排放标准》（GB4915–2013） | |

| 6.3.3 | 热解气化焚烧成套装备 | 套 | 烟气停留时间＞2s；焚烧炉热效率＞72%；残渣热灼减率＜3%；垃圾减容率＞90%；二噁英类物质排放浓度＜0.1ng-TEQ /Nm³ | |
| 6.4 | 资源综合利用技术装备 | | | |
| 6.4.1 | 聚对苯二甲酸乙二醇酯（PET）瓶处理线 | 套 | PET瓶处理能力≥2万吨/年；分离纯度≥99.9%；产品达到拉丝级聚酯切片质量标准；符合《废塑料回收与再生利用污染控制技术规范》（HJ/T364） | |
| 6.4.2 | 钢渣制粉成套装备 | 套 | 生产能力≥30万吨/年，钢渣微粉比表面积≥450m²/Kg | |
| 6.4.3 | 废钢破碎生产线 | 套 | 主机功率≥3000kW；分选率≥98%；智能有色涡流分选或有色光选分辨率≥96% | 修改参数 |
| 6.4.4 | 废旧冰箱无害化处理及资源回收装备 | 套 | 年利用量≥13.2万台/年；有色金属回收率≥95%；塑料回收率≥95%；聚氨酯泡沫回收率≥90%；铁回收率≥98%；颗粒物排放标准≥50mg/m³；最高允许排放速率≤2.0kg/h；噪声标准≤85dB（A） | |
| 6.4.5 | 大型炼铁高炉用能量回收透平装置 | 台 | 容积≥5000m³；介质：高炉煤气；轮毂直径≥1120 mm；转速≥3000 rpm；流量≥69.56万Nm³/h；回收功率≥25.4 MW | |
| 6.4.6 | 大型高炉用高炉鼓风与汽轮发电同轴机组 | 台 | 轴流压缩机：进气压力≥0.0978MPa（A）；流量≥7615Nm³/min；排气压力≥0.5858MPa（A）；轴功率≥36950KW；转速≥3000r/min 汽轮机：转速≥3000r/min；功率≥50000kW；进气压力≥8.83MPa（A） | |
| 6.4.7 | 硝酸综合处理机组 | 套 | 产量≥45万吨/年 轴流压缩机：入口流量≥234846Nm³/h；入口压力≥96kPa；进气温度≥32℃ 冷凝式汽轮机：入口流量≥47T/h；入口压力≥3.9MPa；进气温度≥420℃ | |
| 6.4.8 | 污水余热回收利用设备 | 套 | 单台处理量4000吨/小时；单台回收热量≥1500MW/日；污水余热回收后温度低于40℃ | 新增 |
| 6.4.9 | 报废汽车精细拆解自动化设备 | 套 | 处理能力：10万辆/年；分拣率：95%；报废汽车回收尾料（ASR）≤5%；拆解效率：7m/辆 | 新增 |
| 6.5 | 海水淡化成套装备 | | | |
| 6.5.1 | 海水淡化及综合利用成套装备 | 套 | 单机装备产水量≥2.5万吨/日；产水TDS≤10 mg/L；吨水耗电量≤1.2kWh/吨；造水比≥13；淡水成本＜5元/吨 | |
| 6.5.2 | 风电/潮汐等新能源海水淡化系统 | 套 | 处理能力≥1万吨/日；二级反渗透水质通过调质达到GB 5749-2006《生活饮用水卫生标准》；三级反渗透水质达到GB 17324-2003《瓶（桶）装饮用纯净水卫生标准》的要求；运行能耗≤3.6kWh/t；制水成本≤5.6元/吨水 | |

7. 大型施工机械

| 编号 | 产品名称 | 单位 | 主要技术指标 | 备注 |
|---|---|---|---|---|
| 7.1 | 大型全断面隧道掘进机及其关键零部件 | 台 | 盾构机：刀盘直径≥10米；隧道掘进机（TBM）：刀盘直径≥5米；主驱动减速机、推进油缸、螺旋输送减速机 | 调整 |
| 7.2 | 履带式起重机 | 台 | 最大起重量≥400吨 | |
| 7.3 | 全路面起重机 | 台 | 最大起重量≥200吨 | |
| 7.4 | 混凝土泵车 | 台 | 作业高度≥66米 | |
| 7.5 | 沥青混凝土再生成套设备（加热机、复拌机） | 台 | 功率≥300kW | |
| 7.6 | 液压挖掘机 | 台 | 整机重量≥45吨 | |
| 7.7 | 旋挖钻机 | 台 | 钻孔直径≥2米 | |
| 7.8 | 非开挖水平定向钻机 | 套 | 回拖力≥400吨以上 | 新增 |
| 7.9 | 超大型平地机 | 套 | 发动机功率≥368KW | 新增 |
| 7.10 | 压路机（液压传动） | 台 | 自重≥18吨 | |
| 7.11 | 摊铺机 | 台 | 工作宽度≥9米 | |
| 7.12 | 铣刨机 | 台 | 铣刨宽度≥2米 | |
| 7.13 | 链刀式地下连续墙设备 | 套 | 成墙厚度550—875mm，成墙深度≥50m，适应地层抗压强度>10 MPa，输出功率450kW，智能化控制 | 新增 |
| 7.14 | 隧道预切槽设备 | 套 | （1）切槽深度≥6m，适用隧道切槽半径（拱槽内径）≥5m，适用岩土抗压强度≥10 MPa，装机功率500kW；（2）整机采用机电液一体化智能控制，具有故障自诊断、可视化操作界面、远程控制等技术优点 | 新增 |
| 7.15 | 装载机 | 台 | 额定载重≥8吨 | |
| 7.16 | 推土机 | 台 | 功率≥410马力 | |
| 7.17 | 履带式全地形工程车 | 台 | 功率≥224千瓦；最高公路行驶速度≥60km/h | |
| 7.18 | 举高消防车 | 台 | 工作高度≥40米 | |
| 7.19 | 混凝土喷射台车 | 台 | 四轮转向、双向驾驶、自动喷射，喷射方量≥30方，最小作业隧洞高度≥4m | 新增 |
| 7.20 | 多功能破拆机器人 | 台 | 液压驱动、远程遥控、多功能作业。遥控操作距离≥1km，定点作业精度≤5mm；可携带多种工作装置，完成破碎、剪切、抓取、搬运等作业 | 新增 |

8. 新型轻工机械

| 编号 | 产品名称 | 单位 | 主要技术指标 | 备注 |
|---|---|---|---|---|
| 8.1 | 筒子纱自动染色生产线 | 套 | 最大筒纱抓取数量≥10；所抓筒子纱直径≥150mm；X、Y、Z轴重复定位精度≤±1.0mm；染料称量精度≤0.01g | |
| 8.2 | 万吨级新溶剂法纤维素纤维成套装备 | 套 | 年产≥15000t；溶剂回收率>99.8% | |
| 8.3 | 连续性纤维预增强热塑性复合材料生产线 | 套 | 预浸渍带有效宽度≤2540mm；复合成热塑板材生产速度：双层≤3m/min，单层≤15m/min | |
| 8.4 | 厚重非织造布用高温热定形机 | 台 | 工作门幅≥700mm；机械车速≥5m/min | |
| 8.5 | 全自动转杯纺纱机 | 台 | 最高转杯转速≥15万转/分；最高引纱速度≥230米/分 | |
| 8.6 | 喷气涡流纺纱机 | 台 | 纺纱速度≥250 m/min；适纺纱支范围15—60Ne；纱线质量在线检测；全自动接头、落筒 | |
| 8.7 | 棉精梳成套装备 | 台/套 | 成卷速度≥200米/分；喂入棉卷量≥60g/m；机械车速≥500钳次/分 | |
| 8.8 | 宽幅高针频高负载针刺机组 | 台/套 | 工作门幅≥7200mm；车速≥3m/min；针刺频率≥1500次/min | |
| 8.9 | 高速毛巾织机 | 台/套 | 幅宽≥2600mm；入纬率：剑杆毛巾织机≥800m/min；喷气毛巾织机≥1100m/min | |
| 8.10 | 新型宽幅重磅双经轴高速喷水织机 | 台/套 | 幅宽≥2.8m；入纬率≥2880m/min；速度≥860r/min | |
| 8.11 | 低浴比高温气流染色机 | 台/套 | 染色一等品率≥95% | |
| 8.12 | 数字监控圆网印花机 | 台/套 | 幅宽≥1800mm；套色数≥8套色；印制花回≥640mm；车速≥60m/min；对花精度≤±0.1mm | |
| 8.13 | 数字监控机、针织物拉幅定形机 | 台/套 | 幅宽≥1800mm；车速≥100m/min | |
| 8.14 | 混合纤维等密度不等厚度汽车隔音毡生产联合机 | 台/套 | 联合机设计产量≥800kg/H（可配2套成型室）；成形室单机制成品能力≥40件/H | |
| 8.15 | 数控节能轮胎帘子线直捻机 | 台/套 | 锭速≥10000转/分；锭速差异≤±0.3%；定长差异≤±0.3%，同比节能20%—40% | 新增 |

| 8.16 | 大卷装地毯丝加捻机 | 台/套 | 锭速≥9000转/分；锭速差异 ≤±0.3%；卷装直径≥400mm | 新增 |
|---|---|---|---|---|
| 8.17 | 电子级玻璃纤维捻线机 | 台/套 | 卷装重量≥10kg；锭子振幅£0.12mm；满筒毛羽≤3根 | 新增 |
| 8.18 | 筒纱自动输送系统 | 套 | 单线额定运输量≥400锭/小时；轨道弯道半径为500mm或600mm，提升机械手速度≥14米/分钟，且定位精度≤±3mm | 新增 |
| 8.19 | 全轮转智能化胶印及多功能组合印刷机 | 台 | 印刷速度：160米/分钟；最大印刷宽度：410mm；印刷套印精度：±0.03mm | 新增 |
| 8.20 | 家电智能包装成套装备 | 套 | 整线产能≥420箱/小时；成品合格率≥99%；各单机生产效率≥95%；整线应用机器人≥5台；适应家电品种≥6种；整线品种类切换时间≤30分钟 | |
| 8.21 | 无菌吹灌旋生产线 | 套 | 消毒机头数≥100×2；单轮消毒液消毒时间≥10秒；无菌水冲瓶机头数≥100；生产能力≥36000瓶（285ml）/小时；无菌气压力≥0.6MPa | |
| 8.22 | 流量计吹灌旋生产线 | 套 | 吹塑头数≥20；灌装头≥60；整机成品合格率>99%；理盖旋盖损盖率≤0.1%<br>每小时产品电耗≤189kWh | |

## 9. 民用航空装备

| 编号 | 产品名称 | 单位 | 主要技术指标 | 备注 |
|---|---|---|---|---|
| 9.1 | 大型客机 | | | |
| 9.1.1 | 单通道干线飞机 | 架 | 最大设计航程≥4075km；巡航马赫数≥0.785；最大起飞重量≥72.5吨 | |
| 9.2 | 涡扇支线飞机 | | | |
| 9.2.1 | 90座级涡扇支线飞机 | 架 | 满客航程≥2250km；巡航马赫数≥0.78；最大起飞重量≥40.5吨 | |
| 9.3 | 涡桨支线飞机 | | | |
| 9.3.1 | 50座级涡桨支线飞机 | 架 | 最大商载航程≥1100千米；最大巡航速度≥514千米/小时 | |
| 9.3.2 | 70座级涡桨支线飞机 | 架 | 设计航程≥1700千米；巡航速度≥550千米/小时 | |
| 9.4 | 小型固定翼飞机 | | | |
| 9.4.1 | 单发小型固定翼飞机 | 架 | 巡航速度≥250千米/小时；最大航程≥1790千米；最大起飞重量≥1400千克 | |
| 9.4.2 | 双发多用途小型固定翼飞机 | 架 | 巡航速度≥250千米/小时；最大航程≥1300千米；最大起飞重量≥5670千克 | 调整 |

| 9.4.3 | 全复材小型公务机 | 架 | 全复材公务机；巡航速度≥652千米/小时；最大航程≥2611千米；最大起飞重量≥2495千克 | |
|---|---|---|---|---|
| 9.5 | 直升机 | | | |
| 9.5.1 | 1吨级直升机 | 架 | 最大起飞重量≥930千克；有效载荷≥430千克；最大巡航速度≥159公里/小时 | |
| 9.5.2 | 2吨级直升机 | 架 | 最大起飞重量≥2200千克；有效载荷≥929千克；最大巡航速度≥241公里/小时 | |
| 9.5.3 | 4吨级直升机 | 架 | 最大起飞重量≥4250千克；有效载荷≥2050千克；最大巡航速度≥270公里/小时 | |
| 9.5.4 | 7吨级直升机 | 架 | 最大起飞重量≥7000千克；有效载荷≥3000千克；最大巡航速度≥270公里/小时 | 调整 |
| 9.5.5 | 13吨级直升机 | 架 | 最大起飞重量≥13800千克；有效载荷≥5700千克；最大巡航速度≥336公里/小时 | |
| 9.6 | 特种飞行器 | | | |
| 9.6.1 | 大型灭火/救援水陆两栖飞机 | 架 | 巡航速度≥450千米/小时；最大航程≥4500千米；最大起飞重量≥53500千克（陆上/内海）、49000（外海）；最大载水量12000千克 | |
| 9.6.2 | 浮空器 | 架 | 最大飞行速度≥35米/秒；最大续航时间≥50小时；有效载重≥800千克 | |
| 9.6.3 | 小型水陆两栖飞机 | 架 | 巡航速度≥231千米/小时；最大航程≥1300千米；最大起飞重量≥1680千克 | |
| 9.7 | 无人机 | | | |
| 9.7.1 | 无人直升机系统 | 套 | 空重≥15kg，取得民航当局的相关批准 | 新增 |
| 9.8 | 机载设备 | | | |
| 9.8.1 | 空管自动化系统 | 套 | 按照ICAO规范和中国民航标准研制开发，取得民航当局的相关批准 | 新增 |

## 10. 高技术船舶及海洋工程装备

| 编号 | 产品名称 | 单位 | 主要技术指标 | 备注 |
|---|---|---|---|---|
| 10.1 | 高技术船舶 | | | |
| 10.1.1 | 液化天然气（LNG）运输船 | 艘 | 双燃料/柴油机/电力驱动 | 调整 |
| 10.1.2 | 大型乙烷运输船（VLEC） | 艘 | LNG载货量≥8000立方米 | 新增 |
| 10.1.3 | 超大型全冷式液化气船 | 艘 | 货舱容积≥8万立方米级；能够同时装载丙烷、丁烷、丙烯、丁烯，二甲醚等货品中的两种，满足最新的法规规范 | |

| 10.1.4 | 30万吨级节能环保超大型油船（VLCC） | 艘 | EEDI：比基线值低15%以上 | 调整 |
|---|---|---|---|---|
| 10.1.5 | 40万吨级节能环保超大型矿砂船（VLOC） | 艘 | EEDI：比基线值低15%以上 | |
| 10.1.6 | 9万吨级节能环保超巴拿马型散货船 | 艘 | EEDI：比基线值低20%以上 | |
| 10.1.7 | 11万吨级节能环保散货船 | 艘 | EEDI：比基线值低21%以上 | |
| 10.1.8 | 20万吨级节能环保好望角型散货船 | 艘 | EEDI：比基线值低16%以上 | 调整 |
| 10.1.9 | 5万吨级节能环保大灵便型成品油船 | 艘 | EEDI：比基线值低20%以上 | 调整 |
| 10.1.10 | 5.5万吨级化学品船 | 艘 | 载重量≥50000T，EEDI：比基线值低20%以上 | 调整 |
| 10.1.11 | 11万吨级节能环保阿芙拉型成品油船/原油船 | 艘 | EEDI：比基线值低20%以上 | 调调整 |
| 10.1.12 | 16万吨级节能环保苏伊士原油船 | 艘 | EEDI：比基线值低20%以上 | |
| 10.1.13 | 4000箱级节能环保型集装箱船 | 艘 | EEDI：比基线值低30%以上 | |
| 10.1.14 | 集装箱滚装船 | 艘 | 载重量≥45000t级；航速≥18Kn | |
| 10.1.15 | 万箱级以上集装箱船 | 艘 | 装箱数≥10000TEU；EEDI：比基线值低30%以上 | 调整 |
| 10.1.16 | 浅吃水集装箱船 | 艘 | 适应最小水深≤8.5米；EEDI：phase I，低于基线15%；航速19Kn | 新增 |
| 10.1.17 | 大型超吊高浮吊船 | 艘 | 吊高≥160米；吊重≥1500吨；工作幅度≥140米 | |
| 10.1.18 | 大型汽车滚装船 | 艘 | 载车量≥10000辆，服务航速≥16Kn | |
| 10.1.19 | 大型抓斗式疏浚船 | 艘 | 锚泊定位方式挖深≥80m，钢桩定位方式挖深≤30m，航速≥12Kn，产量≥6000m³/h | |
| 10.1.20 | 大型耙吸式挖泥船 | 艘 | 挖深110m，吹距＞3000m，挖泥航速（流速+对地航速）（4+2.5节） | |
| 10.1.21 | 大功率绞吸式疏浚船 | 艘 | 挖深35m，绞刀功率≥5000kW，吸排管径1000mm，生产率6000m³/h | |
| 10.1.22 | 南海电力推进灯光围网渔船 | 艘 | 设计航速≥12Kn，续航力≥6000海里，−20°C鱼货舱容≥750m³，电力推进方式 | |

| 10.1.23 | 南海电力推进金枪鱼延绳钓渔船 | 艘 | 设计航速≥12Kn，续航力≥5000海里，-45°C鱼货舱容≥200m³，电力推进方式 | |
|---|---|---|---|---|
| 10.1.24 | 多功能远洋渔船 | 艘 | 续航力≥11000海里，定员60人，鱼货舱容≥1450m³，渔法：秋刀鱼舷提网、鱿鱼钓捕 | |
| 10.1.25 | 极地甲板模块运输船 | 艘 | 适用环境温度-35度 | |
| 10.1.26 | 变水层大型拖网渔船 | 艘 | 自持力≥40天，中层拖网力≥30t，底拖网深度1000m，鱼货舱容≥1600m³，鱼粉舱容≥200m³，拖网工况航速≥5.5Kn | |
| 10.1.27 | 冷藏船（冷藏货品为香蕉、水果和冷冻货品） | 艘 | 冷藏舱体积≥一百万立方英尺；舱内冷藏托盘≥9700个，甲板上装载40尺冷藏集装箱≥290个；航速≥18Kn | 新增 |
| 10.1.28 | 大型多功能军民船舶修造用举力浮船坞 | 台/套 | 吊车起重能力>50吨；举力≥50000吨 | 新增 |
| 10.1.29 | 波浪艇 | 艘 | 航速：最大速度≥1Kts（SS4）；平均速度≥0.4Kts（平均SS2）；最大载重:12kg；波浪艇应用条件，要求在6级海况以下，水深10m以上的海域环境 | 新增 |
| 10.1.30 | 无人艇 | 艘 | 艇体长度：10米；排水量：8.5吨（满载）；6吨（空载）；推进方式：喷水推进 | 新增 |
| 10.2 | 海洋工程装备 | | | |
| 10.2.1 | 自升式钻井平台 | 座 | 作业水深≥100米；钻井能力≥9000米；悬臂梁最大外伸距离：纵向≥21米；横向：＋4米 | 调整 |
| 10.2.2 | 自升式支持平台 | 座 | 作业工况最大可变载荷≥2000吨；主吊工作载荷≥200吨；自存工况最大可变载荷≥2500吨 | |
| 10.2.3 | 自升式生活平台 | 座 | 作业水深≥100米；定员≥350人；主吊机工作载荷≥200吨 | 新增 |
| 10.2.4 | 自升式增产作业平台 | 座 | 最大出口压力≥80bar；日处理气体能力≥2亿标准立方英尺，自存有义波高≥16.5米 | |
| 10.2.5 | 自升式风电安装平台 | 座 | 作业水深≥40米，具备7兆瓦（及以上）风机安装修理，800吨起吊工作半径≥17.5米，平台升降能力≥11000吨 | 新增 |
| 10.2.6 | 自升式生产储卸油平台 | 座 | 最大举升≥13000吨，可变载荷≥6500吨，储原油≥5000m³；有钻井、修井和燃油淡水输出等功能 | 新增 |
| 10.2.7 | 半潜式起重生活平台 | 座 | 最大起重能力≥2×1800吨；可联合起重≥3600吨；自存有义波高≥12米 | |

| 10.2.8 | 半潜式钻井平台 | 座 | 作业水深≥1500米 | 调整 |
|---|---|---|---|---|
| 10.2.9 | 半潜式钻井支持平台 | 座 | 作业水深≥1000米；模块钻井系统（MEP）≥454吨；最大甲板可变载荷5600吨 | 新增 |
| 10.2.10 | 半潜式修井平台 | 座 | 作业水深≥2000米；最大钻/修井深度8500米；动力定位：DP-3 | 新增 |
| 10.2.11 | 半潜式生产平台 | 座 | 作业水深≥2000米；原油处理能力≥15万桶/日；天然气处理能力≥100万标准立方英尺/日 | 新增 |
| 10.2.12 | 深水钻井船 | 艘 | 可进行1500m以上水深的勘探、钻井和生产井施工作业；最大钻深可达10000米以上 | |
| 10.2.13 | 中深水经济型钻井船 | 艘 | 作业水深≥900米；最大钻井深度9144米；定位型式：多点锚泊 | 新增 |
| 10.2.14 | 超大型浮式生产储油装置（FPSO） | 台/套 | 总长超过300米，原油储量能力超过80万桶，日处理原油超过50000 BOPD | 新增 |
| 10.2.15 | 浮式液化天然气生产储卸装置（FLNG） | 艘 | 作业水深≥1500米；储量≥10万立方米 | 新增 |
| 10.2.16 | 圆筒型浮式储卸油装置（FSO） | 座 | 储油量≥10万吨 | 新增 |
| 10.2.17 | 500米水深油田生产装备（TLP） | 座 | 4立柱传统型张力腿平台（TLP）；8根张力筋腱；16口井槽；钻井深度≥5000米；100%油水处理合格能力；在位水深500米左右 | |
| 10.2.18 | 浮式液化天然气存储再气化装置（LNG–FSRU） | 艘 | 具有LNG存储、再气化和输送功能；LNG存储能力≥17万立方米；再气化装置≥600吨/小时 | 新增 |
| 10.2.19 | 圆筒形浮式生产储油装置 | 台 | 日处理原油44000桶；油气4000万标准立方英尺；原油储量能力40万桶 | |
| 10.2.20 | 浮式储油再气化装置 | 艘 | 具有LNG的存储、气化、运输功能；满足冰区加强及零下30度要求 | |
| 10.2.21 | 12缆高性能物探船 | 艘 | 尾部电缆甲板宽≤28米；设计型深≥9.6米；设计吃水≥7.5米 | |
| 10.2.22 | 大型半潜工程船 | 艘 | 采用DP2及以上动力定位；下潜时间（干舷1米至最大潜深）≤6小时；下潜/起浮装货能力≥50000吨 | 调整 |
| 10.2.23 | 3000米深潜水作业支持船 | 艘 | 具备≥3000米水下多种工程作业和装备安装作业支持功能；具备≥500米饱和和超深潜水作业；3000米深水遥控潜水器（ROV）水下作业；S型、J型、flex型或reel型水下铺管作业 | 调整 |

| 10.2.24 | 重型钻井支持驳船 | 艘 | 作业水深≥120米；有效可变载荷6000吨；模块钻井系统（MEP）≥454吨 | 调整 |
|---|---|---|---|---|
| 10.2.25 | 深水大型铺管船 | 艘 | 工作水深≥3000米；起重能力≥5000吨；具有S型、J型铺管能力 | 新增 |
| 10.2.26 | 深水大型多功能起重船 | 艘 | 作业水深：≥3000米；起重能力：≥2500吨 | 新增 |
| 10.2.27 | 自升自航石油工程船 | 台/套 | 适用于5500米（3.5寸钻杆）深度内的直、斜井的大修、小修 | 新增 |
| 10.2.28 | 85M海底支持维护船 | 艘 | 具有24小时无人值守舱功能；配有带波浪补偿装置的起吊自动防倾系统；采用四点定位锚系统 | 新增 |
| 10.2.29 | 深水多功能水下支持船 | 艘 | 3000米深水的柔性管铺设、锚系处理、ROV、IMR等作业；DP3动力定位；300米饱和潜水作业支持 | 新增 |
| 10.2.30 | 饱和潜水船 | 艘 | DP3动力定位；固定式24人双钟300米水深饱和潜水；3000米水深带主动波浪补偿功能的250吨起吊能力 | 新增 |
| 10.2.31 | 铺管起重船 | 艘 | 适应水深最小≤8米；挖沟最大水深≥200米，埋深0—2.5米；敷设管径4—60英寸，敷设速度≥5公里/天；主甲板储管≥4000吨；起重能力≥350吨 | 新增 |
| 10.2.32 | 深水工程勘查船 | 艘 | 勘察作业水深3000米，勘察设备收放能力不≤19吨；DP3动力定位；3000米深水起重≥250吨；满足Tier Ⅲ排放标准 | 新增 |
| 10.2.33 | 海洋工程支持居住船 | 艘 | 居住定员≥300人；居住环境满足HAB（HW）级等的振动、噪音、照度和温度控制标准；DP-3动力定位功能 | 新增 |
| 10.3 | 关键系统和设备 | | | |
| 10.3.1 | 船用中速柴油机/气体机 | 台/套 | 柴油机缸径范围170—320mm，功率≥430kW；NOx排放满足IMO TierⅡ标准；气体机缸170—32mm；功率≥350kW | |
| 10.3.2 | 船用高速柴油机/气体机 | 台/套 | 柴油机缸径范围105—250mm；功率≥60kW；NOx排放满足IMO TierⅡ标准；气体机缸径范围132—170mm；功率≥150kW | |
| 10.3.3 | 大功率低速柴油机曲轴 | 台 | 曲轴缸径：S90性能及无损检验满足曼恩和瓦锡兰规范要求，其中，非金属杂物满足DIN50602—1985 K4≤30，屈服强度≥420MPa，抗拉强度≥650MPa | 新增 |
| 10.3.4 | 海洋钻井平台用发动机 | 台 | 功率：≥1500kW | 新增 |

| 10.3.5 | 海洋深水钻井用钻杆 | 米 | 作业水深：≥3000m | 新增 |
|---|---|---|---|---|
| 10.3.6 | 勘察船钻井包 | 套 | 水深：≥600米，最大钩载：≥600Kn | 新增 |
| 10.3.7 | 海洋作业钢丝绳 | 根 | 直径：≥40mm；抗拉强度：≥1960MPa | 新增 |
| 10.3.8 | 锚泊式电子信息系统浮台 | 座 | 以半潜式海上锚泊平台为载体，具备目标监测、电磁监测、海洋环境观测、海上通信等功能；满载情况下距离水面高度不小于10m；布放水深不小于2000m；可抗7级海况及16级海风，可连续布放20年；风光油能源保障，可无人值守、持续工作 | 新增 |
| 10.3.9 | 液化天然气（LNG）船超大锚绞机 | 台/套 | 电动液压驱动；系统负载≥320kN×15 m/min | |
| 10.3.10 | 大型拖缆机及其甲板系统 | 台/套 | 载荷≥250 T；速度≥7 m/min；控制方式：驾驶室控制+机旁控制 | |
| 10.3.11 | 自升式平台液压齿轮齿条式升降系统 | 台/套 | 单桩额定载荷≥8000t；单桩预压载≥10000t；单桩风暴载荷≥10000t | |
| 10.3.12 | 海洋平台吊机 | 台/套 | 柴油机—液压驱动；工作回转半径：9.5—40m；额定起升速度≥4m/min | |
| 10.3.13 | 动力定位系统 | 台/套 | 4级海况及以下定点控位精度标准偏差≤2米；艏向保持精度标准偏差≤1.5度；回转速度≥2r/min（180°不超过15s） | |
| 10.3.14 | 深水铺管船起重机 | 台/套 | 基座起重机最大额定载荷≥40t；工作半径：10—32m；吊管行车额定载荷≥40t | |
| 10.3.15 | 钻井船定位绞车 | 台/套 | 额定拉力×速度≥180t×15m/min（中间层）；轻载拉力×速度≥90t×30m/min（中间层）；停车拉力≥270t；支持负载≥360t | |
| 10.3.16 | 船用柴油机NOx后处理装置（SCR） | 台/套 | 满足IMO Tier III的要求；氨气逃逸量≤10ppm；SCR系统压力损失≤240mmWC | |
| 10.3.17 | 大功率船用柴油机动力系统余热利用装置（WHR） | 台/套 | 柴油机调制后油耗增加≤2%；余热利用系统总发电比8%—12%；采用余热利用系统后柴油机排气背压保持不变；采用余热利用系统后柴油机油耗降低5%—9% | |
| 10.3.18 | 主机遥控系统 | 套 | 符合《船舶大功率主柴油机遥控装置》CB/T 3260—2008要求；额定工作气压0.7MPa，输入气压1MPa（±20%），空气过滤器过滤精度<50μm | 新增 |
| 10.3.19 | 水面通信浮标 | 艘 | 最大布放水深：2000米；浮标体直径：3米；锚系方式：单点系留，倒S型；壳体型深：1.5m；储备浮力：6t | 新增 |

| 10.3.20 | 中高频电台 | 台/套 | 软件无线电架构；收发频率设置：收发频率可设置；信道模式选择：USB、AM和DSC；通信业务选择：同频半双工/异频半双工话音；DSC：实现6路DSC频率值守，并可以根据需要开关；信道增益：增强灵敏度、标准灵敏度、衰减30B可选 | 新增 |
|---|---|---|---|---|
| 10.3.21 | 综合船桥系统 | 台/套 | 1.综合驾控功能：具有综合操车功能和舵机自动控制功能<br>2.综合导航功能：具有通用ECDIS功能；全球、全天候、连续的航海导航功能；信息综合显示、记录处理功能；航行计划制定、管理、实施和调整功能<br>3.避碰辅助决策功能：利用雷达和电子海图的显示功能，获得本船周围动、静目标的相关信息，实现航行态势综合监视<br>4.通信及航行辅助控制功能：配备全球海上遇险与安全系统装备及船内通信设备，具备遇险一键报警功能 | 新增 |
| 10.3.22 | 机舱综合监测报警系统 | 套 | 可用于船舶动力装置及机舱主辅设备的重要参数的连续监视、测量、显示、记录，并对这些设备的故障和参数的越限在船舶重要场所进行报警；采用模块化组成，配置灵活，可根据实际需求调整模块的组成和数量 | 新增 |
| 10.3.23 | 主动波浪补偿折臂式海洋工程起重机 | 台/套 | 起吊能力≥50—60t（常规）50—60t（水下/AHC）及以上；工作半径:7m—30 m；波浪补偿精度≤±10cm（当吊臂头顶端≥±1m） | |
| 10.3.24 | 中高压船舶及海工发电机 | 台/套 | 功率范围1500~10000kW；电压等级3.3~15KV；转速范围500~1800rpm | |
| 10.3.25 | 大型浮式LNG再气化系统装置 | 台/套 | 天然气输出能力≥270×104 Nm³/天（约95吨/小时或196m³ /h）；工作压力：最小输出压力：5.0MPa、正常输出压力：5.5MPa、最大输出压力：9.0MPa | 删除 |
| 10.3.26 | 海底管道高清晰度漏磁内检测器 | 台/套 | 适用介质：油、气；检测距离≥350km；通过弯头的曲率半径≥3D（D为管道外径）；检测深度精度≤±0.10t（t为管道壁厚）；检测长度精度≤±25mm | |
| 10.3.27 | 海底电缆石油地震勘探系统 | 台/套 | 传感器：三分量检波器及水听器；最大承压力≥10MPa；单根海缆长度≥15000米；数据采集能力：单缆带站≥600个，最多可带10条海缆；数据同步误差≤20微秒 | |
| 10.3.28 | 海洋钻机 | 套 | 绞车功率≥6000HP；钻井深度≥12000米；适应水深≥300米 | 调整 |
| 10.3.29 | 海洋水下防喷器 | 套 | 额定工作压力≥10000psi；最大适应水深：1500米；额定液压操作压力≥3000psi | |

| 10.3.30 | 海洋水下井口及采油树研制 | 套 | 工作水深≥500m；工作压力≥10000Psi；控制方式：远程液压 | |
| 10.3.31 | 水下控制系统 | 套 | 工作水深≥500m；包括水上主控系统MCS、水上动力单元HPU、水下电控模块SEM、水下控制模块SCM、水下分配单元SDU、连接接插装置等 | |
| 10.3.32 | 海洋钻井隔水管系统 | 套 | 额定级别：E级（2.0MMlb）和H级（3.5MMlb）；额定长度：50ft/75ft（E/H级）；额定工作压力：2000/4500psi（E/H级） | |
| 10.3.33 | 海洋水下管汇连接器 | 套 | 工作水深≤1500m；工作压力≥5000psi；采用复合密封，机械锁紧；结构形式：水平套装/垂直套装 | |
| 10.3.34 | 3500kw级别大功率全回转舵桨装置 | 台/套 | 螺旋桨转速≥210 r/min | |
| 10.3.35 | 高效轻量化海工吊机 | 台/套 | 完全满足API-2C规范要求；驱动形式：电动—液压；主钩安全工作载荷≥50T；起升高度主钩：甲板≥40m；辅钩安全工作载荷≥12T；主钩满载起升速度：0—24m/min | |
| 10.3.36 | 透平驱动装置 | 台/套 | 主蒸汽压力≥1.5MPa；排汽压力≥0.0353MPa；额定转速（透平/输出轴）≥8897rpm/1910rpm；耗汽量≤8吨/小时 | |
| 10.3.37 | 2000m3/h级泵舱式货油泵系统 | 台/套 | 额定流量≥2000m³/h | |
| 10.3.38 | 1000m3/h级潜液泵系统 | 台/套 | 潜液泵结构形式：立式、单级、单吸、双出口，输送介质：原油，流量：800—1300m³/h，扬程：130—170 mlc，水力元件效率≥78%；驱动方式：液压驱动，液压系统压力≥26MPa，流量≥2250 l/min | |
| 10.3.39 | 平台液压插销升降系统研制 | 台/套 | 单桩额定载荷≥3200t；单桩预压载≥6000t；风暴垂直载荷≥6000t；风暴水平载荷≥3000t；升降速度≥10m/hr；驱动方式：电液驱动 | |
| 10.3.40 | 综合导航系统 | 台/套 | 满足国际MSC.252（83）、IEC 61924-2（Dec 2012）标准；由操舵控制系统、导航雷达、电子海图与信息显示系统、陀螺罗经系统等构成 | |
| 10.3.41 | 操舵控制系统 | 台/套 | 满足ISO11674 IEC 62065 IEC 61162-1 IEC 60945 IEC 62288CCS《钢质船舶入级规范》；提供航态范围不少于越控状态提示、当前航向、设定航向、当前航向源、当前操舵模式、当前速度、当前转向率、当前舵令、舵角、舵角限值及系统状态信息 | |

| 10.3.42 | 电子海图显示与信息系统 | 台/套 | 满足国际标准；显示单元：从19英寸到27英寸，操作系统：WINDOW XP（EN），WIN7接口 | |
| 10.3.43 | 陀螺罗经 | 台/套 | 满足ISO 8728-1997国际标准；首向精度≤0.25°×secφ，动态精度≤1.0°×secφ；稳定点误差≤0.75°×secφ；稳定时间：≤2.5h；陀螺球寿命≥20000h | |
| 10.3.44 | 船用雷达 | 台/套 | 满足国际标准IMO/SOLAS公约以及最新IEC标准；工作频率9410±30兆赫和3050±10兆赫；支持X波段-S波段互换；捕获ARPA目标≥50个、后台处理≥3000个；碰撞警告：最近会遇距离≤30海里；最近会遇时间≤60分钟 | |

## 11. 民用航天装备

| 编号 | 产品名称 | 单位 | 主要技术指标 | 备注 |
|---|---|---|---|---|
| 11.1 | 民用遥感卫星 | | | |
| 11.1.1 | 高分辨率光学卫星 | 套 | 卫星轨道高度656公里，全色/多光谱分辨率0.72/2.88米，幅宽11.6公里，质量430公斤，设计寿命3年，搭载1.2米分辨率彩色视频成像设备 | 新增 |
| 11.1.2 | 测绘遥感卫星 | 套 | 三线阵相机正视分辨率优于2.5米、前/后视分辨率优于2.7米，多光谱相机优于6米，成像幅宽大于50公里；卫星测图精度为无地面控制点优于50米，设计寿命5年 | 新增 |
| 11.2 | 民用通信广播卫星 | | | |
| 11.2.1 | 新型通信广播卫星 | 套 | 发射重量：4600kg；卫星干重：1480kg；输出功率：7800W<br>载荷重量：350—640kg<br>载荷功率：3000—4000W<br>本体尺寸：2360mm×2100mm×3100mm；姿控精度：±0.05°（滚动/俯仰），±0.1°（偏航）；位保精度：±0.05°（NS & EW）；寿命：12—15年 | 新增 |
| 11.3 | 航天运输系统 | | | |
| 11.3.1 | 新一代大型液体运载火箭 | 枚 | 新一代大型运载火箭，采用三种新研的高性能低温发动机和5米直径箭体结构，全箭总长56.97米，起飞质量869吨，起飞推力1078吨，地球同步转移轨道运载能力14吨级，飞行可靠性设计指标0.96（评估置信度0.7） | 新增 |

| 11.3.2 | 新一代快速发射液体运载火箭 | 枚 | 全箭总长29.287m，一子极直径3.35m，二、三子极直径2.25m，整流罩直径2.6m，起飞重量103吨，起飞推力1188kN，可靠性设计指标0.98（评估置信度0.7） | 新增 |
|---|---|---|---|---|

## 12. 成形加工装备

| 编号 | 产品名称 | 单位 | 主要技术指标 | 备注 |
|---|---|---|---|---|
| 12.1 | 立式、卧式加工中心 | 台 | 1.立式加工中心：工作台尺寸≥800x1200mm；快速移动≥40m/min；重复定位精度≤0.004mm；联动轴数≥4<br>2.卧式加工中心：工作台尺寸≥800×800mm；快速移动≥40m/min；重复定位精度≤0.004mm；联动轴数≥4 | |
| 12.2 | 龙门式加工中心（含龙门镗铣床） | 台 | 1.工作台尺寸≥1500×3000mm；X轴重复定位精度≤（8+L/250）μm；其他直线轴重复定位精度≤0.008mm | |
| | | | 2.工作台尺寸≥4000×8000mm；X轴重复定位精度≤（8+L/250）μm；其他直线轴重复定位精度≤0.010mm | |
| 12.3 | 数控车床（包括车削中心） | 台 | 1. 1.卧式车床：400mm≤加工直径<1000mm，重复定位精度≤0.003mm，主轴径向跳动（近端）≤0.003mm；1000mm≤加工直径<2000mm，重复定位精度≤0.01mm，主轴径向跳动≤0.005mm；2000mm≤加工直径，重复定位精度≤0.02mm，主轴径向跳动≤0.01mm； | 调整 |
| | | | 2.立式车床：1m≤加工直径<5mm，重复定位精度≤0.008mm；5m≤加工直径<15mm，重复定位精度≤0.01mm；15mm≤加工直径，重复定位精度≤0.02mm | |
| | | | 3.车削中心：200mm≤回转直径≤1000mm，重复定位精度≤0.003mm，主轴径向跳动（近端）≤0.003mm；联动轴数≥3 | |
| 12.4 | 车铣（铣车）复合加工中心 | 台 | 2．卧式铣车复合加工中心：回转直径≥400mm；Z轴重复定位精度≤（4+L/250）μm，其他直线轴重复定位精度≤0.004mm，车、铣主轴径向跳动（近端）≤0.004mm；（注：L–Z轴长度mm）联动轴数5轴 | |
| 12.5 | 数控坐标镗床 | 台 | 定位精度≤0.003mm | |
| 12.6 | 数控铣镗床（含铣镗加工中心） | 台 | 镗杆直径≥160mm，X轴重复定位精度≤（5+L/250）μm；其他轴重复定位精度≤0.005mm | 调整 |
| 12.7 | 全自动高速高精密硅钢片落料线 | 套 | 落料公称力≥4000kN；硅钢钢板厚度：0.2mm≤1.5 mm；落料次数10≤100次/min；送料速度0≤150 m/min | |

| 12.8 | 大型全伺服自动冲压生产线 | 套 | 总吨位≥40000kN；主机为机械伺服压力机；节拍≥12次/分钟的机器人送料冲压生产线 | |
| --- | --- | --- | --- | --- |
| 12.9 | 大型多工位压力机生产线 | 套 | 总吨位≥120000kN；生产节拍≥18次/分；三坐标伺服送料 | |
| 12.10 | 全闭环高精度伺服折弯机 | 套 | 公称压力≥20000 kN；折弯长度≥14000mm；滑块定位精度≤0.02mm，滑块重定位精度≤0.01mm；制件精度≤12′/14m | 调整 |
| 12.11 | 双点五工位自动温锻生产线 | 套 | 公称压力：1600t、2000t；行程次数：20—35spm；公称压力行程：5mm；滑块行程≥700mm | |
| 12.12 | 大型高速精密径向锻造成套装备 | 套 | 压机锻造压力≥16MN；压机锻造频率≥180rmp；锻件精度≤±0.2mm；最大锻造尺寸≥800mm；最大锻件重量≥6t | |
| 12.13 | 大型双动反向挤压生产线 | 套 | 挤压力≥25MN；回程力≥1.5MN；挤压速度≥0.2mm/s；穿孔力≥6.9MN；穿孔支撑力≥4MN；穿孔速度≥70mm/s；定针精度≤±1.5 | |
| 12.14 | 大型铝挤压机 | 套 | 1挤压力≥120MN；回程力≥7.9MN；挤压速度≥0.2~20mm/s | |
| 12.15 | 铝合金板张力拉伸机装备 | 套 | 最大拉伸力≥120 MN；钳口最大开口度≥310mm；钳口极限负载系数（单位宽度最大拉伸力）≥63 kN/mm；主缸拉伸位置同步精度≤±1mm；延伸量控制精度≤0.3% | |
| 12.16 | 数控强力旋压机 | 套 | 径向推力（每个旋轮）≥1000kN；轴向推力≥700kN；最大旋压工件直径≥2600mm；轴向、径向定位精度≤0.08mm；轴向、径向重复定位精度≤0.05mm | |
| 12.17 | 双驱动重型搅拌摩擦焊装备 | 套 | 单道焊接最大厚度≥80mm；双道焊接最大焊接厚度≥150mm；焊接速度≥100mm/min；双面焊变形量≤3mm/6m；角变形≤3° | |
| 12.18 | 大功率固体激光—熔化极电弧复合焊接成套装备 | 套 | 激光功率≥2kW；焊接速度≥5m/min | |
| 12.19 | 线性摩擦焊接装备 | 套 | 最大顶锻力≥700kN；最大激振力≥600kN；振动头回零误差≤0.3mm | |
| 12.20 | 双光束激光焊接装备 | 套 | 定位精度X/Y/Z≤0.05mm；激光输出功率≥6000W | |
| 12.21 | 复合材料自动铺带机 | 套 | 定位精度X/Y/Z≤0.025mm/300mm；定位精度A/B≤30″/30″；预浸带切割精度≤0.5mm | |

| 12.22 | 复合材料自动铺丝机 | 套 | 预浸丝束速度≥6.35mm；可铺放丝束根数≥32束；切割精度≤2mm（速度小于等于20m/min时）；最短丝束长度≥90mm | |
| 12.23 | 超大型二板式伺服注射成型机 | 台 | 锁模力：≥6000t；容模量≥1300mm；安全技术要求符合国家相关技术标准规定 | |
| 12.24 | 大型双壁波纹管生产线 | 套 | 挤出产量≥1200kg/h；生产线速度≥0.5m/min | |
| 12.25 | 大型实壁管生产线 | 套 | 挤出产量≥1300kg/h；生产线速度≥0.055m/min | |
| 12.26 | 超大型中空成型机智能化生产线 | 套 | 最大制品容量≥2000L；锁模力≥3000Kn；开合模行程≥400mm；主机总装机电容量≤550kW | |
| 12.27 | 最新型高效高速PE管材双层共挤生产线 | 套 | 挤出量：1200—1400kg/h；生产规格：直径630—1200mm；线速度：0.07—0.7m/min；电机功率：340kW | 调整 |
| 12.28 | 大型塑料挤出注射成型装备 | 套 | 锁模力≥4000t；注射量≥220000 cm | |
| 12.29 | 大型混炼挤压造粒机组 | 套 | 转速≥ 270r/min；主驱动功率≥10000kW；生产能力≥25万吨/年 | 调整 |
| 12.30 | 高速节能双壁波纹管生产线 | 套 | 定型长度≥3000mm；生产速度≥2.5m/min；电耗 ≤330kW/t | |
| 12.31 | 工业机器人及其关键零部件 | 台 | 自由度≥3；重复定位精度≤±0.3mm；负载能力≥3kg；平均无故障时间（MTBF）≥8000小时；RV减速器、伺服电机、控制系统 | 调整 |
| 12.32 | 金属材料增材制造装备（3D打印） | 台 | 零件成形尺寸>500×500×500（mm）；成形精度≤±0.1mm；成形材料性能达到同材料锻件性能 | |
| 12.33 | 数控齿轮加工机床 | 台 | 1.数控滚齿机：联动轴数≥4轴；加工精度不低于6级；加工直径≥2000mm，加工精度不低于7级 | 新增 |
| | | | 2.数控插齿机：联动轴数≥3轴；加工精度不低于6级；加工直径≥2000mm，加工精度不低于7级 | |
| | | | 3.数控剃齿机：联动轴数≥2轴；加工精度不低于6级 | |
| | | | 4.数控铣齿机：联动轴数≥4轴；加工直径<2000mm，加工精度不低于6级；加工直径≥2000mm，加工精度不低于7级 | |
| | | | 5.数控磨齿机：联动轴数≥4轴；加工精度不低于4级 | |

| 12.34 | 数控磨床 | 台 | 1.数控外圆磨，数控内圆磨，数控万能磨：磨削圆度≤0.001mm；重复定位精度≤0.003mm；数控外圆磨，数控万能磨Ra≤0.1μm；数控内圆磨Ra≤0.16μm | 新增 |
|---|---|---|---|---|
| | | | 2.数控平面磨：平面度≤0.003mm/2000mm，重复定位≤0.002mm/2000mm；（数控龙门磨：龙门宽度≥2000mm，平面度≤0.004mm/1000mm，重复定位精度≤0.006mm） | |
| | | | 3.数控立式磨床：重复定位精度≤0.003mm，加工圆度≤（0.003×10$^{-6}$×D）mm（D为加工直径） | |
| | | | 4.数控曲轴磨床；回转直径≥400mm；连杆径，主轴径：加工圆度≤0.003mm，圆柱度≤0.004mm | |
| | | | 5.数控工具磨床：主轴转速≥10000r/min；重复定位精度：直线轴≤0.002mm，回转轴0.002度；五轴联动 | |
| | | | 6.数控珩磨机：孔径圆度≤0.002mm，孔的直线度≤0.002mm/200mm，珩孔表面粗糙度Ra≤0.1μm | |
| 12.35 | 特种加工机床 | 台 | 1.数控单向走丝电火花线切割机床：最大切割效率≥300mm$^2$；加工精度≤±0.003mm；Ra≤0.3μm | 新增 |
| | | | 2.数控电火花成形机床：型腔截面和深度尺寸精度≤±0.003mm；Ra≤0.3μm；加工效率：50A≥300mm$^3$ | |
| | | | 3.光纤激光切割机：切割精度≤±0.1mm；切割碳钢厚度≥15mm；光纤激光器功率≥3kW | |
| 12.36 | SJSH-320同向双螺杆挤压造粒机组 | 套 | 年产量≥14万吨；主电机功率≥6MW | 新增 |
| 12.37 | 丁苯树脂脱挥异向非啮合双螺杆挤出机组 | 套 | 年产量≥2万吨；主电机功率≥1000kW；产品挥发组分<0.2% | 新增 |
| 12.38 | 双向拉伸塑料薄膜（PI、PE、TPP）生产线 | 套 | 聚酰亚胺薄膜（PI）生产线：幅宽≥1.6米；速度≥6米/分钟；产能≥60吨/年聚酯薄膜（PET）生产线：幅宽≥5.8米；速度≥400米/分钟；产能≥25000吨/年聚丙烯薄膜（PP）生产线：幅宽≥8.5米；速度≥450米/分钟；产能≥35000吨/年 | 新增 |
| 12.39 | 塑料异型材挤出生产线 | 套 | 挤出产量≥350kg/h；60或70系列主型材挤出线速度≥4m/min；制品单位能耗≤0.28 kWh/kg | 新增 |

| 12.40 | 大型宽幅胶片挤出压延生产线 | 套 | 挤出胶片宽度：2500—3200mm；胶片厚度：单层0.375—4mm；胶片挤出后温度：≤115℃；胶片卷取最大卷径：Φ1400mm | 新增 |
|---|---|---|---|---|
| 12.41 | 五复合橡胶挤出机组 | 套 | 挤出制品部件：最大宽度550 mm，挤出制品厚度：最大厚度30mm，挤出制品定长精度：±3 mm；温度控制精度：±1.5℃。 | 新增 |
| 12.42 | 溴化丁基胶后处理生产线 | 套 | 正常生产能力：4.5 t/h（溴化丁基、普通丁基）；胶料水性质：PH值：5—9；门尼：45±4、32±4和51±5；入口胶粒含水：5%—8%；出口胶粒含水：2%—3% | 新增 |
| 12.43 | 基于物联网的PVC智能配混系统 | 套 | （1）生产能力：5000—30000t/年，工作高度10—28m（不含地坑）；<br>（2）配混系统计量精度误差：±3‰；<br>（3）配混端实时信息采集及传输准确率（远程控制）：≥99%；<br>（4）集中供料传输及控制延时误差率：≤0.2% | 新增 |
| 12.44 | 超洁净中温液态食品包装设备的示范应用 | 套 | 主机生产效率：≥98%；成品合格率：≥99.8%；灌装精度：±0.5% | 新增 |
| 12.45 | 橡胶湿法混炼自动化生产线 | 套 | 干胶产量：3~5t/h；生产周期：3—4h；耗电量：90—110度/吨干胶；燃煤量：80—120kg/吨干胶；生产用水：1.5~2t/吨干胶 | 新增 |
| 12.46 | "0+3"三层共挤橡胶电缆连续硫化生产线 | 套 | （1）产品规格：挤包前芯径，三层8—40mm；单层8—60mm；挤包后缆径，三层10—60mm；单层10—80mm；电缆最大重量：10kg/m；导体屏蔽0.5—4mm，绝缘护套3—8mm，绝缘屏蔽0.5—2mm；线速度40 m/min<br>（2）硫化管形式：半悬链式，悬链系数200—150；设计温度200℃，设计压力2.5MPa，硫化段充满饱和蒸汽；高压水循环冷却。<br>（3）动能消耗：供电380V±10%、50Hz±10%、三相五线制，总装机容量650kVA，饱和蒸气压力2~2.5 MPa（需配≥2吨蒸气锅炉） | 新增 |
| 12.47 | 包装专用一模多腔注塑机 | 套 | 腔数：96腔；瓶坯生产周期≤20s；自动取出时间<4s | 新增 |
| 12.48 | 实时控制系列重型冷室压铸机 | 套 | 最大压射速度：≥6m/s；增压建压时间：≤20ms；压射行程检测位移精确度：0.1mm | 新增 |
| 12.49 | 三层共挤糙面土工膜吹塑机组 | 套 | 制品最大幅宽：7000mm；制品厚度：0.5—2.5mm；糙面高度：0.25mm；制品厚薄均匀度≤±6% | 新增 |
| 12.50 | 大吨位多泵组合伺服节能精密高响应注塑成型机 | 台 | 锁模力≥20000Kn；开模行程≥1700mm；能耗达国家1级标准 | 新增 |

| 12.51 | EVA太阳能电池专用薄膜生产线 | 套 | 收缩率：3%以内；制品最大幅宽：3000mm；制品最大生产线速度6—8m/min | 新增 |
|---|---|---|---|---|
| 12.52 | PE碳酸钙（石头纸）生产线 | 套 | 密度：0.8—1g/cm$^2$；成孔率：50%；制品成本：<3000元/吨 | 新增 |
| 12.53 | 铸铁件生产用大吨位、外热风、水冷长炉龄冲天炉成套设备 | 套 | 冲天炉熔化率≥10t/h，一次连续开炉时间≥60天，铁液温度≥1500℃，热风温度≥400℃ | 新增 |
| 12.54 | 8000Kn电动螺旋压力机 | 台 | 公称力80000Kn，最大力160000Kn，滑块行程900mm，行程次数8次/分钟；主机为数控电动螺旋压力机 | 新增 |
| 12.55 | 双盘摩擦压力机 | 台 | 公称力100000Kn，最大力160000Kn，滑块行程800mm，行程次数8次/分钟；主机为变频式摩擦压力机 | 新增 |
| 12.56 | 大型多缸薄板成形液压机 | 台 | 公称压印力（max）≥200MN，压印行程（max）≥30mm，工作压力系统≥250bar，多缸板（增压）≥700bar | 新增 |
| 12.57 | 光学扩散板挤出线 | 套 | 板材最大宽度1400mm；板材厚度范围1—3mm | 新增 |
| 12.58 | D2重型桁架式机械手 | 台 | 机械手头部提升能力2吨，X轴移动速度65m/min，Z轴移动速度45m/min，X轴重复定位精度±0.3mm，Z轴重复定位精度±0.3mm，X轴导轨及齿条拼接技术，可实现70m以上长度的高精度拼接，矩形三面滚轮式导轨，直线度0.02mm/m | 新增 |
| 12.59 | 于桁架机器人的多机械手集成联动的柔性制造系统 | 套 | 至少三台机械手合成，抓举重量在300kg和700kg以上，移动速度75米/分钟，导轨直线度≤±0.03mm/1000mm，横梁直线度≤±0.03mm/1000mm，驱动齿轮反向间隙≤0.2mm，运动轴重复定位精度≤±0.1mm | 新增 |

### 13. 新型、大马力农业装备

| 编号 | 产品名称 | 单位 | 主要技术指标 | 备注 |
|---|---|---|---|---|
| 13.1 | 智能化重型拖拉机 | 台 | 配套功率≥147kW | 调整 |
| 13.2 | 多功能纵轴流大型谷物联合收割机 | 台 | 配套功率≥150kW；喂入量≥12kg/s | |
| 13.3 | 自走式采棉机 | 台 | 配套功率≥175kW；行数≥4行 | |
| 13.4 | 甘蔗联合收割机 | 台 | 配套功率≥95.5kW；适应垄距≥900mm | 调整 |
| 13.5 | 大型自走式施药机械 | 台 | 配套动力≥84kW；喷幅≥16m；药箱容量≥1500L | 调整 |

| 13.6 | 马铃薯联合收获机 | 台 | 配套动力≥92kW；适用行距≥900mm | 新增 |
|------|------|------|------|------|
| 13.7 | 牵引式马铃薯种植机 | 台 | 配套动力≥84kW；适用垄距≥900mm | 新增 |
| 13.8 | 中密度打捆机 | 台 | 配套拖拉机功率≥120马力；草捆密度≥183kg/m³；工作幅宽≥2000mm；3组打结器 | 新增 |
| 13.9 | 中高端免耕气吸式精量播种机 | 台 | 行数≥2行；重播率≤1%；漏播率≤5‰。 | 新增 |
| 13.10 | 多功能纵轴流大型谷物联合收割机 | 台 | 配套功率≥150kW；喂入量≥10kg/s | 新增 |
| 13.11 | 自走式采棉机 | 台 | 配套功率≥175kW；行数≥4行 | 新增 |

### 14. 电子及医疗专用装备

| 编号 | 产品名称 | 单位 | 主要技术指标 | 备注 |
|------|------|------|------|------|
| 14.1 | 电子专用装备 | | | |
| 14.1.1 | 全自动化等离子体增强化学气相沉积装备（PECVD） | 套 | 光伏及集成电路用；均匀度达到1s<1.5% | 调整 |
| 14.1.2 | 全自动印刷烘干烧结系统 | 套 | 产能≥3800片/时；碎片率≤0.1% | |
| 14.1.3 | 金属有机气相沉积装备（MOCVD） | 套 | 晶片尺寸≥2英寸；控温精度：±1℃ | 调整 |
| 14.1.4 | 氧化铟锡（ITO）溅射装备 | 套 | 兼容2—12英寸晶圆，工艺温度常温–300℃可调，2英寸晶圆产能≥150片/h | |
| 14.1.5 | 化学气相沉积（CVD）硅外延装备 | 套 | 6—8英寸晶圆；适用于不同规格衬底上N型、P型硅材料的外延生长 | |
| 14.1.6 | 介质刻蚀机 | 套 | 满足12英寸晶圆65—28纳米介质刻蚀工艺需求；刻蚀能力≥40:1；线宽控制精度≤2nm | |
| 14.1.7 | 高密度等离子刻蚀机 | 套 | 光伏及集成电路用；刻蚀速率非均匀度小于1% | 调整 |
| 14.1.8 | 高密度等离子刻蚀装备 | 套 | 光伏及集成电路用；加工均匀性≤5纳米 | 调整 |
| 14.1.9 | 物理气相薄膜沉积（PVD）装备 | 套 | 8—12英寸晶圆：可满足多种金属沉积以及硅通孔沉积，沉积速率Ti≥800Å/min，Cu≥3600Å/min，Al≥240—300nm/min | |
| 14.1.10 | 金属硬掩膜沉积（HM PVD）装备 | 套 | 12英寸集成电路：单腔产能≥30wph，uptime≥85%，沉积速率TiN≥500Å/min | |

| 14.1.11 | 氮化铝薄膜沉积（AlN PVD）装备 | 套 | 2—12英寸片，沉积温度400—700℃，单腔产能（2英寸）≥100片/h | |
|---|---|---|---|---|
| 14.1.12 | 高速介质刻蚀机 | 套 | 4—8英寸晶圆，刻蚀速率≥700nm/min，选择比（硅）≥30:1 | |
| 14.1.13 | 化合物刻蚀机 | 套 | 4—8英寸Ⅲ–Ⅴ族化合物刻蚀，刻蚀速率 GaAs≥3μm/min，GaN≥200nm/min | |
| 14.1.14 | 锂电池隔膜生产线 | 套 | 幅宽≥2.9米;速度≥40米/分钟;产能≥5000万平米/年 | 新增 |
| 14.1.15 | 全自动连续式锂电池正极材料辊道烧结炉 | 台 | 产量≥2.5吨/天；吨能耗≤5600kWh | 新增 |
| 14.1.16 | 软磁铁氧体材料气氛保护辊道烧结炉 | 台 | 窑体长度≥30m；窑腔有效截面≥1280×150mm；常用工作温度：720—800℃；恒温区截面温度均匀度≤±5℃；窑内实际温度稳定度≤±2℃/24hr；窑内最低氧含量<50ppm | 新增 |
| 14.1.17 | 高效晶体硅太阳能电池减压扩散炉 | 台 | 产能：≥1000 pcs/管；压力控制精度：≤±1mbar；恒温区长度：≥1300mm；恒温区温度精度：≤±0.5℃/1300mm（801—1100℃） | 新增 |
| 14.1.18 | 碳化硅（SiC）外延生长设备 | 套 | 晶片尺寸：≥4英寸；设备最高温度：1700℃；控温显示精度：≤±1℃ | 新增 |
| 14.1.19 | 激光封焊机 | 台 | 激光工作物质：Nd：YAG；点焊直径：0.2mm—2mm；真空烘箱控温精度：±5°℃；真空烘箱温度均匀度：±5°℃；真空烘箱极限真空度：3Pa；真空烘箱工作真空度：≤8Pa；工作台定位精度：≤±15μm；工作台重复定位精度:≤±10μm | 新增 |
| 14.1.20 | 多层陶瓷电路基板高温烧结炉 | 台 | 工作温度范围：1200℃—2000℃；温度均匀度：≤±5℃（空炉，1600℃恒温）；温度稳定度：≤±5℃/4h（空炉，1600℃恒温）；最大升温速率：40℃/min（400—1000℃范围）；工艺气体：氮气、氢气或其混合气体；工作真空：≤0.1Pa（空炉，1850℃恒温） | 新增 |
| 14.1.21 | SiC高温高能离子注入机 | 台 | 晶片尺寸：≥4英寸；生产效率：10片/小时 | 新增 |
| 14.1.22 | 集成电路封装在线等离子清洗机 | 台 | 产能：约500片/小时；清洗效果：≤40° | 新增 |
| 14.1.23 | 陶瓷基板在线检测打孔机 | 台 | 打孔精度：≤±10μm；最大打孔速度：1200孔/分钟；生瓷片厚度：≤0.4mm | 新增 |

| 14.1.24 | 高纯碳化硅粉料合成炉 | 套 | 纯度：≥99.995%；晶型：β-SiC；粒度：200—1000μm；氮浓度：≤10ppm | 新增 |
|---|---|---|---|---|
| 14.1.25 | 原子层沉积设备（ALD） | 台 | 用于加工各种半导体和集成电路；薄膜每层厚度≤65纳米；厚度控制精确度<0.2纳米 | 新增 |
| 14.1.26 | 大气隔离封装的薄膜设备 | 套 | 柔性显示和柔性电子封装薄膜设备低温沉积（<100C）；低透水率<1×10$^{-5}$g/s.m$^2$，优质透光率（RI~2） | 新增 |
| 14.1.27 | 电子辐照加工系统 | 套 | 加速器能量>5MeV，表面剂量不均匀度±5%，辐照产量>1吨/小时，边界剂量率≤2.5μSv/h | 新增 |
| 14.2 | 医疗装备 | | | |
| 14.2.1 | 超导磁共振医学成像系统 | 套 | 主磁场强度≥1.5T；谱仪及射频系统通道数≥8通道 | |
| 14.2.2 | 多排螺旋计算机断层扫描（CT）系统 | 套 | 高压发生器≥50kW；最快扫描速度≤0.5s；扫描层数≥64层 | |
| 14.2.3 | 正电子发射断层扫描（PET-CT）系统 | 套 | 空间分辨率≤5mm（距中心1cm处）；视野：横向≥560mm，轴向≥160mm；灵敏度≥7cps/kBq（350—650keV，3D） | |
| 14.2.4 | 数字X射线诊断系统 | 套 | 平板探测器尺寸≥43cm×43cm；最大空间分辨率≥3.6LP/mm；功率≥50kw；球管热容量≥300KHU | |
| 14.2.5 | 全自动生化分析系统 | 套 | 检验速率≥1600次/h；试剂位≥60；最小加样量2μl；波长数≥10个吸光度线性范围≥2.5A | |
| 14.2.6 | 全自动血液分析系统 | 套 | 检验速率≥80次/h；白细胞：五分类；样本输送方式：轨道式；仪器配置：流式装置及配套试剂；质控：有溯源系统和配套校准品、质控品 | |
| 14.2.7 | 彩色多普勒超声诊断系统 | 套 | 物理通道数≥128；探头频率范围：2—10MHz；整机：可支持阵元数192以上高密度探头；声波产生和后处理：全数字化；声波发送/接收:动态聚焦，多波束合成成像功能：3D成像、造影成像、弹性成像功能 | |
| 14.2.8 | 图像引导加速器放疗系统 | 套 | 加速器最大剂量率≥600MU/min；X射线放射强度：≥10MeV；图像采集频率：≥4帧/s；图像分辨率：优于1024×1024 ppi；从轮廓勾画、更新治疗计划到传输计划时间≤5min | |

| 14.2.9 | 人体安全检查系统 | 套 | 1.X射线透射型：X 射线泄漏剂量率＜1 μSv/hr<br>2.背散射型：单人检查时间≤18s，通过率≥200人/小时，单次检查辐射剂量＜0.1μSv | 新增 |
|---|---|---|---|---|
| 14.2.10 | 胃肠X射线系统 | 套 | 影像增强器尺寸≥9寸；功率≥50kw；球管热容量≥300KHU | 新增 |
| 14.2.11 | 数字化乳腺X射线摄影系统 | 套 | 平板探测器尺寸≥17cm×24cm；功率≥5kW；球管热容量≥300KHU | 新增 |

## 15.重大技术装备关键配套基础件

| 编号 | 产品名称 | 单位 | 主要技术参数 | 备注 |
|---|---|---|---|---|
| 15.1 | 液压气动密封装置及系统 | | | |
| 15.1.2 | 智能型行走机械液压系统 | 套 | 工作压力≥28MPa；具有GPS定位、远程控制、工况自我感知和分析、故障诊断、自维护、实时监控和多模式功率自动控制功能；负载口独立、单操纵手柄主从控制、电子流量匹配控制系统 | |
| 15.1.3 | 静液压驱动装置 | 套 | HST：<br>理论排量：泵0—37ml/r；马达37ml/r；输入转速3000r/min；输出转速0—3000r/min；额定压力21MP；最高压力30MPa；集成油滤；总效率≥73% | |
| 15.1.4 | 高压轴向柱塞泵 | 台 | 额定压力≥28MPa；最高压力：32—42MPa；变量方式：电比例排量、电比例压力切断、功率控制、流量控制、压力控制及上述变量组合排量范围：≥70毫升/转 | |
| 15.1.5 | 轴向柱塞马达和减速机总成 | 套 | 液压马达额定压力≥28MPa；变量方式：二点变量；减速机速比≤56闭式、开式 | |
| 15.1.6 | 整体式液压多路换向阀 | 台 | 整体式多路阀：额定压力≥28MPa；流量＞160L/min；控制方式：液压控制、电液控制；功能：负流量控制、正流量控制、与负载压力无关的流量分配控制 | |
| 15.1.7 | 液压电子控制器 | 套 | CPU：主频150MHz；宽电压输入：9—48VDC；工作温度：-40℃—+85℃；防护等级：IP67；相对湿度：30%—95%；通信方式：CAN2.OB，遵循CAN-open，总线通信协议，接口≥2；电磁兼容性应符合ISO13766中规定；平均无故障间隔时间：≥5000h | |
| 15.1.8 | 大型金属成形装备液压系统 | 套 | 工作压力≥31.5MPa；流量≥2000/L/min | |

333

| 15.1.9 | 高压大排量柱塞泵 | 台 | 工作压力≥35MPa；排量≥200ml/r，使用寿命≥10000h | |
|---|---|---|---|---|
| 15.1.10 | 大流量电液比例二通插装阀及电液比例阀 | 台 | 压力≥35MPa；流量≥2000L/min | |
| 15.1.11 | 高转速液力偶合器系列传动装置 | 套 | 传递功率≥1000kW；额定转差率：3%；调速范围：0.20—0.97（输出转速）；泵轮力矩系数：$1.5 \times 10^{-6}$min$^2$/m | |
| 15.1.12 | 高性能、智能化气动与装置 | | | |
| 15.1.13 | 智能化气动阀岛及定位执行系统 | 套 | 智能化阀岛：<br>具有集成诊断、系统优化，环境监测等功能，总线控制；流量：300L/min—1500L/min；分散与集中控制；模拟量输入/输出模块（0—10V；4—20mA）、控制512个I/O点。内置或外置PLC<br>智能定位气动执行系统：<br>系统包括：高端多样化的定位气缸、气动滑台、气爪、电气比例阀，电气伺服阀；运动方式：直线运动，摆动驱动；工作压力：≥0.4MPa；工作速度≥50mm/s<br>重复精度：±0.2 mm | |
| 15.1.14 | 轨道交通用高性能气动元件 | 套 | 气缸、气动阀、气源处理元件，以及气管、接头等配套气动元件：工作压力3—10bar；环境温度–40—+80℃ | |
| 15.1.15 | 核电密封装置 | 套 | 高可靠性，具有抗辐射、抗地震、低泄漏等特定功能，达到核电技术要求 | |
| 15.1.16 | 核级静密封垫片装置 | 套 | 氦气检漏密封泄漏率≤$1.0 \times 10^{-6}$cm$^3$/s；使用寿命≥3个堆期（约5年）；金属O形圈和C形环：超高真空≥350MPa；耐高温≥650℃；尺寸满足各种型号要求高性能柔性石墨金属缠绕式垫片：回弹率≥25%；压缩率20%—24%；应力松弛率≤15%；密封泄漏率≤$1.0 \times 10^{-5}$cm$^3$/s；工作温度：–200℃—+650℃（蒸汽中）；–200℃—+450℃（空气中） | |
| 15.1.17 | 核级泵用机械密封装置 | 套 | 核主泵机械密封：<br>密封介质：冷却水（含硼）；密封压力：正常工况≥15.0MPa；密封温度≥30°；泵轴转速≥1480r/min<br>核二三级泵机械密封：<br>转速：3000 r/min；压力≤5.0MPa；温度≤200℃；正常使用寿命≥18000小时； | |

| 15.1.18 | 大飞机用液压密封装置 | 套 | 在135℃×70h条件下，硬度变化-15—+5、拉伸强度变化最大 -50%、拉断伸长率变化最大 -35%、体积变化 1—+20；在135℃×70h条件下压缩永久变形≤25%；低温回缩要求TR10 不高于-45℃；对金属无腐蚀 | |
| 15.1.19 | 大型盾构机／掘进机密封装置 | 套 | 盾构机／掘进机主轴承密封直径≤10m；使用寿命≥10000h | |
| 15.1.20 | 大型石化及煤化工用压缩机干气式机械密封装置 | 套 | 工作压力≥10MPa；静态及动态泄漏量 ≤0.6NM³/h 和1.6NM³/h；密封轴颈≥150mm. | 调整 |
| 15.1.21 | 大型高精度冷、热连轧成套装备液压系统 | 套 | 系统压力≥31.5MPa；系统流量:≥1000l/min | |
| 15.1.22 | 大型水电站启闭机、升船机液压系统 | 套 | 启闭机：系统压力≥31.5MPa；系统流量≥1000l/min；分别控制水电站深孔、底孔、排漂孔、电站进水口快速门、排沙孔启闭机的动作<br>升船机：系统压力≥31.5MPa；系统流量≥1000l/min | |
| 15.1.23 | 大型船舶及海工装备液压成套装置及系统 | 套 | 系统工作压力≥31.5MPa；流量≥125L/min | |
| 15.1.24 | 大型矿山装备液压系统 | 套 | 系统工作压力≥31.5MPa；流量≥80L/min；电液控制 | |
| 15.1.25 | 煤炭深加工极端参数泵用机械密封装置 | 套 | 工作压力≥10MPa；高温温度≥400℃；低温温度≤-150℃ | 新增 |
| 15.2 | 轴承 | | | |
| 15.2.1 | 轨道交通装备轴承 | 套 | 高速动车组轴承满足：时速≥200km/h；寿命≥200万km；120万km可靠度≥99%；城市轨道轴承满足：时速≥80km/h；寿命≥80万km；可靠度≥99% | |
| 15.2.2 | 大型精密高速数控机床轴承 | 套 | dmn值≥1.5×106mmr／min；精度P4、P2 级；16000h精度稳定使用 | |
| 15.2.3 | 大型薄板冷热连轧及涂镀层装备轴承 | 套 | 冷轧工作辊轴承连续工作时间≥10000h；支承辊轴承连续工作时间≥5000h | |
| 15.2.4 | 大功率工程机械主轴承 | 套 | 盾构机主轴承、液压挖掘机轴承、液压履带式起重机轴承寿命≥5000h；水泥立磨机轴承使用寿命≥30000h | |
| 15.2.5 | 中高档轿车轴承 | 套 | 使用寿命≥25万km | |

| 15.2.6 | 风力发电机组增速器轴承、主轴轴承、发电机轴承 | 套 | 使用寿命≥20年；可靠度≥99% | |
|---|---|---|---|---|
| 15.2.7 | 超精密级医疗机械轴承 | 套 | 精度P2级；使用寿命≥5年；运转噪音≤40dB | |
| 15.2.8 | 民用航空轴承 | 套 | 运输机轴承dn值≥2.0×106mm·r/min；使用寿命≥9000h；直升机轴承啮合寿命≥40000次 | |
| 15.3 | 控制系统 | | | |
| 15.3.1 | 大型石油及石化装置用自动化成套控制系统 | 套 | 百万吨乙烯装置联合控制系统：IO设计容量≥10万点；高可靠性，平均故障间隔时间MTBF>40万小时 | |
| 15.3.2 | 高速列车、新型城市轨道车辆用成套控制系统 | 套 | 高铁：最高时速≥350km/h（城际≥200km/h）；列车最小追踪运行间隔≤3分钟；关键装备安全指标为SIL4级；地铁：列车最小追踪运行间隔≤90秒；系统安全指标达到SIL4级 | |
| 15.3.3 | 智能电网先进测量系统 | 套 | 多种通信方式（无线、载波、现场总线、光纤等）；100%抄收成功率、满足智能电网及IEC62056的要求；电流互感器电压等级：11万伏、22万伏、50万伏；互感精度≤0.2% | |
| 15.3.4 | 重型装备智能闸控系统 | 套 | 年产≥500万吨大型矿井提升装备智能安全制动控制系统，高性能电液比例方向阀控制方式，双向闭环调节，系统响应时间≤15ms；系统重复精度≤±0.1%；系统滞后量≤0.2%；多通道热冗余 | |
| 15.4 | 精密测量仪器 | | | |
| 15.4.1 | 四极杆质谱仪 | 台 | 质量范围：1.5u—1050u；分辨率：R≥2.0m；扫描速度：最快≥10000μ/s | |
| 15.4.2 | 多声道超声波气体流量计 | 台 | 声道：四声道以上；测量精度≤0.5%；测量口径DN80—DN2200 | |
| 15.4.3 | 制动器在线监测系统 | 套 | 闸间隙精度≤0.1mm；偏摆精度≤0.1mm；压力精度≤0.1MPa；闸盘温度精度≤1℃；开闸时间精度≤100ms；抱闸时间精度≤10ms；制动力精度≤0.1kn；检测最高压力≥20MPa；同时检测制动器头数≥50 | |
| 15.4.4 | 线式温敏报警传感器 | 套 | 包括热偶型线式温度传感器及双参数线式温度传感器；监测温度≤800℃ | 新增 |
| 15.4.5 | 核安全级温度仪表 | 套 | 测量范围：0—1200℃；热响应时间≤1s | 新增 |
| 15.4.6 | 大型集装箱/车辆/火车/航空货物检查系统 | 套 | 加速器能量≥4MeV，可双能识别，可快速检查，钢板穿透力≥280mm，扫描速度≥0.4m/s；集装箱通过率>20个/小时 | 新增 |

| 15.4.7 | 行包物品检查系统 | 套 | 1.X射线行包物品检查系统：最大载荷≥160kg，传送速度≥0.2m/s，钢板穿透力≥34mm<br>2.CT型行李检查系统：传送速度≤700件/小时，CT线对≤2mm，钢板穿透力≥40mm<br>3.液体安全检查系统：检查结果储存数≥7万件 | 新增 |
|---|---|---|---|---|
| 15.5 | 通用零部件 | | | |
| 15.5.1 | 高功率密度齿轮箱 | 套 | 功率密度≥0.3KW/KG；精度：4—6级；噪声≤95dB；效率：≥97%；设计寿命≥20年 | |
| 15.5.2 | 高强度、抗疲劳、耐腐蚀链条 | 套 | 抗拉载荷≥900Kn；疲劳强度≥500万次；耐腐蚀性：在5%HCL和5% NaOH溶剂进行强腐蚀试验；48小时内链条零件表面不应出现点蚀、裂纹、气泡等腐蚀缺陷 | |
| 15.5.3 | 高应力、高疲劳寿命弹簧 | 套 | 工作应力≥1000MPa；疲劳寿命≥400万次 | |
| 15.5.4 | 高强度、高疲劳寿命、耐腐蚀紧固件 | 套 | 10.9级（含）以上强度，疲劳寿命≥500万次；防腐蚀性能≥700小时 | |
| 15.5.5 | 超超临界机组汽轮机、发电机转子铸锻件 | 件 | 机组功率≥RM≥810 MPa；R0.2≥690 MPa；Akv ≥69J；FATT50≤10℃ | |
| 15.5.6 | 燃气轮机机组压气机锻件 | 套 | RM8≥810 MPa；R0.2≥758MPa；Akv≥81J；FATT50≤−60℃ | |
| 15.5.7 | 高压、高速多通路旋转接头 | 套 | 工作压力≥15MPa | 新增 |

# 关于促进旅游装备制造业发展的实施意见

## （工信部联装〔2015〕331号）

各省、自治区、直辖市及计划单列市、新疆生产建设兵团工业和信息化、发展改革、交通运输、质量技术监督（市场监督管理）、旅游主管部门，民航各地区管理局：

为贯彻落实《国务院关于促进旅游业改革发展的若干意见》（国发〔2014〕31号）精神，支持邮轮游艇、索道缆车、游乐设施等旅游装备制造本土化，积极发展邮轮游艇旅游、低空飞行旅游，现提出以下意见：

### 一、充分认识促进旅游装备制造业发展的意义

旅游装备是满足多样化、多层次国民旅游休闲需求的重要支撑，是我国装备制造业发展的重要方向。随着经济发展和人民生活水平提高，国民旅游休闲需求不断增加，特别是近年来，以邮轮游艇、大型主题公园、高山滑雪、低空飞行旅游等为代表的新兴旅游产品不断兴起，已成为满足人民群众旅游休闲消费需求的重要组成部分。邮轮游艇等旅游装备制造业具有高成长性、高知识性、高增值性等特征，产业链条长，带动作用大，市场前景广阔。加快旅游装备制造业发展对于推动我国装备制造产业结构升级、培育新的经济增长点、促进国民经济稳增长、转方式、调结构具有重要意义。

经过多年发展，我国旅游装备制造业已经具备一定基础，但与先进国家相比仍有较大差距，产品供给难以满足市场发展需求。邮轮设计建造具有一定技术储备和研发积累，但尚未实现自主建造；游艇制造业已初具规模，但仍缺乏国际竞争力；索道缆车、游乐设施设计、制造、安装等方面取得长足进步，但自主研发能力还比较薄弱；低空飞行旅游装备在探索中取得积极进展，但尚未形成产业化。旅游装备制造企业竞争力不强，研发能力和技术水平薄弱，产品配套体系不健全，

核心部件依赖进口等问题亟待解决。

加快推动我国旅游装备制造业发展，应以市场需求为导向，以重点装备为核心，立足自主发展并结合引进消化，进一步强化创新驱动，完善配套体系，健全标准规范和检验检测体系，不断提高装备的质量、品牌和服务，培育专业化、规模化的骨干企业，形成具有较强国际竞争力的产业体系，有力支撑我国旅游业改革和发展。

## 二、重点任务

### （一）加快实现邮轮自主设计和建造

适应国内邮轮旅游日益增长的需求，加快国产邮轮的自主研发，推动国内有实力的造船企业与国外邮轮设计、建造企业开展技术和商务合作，尽快实现首制船自主设计建造突破。加强与国际邮轮配套企业的交流合作，逐步构建国内邮轮专业化配套体系。积极开展邮轮设计建造标准规范研究，尽早形成自主品牌和技术标准。经过5—10年的发展，基本掌握大中型邮轮设计、建造、修理技术，培育形成大型邮轮总装制造企业和一批专业化的邮轮配套及内装公司，逐步开拓国际主流邮轮建造市场。

### （二）大力发展大众消费游艇产品

积极开拓国内外游艇市场，以满足游艇大众消费需求为主导，大力发展中小型游艇，推动国内游艇细分消费市场发展，鼓励发展使用清洁能源的新型游艇。加强游艇自主研发设计能力，提升技术水平和建造品质，培育形成一批游艇自主品牌和骨干企业。鼓励发展游艇配套材料、设备及零部件制造，形成较为完善的游艇配套产业体系。深化标准规范研究，进一步健全完善游艇设计建造标准规范体系。优化产业布局，支持国内优势企业开展国内外并购与合资合作，提升产业集中度。

### （三）提升索道缆车本土化制造水平

以满足国内山岳型景区旅游、滑雪运动以及承办冬奥会等重大国际赛事需求为导向，进一步提高国产单线脱挂式客运索道技术水平，加大推广应用力度。加强技术引进和国际合作，加紧开展大跨度大运量的往复索道、新型式双承载单牵引循环脱挂式索道（3S索道）等大型客运索道新技术和新产品研发。加强自主创新能力，依托行业骨干企业和研究机构，建设专业化新技术、新设备研发中心和试验基地。鼓励索道缆车骨干企业设计、制造、安装、修理一体化发展。

### （四）促进游乐设施装备制造业转型升级

根据国际游乐市场发展趋势，加强各类游乐园、水上乐园、室内乐园等游乐设施、设备技术自主开发，积极探索发展具有中国文化元素、引领国际时尚潮流的高水平产品。建立健全游乐设施设备设计、建造、检验检测的标准规范体系，着重提高装备的安全性和可靠性。依托有实力的科研单位建立科研中心，建设游乐设施新技术及新设备试验检测基地。充分调动国内机械、电子、计算机、自动控制等相关领域企业参与行业发展的积极性，完善加工制造和配套体系，加快行业技术进步。鼓励企业加强合作，从规划、设计、施工、安装及验收、维护和管理出发，推进主题公园产业配套一体化发展，打造主题公园游乐设施装备及配套产业化应用基地。

### （五）推动低空飞行旅游装备产业化发展

加快研制适合低空飞行旅游的国产多用途轻小型通用飞机、直升机、特种飞行器，鼓励开发电动飞机等新产品，着力提高产品安全性、可靠性和经济性，打造国产低空飞行旅游装备品牌。鼓励发展配套的小型涡扇发动机、涡桨发动机、活塞发动机和配套零部件，大力发展高可靠性、长寿命、环境适应性强、标准化、低成本的通用航空机载设备和地面保障设备，加强通用航空材料和基础元器件自主化，构建完善的生产制造体系。逐步建立支持低空飞行旅游发展的通用航空技术标准规范体系，制定通用飞机和直升机设计生产企业规范条件。推进实施通用飞机等产业化工程，加快完善通用航空维修、支援、保障、培训、租赁等配套服务体系，拓展产业链，打造低空飞行旅游装备及配套专业化生产和产业化应用基地。

## 三、政策措施

### （一）加强顶层设计和规划引领

建立部门协调机制，加强旅游装备制造业发展的顶层设计，将邮轮游艇、索道缆车、游乐设施和低空飞行旅游装备等分别纳入相关行业发展规划统筹考虑，强化规划的引领作用。鼓励各地区因地制宜制定本地区发展规划及政策，共同推动重点旅游装备制造业健康有序发展。

### （二）加大科技创新支持力度

利用多元化资金渠道加大对重点旅游装备自主开发、共性技术研发和核心配套设备研制的科研支持力度。支持旅游装备制造企业加强技术改造，优化研发手段和研发平台，利用信息化技术提高制造效率。推动设立中国旅游产业促进基金，积极支持旅游装备创新发展。鼓励旅游装备制造企业通过发行企业债、公司债、债务融资工具、项目收益债等方式，利用资本市场募集资金用于加大创新投入。

### （三）完善金融财税政策支持

研究制定促进重点旅游装备及关键配套设备和零部件本土化支持政策，支持符合条件的旅游装备制造企业上市和融资。发挥首台（套）重大技术装备风险补偿机制作用，研究将符合条件的国产邮轮游艇、新型客运索道、大型游乐设施、低空飞行装备等重点旅游装备纳入《首台（套）重大技术装备推广应用指导目录》；探索利用自由贸易试验区、海关特殊监管区域现行税收政策，开展重点旅游装备配套设备和零部件加工、物流业务。在风险可控、商业可持续的前提下，加大对重点旅游装备出口信贷支持。

### （四）优化产业发展环境

进一步优化邮轮母港和邮轮码头建设布局，完善相关配套设施，方便游客出入境。完善游艇持证要求、运营的法规及保险体系；促进游艇国内检验和出口认证的有效衔接，创新检验模式，促进游艇制造企业开拓国内外市场；清理简化游艇审批手续，降低准入门槛和游艇登记、航行旅游、停泊、维护的成本；有规划地逐步开放岸线和水域，推动游艇码头泊位等基础设施建设。梳理简化索道缆车项目建设的审批、备案等程序；调整索道缆车生产许可方式，变部件单位许可为整机单位许可。进一步完善游乐设施产品检验检测制度，简化程序、提高效率、保障安全；加强知识产权保护。促进低空空域管理规定等实施，改进通用航空飞行的申报审批程序；推进通用机场、飞行服务站、通用航空油料储运中心等建设。

### （五）加强人才培养

鼓励国内旅游装备制造企业和经营企业，引进国外研发设计、经营管理等高层次人才和团队。鼓励国内高校加强旅游装备相关学科专业建设，与国外专业机构和高校加强合作,联合培养适应旅游装备发展的专业技术人才。鼓励开办游艇、飞机驾驶等专业培训机构。

工业和信息化部　　发展改革委

交通运输部　　质检总局

旅游局　　民航局

2015 年 9 月 28 日

# 后 记

　　《2015—2016 年中国装备工业发展蓝皮书》，全书共计 36 万多字，8 篇章，是在我国转变经济发展方式、行业结构调整和转型升级日渐加速、装备工业"由大变强"的关键时期完成的一本专著。

　　本书由王鹏担任主编。由于工作需要，2015 年第一季度，赛迪研究院党政联席会研究决定，在装备工业研究所下设立 6 个专项研究室，分别为产业经济研究室、汽车产业研究室、航空产业研究室、智能制造研究室、机器人产业研究室、船舶与海洋工程研究室，由王凤丽、徐可、金伟、王松、卢月品、冷单分别担任研究室副主任。因此《2015—2016 年中国装备工业发展蓝皮书》具体章节分工也是根据各研究室负责的领域进行编制，具体分工为：所长左世全和副所长王影负责整体统筹蓝皮书的撰写工作，综合篇由产业研究室、航空研究室共同完成；行业篇由智能制造研究室、机器人产业研究室、汽车产业研究室、航空研究室、船舶与海洋工程研究室共同完成；区域篇由产业研究室、船舶与海洋工程研究室、智能制造研究室共同完成；园区篇由机器人产业研究室、汽车产业研究室、产业经济研究室、航空研究室共同完成；企业篇由机器人产业研究室、汽车产业研究室、航空研究室和船舶与海洋工程研究室共同完成；政策篇由产业研究室、航空研究室、汽车产业研究室、智能制造研究室、船舶与海洋工程研究室共同完成；热点篇由智能制造研究室、汽车产业研究室、航空研究室、机器人产业研究室共同完成；展望篇由智能制造研究室、汽车产业研究室、航空研究室、船舶与海洋工程研究室共同完成。实习生许焰妮、冯运卿也负责完成了部分章节，为本书的编写出版做了大量的工作。金伟对全书进行了统稿和修改完善，左世全和王影等对全书进行了审校。工业和信息化部装备工业司主要领导为本书的编撰也提供了大力支持及宝贵的修改完善意见。

　　本书遵循理论与实践紧密结合、数据和事实唯一基准的原则，运用探索性研究、描述性研究、数量分析与系统总体归纳相结合的科学研究方法，反复斟酌，力求起到对我国装备工业发展成就进行系统记录和研究的作用。

# 赛迪智库

面向政府 服务决策

# 思想，还是思想
# 才使我们与众不同

《赛迪专报》     《两化融合研究》     《财经研究》

《赛迪译丛》     《互联网研究》     《装备工业研究》

《赛迪智库·软科学》     《网络空间研究》     《消费品工业研究》

《赛迪智库·国际观察》     《电子信息产业研究》     《工业节能与环保研究》

《赛迪智库·前瞻》     《软件与信息服务研究》     《安全产业研究》

《赛迪智库·视点》     《工业和信息化研究》     《产业政策研究》

《赛迪智库·动向》     《工业经济研究》     《中小企业研究》

《赛迪智库·案例》     《工业科技研究》     《无线电管理研究》

《赛迪智库·数据》     《世界工业研究》     《集成电路研究》

《智说新论》     《原材料工业研究》     《政策法规研究》

《书说新语》         《军民结合研究》

编 辑 部：赛迪工业和信息化研究院
通讯地址：北京市海淀区万寿路27号院8号楼12层
邮政编码：100846
联 系 人：刘 颖 董 凯
联系电话：010-68200552 13701304215
            010-68207922 18701325686
传     真：0086-10-68209616
网     址：www.ccidwise.com
电子邮件：liuying@ccidthinktank.com

# 赛迪智库

**面向政府 服务决策**

# 研究，还是研究
## 才使我们见微知著

| | | |
|---|---|---|
| 信息化研究中心 | 工业化研究中心 | 规划研究所 |
| 电子信息产业研究所 | 工业经济研究所 | 产业政策研究所 |
| 软件产业研究所 | 工业科技研究所 | 军民结合研究所 |
| 网络空间研究所 | 装备工业研究所 | 中小企业研究所 |
| 无线电管理研究所 | 消费品工业研究所 | 政策法规研究所 |
| 互联网研究所 | 原材料工业研究所 | 世界工业研究所 |
| 集成电路研究所 | 工业节能与环保研究所 | 安全产业研究所 |

编 辑 部：赛迪工业和信息化研究院
通讯地址：北京市海淀区万寿路27号院8号楼12层
邮政编码：100846
联 系 人：刘颖 董凯
联系电话：010-68200552 13701304215
　　　　　010-68207922 18701325686
传　　真：0086-10-68209616
网　　址：www.ccidwise.com
电子邮件：liuying@ccidthinktank.com